파이썬으로 배우는

영상처리

고급 영상분석 및 데이터 해석을 위한 전문 기술서

역자소개

정성환

- 경북대학교 대학원 영상처리 전공(공학박사)
- 미국 캘리포니아 주립대학(UCSB) Post-Doc
- 미국 콜로라도 CSM 주립대학 교환교수
- 미국 워싱턴 주립대학(UW) 연구교수
- 독일 콘스탄츠대학(UK) 연구교수
- 정보처리 기술사/전자계산기 기술사/정보시스템감리사
- 한국전자통신연구소(현 ETRI), 응용 S/W 개발실 연구원
- 한국정보과학회 영남지부 지부장
- 한국컴퓨터범죄연구학회 부회장
- 한국멀티미디어학회 부회장
- 한국정보시스템감리사협회 부회장
- 국립 창원대학교 컴퓨터공학과 교수

[저서]

- 실용멀티미디어
- C를 이용한 영상처리의 이해와 활용
- Java를 이용한 디지털 영상처리
- MATLAB을 활용한 실용 디지털 영상처리
- 오픈소스 CxImage를 이용한 Visual C++ 디지털 영상처리
- 오픈소스 OpenCV를 이용한 컴퓨터 비전 실무 프로그래밍
- 오픈소스 GS를 이용한 디지털 영상처리 기본 프로그래밍
- OpenCV로 배우는 컴퓨터비전 및 응용
- OpenCV로 배우는 영상 처리 및 응용
- Python 예제로 배우는 OpenCV
- Python 예제로 배우는 OpenCV3.X

조보호

- 창원대학교 컴퓨터공학과 공학박사
- 경남대, 문성대, 창신대, 창원대 강사
- 창원대학교 과학영재교육원 강사
- 창원대학교 산업기술연구원 전임연구원

[저서]

- Python 예제로 배우는 OpenCV
- Python 예제로 배우는 OpenCV3.X

배종욱

- 창원대학교 컴퓨터공학과 공학박사
- 창원대학교 산업기술연구원 연구원
- 창원대학교 컴퓨터공학과 강사
- 창원대학교 영재교육원 강사

[저서]

- OpenCV로 배우는 컴퓨터비전 및 응용
- OpenCV로 배우는 영상 처리 및 응용

파이썬으로 배우는 영상처리

Sandipan Dey 지음

정성환, 조보호, 배종욱 옮김

고급 영상분석 및 데이터 해석을 위한 전문 기술서

홍릉과학출판사

Hands-On Image Processing with Python

by Sandipan Dey

파이썬으로 배우는 영상처리

인 쇄 : 2020년 1월 10일 초판 1쇄
발 행 : 2020년 1월 20일 초판 1쇄

역자와의 협의하에 인지생략

역 자 : 정성환 · 조보호 · 배종욱
발행인 : 송 준
발행처 : 홍릉과학출판사
주 소 : 01093 서울시 강북구 인수봉로 50길 10
등 록 : 1976년 10월 21일 제5-66호

전 화 : 02-999-2274~5, 903-7037
팩 스 : 02-905-6729
e-mail : hongpub@hongpub.co.kr
http://www.hongpub.co.kr
ISBN : 979-11-5600-703-6(93000)

정 가 : 33,000원

낙장 및 파본은 구입처나 본사에서 교환하여 드립니다.

저자 정보

Sandipan Dey는 기계학습, 딥러닝, 영상처리 및 컴퓨터비전과 같은 다양한 주제에 관심이 있는 데이터 과학자이다. 그는 추천 시스템, 이벤트 업계의 예측 모델, 센서 로컬라이제이션 모델, 정서 분석 및 장치 사전 진단 등 다양한 데이터 과학 분야에서 근무했다. 그는 볼티모어 카운티 메릴랜드 대학에서 컴퓨터 과학 석사 학위를 취득했으며, IEEE Data Mining 컨퍼런스 및 저널에 논문을 발표했다. 그는 데이터 과학, 기계학습, 딥러닝, 영상처리 및 관련 강좌/전문 분야에 대한 100+ MOOC로부터 인증을 받았다. 그는 블로그(sandipanweb)에서 정기적으로 블로거로 활동하며, 기계학습을 교육하는 교육 애호가이다.

지난 몇 년간 전 세계의 우수학교에서 제공한 우수한 온라인 교육 과정에 감사드린다. 그 중 몇 가지는 다음과 같다.

Image processing (@Coursera by Duke, Northwestern), Computer vision and image analysis (@edX by Microsoft), Computational photography (@Coursera by Georgia Tech), Machine learning (@Coursera by Stanford, University of Toronto; @edX by UCSD), Deep learning (@Coursera by deeplearning.ai; @Udacity by Google).

리뷰어 정보

Nikhil Borkar는 CQF 지정 및 양적 금융 분야의 석사 학위를 보유하고 있다. 그는 또한 공인된 금융 범죄 수사관 및 자금 세탁 방지 전문 자격증을 보유하고 있다. 그는 인도 증권 거래위원회[SEBI]의 등록 연구 분석가이며, 인도의 규제 환경에 대한 예민한 이해를 가지고 있다. 증권 및 투자와 관련된 그는 현재 독립적인 FinTech 및 법률 컨설턴트로 일하고 있다. 그 전에는 Morgan Stanley Capital International[MSCI]과 함께 글로벌 RFP 프로젝트 매니저로 일했다.

Packt가 저자를 찾고 있다

Packt의 저자가 되고 싶다면 authors.packtpub.com을 방문하여 오늘 신청하길 바란다. 우리는 수천 명의 개발자 및 기술 전문가와 함께 귀하와 마찬가지로 글로벌 기술 커뮤니티와 그들의 통찰력을 공유할 수 있도록 도와 왔다. 일반적인 신청서를 작성하거나 저자를 모집하는 특정 주제에 대해 신청하거나 자신의 아이디어를 제출할 수 있다.

역자 머리말

최근에 미래 사회를 바꿀 '4차산업혁명'의 핵심 기술들에 대해 전 세계가 관심을 가지고 있습니다. 핵심 기술들 중의 하나인 '인공지능'과 관련하여 기계학습, 딥러닝 등의 주제어들이 유행하고 있습니다. 영상처리 분야에서도 이러한 연구의 흐름을 반영하여, 영상처리 라이브러리 외에 기계학습과 딥러닝 라이브러리들이 소개되고 있습니다. 이 책은 영상처리 문제를 일일이 프로그래밍 하는 대신에 잘 구축된 라이브러리를 사용하여 손쉽게 복잡한 영상처리 문제를 해결할 수 있도록 안내합니다. 즉, 파이썬 영상처리 라이브러리를 기반으로, 기계학습 라이브러리(scikit-learn) 및 딥러닝 라이브러리(TensorFlow, Keras)를 사용하여 복잡한 영상처리 문제까지 상대적으로 쉽게 해결하는 방법을 제시하고 있습니다.

"Don't Reinvent The Wheel(바퀴를 다시 만들지 말라)"이라는 말이 있습니다. 즉, 이미 있는 라이브러리나 프레임워크를 다시 만들지 말고, 가능하면 가져다 사용하자는 말입니다. 따라서 이 책은 다양한 라이브러리를 사용해 효율적인 영상처리를 위한 다양한 알고리즘을 구현하는 방법을 독자들에게 소개하고 있어서, 구현을 쉽게 배울 수 있습니다. 원저자 Sandipan Dey는 영상처리 및 컴퓨터비전과 기계학습, 딥러닝과 같은 주제에 관심과 경력이 있는 데이터 과학자입니다. 영상처리 및 컴퓨터비전, 기계학습, 딥러닝과 같은 주제에 대해 이 책에서 관계된 라이브러리들을 사용해 예제 프로그램들을 파이썬 프로그래밍으로 보여주고 있습니다. 이 책의 일부 프로그램 코드는 공동 역자인 배종욱 박사가 점검 과정에서 오류 수정과 독자들의 이해를 고려하여 보완한 부분도 있습니다.

또한, 이 책의 이름, "Hands-On Image Processing with Python"에서 'Hands-On'의 의미인 '독자들이 독자들의 손으로 경험하는 것'이 중요합니다. 예를 들어 개인용 컴퓨터를 만드는 방법을 배우고 싶다면, 다른 사람이 컴퓨터를 조립하는 것을 보고만 있지 않고, 자신의 손으로 컴퓨터를 조립한다면 실제 경험이 될 것입니다.

이 책에서 영상처리, 컴퓨터비전, 기계학습, 딥러닝 등에 대한 광범위한 분야를 다루다 보니, 번역 과정에서 외래어 전문용어에 대한 한글 번역을 어떻게 통일해야 할지 고민이

되는 부분도 있었습니다. '번역은 제2의 창작'이란 말을 다시 한 번 실감하는 기회기 되었습니다. 번역에서 원문에 충실하다 보니, 한글에서 어색한 표현들이 분명히 있으리라 생각됩니다. 독자 여러분들의 넓은 양해를 구합니다.

본 책이 출판되기까지 관심을 가지시고 지원해 주신 홍릉과학출판사 우명찬 사장님과 송성환 부장님 그리고 관계자 여러분들께 감사를 드립니다.

감사합니다.

대표 역자 정성환 드림

이 저서는 2019년~2020년도 창원대학교 자율연구과제 연구비 지원으로 수행된 연구결과임.

머리말_Preface

이 책은 널리 사용되는 파이썬 영상처리 라이브러리(PIL, scikit-image, python-opencv, scipy ndimage 및 SimpleITK), 기계학습 라이브러리(scikit-learn) 및 딥러닝 라이브러리(TensorFlow, Keras)를 사용하여 영상처리 문제를 해결하는 방법을 다룬다. 독자는 영상 향상, 필터링, 복원, 분할, 분류 및 객체 감지와 같은 복잡한 영상처리 알고리즘을 구현하기 위해 독자가 코드를 작성할 수 있다. 또한 독자는 기계학습 및 딥러닝 모델을 사용하여 복잡한 영상처리 문제를 해결할 수 있다.

이 책은 기초부터 시작하여 책 전반에 파이썬 재생산reproducible 가능한 구현을 제공하여, 독자를 고급 수준으로 이동하도록 안내한다. 이 책은 고전적인 영상처리 기술에서 시작하여 영상처리 알고리즘의 발전 과정을 자세히 살펴보고, 딥러닝을 통한 영상처리/컴퓨터비전의 최근 발전에 대해 살펴볼 것이다. 독자는 파이썬에서 PIL, scikit-image 및 scipy ndimage와 같은 영상처리 라이브러리를 사용하여 파이썬 3에서 코드를 작성하고 영상 향상, 필터링, 영역 분할, 물체 감지 및 분류와 같은 복잡한 영상처리 알고리즘을 신속하게 구현할 수 있다. 독자는 scikit-learn 라이브러리를 사용하여 기계학습 모델을 사용하고, 나중에 TensorFlow/Keras로 VGG-19와 같은 심층 CNN을 탐색하고, 객체 감지를 위한 앤드-투-앤드 딥러닝 YOLO 모델을 사용하고, 의미론적 세분화 및 신경-스타일 전달 모델을 위해 DeepLab V3+를 사용할 것이다. 독자는 또한 영상 복원, 그레디언트 블렌딩, 변이제거, 심 카빙, 퀼팅 및 모핑과 같은 몇 가지 고급 문제를 배운다. 이 책의 끝 부분에서 독자는 효율적인 영상처리를 위한 다양한 알고리즘을 구현하는 방법을 배운다.

이 책은 독자들에게 일련의 영상처리 개념/알고리즘을 설명하는 매우 실용적인 접근 방식을 따르며, 선도적인 파이썬 라이브러리 함수를 사용하여 이러한 알고리즘을 구현하는 방법을 자세히 학습하는 데 도움을 준다.

고지 사항

이 책에서 입력 및 출력으로 사용된 영상은 다음에서 찾을 수 있다.

https://www.packtpub.com/sites/default/files/downloads/9781789343731_ColorImages.pdf.

대상 독자

이 책은 엔지니어/응용 연구자 및 컴퓨터비전, 영상처리, 기계학습 및 딥러닝에 관심이 있는 소프트웨어 엔지니어를 대상으로 한다. 특히 파이썬 프로그래밍에 능숙하고 다양한 주제를 탐구하고자 하는 독자에게 적합하다. 영상처리를 자세하게 설명하고 개념에서 구현까지 다양한 복잡한 문제를 해결할 수 있다. 기계학습에 대한 기본 지식과 함께 수학 및 프로그래밍 배경 지식이 전제 조건이다.

책의 내용

1장, **영상처리 시작하기**에서는 영상처리 및 해당 응용 프로그램, 다양한 파이썬 라이브러리, 영상 입력/출력, 데이터 구조, 파일 형식 및 기본 영상 조작에 대해 설명한다.

2장, **샘플링, 푸리에 변환 및 컨볼루션**에서는 2D 푸리에 변환, 샘플링, 양자화, 이산 푸리에 변환, 주파수 영역에서의 1D 및 2D 컨볼루션 및 필터링, 예제를 사용하여 파이썬으로 구현하는 방법을 다룬다. 다음과 같은 단원들을 이해하는 데 필요한 간단한 신호처리 도구를 배우게 된다.

3장, **컨볼루션 및 주파수 영역 필터링**에서는 어떻게 파이썬을 사용하여 영상에 컨볼루션을 수행하는지 보여준다. 주파수 영역에서의 필터링과 같은 주제들도 다룬다.

4장, **영상 향상**은 평균/메디안 필터링 및 히스토그램 평활화와 같은 영상처리에서 가장 기본적인 도구 중 일부를 다루며 이는 여전히 가장 강력하다. 우리는 이것들을 기술하고 이러한 기본 도구에 대한 현대적인 해석을 제공할 것이다.

5장, **미분을 사용한 영상 향상**에서는 영상 향상과 관련된 주제, 즉 영상의 모양이나 유용성을 향상시키는 문제에 대해 다룬다. 다루는 주제는 미분을 사용한 에지 감지 및 라플라시안Laplacian, 선명화sharpening 및 유사 색상pseudo coloring이다. 모든 개념은 파이썬과 관련된 예제의 도움으로 설명될 것이다.

6장, **형태학적 영상처리**는 이진 연산과 형태학적 대비 향상, 잡음 제거 및 컴퓨팅 로컬 엔트로피와 같은 연산을 수행하기 위한 필터 랭크 모듈의 사용을 다룬다. 우리는 형태 모듈이 어떻게 사용되는지 볼 것이다.

7장, **영상 특징과 서술자 추출**에서는 영상에서 특징을 추출하고, 영상 서술자를 계산하는 몇 가지 기술에 대해 설명한다.

8장, **영상 분할**에서는 간단한 임계값에서부터 고급 그래프 컷에 이르기까지 영상을 분할하는 기본 기술에 대해 설명한다.

9장, **영상처리에서의 고전적 기계학습**은 영상 분류 및 물체 감지/인식을 위한 다양한 기계학습 기술을 소개한다.

10장, **영상처리에서의 딥러닝-영상 분류**는 영상처리/컴퓨터비전 커뮤니티가 고전적인 특징 기반 기계학습 모델에서 딥러닝 모델로 점차적으로 전환한 이유를 설명한다.

11장, **영상처리에서의 딥러닝-객체 검출 및 기타**는 객체 검출, 의미론적 분할 및 영상 스타일 전송을 위한 CNN의 수많은 주목할 만한 애플리케이션을 설명한다. YOLO 및 객체 제안과 전이 같은 몇 가지 인기있는 모델이 시연된다. 심층 신경망을 처음부터 학습하는 것을 피하기 위해 전이 학습을 사용하는 방법에 대해서도 설명한다.

12장, **영상처리의 기타 고급응용**에서는 여러 가지 추가 영상처리 문제와 이를 해결하기 위한 다양한 알고리즘에 대해 설명한다. 문제로는 심 카빙 작업(컨텍스트 인식 영상 크기 조정), 영상 퀼트(비모수 샘플링 및 텍스처 전송을 사용한 영상 크기 조정), 푸아송(그레디언트) 영상 편집(블렌딩)을 사용하여 한 영상을 다른 영상과 매끄럽게 혼합하고 영상 모핑(예를 들어, 영상을 다른 것으로 변환), 영상 인페인팅(저하된 영상 복원) 및 일부 변형 영상처리 기술(예를 들어, 영상 잡음 제거) 등이다.

이 책을 최대한 활용하려면

1. 영상 데이터셋 및 GitHub 링크에 대한 액세스와 함께 코드를 실행하려면 파이썬에 대한 기본 지식이 필요하다.
2. 기본 수학 배경도 개념을 이해하는 데 필요하다.

예제 코드 파일 다운로드

이 책의 예제 코드 파일은 www.packt.com의 계정에서 다운로드할 수 있다. 이 책을 다른 곳에서 구입한 경우, www.packt.com/support를 방문하여 등록하고 파일을 이메일로 받아볼 수 있다.

다음 단계에 따라 코드 파일을 다운로드할 수 있다.

1. www.packt.com에 로그인하거나 등록하시오.
2. SUPPORT 탭을 선택하시오.
3. Code Downloads & Errata를 클릭하시오.
4. 검색 상자에 책의 이름을 입력하고 화면의 지시를 따르시오.

파일을 다운로드한 후, 최신 버전의 다음 것들 사용하여 폴더의 압축을 푼다.

- WinRAR/7-Zip for Windows
- Zipeg/iZip/UnRarX for Mac
- 7-Zip/PeaZip for Linux

책의 코드 묶음도 다음의 GitHub에서 호스팅된다. https://github.com/PacktPublishing/Hands-On-Image-Processing-with-Python에서 확인하자. 코드가 업데이트된 경우, 기존 GitHub 저장소에서 업데이트된다.

풍부한 도서 및 비디오 카탈로그에서 제공하는 다른 코드 번들도 있다.
https://github.co.kr/PacktPublishing/에서 한번 찾아보자!

역자가 번역을 하며, 원저서의 소스 코드에서 오류를 발견하여 이를 수정하였다. 또한, 소스 코드들을 읽기 편하고 이해가 용이하도록 변경하였다. 수정된 코드 묶음은 다음의 GitHub에서 호스팅된다. 교재의 소스들은 수정된 소스 코드를 바탕으로 번역되었으니 되도록 수정된 소스 파일을 다운로드받기 바란다.
https://github.com/bae222/Hands-On-Image-Processing-with-Python

컬러 영상 다운로드

또한 이 책에서 사용된 그림/다이어그램의 컬러 영상이 있는 PDF 파일을 제공한다. 다음에서 다운로드할 수 있다.

`http://www.packtpub.com/sites/default/files/downloads/9781789343731_ColorImages.pdf.`

사용된 규칙

이 책 전체에 사용된 많은 텍스트 규칙이 있다.

`CodeInText`: 텍스트의 코드 단어, 데이터베이스 테이블 이름, 폴더 이름, 파일 이름, 파일 확장명, 경로 이름, 더미 URL, 사용자 입력 및 Twitter 핸들을 나타낸다. 다음은 그 예이다. "Mount the downloaded `WebStorm-10*.dmg` disk image file as another disk in your system."

코드 블록은 다음과 같이 된다.

```
viewer = viewer.ImageViewer(im)
viewer.show()
```

코드 블록의 특정 부분에 주의를 환기하고자 할 때 관련 행 또는 항목이 굵게 표시된다.

```
[default]
exten => s,1,Dial(Zap/1|30)
exten => s,2,Voicemail(u100)
exten => s,102,Voicemail(b100)
exten => i,1,Voicemail(s0)
```

명령어행 입력 또는 출력은 다음과 같이 작성된다.

```
>>> pip install numpy
>>> pip install scipy
```

볼드체: 새 용어, 중요한 단어 또는 화면에 표시되는 단어를 나타낸다. 예를 들어 메뉴나 대화 상자의 단어가 이와 같이 텍스트에 나타난다. 다음은 그 예이다.
"Select **System info** from the **Administration** panel."

> 경고 또는 중요한 메모가 이렇게 보인다.

> TIP
> 팁과 트릭이 이렇게 보인다.

연락하기

독자 여러분의 의견은 언제나 환영한다.

일반적인 피드백: 이 책의 모든 측면에 대해 궁금한 점이 있으면 메시지 제목에 책 제목을 언급하고 `customercare@packtpub.com`으로 전자메일을 보내주시오.

정오표: 콘텐츠의 정확성을 기하기 위해 모든 노력을 기울였지만 실수는 발생한다. 이 책에서 실수를 발견했다면, 우리에게 이 사실을 알려주시면 감사하겠다. `www.packt.com/submit-errata`를 방문하여, 책을 선택하고 Errata Submission Form link를 클릭한 다음 세부 내용을 입력하시오.

불법 복제: 인터넷상의 어떤 형태로든 불법 복제물을 발견하면 위치 주소나, 웹 사이트 이름을 알려 주시면 감사하겠다. 자료에 대한 링크가 있으면 `copyright@packt.com`으로 연락하시오.

저자가 되는 것에 관심이 있는 경우: 전문 지식이 있는 주제가 있고 서적을 쓰거나 책에 기여하고 싶다면 `authors.packtpub.com`을 방문하시오.

리뷰

리뷰를 남겨주시오. 이 책을 읽고 사용한 후에는 구입한 사이트에 리뷰를 남겨주시오. 잠재적인 독자는 귀하의 편견 없는 의견을 보고 구매 결정을 내리는 데 사용할 수 있다. 우리는 Packt에서 제품에 대해 어떻게 생각하는지 이해할 수 있으며, 저자는 책에 대한 귀하의 의견을 볼 수 있다. 감사합니다!

Packt에 대한 자세한 내용은 `packt.com`을 참조하시오.

차례_Contents

chapter 1 영상처리 시작하기

chapter 2 샘플링, 푸리에 변환 및 컨볼루션

chapter 3 컨볼루션과 주파수 영역 필터링

chapter 6 형태학적 영상처리

chapter 8 영상 분할

chapter 10 영상처리에서 딥러닝 – 영상 분류

chapter 12 영상처리의 기타 고급 응용

Chapter

1

영상처리 시작하기

이름에서 알 수 있듯이 영상처리는 컴퓨터의 알고리즘(코드를 통해)을 사용하여 영상을 처리(분석 및 조작)하는 것으로 간단하게 정의할 수 있다. 저장, 표현, 정보 추출, 조작, 향상, 복원 및 영상 해석과 같은 몇 가지 다른 측면이 있다. 이 장에서는 영상처리의 이러한 다양한 측면에 대한 기본적인 소개와 함께, 파이썬 라이브러리로 실제 영상처리를 소개하고자 한다. 이 책의 모든 코드 샘플에 파이썬 3을 사용할 것이다.

우리는 영상처리가 무엇이고 영상처리의 응용이 무엇인지 정의함으로써 시작할 것이다. 그런 다음 기본 영상처리 파이프라인, 즉 일반적으로 컴퓨터에서 영상을 처리하는 단계는 무엇인지 배우게 된다. 그런 다음, 영상처리에 사용할 수 있는 다양한 파이썬 라이브러리와 이들을 파이썬 3에 설치하는 방법에 대해 배운다. 다음으로, 다른 라이브러리를 사용하는 컴퓨터에서 영상을 읽고 쓰기(저장)위한 파이썬 코드의 작성법을 배운다. 그 다음에는 파이썬에서 영상을 표현하는 데 사용할 데이터 구조와 영상을 표시하는 방법을 배우게 된다. 또한 다양한 영상 유형과 다양한 영상 파일 형식을 배우고, 마지막으로 파이썬에서 기본적인 영상 조작 방법을 배운다.

이 장의 끝에서, 영상처리, 다른 단계들 그리고 다른 응용 프로그램을 개념화할 수 있어야 한다. 파이썬의 다른 영상처리 라이브러리에서 함수를 호출할 수 있어야 한다. 또한 파이썬에서 다른 유형의 영상을 저장하기 위해, 다른 파이썬 라이브러리를 사용하여 영상 파일을 읽고 쓰고, 기본 영상 조작을 수행하는 파이썬 코드를 작성하는 데 사용되는 데이터 구조를 이해할 수 있어야 한다. 이 장에서 다룰 주제는 다음과 같다.

- 영상처리의 정의 및 영상처리 응용들

- 영상처리 파이프라인
- 파이썬에서 다른 영상처리 라이브러리 설정하기
- 영상 I/O 및 파이썬으로 디스플레이하기
- 영상의 유형, 파일 형식 및 기본 영상 조작

영상처리 및 응용이란 무엇인가?

먼저 영상이 무엇인지 정의하고, 영상이 컴퓨터에 저장되는 방법, 그리고 파이썬으로 어떻게 처리할지를 보도록 하자.

영상이란 무엇이며, 영상이 컴퓨터에 저장되는 방법

개념적으로 가장 단순한 형태의 영상(예: 이진 또는 흑백, 명암도 또는 흑백 영상과 같은 단일 채널)은 좌표 쌍을 정수/실수로 매핑하는 2차원 함수 $f(x, y)$이다. 값은 점의 강도/색상과 관련된다. 각 점을 **화소**pixel 또는 **펠**pel, picture element이라고 한다. 영상에 여러 채널이 있을 수도 있다(예: 빨강, 초록, 파랑의 세 가지 채널을 사용하여 색상을 표현할 수 있는 색상이 지정된 RGB 영상). 컬러 RGB 영상의 경우 (x, y) 좌표에 있는 각 화소는 세 개의 튜플$(r_{x, y}, g_{x, y}, b_{x, y})$로 나타낼 수 있다.

컴퓨터에서 처리할 수 있으려면, 영상 $f(x, y)$를 공간적으로나 크기amplitude적으로 모두 디지털화해야 한다. 공간 좌표 (x, y)의 디지털화를 **영상 샘플링**image sampling이라고 한다. 크기 디지털화는 **명암도 양자화**gray-level quantization라고 부른다. 컴퓨터에서 채널에 해당하는 화소 값은 일반적으로 (0~255) 사이의 정수 값 또는 (0~1) 사이의 부동 소수점 값으로 나타낸다. 영상은 파일로 저장되며 다양한 유형(형식)의 파일이 있을 수 있다. 각 파일에는 일반적으로 다차원 배열(예: 이진 또는 명암도 영상의 2차원 배열 및 RGB 및 YUV 컬러 영상의 3차원 배열)로 추출할 수 있는 일부 메타 데이터 및 일부 데이터가 있다. 다음 그림은 영상 데이터가 다양한 유형의 영상에 대한 행렬로 저장되는 방법을 보여준다. 보는 바와 같이, 명암도 영상의 경우, 폭 × 높이의 행렬(2-D 배열)이 영상을 저장하기에 충분하지만, RGB 영상은 폭 × 높이 × 3의 3차원 배열을 필요로 한다.

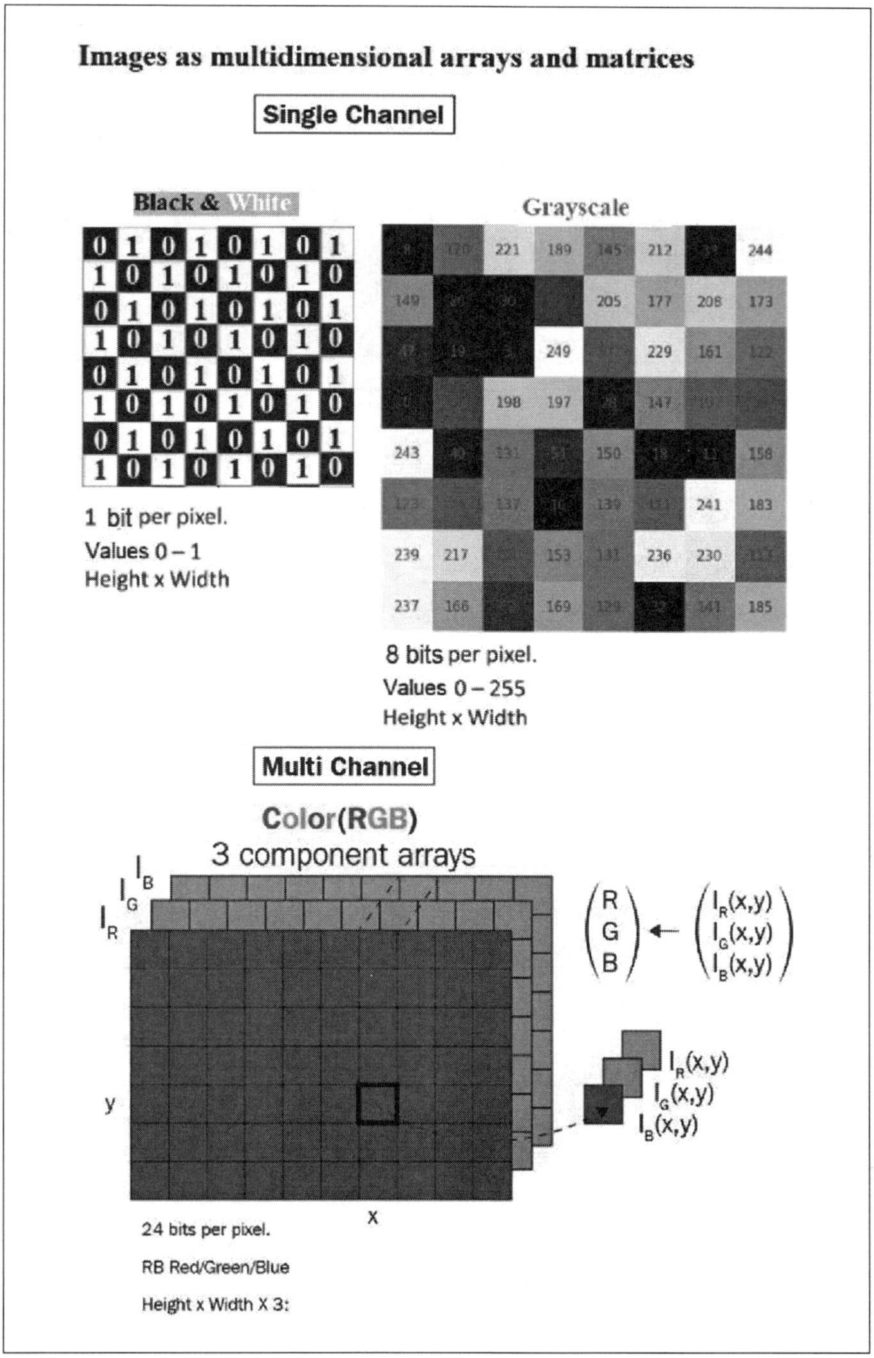

Images as multidimensional arrays and matrices
Single Channel
Black & White
1 bit per pixel.
Values 0 – 1
Height x Width
Grayscale
8 bits per pixel.
Values 0 – 255
Height x Width
Multi Channel
Color(RGB)
3 component arrays
24 bits per pixel.
RB Red/Green/Blue
Height x Width X 3:

다음의 그림은 이진영상, 명암도gray scale 영상, RGB 영상의 예를 나타낸다.

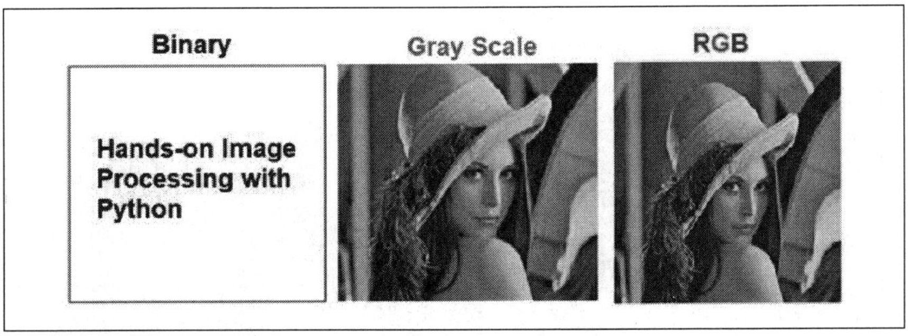

이 책에서는 영상 데이터 처리에 중점을 두고, 파이썬 라이브러리를 사용하여 영상에서 데이터를 추출하고, 영상 데이터에 서로 다른 영상처리 알고리즘을 실행한다. 샘플 영상은 인터넷에서 가져온 것이다. 버클리 분할 데이터셋 및 벤치 마크(`https://www/berkeley.edu/Research/Projects/CS/vision/bsds/BSDS300/html/dataset/images.html`)와 USCSIPI 영상 데이터베이스(`http:// sipi.usc.edu/database/`)이며, 그 중 다수는 영상처리에 사용되는 표준 영상이다.

영상처리란 무엇인가?

영상처리Image processing란 컴퓨터에서 알고리즘 및 코드를 사용하여 영상을 자동 처리, 조작, 분석 및 해석하는 것을 말한다. 이것은 텔레비전, 사진, 로봇공학, 원격탐사, 의료진단 및 산업검사와 같은 과학 및 기술 분야의 많은 분야에 적용된다. 우리가 일상생활에서 익숙해 왔고 매일 많은 영상을 업로드 하는 페이스북Facebook 및 인스타그램Instagram과 같은 소셜 네트워킹 사이트는 우리가 업로드 하는 영상을 처리하기 위해 많은 영상처리 알고리즘을 사용해야 하는 산업의 전형적인 예이다.

이 책에서는 영상을 처리하기 위해 몇 가지 파이썬 패키지를 사용하려고 한다. 첫째, 우리는 고전적인 영상처리를 하기 위해 많은 라이브러리를 사용할 것이다. 영상 데이터를 추출하는 것에서부터 전처리를 위해, 라이브러리 함수를 사용하여 일부 알고리즘으로 데이터를 변화, 복원, 표현(서술자로), 분할, 분류, 감지 및 데이터 분석, 이해 그리고 해석을 위해 객체 인식을 할 것이다. 다음으로, 우리는 지난 몇 년 동안 매우 인기가 있었던 딥러닝을 기반으로 한 영상처리를 위해 또 다른 라이브러리를 사용할 것이다.

영상처리의 일부 응용들

영상처리의 일부 응용들에는 의료/생물학 분야(예: 엑스레이 및 CT 스캔), 컴퓨터사진학 computational photography, 지문인증, 얼굴인식 등이 있다.

영상처리 파이프라인

다음 단계에서는 영상처리 파이프라인의 기본 단계를 설명한다.

1. **획득 및 저장**: 영상을 캡처(예: 카메라 사용)하고, 일부 장치(예: 하드 디스크)에 파일(예: JPEG 파일)로 저장한다.
2. **메모리 로드와 디스크 저장**: 영상을 디스크에서 메모리로 읽어 와서 일부 데이터 구조(예: numpy ndarray)를 사용하여 저장하며, 영상에 일부 알고리즘을 실행한 후, 영상 파일로 직렬화할 수 있는 데이터 구조가 필요하다.
3. **조작, 향상 및 복원**: 다음을 수행하기 위해 사전 처리 알고리즘을 실행해야 한다.
   - 영상에서 약간의 변환 실행(샘플링 및 조작, 예: 명암도 변환)
   - 영상의 품질 향상(필터링, 예: 블러 제거)
   - 영상을 잡음 저하로부터 복원
4. **분할**: 관심 객체를 추출하기 위해 영상을 분할해야 한다.
5. **정보 추출/표현**: 영상은 어떤 다른 형태로 예를 들어, 다음 중 하나로 표현될 필요가 있다.
   - 영상에서 수작업으로 제작된 일부 기능 서술자를 계산할 수 있다(예: 고전적인 영상처리의 HOG 서술자).
   - 일부 특징은 영상에서 자동으로 학습할 수 있다(예 : 딥러닝을 통해 신경망의 숨겨진 계층layers에서 학습한 가중치 및 바이어스 값).
   - 영상은 대체 표현을 사용하여 표현된다.
6. **영상 이해/해석**: 이 표현은 다음과 함께 영상을 더 잘 이해하는 데 사용된다.
   - 영상 분류(예: 영상에 인간 개체가 포함되어 있는지 여부)
   - 객체 인식(예: 경계 박스box로 영상에서 자동차 객체의 위치 찾기)

다음 다이어그램은 영상처리의 여러 단계들을 설명한다.

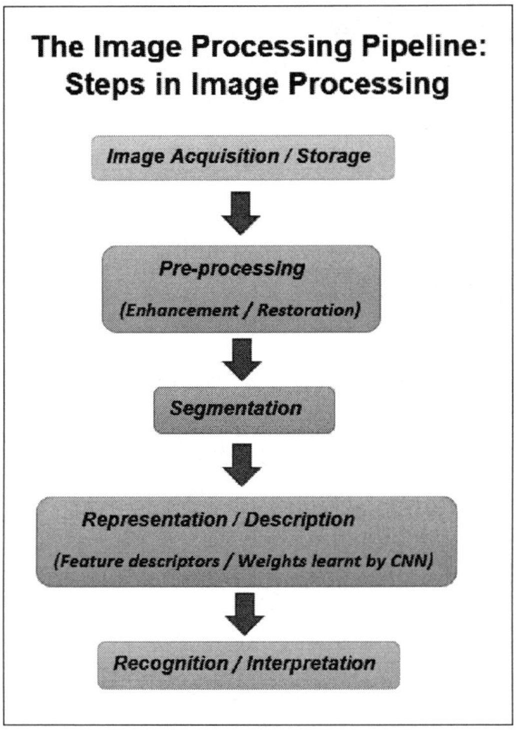

다음 그림은 다양한 영상처리 작업에 사용할 다른 모듈들을 나타낸다.

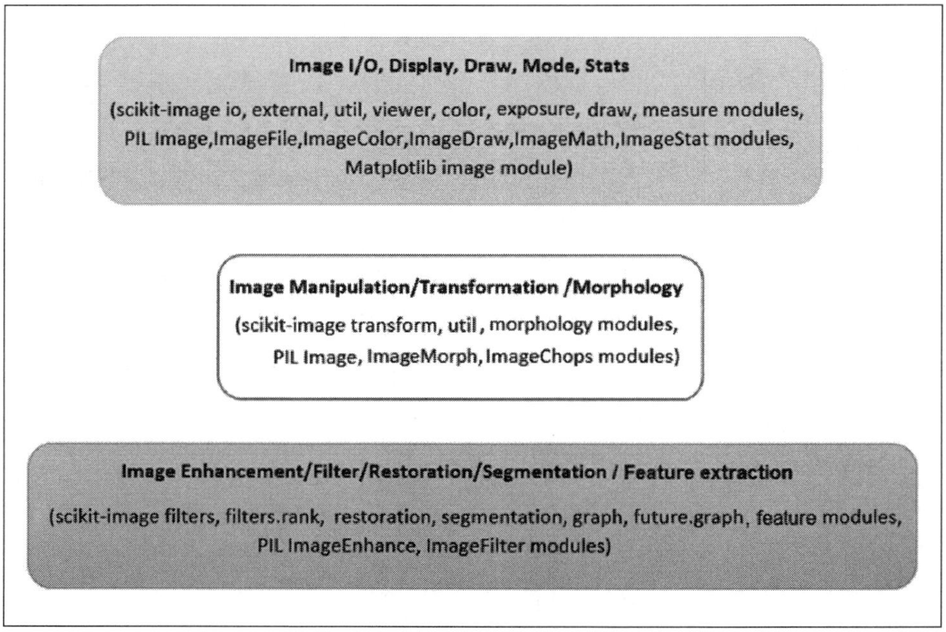

이 라이브러리들 외에도 다음을 사용할 것이다:

- 다른 영상처리 작업을 위한 `scipy.ndimage` 및 `opencv`
- 고전적 기계학습을 위한 `scikit-learn`
- 딥러닝을 위한 텐서 플로우(`tensorflow`)와 케라스(`keras`)

파이썬에서 다른 영상처리 라이브러리 설정하기

다음 몇 단락에서는 다른 영상 라이브러리를 설치하고 파이썬의 고전적 영상처리 기술을 사용하여 영상을 처리하는 코드를 작성하기 위한 환경 설정하는 방법을 설명한다. 이 책의 마지막 몇 장에서 딥러닝 기반 방법을 사용할 때는 다른 설정을 사용해야 할 것이다.

pip 설치

pip가 아직 설치되지 않은 경우, 먼저 pip를 설치해야 한다. `pip`(또는 `pip3`) 도구를 사용하여 라이브러리를 설치한다. 여기에 언급된 바와 같이(`https://pip.pypa.io/en/stable/installing/#do-i-need-to-install-pip`) python.org에서 다운로드한 파이썬 3.4 이상을 사용하는 경우, `pip`는 이미 설치되어 있다. 또는 우리가 virtualenv(`https://packaging.python.org/key_projects/#virtualenv`) 혹은 pyvenv(`https://packaging.python.org/key_projects/#venv`)가 만든 가상환경(`https://packaging.python.org/tutorials/tutorials/installing-packages/#creating-and-using-virtual-environments`)에서 작업하고 있어도, 이미 `pip`는 설치되어 있다. 다만 우리는 `pip`(`https://pip.pypa.io/en/stable/installing/#upgrading-pip`)를 업그레이드하면 된다. 다른 OS 또는 플랫폼용 `pip`를 설치하는 방법은 `https://stackoverflow.com/questions/6587507/how-to-install-pip-with-python-3`에서 찾을 수 있다.

파이썬에서 일부 영상처리 라이브러리 설치하기

파이썬에는 영상처리에 사용할 수 있는 라이브러리가 많이 있다. NumPy, SciPy, scikit-image, PIL(Pillow), OpenCV, scikitlearn, SimpleITK, Matplotlib 등 우리가 사용할 것들이다.

matplotlib 라이브러리는 주로 표시 목적으로 사용되지만, numpy는 영상 저장에 사용된다. scikit-learn 라이브러리는 영상처리를 위한 기계학습 모델을 작성하는 데 사용되며, scipy는 주로 영상 향상에 사용된다. scikit-image, mahotas 및 opencv 라이브러리는 다른 영상처리 알고리즘을 위해 사용된다. 다음 코드 블록은 우리가 사용할 라이브러리를 파이썬 프롬프트(대화식 모드)에서 pip로 다운로드하고 설치할 수 있는 방법을 보여준다.

```
>>> pip install numpy
>>> pip install scipy
>>> pip install scikit-image
>>> pip install scikit-learn
>>> pip install pillow
>>> pip install SimpleITK
>>> pip install opencv-python
>>> pip install matplotlib
```

사용하려는 OS 플랫폼에 따라 몇 가지 추가 설치 지침이 있을 수 있다. 독자가 각 라이브러리의 설명서 사이트를 통해 각 라이브러리에 대한 자세한 플랫폼 별 설치 지침을 얻는 것이 좋다. 예를 들어, scikit-image 라이브러리의 경우, 다양한 OS 플랫폼에 대한 자세한 설치 지침은 http://scikit-image.org/docs/stable/install.html에서 볼 수 있다. 또한 독자는 다른 라이브러리에 대한 플랫폼 종속 설치 문제를 해결하기 위해 stackoverflow와 같은 웹 사이트에 익숙해야 한다.

마지막으로 파이썬 프롬프트에서 라이브러리를 가져와서 라이브러리가 제대로 설치되었는지 여부를 확인할 수 있다. 라이브러리를 성공적으로 가져오면(오류 메시지가 표시되지 않음) 설치에 문제가 없다. 설치된 라이브러리의 버전을 콘솔에 출력할 수 있다.

다음 코드 블록은 scikit-image 및 PIL 파이썬 라이브러리의 버전을 보여준다.

```
>>> import skimage, PIL, numpy
>>> print(skimage.__version__)
# 0.14.0
>>> PIL.__version__
# 5.1.0
>>> numpy.__version__
# 1.14.5
```

모든 라이브러리에 대해 최신 버전을 가지고 있는지 확인하자.

아나콘다 배포판 설치하기

또한 최신 버전의 아나콘다 배포판을 다운로드하여 설치하는 것이 좋다. 이렇게 하면 많은 파이썬 패키지를 명시적으로 설치할 필요가 없다.

> 다양한 OS에 대한 아나콘다 설치에 대한 자세한 내용은 다음에서 찾을 수 있다. `https://conda.io/docs/user-guide/install/index.html`에 있다.

주피터 노트북 설치하기

우리는 주피터 노트북Jupyter notebook을 사용하여 파이썬 코드를 작성하려고 한다. 따라서 파이썬 프롬프트에서 `>>> pip install jupyter`를 사용하여 주피터 패키지를 먼저 설치한 다음, `>>> jupiter notebook`을 사용하여 브라우저에 주피터 노트북 응용 프로그램을 실행해야 한다. 거기에서 우리는 새로운 파이썬 노트북을 만들고 커널을 선택할 수 있다. 아나콘다를 사용한다면 명시적으로 주피터를 설치할 필요가 없다. 최신 아나콘다 배포본은 주피터와 함께 제공된다.

> 주피터 노트북 실행에 대한 자세한 내용은 `http://jupyternotebook-beginner-guide.readthedocs.io/en/latest/execute.html`에서 찾을 수 있다.

노트북 셀 내부에서 파이썬 패키지를 설치할 수도 있다. 예를 들어, `! pip install scipy` 명령으로 scipy를 설치할 수 있다.

> 주피터 설치에 대한 자세한 내용은 http://readthedocs.io/ko/latest/install.html을 참조하시오.

파이썬으로 영상 I/O 및 표시하기

영상은 디스크에 파일로 저장되므로 파일에서 영상을 읽고 쓰는 작업은 디스크 I/O 작업이다. 이는 여러 라이브러리를 사용하여 여러 가지 방법으로 수행할 수 있다. 이 중 일부는 이 절에 나와 있다. 먼저 필요한 모든 패키지를 가져와서 시작하자.

```
import numpy as np
from PIL import Image, ImageFont, ImageDraw
from PIL.ImageChops import add, subtract, multiply, difference, screen
import PIL.ImageStat as stat
from skimage.io import imread, imsave, imshow, show
from skimage import color, viewer, img_as_float, data
from skimage.transform import SimilarityTransform, warp, swirl
from skimage.util import random_noise
import matplotlib.image as mpimg
import matplotlib.pylab as plt
from scipy import misc
```

PIL을 사용하여 영상 읽기, 저장 및 표시

PIL 함수인 open()은 다음 코드와 같이 Image 객체로 디스크에서 영상을 읽는다. 영상은 PIL.PngImagePlugin.PngImageFile 클래스의 객체로 로드된다. 너비, 높이 및 크기(너비 × 높이 또는 영상 해상도)를 찾기 위한 모드와 같은 속성을 사용할 수 있다. 영상 모드는 다음과 같이 사용한다.

```
im = Image.open("../images/parrot.png")        # 영상 읽기, 영상 파일 경로 주의
print(im.width, im.height, im.mode, im.format, type(im))
# 453 340 RGB PNG <class 'PIL.PngImagePlugin.PngImageFile'>
im.show()                                      # 영상 표시
```

다음은 앞 코드 블록의 결과이다.

다음 코드 블록은 PIL 함수인 convert()를 사용하여 컬러 RGB 영상을 명암도 영상으로 변환하는 방법을 보여준다.

```
im_g = im.convert('L')                            # 컬러 영상을 명암도 영상으로 변환
im_g.save('../images/parrot_gray.png')            # 디스크에 파일 저장
Image.open("../images/parrot_gray.png").show()  # 디스크의 파일 읽어 표시
```

다음은 출력 명암도 영상이다.

디스크의 영상에 대한 올바른 경로 제공

처리에 사용할 영상을 저장할 폴더(하위 디렉토리)를 만드는 것이 좋다(예: 파이썬 코드 샘플의 경우 images 폴더에 저장된 영상을 사용함). 그런 다음 file not found 예외를 피하기 위해 액세스할 폴더의 경로를 제공한다.

Matplotlib을 사용하여 영상 읽기, 저장 및 표시

다음 코드 블록에서 imread() 함수를 사용하는 방법을 보여준다. matplotlib.image를 사용하여 부동 소수점 numpy ndarray에서 영상을 읽는다. 화소 값은 0과 1 사이의 실수 값으로 표시된다.

```
im = mpimg.imread("../images/hill.png")          # numpy ndarray 영상 읽기
print(im.shape, im.dtype, type(im))              # png 파일은 α 채널 포함
# (960, 1280, 4) float32 <class 'numpy.ndarray'>

plt.figure(figsize=(10,10))
plt.imshow(im), plt.axis('off')
plt.show()
```

다음 그림은 앞 코드 블록의 출력을 나타낸다.

다음 코드는 먼저 0.5 미만의 모든 화소 값을 0으로 설정한 다음, numpy ndarray를 디스크에 저장하여 영상을 어두운 영상으로 변경한다. 저장된 영상이 다시 로드되어 표시된다.

```
im1 = im
im1[im1 < 0.5] = 0                                     # 어두운 영상 생성

plt.imshow(im1)                                        # 영상 그리기
plt.axis('off')                                        # 그래프에 축 없음
plt.tight_layout()
plt.savefig("../images/hill_dark.png")                 # 영상 저장

im = mpimg.imread("../images/hill_dark.png")           # 저장 영상 읽기
plt.figure(figsize=(10,10))
plt.imshow(im), plt.axis('off'), plt.tight_layout()    # 한 행에 수행 가능
plt.show()                                             # 영상 표시
```

다음 그림은 앞 코드 블록으로 저장된 어두운 영상을 나타낸다.

Matplotlib imshow()로 표시하는 동안 보간(Interpolating)

Matplotlib의 imshow() 함수는 영상을 표시하기 위한 여러 가지 유형의 보간 방법을 제공한다. 이러한 함수는 그릴 영상이 작을 때 특히 유용할 수 있다. 다음 그림에 나와 있는 작은 50 × 50 lena 영상을 사용하여 다양한 보간 방법으로 플로팅한 효과를 확인하자.

다음의 코드 블록은 imshow()로 다양한 보간법을 사용하는 방법을 나타낸다.

```
im = mpimg.imread("../images/lena_small.jpg")              # ndarray 영상 읽기
methods = ['none', 'nearest', 'bilinear', 'bicubic', 'spline16', 'lanczos'] # 보간 방법들

fig, axes = plt.subplots(nrows=2, ncols=3, figsize=(15, 10), \
                         subplot_kw={'xticks': [], 'yticks': []})
fig.subplots_adjust(hspace=0.05, wspace=0.05)
for ax, interp_method in zip(axes.flat, methods):
    ax.imshow(im, interpolation=interp_method)
    ax.set_title(str(interp_method), size=20)
plt.tight_layout()
plt.show()
```

다음의 그림은 앞 코드 블록의 결과를 보여준다.

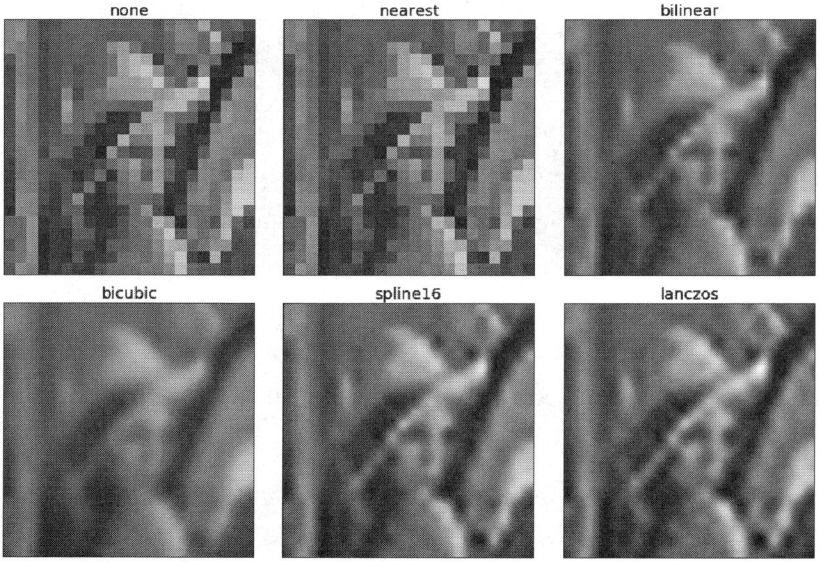

scikit-image를 사용하여 영상 읽기, 저장 및 표시

다음 코드 블록은 scikit-image의 imread() 함수를 사용하여 uint 8(8비트 부호없는 정수) 유형의 numpy ndarray의 영상을 읽는다. 따라서 화소 값은 0에서 255 사이의 값이 된다. 그런 다음 Image.color 모듈의 rgb2hsv() 함수를 사용하여 컬러 RGB 영상을 HSV 영상으로 변환한다(곧 논의할 영상의 유형 또는 모드를 변경한다). 다음으로 색조와 값 채널을 변경하지 않고, 모든 화소에 대해 채도(색채)를 일정한 값으로 변경한다. 그런 다음, hsv2rgb() 함수를 사용하여 영상을 RGB 모드로 다시 변환하여 새 영상을 만든 후 저장하고 표시한다.

```
im = imread("../images/parrot.png")              # 영상 읽기
print(im.shape, im.dtype, type(im))
# (362, 486, 3) uint8 <class 'numpy.ndarray'>
hsv = color.rgb2hsv(im)                          # 컬러 공간 변환 (RGB --> HSV)
hsv[:, :, 1] = 0.5                               # 채도 채널 값 변경
im1 = color.hsv2rgb(hsv)                         # 컬러 공간 환원(HSV --> RGB)

imsave('../images/parrot_hsv.png', im1)          # 영상 저장
im = imread("../images/parrot_hsv.png")
plt.axis('off'), imshow(im)
show()
```

다음 그림은 앞 코드 블록의 출력이다.—채도가 변경된 새 영상을 보여준다.

scikit-image viewer 모듈을 사용하여 다음 코드 블록과 같이 영상을 팝업 창에 표시할 수도 있다.

```
viewer = viewer.ImageViewer(im)
viewer.show()
```

scikit-image의 우주 비행사 데이터셋 사용

다음 코드 블록은 데이터 모듈을 사용하여 scikit-image 라이브러리의 영상 데이터셋에서 우주 비행사 영상을 로드하는 방법을 보여준다. 이 모듈에는 비슷한 방식으로 로드할 수 있는 카메라맨과 같은 몇 가지 다른 인기있는 데이터셋들이 포함되어 있다.

```
im = data.astronaut()                    # 우주 비행사 영상 읽기
imshow(im)                               # scikit-image 모듈의 영상 그리기 함수
show()
```

다음 그림은 앞 코드 블록의 결과를 보여준다.

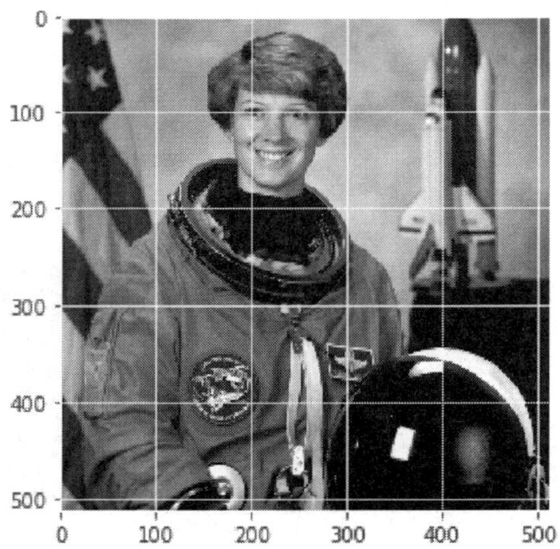

한 번에 여러 영상 읽기 및 표시

scikit-image io 모듈의 imread_collection() 함수를 사용하여 파일 이름에 특정 패턴이 있는 모든 영상을 폴더에 로드하고, imshow_collection() 함수로 동시에 표시

할 수 있다. 코드는 독자의 연습문제로 남겨둔다.

scipy misc를 사용하여 영상 읽기, 저장 및 표시

scipy의 misc 모듈은 영상 I/O 및 표시에도 사용될 수 있다. 다음 절에서는 misc 모듈 기능을 사용하는 방법을 보여준다.

scipy.misc의 얼굴 데이터셋 사용

다음 코드 블록은 misc 모듈의 얼굴 데이터셋을 표시하는 방법을 보여준다.

```
im = misc.face()                              # 라쿤 얼굴 영상 읽기
# misc.imsave('face.png', im)                 # SciPy 1.2 버전부터 함수 제거됨
im2 = Image.fromarray(im, "RGB")              # Image module(PIL) 모듈 사용
im2.save('./face.png')

print(im.shape, im.dtype, type(im))
plt.imshow(im), plt.axis('off')
plt.show()
```

다음 그림은 misc 모듈의 얼굴 영상을 표시하는 앞 코드 블록의 출력을 보여준다.

misc.imread()를 사용하여 디스크에서 영상을 읽을 수 있다. 다음 코드 블록은 예제를 보여준다.

```
im = misc.imread('../images/veg.jpg')
print(type(im), im.shape, im.dtype)
# <class 'numpy.ndarray'> (225, 225, 3) uint8
```

I/O 함수의 imread()는 SciPy 1.0.0에서 더 이상 사용되지 않으며, 1.2.0에서 제거될 것이므로, 대신에 imageio 라이브러리를 사용할 것을 권장한다. 다음 코드 블록은 imageio.imread() 함수를 사용하여 영상을 읽는 방법을 보여 주며, 영상을 Matplotlib로 표시할 수 있다.

```
import imageio

im = imageio.imread('../images/pepper.jpg')          # 영상 읽기
print(type(im), im.shape, im.dtype)
# <class 'imageio.core.util.Image'> (225, 225, 3) uint8

plt.imshow(im), plt.axis('off')
plt.show()
```

다음 그림은 앞 코드 블록의 출력을 보여준다.

다양한 영상 유형과 파일 형식 다루기 및 기본 영상 조작

이 절에서는 다양한 영상 조작 함수(점 변환 및 기하학적 변환 포함)와 다른 유형의 영상 처리 방법에 대해 설명한다.

다양한 영상 유형과 파일 형식 다루기

영상은 다른 파일 형식과 다른 모드(유형)로 저장될 수 있다. 파이썬 라이브러리를 사용하여 다른 파일 형식과 유형을 가진 영상을 처리하는 방법에 대해 알아보자.

파일 형식

영상 파일의 형식이 다를 수 있다. 인기있는 것들은 BMP(8비트, 24비트, 32비트), PNG, JPG(JPEG), GIF, PPM, PNM 및 TIFF를 포함한다. 영상 파일의 특정 형식 (및 메타 데이터 저장 방법)에 대해 걱정할 필요가 없다. 파이썬 영상처리 라이브러리는 영상을 읽고 다른 유용한 정보(예: 영상 크기, 유형/모드 및 데이터 유형)와 함께 데이터를 추출한다.

한 파일 형식에서 다른 형식으로 변환

PIL을 사용하면 영상을 한 파일 형식으로 읽고, 다른 파일 형식으로 저장할 수 있다. 예를 들어 다음과 같이 PNG에서 JPG로 변환할 수 있다.

```
im = Image.open("../images/parrot.png") # PIL 함수 이용 영상 읽기
print(im.mode)                          # RGB
im.save("../images/parrot.jpg")         # Image 객체 내의 save() 함수로 영상 저장
```

그러나 PNG 파일이 RGBA 모드인 경우, JPG로 저장하기 전에 RGB 모드로 변환해야 한다. 그렇지 않으면 오류가 발생한다. 다음 코드 블록은 먼저 변환한 다음, 저장하는 방법을 보여준다.

```
im = Image.open("../images/hill.png")          # 알파 채널 포함 영상
print(im.mode)                                  # RGBA
im.convert('RGB').save("../images/hill.jpg")   # 알파 채널 있는 경우 변환 필요
```

영상 유형(모드)

영상의 유형은 다음과 같다.

- 단일 채널 영상 – 각 화소는 단일 값으로 표현된다.
  - 이진(단색) 영상: 각 화소는 단일 0-1비트
  - 명암도 영상: 각 화소는 8비트로 표현될 수 있으며, 일반적으로 0-255 범위의 값을 가질 수 있다.
- 다중 채널 영상 – 각 화소는 값들의 튜플로 표시된다.
  - 3채널 영상: 예를 들면 다음과 같다.
    - RGB 영상 – 각 화소는 모든 화소에 대해 빨강, 녹색 및 파랑 채널 색상 값을 나타내는 3원소 튜플[threetuple](r, g, b) 값으로 나타낸다.
    - HSV 영상 – 각 화소는 색조(색상), 채도(색상이 흰색과 혼합되는 정도) 및 값(밝기-색상이 검정색과 혼합되는 정도)을 나타내는 3원소 튜플(h, s, v) 값으로 표현된다. HSV 모델은 인간의 눈이 색상을 인식하는 방식과 유사한 방식으로 색상을 설명한다.
  - 4채널 영상: 예를 들어, RGBA 영상–각 화소는 4원소 튜플(r, g, b, α) 값으로 표현되며, 마지막 채널은 투명도를 나타낸다.

한 영상 모드에서 다른 영상 모드로 변환

영상 자체를 읽는 동안 RGB 영상을 명암도[gray scale] 영상으로 변환할 수 있다. 다음 코드 블록은 정확히 그 역할을 한다.

```
im = imread("../images/parrot.png", as_gray=True)
print(im.shape)                                  #(362, 486)
```

일부 컬러 영상의 경우, 명암도로 변환하는 동안 정보가 손실될 수 있다. 다음 코드는 이시하라 플레이트[Ishihara plates]를 사용하여 색맹을 탐지하는 데 사용되는 예제를 보여준다.

이번에는 rgb2gray() 함수가 색상 모듈에서 사용되며, 색상 영상과 회색 명암 영상이 나란히 표시된다. 다음 그림에서 볼 수 있듯이, 명암도 버전에서는 숫자 8이 거의 보이지 않는다.

```
im = imread("../images/Ishihara.png")
im_g = color.rgb2gray(im)
plt.subplot(121), plt.imshow(im, cmap='gray'), plt.axis('off')
plt.subplot(122), plt.imshow(im_g, cmap='gray'), plt.axis('off')
plt.show()
```

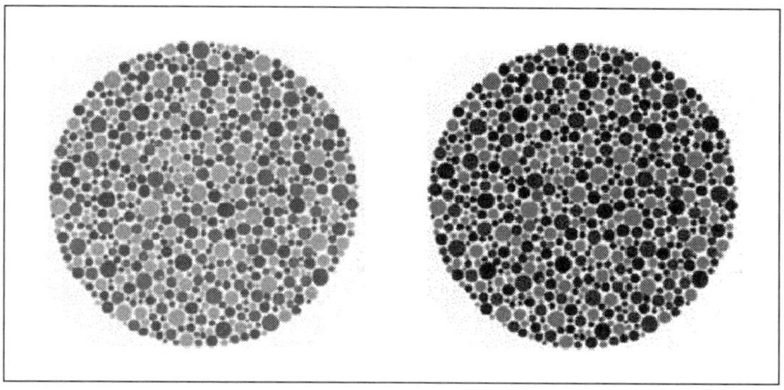

일부 색상 공간(채널)

다음은 몇 가지 인기있는 채널/색상 공간을 나타낸다: RGB, HSV, XYZ, YUV, YIQ, YPbPr, YCbCr 및 YDbDr이다. 어파인 매핑을 사용하여 한 색상 공간에서 다른 색상 공간으로 이동할 수 있다. 다음 행렬은 RGB에서 YIQ 색상 공간으로의 선형 매핑을 나타낸다.

RGB to YIQ

$$\begin{bmatrix} Y \\ I \\ Q \end{bmatrix} = \begin{bmatrix} 0.299 & 0.587 & 0.114 \\ 0.596 & -0.274 & -0.322 \\ 0.211 & -0.523 & 0.312 \end{bmatrix} \begin{bmatrix} R \\ G \\ B \end{bmatrix}$$

YIQ to RGB

$$\begin{bmatrix} R \\ G \\ B \end{bmatrix} = \begin{bmatrix} 1 & 0.956 & 0.621 \\ 1 & -0.272 & -0.647 \\ 1 & -1.106 & 1.703 \end{bmatrix} \begin{bmatrix} Y \\ I \\ Q \end{bmatrix}$$

한 색상 공간에서 다른 색상 공간으로 변환

라이브러리 함수를 사용하여 한 색상 공간을 다른 색상 공간으로 변환할 수 있다. 예를 들어, 다음 코드는 RGB 색상 공간을 HSV 색상 공간 영상으로 변환한다.

```
im = imread("../images/parrot.png")
im_hsv = color.rgb2hsv(im)
plt.gray()                                       # 명암도 영상으로 표시
plt.figure(figsize=(10,8))
plt.subplot(221), plt.imshow(im_hsv[...,0])
plt.title('h', size=20), plt.axis('off')
plt.subplot(222), plt.imshow(im_hsv[...,1]),
plt.title('s', size=20), plt.axis('off')
plt.subplot(223), plt.imshow(im_hsv[...,2]),
plt.title('v', size=20), plt.axis('off')
plt.subplot(224), plt.axis('off')
plt.show()
```

다음 그림은 앞 코드 블록을 사용하여 생성된 앵무새 HSV 영상의 h(heu 또는 color로서 반사광의 주 파장), s(채도(saturation, chroma)) 및 v(값 또는 밝기/발광) 채널을 보여준다.

마찬가지로 rgb2yuv() 함수를 사용하여 영상을 YUV 색상 공간으로 변환할 수 있다.

영상을 저장하는 데이터 구조

이미 설명했듯이, PIL은 Image 객체를 사용하여 영상을 저장하는 반면, scikit-image는 numpy ndarray 데이터 구조를 사용하여 영상 데이터를 저장한다. 다음 절에서는 이 두 데이터 구조 간에 변환하는 방법에 대해 설명한다.

영상 데이터 구조 변환

다음 코드 블록은 PIL 영상 객체를 numpy ndarray로 변환하는 방법을 보여준다(scikit-image에서 사용).

```
im = Image.open('../images/flowers.png')  # PIL 모듈의 Image 객체로 영상 읽기
im = np.array(im)                          # Image 객체에서 numpy ndarray 생성
imshow(im)                          # skimage 모듈의 imshow 함수 사용해 영상 표시
plt.axis('off')
show()
```

다음 그림은 꽃 영상인 앞 코드 블록의 결과를 보여준다.

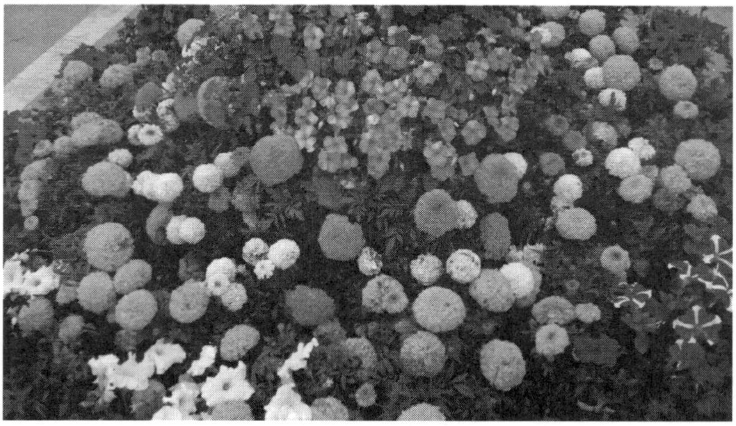

다음 코드 블록은 numpy ndarray에서 PIL Image 객체로 변환하는 방법을 보여준다. 코드 블록을 실행하면 이전 그림과 동일한 결과가 표시된다.

```
im = imread('../images/flowers.png')        # numpy ndarray로 영상읽기
im = Image.fromarray(im)                    # PIL 영상 객체 생성
im.show()                                   # PIL Image.show 함수 사용해 영상표시
```

기본 영상 조작

기본 영상 조작을 위해 다른 파이썬 라이브러리를 사용할 수 있다. 거의 모든 라이브러리는 numpy ndarray(명암도의 경우, 2차원 배열, RGB 영상의 경우, 3차원 배열)로 영상을 저장한다. 다음 그림은 컬러 lena 영상의 경우에 대해 양의 x 방향과 y 방향을 보여준다(원점은 영상 2차원 배열의 왼쪽 위 모서리이다).

numpy 배열 슬라이싱으로 영상 조작

다음 코드 블록은 numpy 배열을 사용하여 슬라이싱 및 마스킹을 사용하여 lena 영상에 원형 마스크를 만드는 방법을 보여준다.

```
lena = imread("../images/lena.jpg")          # 영상 읽기(numpy ndarray)
print(lena[0, 40])                           # [180 76 83]
# prnt(lena[10:13, 20:23,0:1])               # 행렬 범위 슬라이딩

lx, ly, _ = lena.shape
X, Y = np.ogrid[0:lx, 0:ly]
mask = (X - lx / 2) ** 2 + (Y - ly / 2) ** 2 > lx * ly / 4
lena[mask, :] = 0
```

```
plt.figure(figsize=(10,10))
plt.imshow(lena), plt.axis('off')
plt.show()
```

다음 그림은 코드 블록의 출력을 보여준다.

간단한 영상 모핑 - 교차 디졸브를 사용하는 두 영상의 알파 블렌딩

다음의 코드 블록은 다음의 방정식으로 주어진 두 영상 numpy ndarrays의 선형 조합을 사용하여, 하나의 얼굴 영상($image_1$은 메시[Messi]의 얼굴)에서 시작하여 다른 영상($image_2$는 호나우두[Ronaldo]의 얼굴)로 끝나는 방법을 보여준다.

$$(1-\alpha).\,image_1 + \alpha.\,image_2$$

0부터 1까지 α를 반복적으로 증가시킴으로 이것을 한다.

```
im1 = mpimg.imread("../images/messi.jpg") / 255      # RGB 값을 [0,1]로 조정
im2 = mpimg.imread("../images/ronaldo.jpg") / 255
i = 1
plt.figure(figsize=(18,15))
for alpha in np.linspace(0, 1, 20):
    plt.subplot(4,5,i)
    plt.imshow((1-alpha)*im1 + alpha*im2)
    plt.axis('off')
    i += 1
```

```
plt.subplots_adjust(wspace=0.05, hspace=0.05)
plt.show()
```

다음 그림은 메시의 얼굴 영상을 호나우두로 교차 디졸브하는 앞 코드 블록을 사용하여 만든 알파 혼합 영상의 시퀀스를 보여준다. 그림의 중간 영상 시퀀스에서 볼 수 있듯이 단순한 블렌딩으로 인해, 얼굴 모핑은 매우 부드럽지 않다. 다음 장에서 우리는 영상 모핑을 위한 더 진보된 기술을 보게 될 것이다.

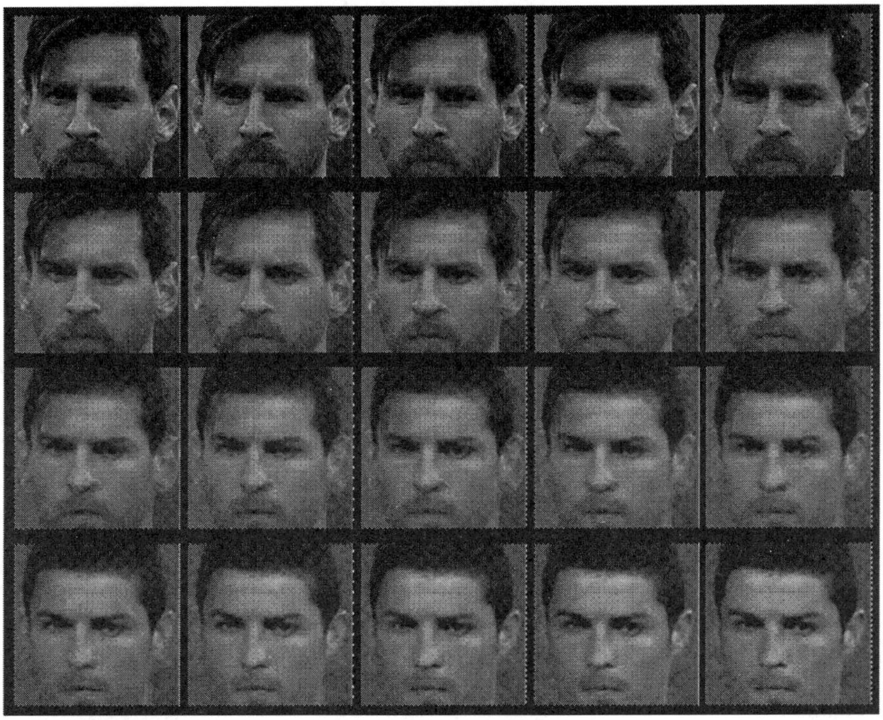

PIL을 이용한 영상 조작

PIL은 영상을 조작하는 많은 함수를 제공한다. 예를 들어, 점 변환을 사용하여 화소 값을 변경하거나 영상에서 기하학적 변환을 수행할 수 있다. 먼저 다음 코드와 같이 앵무새 PNG 영상을 로드하여 시작하자.

```
im = Image.open("../images/parrot.png")         # 영상 열기, 경로 주의
print(im.width, im.height, im.mode, im.format) # 영상 정보 출력 - 486 362 RGB PNG
```

다음 몇 절에서는 PIL로 다양한 유형의 영상 조작을 수행하는 방법에 대해 설명한다.

영상 자르기

다음 코드 블록과 같이 `crop()` 함수를 원하는 rectangle 인수와 함께 사용하여 영상에서 해당 영역을 잘라낼 수 있다.

```
im = Image.open("../images/parrot.png")        # 영상 열기, 경로 주의
print(im.width, im.height, im.mode, im.format) # 영상 정보 출력 - 486 362 RGB PNG

im_c = im.crop((175,75,320,200)) # 사각형 정보(left, top, right, bottom)로 영상 절단
im_c.show()                      # 윈도우의 사진보기 프로그램에 표시
```

다음 그림은 앞 코드 블록을 사용하여 생성한 잘라진 영상을 보여준다.

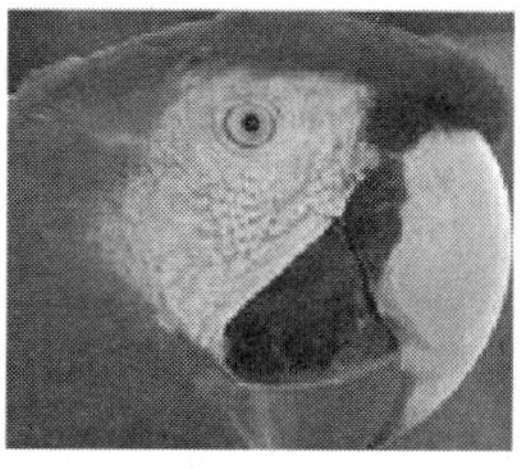

영상 크기 조정

영상의 크기를 늘리거나 줄이기 위해 내부적으로 영상을 업 샘플링[up-sampling]하거나 다운 샘플링[down-sampling]하는 `resize()` 함수를 사용할 수 있다. 이에 대해서는 다음 장에서 자세히 설명한다.

크기 변경 – 확대

149 × 97 크기의 작은 시계 영상으로 시작하여 더 큰 크기의 영상을 만든다. 다음 코드 블록은 우리가 시작할 작은 시계 영상을 보여준다.

```
im = Image.open("../images/clock.jpg")
print(im.width, im.height)                                      # 107 105
im.show()
```

다음 코드 블록은 양선형 보간법을 사용하여 입력 영상보다 25배 큰 크기의 출력 영상을 얻기 위해, resize() 함수를 사용해 이전 입력 시계 영상을 5배 확대하는 방법을 보여준다(업 샘플링 기술). 이 기법의 작동 방식에 대한 자세한 내용은 다음 장에서 설명한다.

```
im_large = im.resize((im.width*5, im.height*5), Image.BILINEAR) # 양선형 보간
im_large.show()
```

크기 변경 – 축소

이제 우리가 그 반대로 하자. 빅토리아 기념관(720 × 540 크기)의 큰 영상부터 시작하여 더 작은 크기의 영상을 만든다. 다음 코드 블록을 시작할 큰 영상을 보여준다.

```
im = Image.open("../images/victoria_memorial.png")
print(im.width, im.height)                          # 720 540
im.show()
```

빅토리아 기념관의 큰 영상인 앞 코드 블록의 출력은 다음과 같다.

다음 코드 블록의 행은 빅토리아 기념 홀의 이전 영상을 축소하여, 크기가 입력 영상보다 25배 작은 출력 영상 크기로 조정하는 데 resize() 함수를 사용하는 방법(인수는 5)을 보여준다. 앤티 앨리어싱(고품질 다운 샘플링 기술)을 사용한다. 다음 장에서 그것이 어떻게 작동하는지 볼 수 있다.

```
im_small = im.resize((im.width//5, im.height//5), Image.ANTIALIAS)
```

영상 반전

point() 함수를 사용하여 단일 인수 함수로 각 화소 값을 변환할 수 있다. 다음 코드 블록에서 볼 수 있듯이, 이를 사용하여 영상을 반전negating시킬 수 있다. 화소 값은 1바이트의 부호없는 정수를 사용하여 표현되므로, 최대 값에서 뺄셈하면 반전된 영상을 얻기 위한 각 화소에 필요한 정확한 점 연산이 된다.

```
im = Image.open("../images/parrot.png")
im_t = im.point(lambda x: 255 - x)
im_t.show()
```

다음 그림은 앞 코드 블록의 반전 영상을 보여준다.

영상을 명암도로 변환

다음 코드 블록과 같이 convert() 함수를 'L' 매개 변수와 함께 사용하여 RGB 색상 영상을 명암도 영상으로 변경할 수 있다.

```
im_g = im.convert('L') # 컬러 영상 --> 명암도 영상
im_g.show()
```

우리는 다음 몇 가지 명암도 변환을 위해 이 영상을 사용할 것이다.

명암도 변환

여기서 함수를 사용하여 입력 영상의 각 단일 화소 값이 출력 영상의 해당 화소 값으로 전송되는 두 가지 변환을 살펴본다. 함수 point()는 이를 위해 사용될 수 있다. 각 화소는 0과 255 사이의 값을 갖는다.

로그 변환

로그 변환log transformation은 화소 값의 동적 범위를 갖는 영상을 효과적으로 압축하는 데 사용될 수 있다. 다음 코드에서는 로그 변환에 점 변환을 사용한다. 알 수 있듯이, 화소 값의 범위가 좁아지고, 밝은 화소 입력 영상의 화소 값이 어두워지고, 어두운 화소가 밝아지면서 화소 값 범위가 축소된다.

```
im_g.point(lambda x: 255*np.log(1+x/255)).show()
```

다음 그림은 앞 코드 행을 실행하여 생성된 출력 로그 변환 영상을 보여준다.

파워-로우 변환

이 변환은 영상의 감마(γ) 보정으로 사용된다. 다음 코드 행은 파워-로우power-law 변환에 point() 함수를 사용하는 방법을 보여준다. 여기서 $\gamma=0.6$이다.

```
im_g.point(lambda x: 255*(x/255)**0.6).show()
```

다음 그림은 앞 코드 행을 실행하여 생성된 파워-로우 변환 영상을 보여준다.

기하학적 변환

이 절에서는 적절한 행렬(종종 동질 좌표로 표현됨)을 영상 행렬에 곱하여 수행되는 또 다른 변환 집합에 대해 설명한다. 기하학적 변환geometric transform은 영상의 기하학적 방향을 변경하므로 이름이 붙는다.

영상 반사

transpose() 함수를 사용하여 가로 또는 세로 축과 관련하여 영상을 반사reflecting할 수 있다.

```
im.transpose(Image.FLIP_LEFT_RIGHT).show()      # 수직 축을 기준으로 반사
```

다음 그림은 앞 코드 행을 실행하여 생성된 출력 영상을 보여준다.

영상 회전

rotate() 함수를 사용하여 각도로 영상을 회전할 수 있다(단위: 도).

```
im_45 = im.rotate(45)                          # 45도 영상 회전
im_45.show()                                   # 회전 영상 표시
```

다음 그림은 위 코드 블록을 실행하여 회전된 출력 영상을 보여준다.

영상에 어파인 변환 적용

2차원 어파인affine 변환 행렬 T는 어파인 변환을 수행하기 위해 영상의 각 화소에 적용될 수 있다. 이 변환은 역 매핑(와핑)으로 구현되는 경우가 많다. 이 변환에 대해서 관심이 있는 독자는 다음의 기사를 참조하라(`https://sandipanweb.wordpress.com/2018/01/21/recursive-graphicsbilinear-interpolation-and-image-transformation-in-python/`).

다음 코드는 입력 영상이 전단shear 변환 행렬로 변환될 때, 얻은 출력 영상을 보여준다. `transform()` 함수의 데이터 인수는 **어파인 변환 행렬**의 처음 두 행을 포함하는 6개 튜플(a, b, c, d, e, f)이다. 각각 새로운 화소 값은 입력 영상에서 가장 가까운 화소로 반올림된 위치 ($ax + by + c$, $dx + ey + f$)에서 취해진다. `transform()` 함수를 사용하여 원본 영상의 크기를 조정, 변환, 회전 및 전단할 수 있다.

```
size = (int(1.4*im.width), im.height)
im.transform(size, Image.AFFINE, data=(1,-0.5,0,0,1,0)).show() # shear(전단)
```

다음 그림은 앞 코드 블록을 실행하여 생성된 전단 변환을 사용한 출력 영상을 보여준다.

원근 변환

다음 코드 블록과 같이 `Image.PERSPECTIVE` 인수를 사용하여 `transform()` 함수로 영상에 원근perspective 변환을 실행할 수 있다.

```
params = [1, 0.1, 0, -0.1, 0.5, 0, -0.005, -0.001]
size = (im.width//3, im.height)
im1 = im.transform(size, Image.PERSPECTIVE, params, Image.BICUBIC)
im1.show()
```

다음 그림은 앞 코드 블록을 실행하여 원근 투영 후, 얻은 영상을 보여준다.

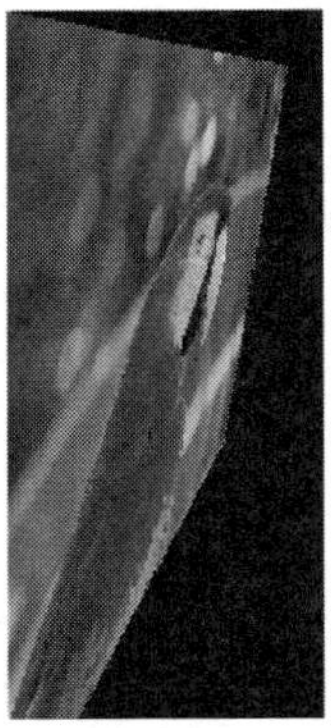

영상의 화소 값 변경

putpixel() 함수를 사용하여 영상의 화소 값을 변경할 수 있다. 다음은 이 기능을 사용하여 영상에 잡음을 추가하는 일반적인 응용에 대해 설명한다.

영상에 소금 후추 잡음 추가

영상에서 무작위로 몇 화소를 선택하고, 그 화소 값들의 약 절반을 검정색으로, 나머지 절반을 흰색으로 설정하여 영상에 **소금 후추 잡음**salt-and-pepper noise을 추가할 수 있다. 다음 코드 블록은 잡음을 추가하는 방법을 보여준다.

```
im1 = im.copy()                                   # 복제를 통해 원본 영상 유지
n = 5000                                          # 영상 내에 5,000개 랜덤 좌표 선택
x = np.random.randint(0, im.width, n)
y = np.random.randint(0, im.height,n)

for (x,y) in zip(x,y):
    new_pix = (0,0,0) if np.random.rand() < 0.5 else (255,255,255)
    im1.putpixel((x, y), new_pix )                # 소금 후추 잡음 추가
im1.show()
```

다음 그림은 앞 코드 블록을 실행하여 생성된 출력 잡음 영상을 보여준다.

영상에 그리기

다음 파이썬 코드 블록에서 볼 수 있듯이(예를 들어, 타원을 그리는 ellipse() 함수) PIL.ImageDraw 모듈에서 영상에 선이나 다른 기하학적 모양을 그릴 수 있다.

```
im = Image.open("../images/parrot.png")
draw = ImageDraw.Draw(im)
draw.ellipse((125, 125, 200, 250), fill=(255,255,255,128))
del draw
im.show()
```

다음 그림은 앞 코드 블록을 실행하여 생성된 출력 영상을 보여준다.

영상에 글자 쓰기

다음 파이썬 코드 블록에서 볼 수 있듯이 PIL.ImageDraw 모듈의 text() 함수를 사용하여 영상에 글자를 추가할 수 있다.

```
draw = ImageDraw.Draw(im)
font = ImageFont.truetype("arial.ttf", 23) # use a truetype font
draw.text((10, 5), "Welcome to image processing with python", font=font)
del draw
im.show()
```

다음 그림은 위 코드 블록을 실행하여 생성된 출력 영상을 보여준다.

섬네일 생성

다음과 같이 thumbnail() 함수를 사용하여 영상에서 축소판thumbnail을 만들 수 있다.

```
im = Image.open("../images/parrot.png")
im_thumbnail = im.copy()                          # 원본 영상 복제
im_thumbnail.thumbnail((100,100))                 # 영상에 섬네일 붙이기
im_thumbnail.show()
```

그림은 위 코드 블록을 실행하여 생성된 출력 영상을 보여준다.

기본 통계 계산

stat 모듈을 사용하여 다음과 같이 영상의 기본 통계(평균, 메디안, 다른 채널 화소 값의 표준 편차 등)를 계산할 수 있다.

```
s = stat.Stat(im)
print(s.extrema) # R, G, B 각 채널의 최댓값, 최소값 [(4, 255), (0, 255), (0, 253)]
print(s.count)   # [154020, 154020, 154020]
print(s.mean)    # [125.41716010907675, 124.4158940397351, 68.46314764316323]
print(s.median)  # [117, 128, 63]
print(s.stddev)  # [47.763871467000165, 51.19863631276633, 39.29534599039047]
```

RGB 채널에 대한 화소 값 히스토그램 그리기

histogram() 함수는 각 채널에 대한 화소의 히스토그램(화소 값 대 빈도 테이블)을 계산하고 연결된 출력을 반환하는 데 사용할 수 있다(예: RGB 영상의 경우, 출력에 3 × 256 = 768 값 포함).

```
pl = im.histogram()
plt.bar(range(256), pl[:256], color='r', alpha=0.5)
plt.bar(range(256), pl[256:2*256], color='g', alpha=0.4)
plt.bar(range(256), pl[2*256:], color='b', alpha=0.3)
plt.show()
```

다음 그림은 위 코드 블록을 실행하여 그려진 R, G, B 색상 히스토그램을 보여준다.

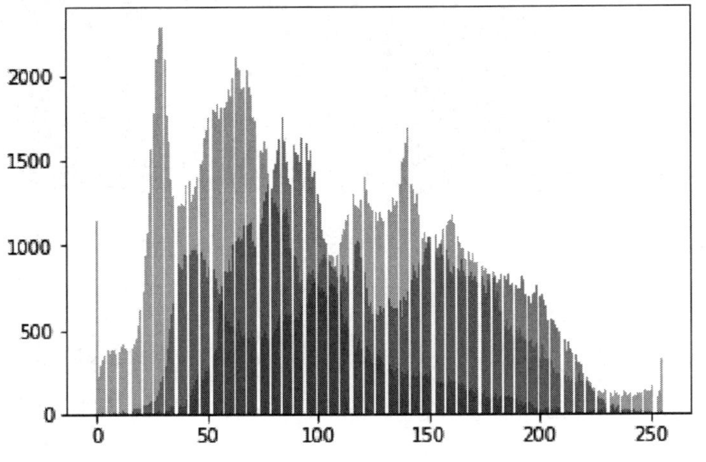

RGB 채널 분리

split() 함수를 사용하여 RGB 영상에 대한 다음 코드 블록과 같이 다중 채널 영상의 채널을 분리할 수 있다.

```
ch_r, ch_g, ch_b = im.split()  # 3개 채널(Red, Green, Blue) 분리
# matplotlib를 사용하여 각 채널 영상 표시
plt.figure(figsize=(18,6))
plt.subplot(1,3,1), plt.imshow(ch_r, cmap='Reds'), plt.axis('off')
plt.subplot(1,3,2), plt.imshow(ch_g, cmap='Greens'), plt.axis('off')
plt.subplot(1,3,3), plt.imshow(ch_b, cmap='Blues'), plt.axis('off')
plt.tight_layout()
plt.show()
```

다음 그림은 앞 코드 블록을 실행하여 생성된 R(빨강), G(녹색), B(파랑) 채널 각각에 대해 생성된 세 개의 출력 영상을 보여준다.

다중 채널 결합

다음 코드와 같이 merge() 함수를 사용하여 다중 채널 영상의 채널을 결합할 수 있다. 빨간색 및 파란색 채널을 교체한 후, 앵무새 RGB 영상을 분할하여 얻은 색상 채널이 병합된다.

```
im = Image.merge('RGB', (ch_b, ch_g, ch_r))      # red, blue 채널 바꿔 채널 합성
im.show()
```

다음 그림은 앞 코드 블록을 실행하여 B, G, R 채널을 병합하여 만든 RGB 출력 영상을 보여준다.

α-블렌딩

blend() 함수는 상수 α를 사용하여 동일한 크기의 두 영상을 보간하여 새 영상을 만드는 데 사용할 수 있다. 두 영상의 크기와 모드가 동일해야 한다. 출력 영상은 다음에 의해 제공된다.

$$out = image_1 * (1.0 - \alpha) + image_2 * \alpha$$

α가 0.0이면 첫 번째 영상의 복사본이 반환된다. α가 1.0이면 두 번째 영상의 복사본이 반환된다. 다음 코드 블록은 예제를 보여준다.

```
im1 = Image.open("../images/parrot.png")
im2 = Image.open("../images/hill.png")     # 453 340 1280 960 RGBA
im1 = im1.convert('RGBA')                  # 두 영상 컬러 모드 다름, 같은 모드 변경

im2 = im2.resize((im1.width, im1.height), Image.BILINEAR) # 두 영상 크기 같게함
im = Image.blend(im1, im2, alpha=0.5).show()
```

다음 그림은 이전 두 영상을 혼합하여 생성된 출력 영상을 보여준다.

두 영상 겹치기

영상은 동일한 크기의 두 입력 영상에 화소를 곱하여 영상을 다른 영상 위에 겹쳐서 표시할 수 있다. 다음 코드 블록은 예제를 보여준다.

```
im1 = Image.open("../images/parrot.png")
im2 = Image.open("../images/hill.png")
im2 = im2.convert('RGB').resize((im1.width,im1.height))
multiply(im1, im2).show()
```

다음 그림은 앞 코드 블록을 실행하여 두 영상을 겹치게 할 때 생성되는 출력 영상을 보여준다.

두 영상 더하기

다음 코드 행은 동일한 크기의 두 입력 영상을 화소 단위로 더하여 영상을 생성하는 방법을 보여준다.

```
add(im1, im2).show()
```

다음 그림은 앞 코드 행을 실행하여 생성된 출력 영상을 보여준다.

두 영상 차분 계산

다음 코드 블록은 영상 간의 화소 별 차이의 절대 값을 반환한다. 영상 차이는 두 영상 간의 변화를 감지하는 데 사용할 수 있다. 예를 들어, 다음 코드 블록은 2018 FIFA 월드컵 경기의 비디오 녹화본(유튜브에서 가져옴)에서 연속된 두 프레임의 차이 영상을 계산하는 방법을 보여준다.

```
from PIL.ImageChops import subtract, multiply, screen, difference, add

im1 = Image.open("../images/goal1.png")
im2 = Image.open("../images/goal2.png")
im = difference(im1, im2)

im.save("../images/goal_diff.png")
plt.figure(figsize=(18,15))
plt.subplot(311), plt.imshow(im1), plt.axis('off')
plt.subplot(312), plt.imshow(im2), plt.axis('off')
plt.subplot(313), plt.imshow(im), plt.axis('off')
plt.show()
```

다음 그림은 연속 프레임 영상과 그 차이 영상을 나타내는 코드 블록의 출력을 보여준다.

첫 번째 영상

두 번째 영상

차이 영상

두 영상 빼기와 두 영상 반전 겹치기

subtract() 함수는 먼저 두 개의 영상을 빼고, 그 결과를 스케일(기본값은 1.0)로 나누고, 오프셋(기본값은 0.0)을 더하는 데 사용할 수 있다. 비슷하게 screen() 함수는 두 개의 거꾸로 된 영상을 서로 겹치게 하는데 사용할 수 있다.

scikit-image로 영상 조작

이전에 PIL 라이브러리를 사용하여 수행한 것처럼, 영상 조작을 위해 scikit-image 라이브러리 함수를 사용할 수도 있다. 몇 가지 예가 다음 절에 나와 있다.

warp() 함수를 사용한 기하 변환과 역 와핑

scikit-image의 transform 모듈의 warp() 함수는 다음 예제에서 볼 수 있듯이, 영상의 기하학적 변환에 대한 역 와핑(이전 절에서 설명함)에 사용할 수 있다.

영상에 어파인 변환 적용

다음 코드 블록에서 볼 수 있듯이, SimilarityTransform() 함수를 사용하여 변환 행렬을 계산한 다음, warp() 함수를 사용하여 변환을 수행할 수 있다.

```
im = imread("../images/parrot.png")
tform = SimilarityTransform(scale=0.9, rotation=np.pi/4, \
                            translation=(im.shape[0]/2, -100))
warped = warp(im, tform)

plt.imshow(warped), plt.axis('off')
plt.show()
```

다음 그림은 앞 코드 블록을 실행하여 생성된 출력 영상을 보여준다.

swirl 변환 적용

이것은 scikit-image 문서에 정의된 비선형 변환이다. 다음 코드에서는 swirl() 함수를 사용하여 변형을 구현하는 방법을 보여준다. 여기서 strength는 swirl 크기에 대한 함수의 매개 변수이고, radius는 화소 단위의 swirl 범위를 나타내며, rotation은 회전 각도를 추가한다. radius의 변환을 r로 하면, 변환이 지정된 반경 내에서 ≈ 1/1000 th로 감소한다.

```
im = imread("../images/parrot.png")
swirled = swirl(im, rotation=0, strength=15, radius=200)
plt.imshow(swirled)
plt.axis('off')
plt.show()
```

다음 그림은 앞 코드 블록을 실행하여 swirl 변환으로 생성된 출력 영상을 보여준다.

영상에 랜덤 가우시안 잡음 추가

random_noise() 함수를 사용하여 영상에 여러 유형의 잡음을 추가할 수 있다. 다음 코드 블록 예제는 서로 다른 분산을 가진 가우시안 잡음을 영상에 추가하는 방법을 보여준다.

```
im = img_as_float(imread("../images/parrot.png"))
sigmas = [0.1, 0.25, 0.5, 1]

plt.figure(figsize=(15,12))
for i in range(4):
    noisy = random_noise(im, var=sigmas[i]**2)
    plt.subplot(2,2,i+1), plt.imshow(noisy), plt.axis('off')
    plt.title('Gaussian noise with sigma=' + str(sigmas[i]), size=20)
    plt.tight_layout()

plt.show()
```

다음 그림은 앞 코드 블록을 실행하여 다양한 분산을 가진 가우시안 잡음을 추가하여 생성된 출력 영상을 보여준다. 보시다시피, 가우시안 잡음의 표준 편차가 클수록 잡음이 많은 출력 영상이 나타난다.

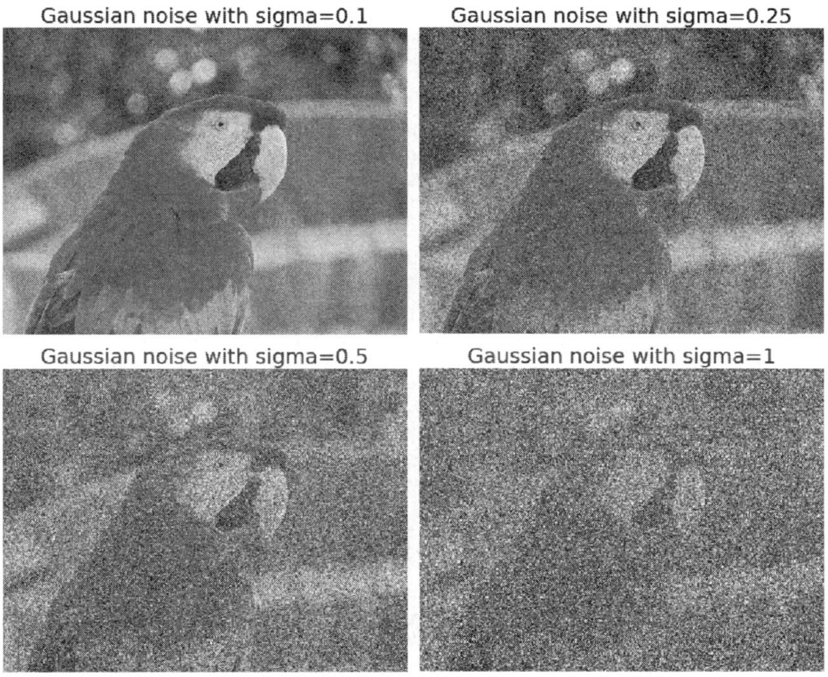

영상의 누적 분포 함수 계산

주어진 영상에 대한 **누적 분포 함수**cumulative distribution function, CDF를 cumulative_distribution() 함수로 계산할 수 있다. 나중에 영상 향상을 다루는 장에서 볼 수 있다. 당분간, 독자는 CDF를 계산하기 위해 이 함수의 사용법을 찾는 것을 권한다.

Matplotlib로 영상 조작

우리는 영상 조작을 위해 matplotlib 라이브러리의 pylab 모듈을 사용할 수 있다. 다음 절은 예제를 보여준다.

영상의 윤곽선 그리기

영상의 등고선은 특정 값을 가진 모든 화소를 연결하는 커브이다. 다음 코드 블록은 아인슈타인의 명암도 영상에 대해 등고선과 채워진 윤곽선을 그리는 방법을 보여준다:

```
im = color.rgb2gray(imread("../images/einstein.jpg"))

plt.figure(figsize=(20,8))
plt.subplot(131), plt.imshow(im, cmap='gray'), plt.title('Original Image', size=20)
plt.subplot(132),
plt.contour(np.flipud(im), colors='k', levels=np.logspace(-15, 15, 100))
plt.title('Image Contour Lines', size=20)
plt.subplot(133), plt.title('Image Filled Contour', size=20),
plt.contourf(np.flipud(im), cmap='inferno')
plt.show()
```

다음 그림은 위 코드 블록의 출력을 보여준다.

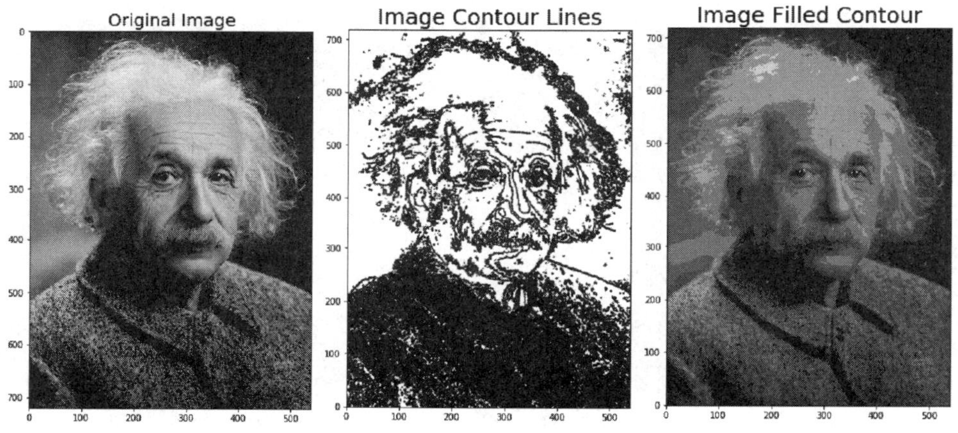

scipy.misc 및 scipy.ndimage 모듈을 사용한 영상 조작

영상 조작을 위해 scipy 라이브러리의 misc 및 ndimage 모듈을 사용할 수 있다. 독자가 관련 기능을 찾고 용도에 익숙해지기 위해 연습문제로 남겨 두었다.

요약

이 장에서는 먼저, 영상처리에 대한 기본 소개와 영상처리에서 해결하려고 하는 문제에 대한 기본 개념을 제공했다. 그런 다음 영상처리를 위한 다양한 작업과 단계, 그리고 파이썬의 주요 영상처리 라이브러리를 논의했다. 이 라이브러리는 코드를 코딩할 때 사용할 것이다. 다음으로 파이썬에서 영성처리를 위한 여러 라이브러리를 설치하는 방법과 모듈을 가져 와서 모듈에서 함수를 호출하는 방법에 대해 이야기했다. 또한 영상 유형, 파일 형식 및 다른 파이썬 라이브러리로 영상 데이터를 저장하는 데이터 구조에 대한 기본 개념을 설명했다. 그런 다음 영상 I/O를 수행하고 다른 라이브러리를 사용하여 파이썬으로 표시하는 방법에 대해 설명했다. 마지막으로, 우리는 다른 파이썬 라이브러리를 사용하여 기본 영상 조작을 수행하는 방법을 논의했다. 다음 장에서는 샘플링, 양자화, 컨볼루션convolution, 푸리에 변환Fourier transform 및 영상의 주파수 영역 필터링에 대해 심도 있게 다룰 것이다.

연습문제

1. 영상 모음을 읽고 이를 몽타주montage로 표시하기 위해 `scikit-image` 라이브러리의 함수를 사용하시오.
2. 확대/축소, 자르기, 크기 조정 및 어파인 변환을 영상에 적용하기 위해 `scipy ndimage` 및 `misc` 모듈의 함수를 사용하시오.
3. Gotham Instagram 필터(https://github.com/lukexyz/CV-Instagram-Filters)의 파이썬 리메이크를 만드시오. (힌트: 채널 보간(https://www.youtube.com/watch?v=otLGDpBglEAfeature=player_embedded)을 만들기 위해, PIL `split()`, `merge()` 및 `numpy interp()`로 영상을 다루시오.)
4. scikit-image의 `warp()` 함수를 사용하여 swirl 변환을 구현하시오. `swirl` 변환은 다음 방정식으로 표현할 수도 있다.

$$x(u,v) = (u - x_0)cos(\theta) + (v - y_0)sin(\theta) + x_0$$
$$y(u,v) = -(u - x_0)sin(\theta) + (v - y_0)cos(\theta) + y_0$$
$$r = \sqrt{(u - x_0)^2 + (v - y_0)^2}$$
$$\theta = \frac{\pi r}{512}$$

5. 다음과 같이 주어진 웨이브 변환wave transform을 구현하시오. (힌트: scikit-image의 `warp()` 사용)

$$x(u,v) = u + 20.sin\left(\frac{2\pi v}{64}\right)$$
$$y(u,v) = v$$

6. PIL을 사용하여 RGB.png 파일을 팔레트와 함께 로드하고 명암도 영상으로 변환하시오. 이 문제는 이 게시물(`https://stackoverflow.com/questions/51676447/python-use-pil-to-load-png-file-gives-strangeresults/51678271#51678271`)에서 가져온 것이다. 팔레트를 색인하여 다음 RGB 영상(`VOC2012` 데이터셋에서)을 명암도 영상으로 변환하시오.

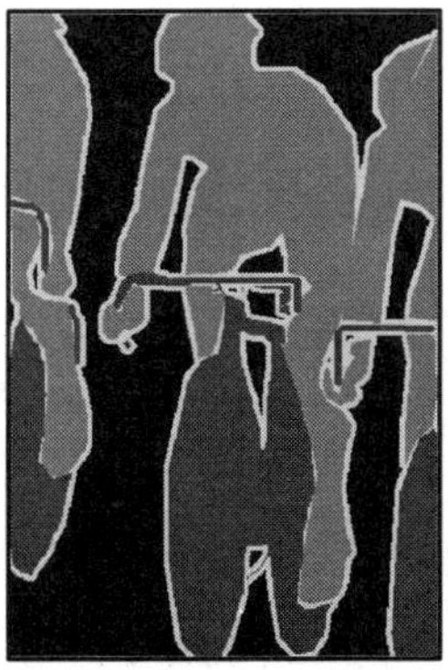

7. 이 장에서 사용된 앵무새 영상의 각 색상 채널에 대한 3차원 그래프를 만드시오. (힌트: `mpl_toolkits.mplot3d` 모듈의 `plot_surface()` 함수 및 NumPy의 `meshgrid()` 함수 사용).

8. scikit-image의 transform 모듈의 `ProjectiveTransform` 함수를 사용하여 소스에서 대상 영상으로의 사영 행렬homography matrix를 추정하고, `inverse()` 함수를 사용하여 다음과 같이 `lena` 영상을 빈 캔버스에 포함하시오.

입력 영상

www.shutterstock.com • 146430692

출력 영상

www.shutterstock.com • 146430692

먼저, 스스로 문제를 해결해 보자. 참고로 솔루션은 여기에서 찾을 수 있다. `https://sandipanweb.wordpress.com/2018/07/30/some-image-processingproblems/`

추가 읽기

- *Digital Image Processing,* a book by Rafael C. Gonzalez and Richard E. Woods for image processing concepts
- The lecture notes/handouts from this(`https://web.stanford.edu/class/ee368/handouts.html`) course from Stanford University and this(`https://ocw.mit.edu/resources/res-2-006-girls-who-build-cameras-summer-2016/`) one from MIT
- `http://scikit-image.org/docs/dev/api/skimage.html`
- `https://pillow.readthedocs.io/en/3.1.x/reference/Image.html`
- `https://docs.scipy.org/doc/scipy-1.1.0/reference/ndimage.html`
- `https://matplotlib.org/gallery`

- http://members.cbio.mines-paristech.fr/~nvaroquaux/formations/scipylecture-notes/advanced/image_processing/index.html
- http://www.scipy-lectures.org/
- https://web.cs.wpi.edu/~emmanuel/courses/cs545/S14/slides/lecture09.pdf
- http://fourier.eng.hmc.edu/e161/lectures/e161ch1.pdf
- http://www.eie.polyu.edu.hk/~enyhchan/imagef.pdf
- http://www.cs.cornell.edu/courses/cs1114/2009sp/lectures/CS1114-lec14.pdf
- http://eeweb.poly.edu/~yao/EL5123/lecture12_ImageWarping.pdf

Chapter

2

샘플링, 푸리에 변환 및 컨볼루션

이 장에서는 시간 및 주파수 영역에서 2D 신호에 대해 논의한다. 먼저 공간 샘플링, 영상 크기 조정에 사용되는 중요한 개념 및 샘플링의 문제점에 대해 설명한다. 우리는 파이썬 라이브러리의 함수를 사용하여 이러한 문제를 해결하려고 노력할 것이다. 또한 영상에 밝기 양자화를 도입한다. 밝기 양자화란 영상에서 화소를 저장하는 데 사용되는 비트 수와 영상의 품질에 어떤 영향을 미칠 것인지를 의미한다. 당신은 공간 (시간) 영역에서 주파수 영역으로 영상을 변환하는 데 사용할 수 있는 **Discrete Fourier Transform**[DFT]에 대해 알고 싶을 것이다. `numpy` 및 `scipy` 함수를 사용하여 **FFT**[Fast Fourier Transform] 알고리즘을 사용하여 DFT를 구현하는 방법을 배우고, 이 구현을 영상에 적용할 수 있다.

또한 당신은 컨볼루션[convolution] 속도를 높이는 2D 컨볼루션에 대해 관심이 있을 것이다. 우리는 컨볼루션 정리의 기본 개념을 이해할 것이다. 예를 사용하여 상관관계와 컨볼루션 간의 오래된 혼란을 해결하려고 노력할 것이다. 또한 교차 상관관계를 적용한 템플릿을 사용하여 영상에서 특정 패턴의 위치를 찾는 방법을 보여주는 SciPy의 예제를 서술할 것이다. 또한 몇 가지 필터링 기술을 다루며, 파이썬 라이브러리로 구현하는 방법을 이해할 것이다. 당신은 이러한 필터를 사용하여 영상에서 잡음을 제거한 후에 얻게 되는 결과를 확인하는 데 관심이 있을 수 있다.

이 장에서 다루는 주제는 다음과 같다.

- 영상 형성 – 샘플링 및 양자화
- 이산 푸리에 변환[DFT]
- 컨볼루션 이해

영상 형성 – 샘플링 및 양자화

이 절에서는 샘플링sampling 및 양자화quantization와 같은 영상 형성을 위한 두 가지 중요한 개념을 설명하고 PIL 및 scikit-image 라이브러리로 양자화된 샘플링 및 색상을 사용하여 영상의 크기를 조정하는 방법을 살펴본다. 우리는 여기에 실습 방식을 사용한다. 우리는 개념을 실제로 보면서 그것을 정의할 것이다. 준비가 되었는가?

필요한 패키지를 모두 가져와 시작해 보자.

```
from PIL import Image
from skimage.io import imread, imshow, show

from skimage import data, img_as_float
from skimage.color import rgb2gray
from skimage.transform import rescale

from scipy import ndimage, misc, signal, stats, fftpack as fp
import matplotlib.pylab as pylab
import numpy as np
```

샘플링

샘플링은 영상 화소의 선택/거부를 말하며 이는 공간 작업임을 의미한다. 각각 업 샘플링up-sampling 및 다운 샘플링down-sampling을 사용하여 영상 크기를 늘리거나 줄일 수 있다. 다음 몇 절에서는 예제와 함께 다양한 샘플링 기술에 대해 설명한다.

업 샘플링

제1장의 '영상처리 시작하기'에서 간단히 설명했듯이, 영상의 크기를 늘리려면 영상을 업 샘플링해야 한다. 문제는 새로운 큰 영상은 원래의 작은 영상에서 해당 화소가 없는 일부 화소를 가지므로, 이 알 수 없는 화소 값을 추측해야 한다. 다음과 같이 미지의 화소 값을 추측할 수 있다.

- 집계하는 방법: 예를 들어, 가장 가까운 알려진 하나 이상의 화소 이웃 값의 평균값
- 보간하는 방법: 양선형 또는 큐빅(3차) 보간으로 화소 이웃을 사용하는 보간 값

최근접 이웃 기반 업 샘플링은 출력 영상 품질이 떨어질 수 있다. 이것을 확인하기 위해 코드 블록을 작성해 보자.

```
im = Image.open("../images/clock.jpg")    # 작은 시계 영상
pylab.imshow(im)
pylab.show()
```

당신은 작은 시계 원본 영상을 볼 것이다.

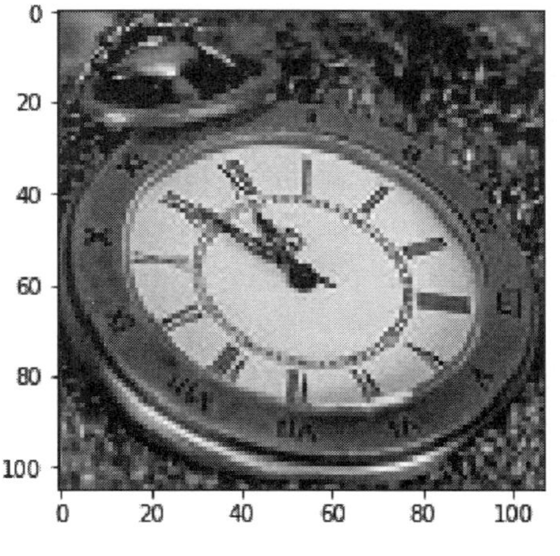

이제 원본 영상의 너비와 높이를 5배로 늘인다(영상 크기를 25배로 늘림).

```
im1 = im.resize((im.width*5, im.height*5), Image.NEAREST) # 최근접 이웃 보간
pylab.figure(figsize=(10,10)), pylab.imshow(im1)

pylab.show()
```

최근접 업 샘플링의 출력은 다음과 같다. 이것은 잘 된 것이 아니다. 즉, 우리는 더 큰 화소로 된 영상을 얻는다.

알 수 있듯이, 최근접 이웃 방법으로 생성된 출력 영상은 PIL 라이브러리의 `resize()` 함수를 사용하여 입력 영상보다 25배 더 크다. 그러나 분명히 출력 영상은 화소화되어 있으며(블로킹 아티팩트 및 들쭉날쭉 한 가장자리가 있는), 품질이 낮은 영상이다.

업 샘플링 및 보간법

업 샘플링된 출력 영상 품질을 향상시키기 위해, 우리는 양선형bi-linear 또는 3차bi-cubic 보간과 같은 보간 방법을 사용할 수 있다. 어떻게 하는지 방법을 살펴보자.

양선형 보간법

기본적으로 정수 격자 위치에서 화소 값의 2D 행렬인 명암도 영상을 생각해 보자. 그리드grid의 P점에서 화소 값을 보간하려면, 선형 보간의 2D 아날로그의 양선형 보간을 사용할 수 있다. 이 경우, 각 가능한 점 P(보간하고자 하는 점)에 대해 4개의 이웃(즉, Q_{11}, Q_{12}, Q_{22} 및 Q_{21})이 거기에 있게 될 것이고, 이 네 이웃의 밝기 값은 다음 그림과 같이 점 P에서 보간된 밝기를 계산하기 위해 결합된다.

Bilinear interpolation

$$
\begin{aligned}
f(x, y) \approx & \frac{f(Q_{11})}{(x_2 - x_1)(y_2 - y_1)}(x_2 - x)(y_2 - y) \\
& + \frac{f(Q_{21})}{(x_2 - x_1)(y_2 - y_1)}(x - x_1)(y_2 - y) \\
& + \frac{f(Q_{12})}{(x_2 - x_1)(y_2 - y_1)}(x_2 - x)(y - y_1) \\
& + \frac{f(Q_{22})}{(x_2 - x_1)(y_2 - y_1)}(x - x_1)(y - y_1).
\end{aligned}
$$

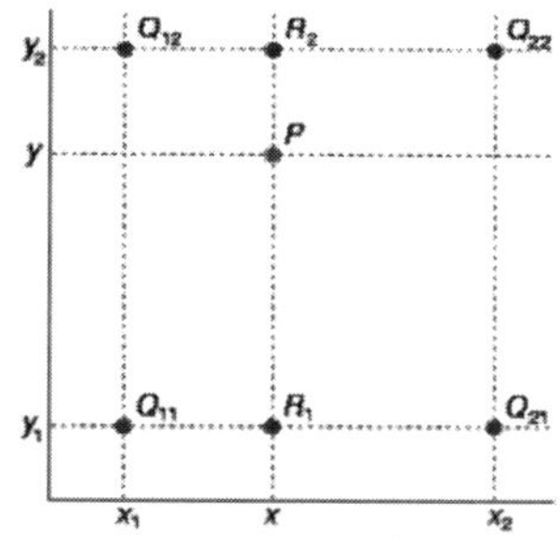

http://en.wikipedia.org/wiki/Bilinear_interpolation

양선형 보간에 대한 PIL resize() 함수를 사용하자.

```
im1 = im.resize((im.width*5, im.height*5), Image.BILINEAR)    # 양선형 보간

pylab.figure(figsize=(10,10)), pylab.imshow(im1)
pylab.show()
```

다음은 크기가 조정된 영상이다. 양선형 보간이 업 샘플링과 함께 사용될 때, 품질이 어떻게 향상되는지 주목하라.

바이큐빅 보간법

2D 일반 격자에서 데이터 좌표를 보간하기 위한 큐빅 보간법의 확장이다. 보간된 면surface은 양선형 보간이나 최근접 이웃 보간에 의해 얻어진 해당 면보다 부드럽다. 바이큐빅 보간은 라그랑지Lagrange 다항식, 3차 스플라인 또는 3차 회선 알고리즘을 사용하여 수행할 수 있다. PIL은 4 × 4 환경에서 3차 스플라인 보간을 사용한다.

바이큐빅 보간을 위해 PIL `resize()` 함수를 사용하자.

```
im.resize((im.width*10, im.height*10), Image.BICUBIC).show() # 바이큐빅 보간
pylab.figure(figsize=(10,10)), pylab.imshow(im1)
pylab.show()
```

바이큐빅 보간법을 사용할 때 크기가 조정된 영상의 품질이 어떻게 향상되는지 살펴보자.

다운 샘플링

영상 크기를 줄이려면 영상을 다운 샘플링해야 한다. 새로운 작은 영상의 각 화소에 대해 원래의 더 큰 영상에 여러 개의 화소가 있다. 다음을 수행하여 새 영상의 화소 값을 계산할 수 있다.

- 체계적인 방법으로 더 큰 영상에서 일부 화소를 삭제(예: 영상을 원래 영상의 1/4

크기로 만들려면 다른 행과 열을 하나씩 삭제)

- 새로운 화소 값을 원래 영상의 대응하는 여러 화소의 합계 값으로 계산

tajmahal.jpg 영상을 사용하고 PIL 라이브러리에서 다시 resize() 함수를 사용하여 입력 영상보다 25배 작은 크기의 출력 영상으로 크기를 조정해 보자.

```
im = Image.open("../images/tajmahal.jpg")
im.show()

im = im.resize((im.width//5, im.height//5))
pylab.figure(figsize=(15,10)), pylab.imshow(im)
pylab.show()
```

출력은 다음과 같다.

보시다시피, 원본 영상에는 없는 검은 색 패치/아티팩트 및 패턴이 포함되어 있다. 이 효과를 **앨리어싱**aliasing이라고 한다.

앨리어싱은 일반적으로 샘플링 속도가 나이키스트Nyquist 속도보다 낮기(화소 수가 너무 적음) 때문에 발생한다(앨리어싱을 피하는 한 가지 방법은 샘플링 속도를 나이키스트 속도 이상으로 높이는 것이다. 그러나 더 작은 크기의 출력 영상을 원한다면 어떻게 해야 할까?).

다운 샘플링 및 앤티 앨리어싱

지금까지 보았듯이, 다운 샘플링은 앨리어싱 효과를 생성하므로 영상을 축소하는 데 그다지 좋지 않다. 예를 들어, 폭과 높이를 5배로 축소하여 원본 영상의 크기를 조정(다운 샘플링)하려고 하면, 패치성 및 불량 출력이 발생한다.

앤티–앨리어싱(Anti–aliasing)

여기서 문제는 출력 영상의 단일 화소가 입력 영상의 25개 화소에 해당하지만, 대신 단일 화소 값을 샘플링한다는 것이다. 여기서 입력 영상에서 작은 영역을 평균할 수 있다. 이것은 ANTIALIAS(고품질의 다운 샘플링 필터)를 사용하여 수행할 수 있다.

```
im = Image.open("../images/tajmahal.jpg")

im = im.resize((im.width//5, im.height//5), Image.ANTIALIAS)
pylab.figure(figsize=(15,10)), pylab.imshow(im)
pylab.show()
```

이전 영상과 동일하지만 훨씬 좋은 품질의 영상(거의 아티팩트/앨리어싱 효과 없음)이 앤티-앨리어싱이 있는 PIL을 사용하여 만들어진다.

앤티-앨리어싱은 일반적으로 다운 샘플링 전에 영상을 평활화하여(가우시안 필터와 같은 저역 통과 필터로 영상의 컨볼루션을 통해) 수행된다.

이제 앤티-앨리어싱 처리를 가진 scikit-image transform 모듈의 `rescale()` 함수를 사용해, 다른 영상, 즉 `umbc.png` 영상의 앨리어싱 문제를 극복하자.

```
im = imread('../images/umbc.png')
im1 = im.copy()
pylab.figure(figsize=(14,8))
for i in range(4):
    pylab.subplot(2,2,i+1), pylab.imshow(im1, cmap='gray'), pylab.axis('off')
    pylab.title('image size = ' + str(im1.shape[1]) + 'x' + str(im1.shape[0]))
    im1 = rescale(im1, scale = 0.5, multichannel=True, anti_aliasing=False)

pylab.subplots_adjust(wspace=0.1, hspace=0.1)
pylab.show()
```

다음 그림은 앞 코드 블록의 결과를 보여준다. 알 수 있듯이, 영상은 더 작고 작은 출력을 만들기 위해 다운 샘플링된다. 앨리어싱 효과는 앤티-앨리어싱 기술을 사용하지 않을 때 더 두드러진다.

앤티-앨리어싱을 사용하는 코드 라인을 변경해 보자.

```
im = imread('../images/umbc.png')
im1 = im.copy()
pylab.figure(figsize=(14,8))
for i in range(4):
    pylab.subplot(2,2,i+1), pylab.imshow(im1, cmap='gray'), pylab.axis('off')
    pylab.title('image size = ' + str(im1.shape[1]) + 'x' + str(im1.shape[0]))
    im1 = rescale(im1, scale = 0.5, multichannel=True, anti_aliasing=True)

pylab.subplots_adjust(wspace=0.1, hspace=0.1)
pylab.show()
```

이것은 더 나은 품질의 영상을 만든다.

보간 및 앤티-앨리어싱에 대해 자세히 알려면, 원저자 블로그를 방문하시오. https://sandipanweb.wordpress.com/2018/01/21/recursivegraphics-bilinear-interpolation-and-image-transformation-in-Python/.

양자화

양자화quantization는 영상의 밝기와 관련이 있으며, 화소 당 사용되는 비트 수로 정의할 수 있다. 디지털 영상은 일반적으로 256 명암도gray level로 양자화된다. 여기서, 화소 저장을 위한 비트 수가 감소함에 따라, 양자화 에러가 증가하여 인위적인 경계 또는 윤곽 및 모자이크화pixelating가 일어나, 영상의 품질이 저하된다.

PIL로 양자화

P 모드와 색상 인수를 가능한 색상의 최대 개수로 사용하여 색상 양자화를 위한 PIL Image 모듈의 convert() 함수를 사용하자. SciPy stats 모듈의 signaltonoise() 함수를 사용하여 영상(parrot.jpg)의 **신호 대 잡음비**SNR를 찾는다. 이는 평균을 영상 배열의 표준 편차로 나눈 값으로 정의된다.

```
# scipy 1.1 버전부터 signaltonoise() 함수 제공되지 않음
# 아래 함수 구현하여 사용함
def signaltonoise(a, axis=0, ddof=0):
    a = np.asanyarray(a)
    m = a.mean(axis)
    sd = a.std(axis=axis, ddof=ddof)
    return np.where(sd == 0, 0, m/sd)

im = Image.open('../images/parrot.jpg')
pylab.figure(figsize=(20,30))
num_colors_list = [1 << n for n in range(7,-1,-1)]
snr_list = []
i = 1
for num_colors in num_colors_list:
    im1 = im.convert('P', palette=Image.ADAPTIVE, colors=num_colors)
    pylab.subplot(4,2,i), pylab.imshow(im1), pylab.axis('off')
    snr_list.append(signaltonoise(im1, axis=None))
    title = str(num_colors) + ' SNR = ' + str(np.round(snr_list[i-1],3))
    pylab.title('Image with # colors = ' + title , size=20)
    i += 1

pylab.subplots_adjust(wspace=0.2, hspace=0)
pylab.show()
```

이것은 화소를 저장하기 위한 비트 수를 줄이면, 컬러 양자화로 인해 영상 품질이 어떻게 저하되는지를 보여준다.

두 번째 프레임은 다음과 같다.

이제 영상의 SNR에 컬러 양자화의 영향을 표시하자. 영상의 SNR은 일반적으로 영상 품질의 척도이다. SNR이 높을수록 품질이 좋다.

```
pylab.plot(num_colors_list, snr_list, 'r.-')
pylab.xlabel('# colors in the image')
pylab.ylabel('SNR')
pylab.title('Change in SNR w.r.t. # colors')
pylab.xscale('log', basex=2)
pylab.gca().invert_xaxis()
pylab.show()
```

알 수 있는 바와 같이, 색-양자화가 영상 크기를 감소시키지만(비트/화소의 수가 감소되기 때문에), 또한 SNR로 측정한 영상의 품질을 저하시킨다.

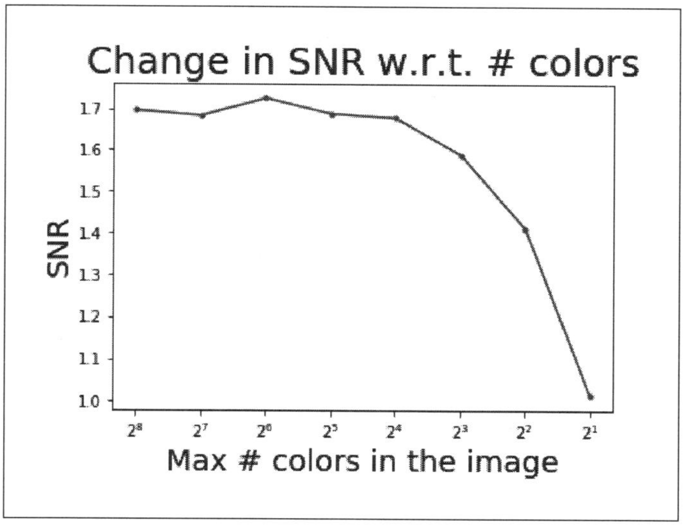

이산 푸리에 변환

푸리에 변환Fourier transform 방법은 긴 수학적 역사를 가지고 있으며, 그것을 여기서 다루지는 않을 것이다(모든 디지털 신호 처리 또는 디지털 영상처리 이론서에서 찾을 수 있다). 영상처리에 관한 한, 우리는 2D **이산 푸리에 변환**Discrete Fourier Transform; DFT에만 초점을 맞출 것이다. 푸리에 변환 방법의 기본 아이디어는 영상이 2차원을 따라 사인과 코사인(푸리에 기본 함수)의 가중합으로 표현될 수 있는 2D 함수 *f*로 생각할 수 있다는 것이다.

DFT를 사용하여 영상(공간/시간 영역)의 명암도 화소 값 집합을 푸리에 계수 집합(주파수 영역)으로 전환할 수 있다. 사용되는 공간 변수와 변환 변수는 일련의 이산 연속 정수 값(일반적으로 영상을 나타내는 2D 배열의 위치)을 취할 수 있기 때문에 불연속이다. 유사한 방식으로 푸리에 계수의 주파수 영역 2D 배열은 **IDFT**(Inverse Discrete Fourier Transform)를 사용하여 공간 영역으로 다시 변환할 수 있으며, 이는 푸리에 계수를 사용하여 영상을 재구성하는 것으로도 알려져 있다. DFT와 IDFT는 수학적으로 다음과 같이 정의된다.

2D Discrete Fourier Transform (DFT)

$$F[u, v] = \frac{1}{MN}\sum_{x=0}^{M-1}\sum_{y=0}^{N-1} f[x, y]e^{-2\pi i\left(\frac{ux}{M}+\frac{vy}{N}\right)}$$

frequencies(frequeny domain) ↑ $F[u, v]$ *image (time domain)* ↑ $f[x, y]$

$u = 0, 1, .., M-1$

$v = 0, 1, .., N-1$

2D Inverse Discrete Fourier Transform (IDFT)

$$f[x, y] = \sum_{u=0}^{M-1}\sum_{v=0}^{N-1} F[u, v]e^{2\pi i\left(\frac{ux}{M}+\frac{vy}{N}\right)}$$

image (time domain) ↑ $f[x, y]$ *frequencies(frequeny domain)* ↑ $F[u, v]$

$x = 0, 1, .., M-1$

$y = 0, 1, .., N-1$

DFT가 필요한 이유는 무엇인가?

우선 주파수 영역으로 변환하면 영상을 더 잘 이해할 수 있다. 다음 몇 절에서 볼 수 있듯이, 주파수 영역의 저주파는 영상의 평균 총 정보 레벨에 해당하는 반면, 높은 주파수는 에지, 잡음 및 보다 자세한 정보에 해당한다. 일반적으로 영상은 부드럽다. 이에 따라, 대부분의 영상은 소수의 DFT 계수들을 사용하여 표현할 수 있으며, 나머지 모든 높은 주파수의 계수들은 거의 무시할 수 있다.

이것은 영상 압축에서 특히 영상을 재구성하는 데 소수의 푸리에 계수들만 필요하므로 푸리에-희소 영상fourier-sparse image의 경우 매우 유용하다. 따라서 해당 주파수만 저장되고, 다른 것들은 폐기되어 높은 압축률을 얻는다(예: JPEG 영상 압축 알고리즘에서 유사한 변환인 DCTDiscrete Cosine Transform가 사용). 이 장의 뒷부분에서 볼 수 있듯이, 주파수 영역에서의 DFT 필터링은 공간 영역 필터링보다 훨씬 빠르다.

DFT를 계산하는 고속 푸리에 변환 알고리즘

FFTFast Fourier Transform는 $n \times n$ 영상에 대해 훨씬 느린 $O(N^2)$ 단순 계산보다 DFT를 훨씬 빨리 ($O(N \log_2 N)$ 시간 복잡도로) 재귀적으로 계산하는 분할 및 정복 알고리즘이다. 파이썬에서 numpy와 scipy 라이브러리는 모두 FFT 알고리즘을 사용하여 2D DFT/IDFT를 계산하는 함수를 제공한다. 몇 가지 예를 살펴보자.

scipy.fftpack 모듈을 사용한 FFT

scipy.fftpack 모듈의 fft2()/ifft2() 함수를 사용하자. 명암도 영상 rhino.jpg에 대해 FFT 알고리즘을 사용하여 DFT/IDFT를 계산한다.

```
im = np.array(Image.open('../images/rhino.jpg').convert('L'))
snr = signaltonoise(im, axis=None)
print('SNR for the original image = ' + str(snr))
# SNR for the original image = 2.023722773801701

freq = fp.fft2(im)                                          # FFT 호출
im1 = fp.ifft2(freq).real                                   # IFFT 호출
snr = signaltonoise(im1, axis=None)
print('SNR for the image obtained after reconstruction = ' + str(snr))
# SNR for the image obtained after reconstruction = 2.0237227738013224

assert(np.allclose(im, im1))
pylab.figure(figsize=(20,10))
pylab.subplot(121), pylab.imshow(im, cmap='gray'), pylab.axis('off')
pylab.title('Original Image', size=20)
```

```
pylab.subplot(122), pylab.imshow(im1, cmap='gray'), pylab.axis('off')
pylab.title('Image obtained after reconstruction', size=20)
pylab.show()
```

여기에 그 결과가 있다.

인라인 출력에서의 SNR 값과 입력 및 재구성된 영상의 시각적 차이를 알 수 있듯이, 재구성된 영상은 일부 정보를 잃는다. 만일 재구성을 위해 얻은 모든 계수들을 사용하면, 차이는 무시해도 된다.

주파수 스펙트럼 그리기

푸리에 계수는 복소수이므로 크기magnitude를 직접 볼 수 있다. 푸리에 변환의 크기를 표시하는 것을 **변환 스펙트럼**이라고 한다. DFT의 값 F[0,0]을 **DC 계수**라고 한다.

DC 계수가 너무 커서 다른 계수 값을 볼 수 없으므로, 변환의 로그값을 표시하여 변환 값을 늘려야 한다. 또한, 디스플레이 편의를 위해, 변환 계수는 DC 성분이 중심에 있도록 (`fftshift()`로) 시프트된다. 코뿔소 영상의 푸리에 스펙트럼을 생성하는데 흥미가 있는가? 코드 작성을 해보자.

```
# 저주파 공간 주파수가 2차원 푸리에 변환 영상의 중심에 위치하도록 각 사분면을 시프트 함
freq2 = fp.fftshift(freq)
pylab.figure(figsize=(10,10))
pylab.imshow( (20*np.log10( 0.1 + freq2)).astype(int))
pylab.show()
```

당신은 놀랐는가? 다음 그림은 코뿔소 영상을 푸리에 스펙트럼 형태로 나타낸 것이다.

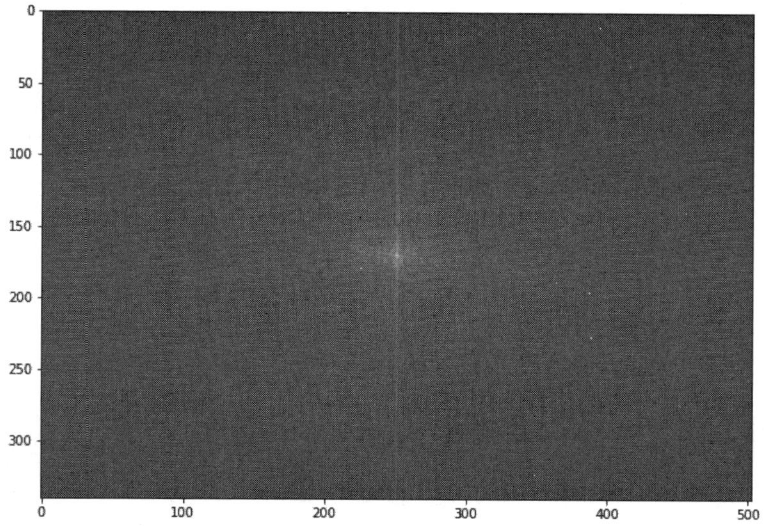

numpy.fft 모듈을 사용한 FFT

영상의 DFT는 `numpy.fft` 모듈의 유사한 함수 집합을 사용하여 계산할 수 있다. 몇 가지 예를 살펴보자.

DFT의 크기와 위상 계산

우리는 입력으로 `house.png` 영상을 사용할 것이고, 푸리에 계수의 실수와 허수 성분을 얻기 위해 `fft2()`를 사용할 것이다. 그 후에 크기/스펙트럼 및 위상을 계산하고 마지막으로 `ifft2()`를 사용하여 영상을 재구성한다.

```
import numpy.fft as fp

im1 = rgb2gray(imread('../images/house.png'))
freq1 = fp.fft2(im1)
im1_ = fp.ifft2(freq1).real
mag = 20*np.log10( 0.01 + np.abs(fp.fftshift(freq1)))

pylab.figure(figsize=(12,10))
pylab.subplot(2,2,1), pylab.imshow(im1, cmap='gray')
pylab.title('Original Image', size=20)
```

```
pylab.subplot(2,2,2), pylab.imshow(mag, cmap='gray')
pylab.title('FFT Spectrum Magnitude', size=20)

pylab.subplot(2,2,3), pylab.imshow(np.angle(fp.fftshift(freq1)), cmap='gray')
pylab.title('FFT Phase', size=20)
pylab.subplot(2,2,4), pylab.imshow(np.clip(im1_, 0, 255), cmap='gray')
pylab.title('Reconstructed Image', size=20)
pylab.show()
```

다음의 출력을 당신은 얻게 될 것이다.

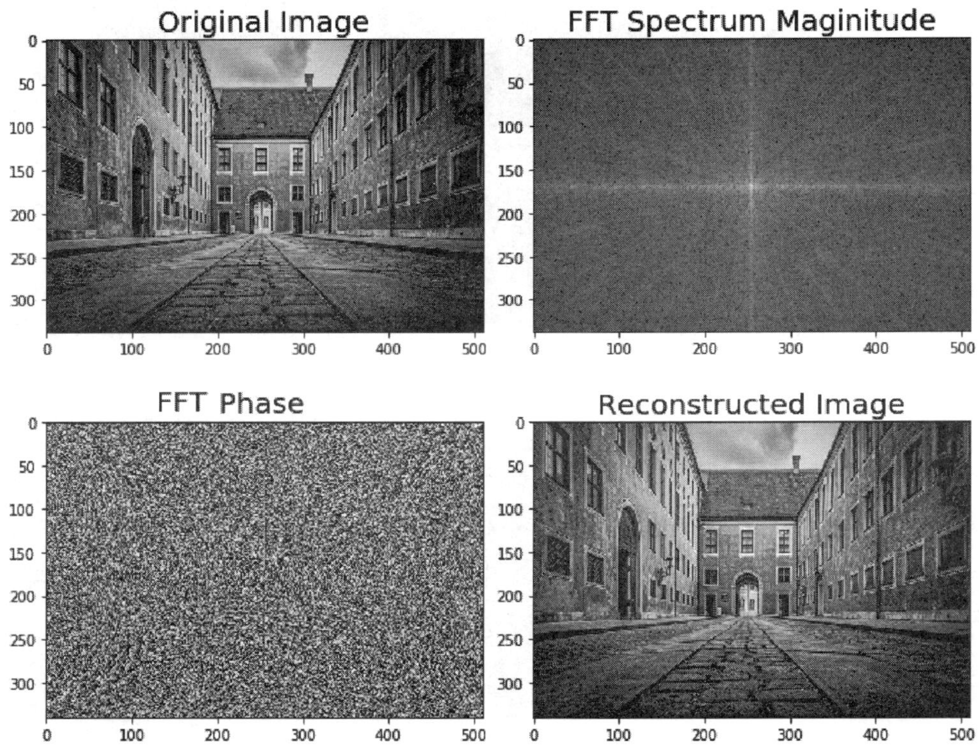

알 수 있듯이, 크기 $|F(u, v)|$는 일반적으로 공간 주파수가 높을수록 감소하고, FFT 위상은 정보가 상대적으로 없는 것처럼 보인다.

이제 다른 입력 영상인 house2.png로 스펙트럼/크기, 위상 및 재구성된 영상을 계산해 보자.

```
im2 = rgb2gray(imread('../images/house2.png'))
freq2 = fp.fft2(im2)
im2_ = fp.ifft2(freq2).real
mag = 20*np.log10(0.01 + np.abs(fp.fftshift(freq2)))

pylab.figure(figsize=(12,10))
pylab.subplot(2,2,1), pylab.imshow(im2, cmap='gray')
pylab.title('Original Image', size=20)
pylab.subplot(2,2,2), pylab.imshow(mag, cmap='gray')
pylab.title('FFT Spectrum Magnitude', size=20)

pylab.subplot(2,2,3), pylab.imshow(np.angle(fp.fftshift(freq2)), cmap='gray')
pylab.title('FFT Phase', size=20)
pylab.subplot(2,2,4), pylab.imshow(np.clip(im2_,0,255), cmap='gray')
pylab.title('Reconstructed Image', size=20)
pylab.show()
```

당신이 얻게 될 출력은 다음과 같다.

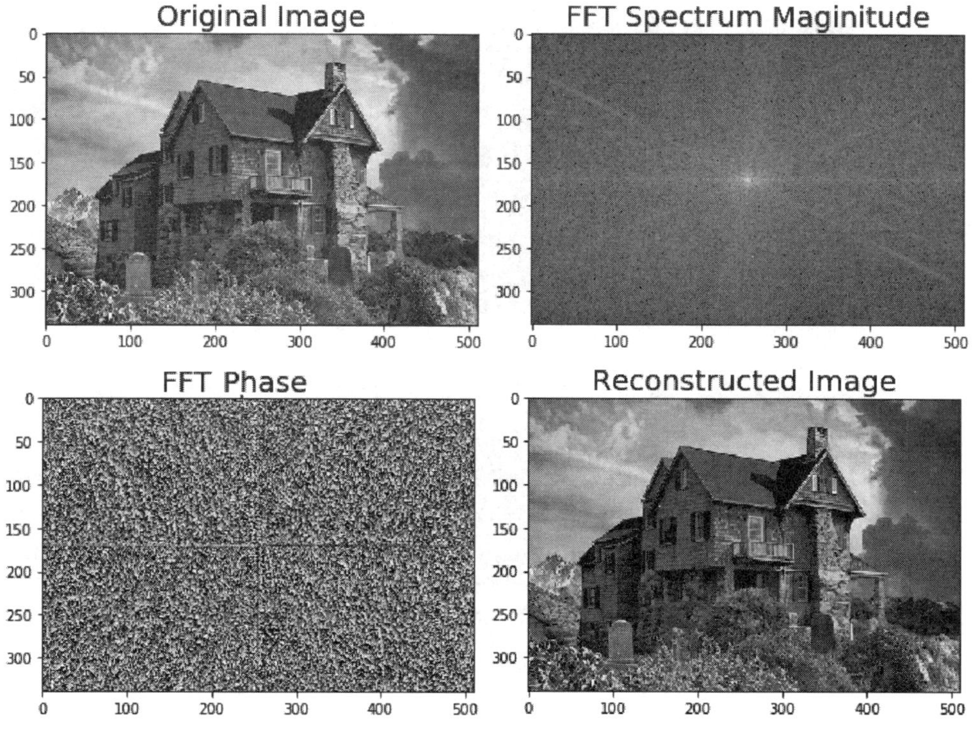

비록 크기magnitude 만큼 유익하지는 않지만, DFT 위상은 중요한 정보이기 때문에 위상을 사용할 수 없거나 다른 위상 배열을 사용하면 영상을 제대로 재구성할 수가 없다. 이것을 보기 위해 한 영상의 주파수 스펙트럼의 실수부와 다른 영상의 허수부를 사용하면, 재구성된 출력 영상이 어떻게 왜곡되는지 살펴보자.

```
im1_ = fp.ifft2(np.vectorize(complex)(freq1.real, freq2.imag)).real
im2_ = fp.ifft2(np.vectorize(complex)(freq2.real, freq1.imag)).real

pylab.figure(figsize=(20,15))
pylab.subplot(211), pylab.imshow(np.clip(im1_,0,255), cmap='gray')
pylab.title('Reconstructed Image (Re(F1) + Im(F2))', size=20)
pylab.subplot(212), pylab.imshow(np.clip(im2_,0,255), cmap='gray')
pylab.title('Reconstructed Image (Re(F2) + Im(F1))', size=20)
pylab.show()
```

다음은 실수부와 허수부 주파수 성분이 서로 섞인 재구성된 영상이다.

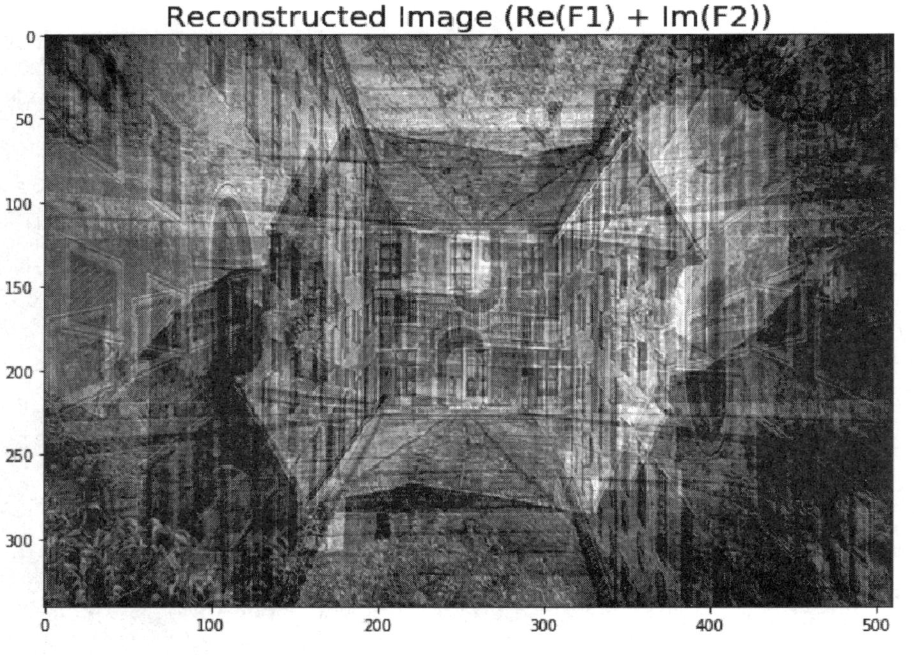

다른 조합은 다음과 같다.

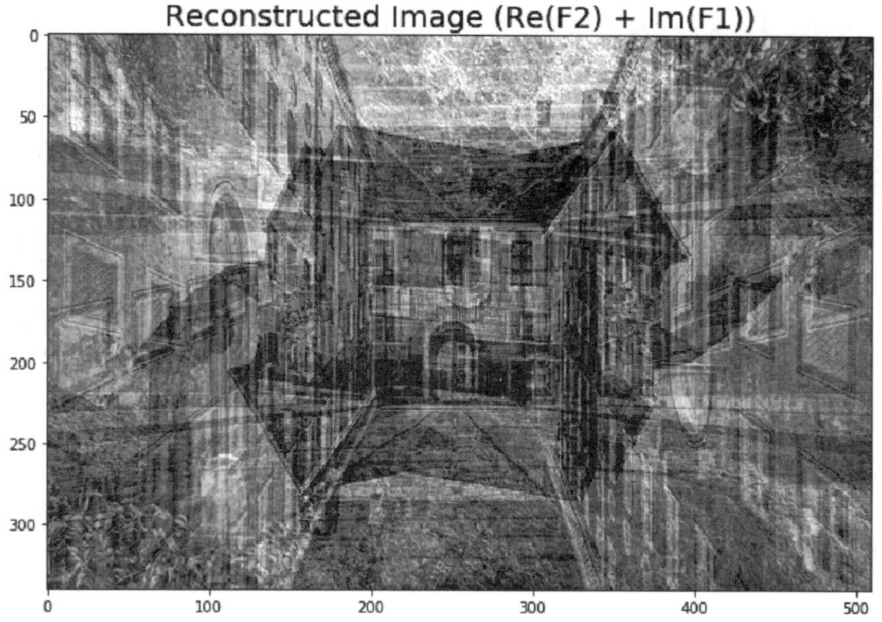

컨볼루션 이해

컨볼루션convolution(회선)은 두 개의 영상에서 작동하는 연산이다. 하나는 입력 영상이고, 다른 하나는 출력 영상을 생성하기 위해 입력 영상의 필터로서, 마스크(**커널**이라고도 함)이다.

컨볼루션 필터링은 영상의 공간 주파수 특성을 수정하는 데 사용된다. 이것은 출력 영상의 화소의 새로운 값을 계산하기 위해 이웃하는 모든 화소의 가중치를 더해 중앙 화소의 값을 결정함으로써 작동한다. 출력 영상의 화소 값은 다음 그림과 같이 입력 영상을 가로질러 커널 창을 이동하여 계산된다(유효valid 모드로 컨볼루션에 대해서는 이 장의 뒷부분에 있는 컨볼루션 모드를 참조하자).

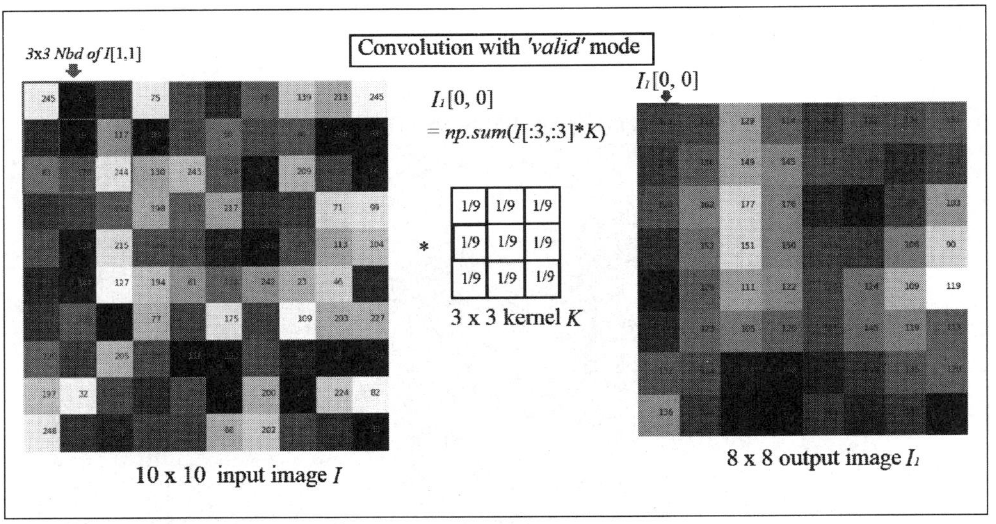

입력 영상에 화살표로 표시된 커널 창은 영상을 가로 지르며 컨볼루션한 후, 출력 영상에 매핑되는 값을 얻는다.

영상을 왜 컨볼루션하나?

컨볼루션은 입력 영상에 범용 필터 효과를 적용한다. 이는 적절한 커널을 영상에 사용해 평활화, 선명화 및 엠보싱, 에지 검출과 같은 작업에서 다양한 효과를 얻기 위해 수행된다.

SciPy signal convolve2d와 컨볼루션

SciPy signal 모듈의 `convolve2d()` 함수는 상관관계 분석에 사용될 수 있다. 이 함수를 사용하여 커널로 영상에 컨볼루션을 적용할 것이다.

명암도 영상에 컨볼루션 적용

라플라스[laplace] 커널과 컨볼루션을 사용하여 명암도 `cameraman.jpg` 영상에서 에지를 먼저 검출하고, 박스[box] 커널을 사용하여 영상을 흐리게 만들자.

```
im = rgb2gray(imread('../images/cameraman.jpg')).astype(float)
print(np.max(im))                                        # 0.9921568627450982
print(im.shape)                                          # (225, 225)

blur_box_kernel = np.ones((3,3)) / 9
edge_laplace_kernel = np.array([[0,1,0],[1,-4,1],[0,1,0]])
im_blurred = signal.convolve2d(im, blur_box_kernel)
im_edges = np.clip(signal.convolve2d(im, edge_laplace_kernel), 0, 1)

pylab.figure(figsize=(18,6))
pylab.subplot(1,3,1), pylab.imshow(im, cmap='gray')
pylab.title('Original Image', size=20), pylab.axis('off')
pylab.subplot(1,3,2), pylab.imshow(im, cmap='gray')
pylab.title('Box Blur', size=20), pylab.axis('off')
pylab.subplot(1,3,3), pylab.imshow(im, cmap='gray')
pylab.title('Laplace Edge Detection', size=20), pylab.axis('off')
pylab.show()
```

다음은 출력들이다. 원래의 cameraman 영상과 scripy.signal 모듈의 convolve2d() 함수를 사용하여 얻은 box 흐림 및 Laplace 커널과 컨볼루션한 후 생성된 영상이다.

컨볼루션 모드, 패드 값 및 경계 조건

에지 화소를 사용하여 수행할 작업에 따라 sciPy convolve2d() 함수에 전달할 수 있는 mode, boundary 및 fillvalue의 세 가지 인수가 있다. 여기에서는 mode 인수에 대해 간략히 설명한다.

- mode = 'full': 이것은 출력이 입력의 전체 이산 선형 컨볼루션인 기본 모드이다.
- mode = 'valid': 에지 화소를 무시하고 모든 이웃 화소(제로 패딩을 필요로 하지 않는 화소)에 대해서만 계산한다. 출력 영상 크기는 모든 커널에 대한 입력 영상 크기보다 작다(1 × 1 제외).
- mode = 'same': 출력 영상의 크기는 입력 영상과 동일하다. 그것은 'full' 출력에 관해서 중심에 있다.

컬러(RGB) 영상에 컨볼루션 적용

scipy.convolve2d()를 사용하여 RGB 영상을 선명하게 만들 수 있다. 각 영상 채널마다 컨볼루션을 별도로 적용해야 한다.

tajmahal.jpg 영상에 emboss 커널과 schar 에지 검출 복소수 커널을 사용해 보자.

```
# im = misc.imread('../images/tajmahal.jpg')/255 # 화소값을 0~1 값으로 변환
im = imread('../images/tajmahal.jpg')/255
print(np.max(im))                               # 화소값중 최댓값 1.0
print(im.shape)                                 # 행렬의 형태 (1018, 1645, 3)
emboss_kernel = np.array([[-2,-1, 0],
                          [-1, 1, 1],
                          [ 0, 1, 2]])
edge_kernel = np.array([[ -3 - 3j, 0 - 10j, +3 -3j],      # 복소수
                        [-10+0j, 0+ 0j, +10+0j],
                        [ -3+3j, 0+10j, +3 +3j]])
im_embossed = np.ones(im.shape)
im_edges = np.ones(im.shape)

for i in range(3):
    conv = signal.convolve2d(im[...,i], emboss_kernel,
                             mode='same', boundary="symm")
    im_embossed[...,i] = np.clip(conv, 0, 1)
    conv = signal.convolve2d(im[...,i], edge_kernel, mode='same',
                             boundary="symm")
    im_edges[...,i] = np.clip(conv, 0, 1)

fig, axes = pylab.subplots(nrows=3, figsize=(20, 36))
axes[0].imshow(im), axes[0].set_title('Original Image', size=20)
axes[1].imshow(im_embossed), axes[1].set_title('Embossed Image', size=20)
```

```
axes[2].imshow(im_edges), axes[2].set_title('Schar Edge Detection', size=20)
for ax in axes:
    ax.axis('off')
pylab.show()
```

원본 영상과 함께 두 개의 서로 다른 커널을 사용하여 컨볼루션된 영상들을 얻을 수 있다.

엠보스된 영상은 다음과 같다.

schar 에지 검출된 영상은 다음과 같다.

Schar Edge Detection

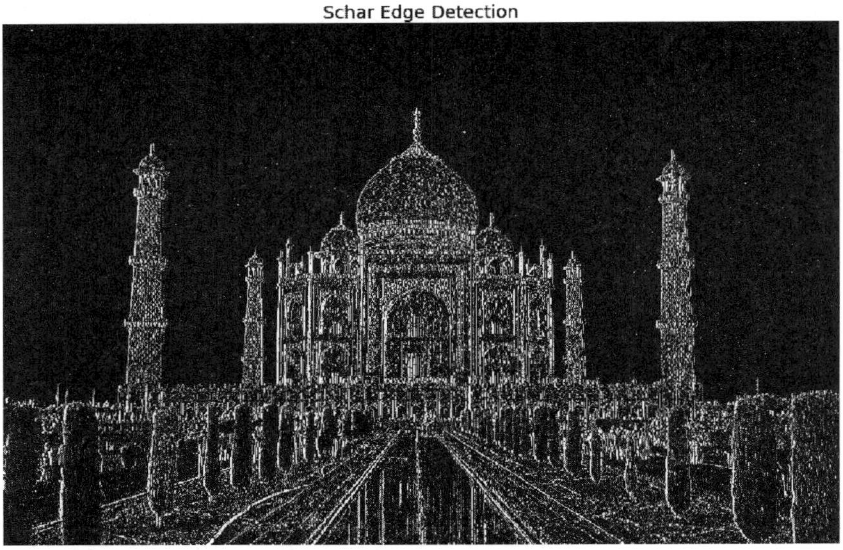

SciPy ndimage.convolve를 이용한 컨볼루션

scipy.ndimage.convolve() 함수를 사용하면 RGB 영상을 직접 선명하게 할 수 있다(각 영상 채널마다 컨볼루션을 별도로 적용할 필요가 없다). victoria_memorial.png 영상에 sharpen 커널과 emboss 커널을 사용하자.

```
im = imread('../images/victoria_memorial.png').astype(np.float) # 화소값 실수 변환
print(np.max(im))                                               # 255.0
sharpen_kernel = np.array([ 0, -1, 0,
                           -1, 5, -1,
                            0, -1, 0]).reshape((3, 3, 1))
emboss_kernel = np.array([[-2,-1, 0],
                          [-1, 1, 1],
                          [ 0, 1, 2]]).reshape((3, 3, 1))
im_sharp = ndimage.convolve(im, sharpen_kernel, mode='nearest')
im_sharp = np.clip(im_sharp, 0, 255).astype(np.uint8) # 클램핑 및 uint8 변환
im_emboss = ndimage.convolve(im, emboss_kernel, mode='nearest')
```

```
im_emboss = np.clip(im_emboss, 0, 255).astype(np.uint8)

pylab.figure(figsize=(20,30))
pylab.subplot(311), pylab.imshow(im.astype(np.uint8)), pylab.axis('off')
pylab.title('Original Image', size=25)
pylab.subplot(312), pylab.imshow(im_sharp), pylab.axis('off')
pylab.title('Sharpened Image', size=25)
pylab.subplot(313), pylab.imshow(im_emboss), pylab.axis('off')
pylab.title('Embossed Image', size=25)
pylab.tight_layout()
pylab.show()
```

컨볼루션된 영상들을 얻는다.

선명화된 영상은 다음과 같다.

Sharpened Image

엠보스된 영상은 다음과 같다.

Embossed Image

상관관계 대 컨볼루션

상관관계correlation는 입력 영상과 커널을 선택하고 커널 값과 인접 화소 값의 가중치 조합을 계산하면서 커널 창을 입력 영상 전체로 가로 지르면서 출력 영상을 생성한다는 의미에서 컨볼루션 연산과 매우 유사하다.

유일한 차이점은 상관관계와 달리 컨볼루션은 가중치 조합을 계산하기 전에 커널을 두 번(수평 및 수직 축과 관련하여) 뒤집는다.

다음 다이어그램은 영상의 상관관계와 컨볼루션의 차이를 수학적으로 설명한다.

Correlation

$$g(x,y) = f \star K = \sum_{u=-h}^{h} \sum_{v=-h}^{h} f(x+u, y+v)\mathbf{K}(u,v)$$

Convolution

$h \times h$ kernel K

$$g(x,y) = f * K = \sum_{u=-h}^{h} \sum_{v=-h}^{h} f(x-u, y-v)\mathbf{K}(u,v)$$

SciPy signal 모듈의 `correlated2d()` 함수는 상관관계 분석에 사용될 수 있다. 상관관계 분석은 커널이 대칭이면 컨볼루션과 유사하다.

그러나 커널이 대칭이 아닌 경우, 다음과 같은 결과를 얻으려면 커널을 영상 위에 올려놓기 전에 `convolution2d()`를 사용하여 영상을 위에서 아래 그리고 왼쪽에서 오른쪽으로 뒤집어야 한다.

이것은 다음 그림에 설명되어 있다. 당신은 이제 로직을 알았으므로, 이 코드를 작성하여 출력을 얻을 수 있다. lena_g 영상을 입력으로 사용하고 비대칭 3×3 리플 커널([[0, −1, $\sqrt{2}$], [1, 0, −1], [$-\sqrt{2}$, 1, 0]])을 `correlation2d()` 및 `convolution2d()`로 따로 따로 적용해 보자.

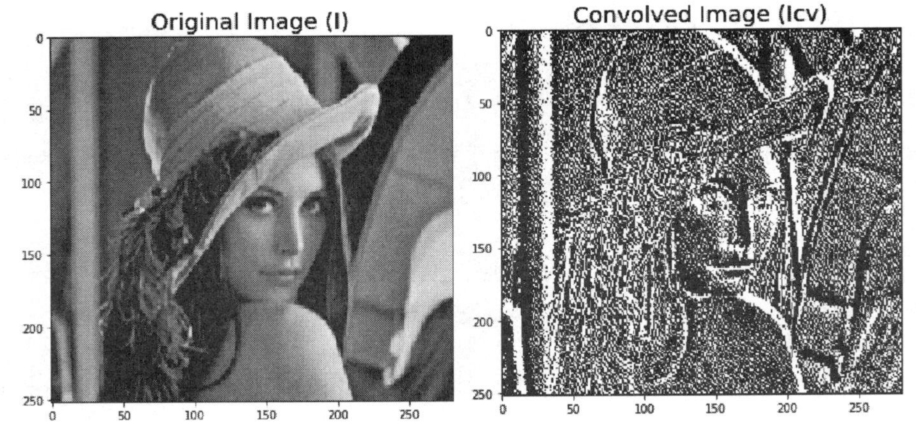

두 번째는 다음과 같다.

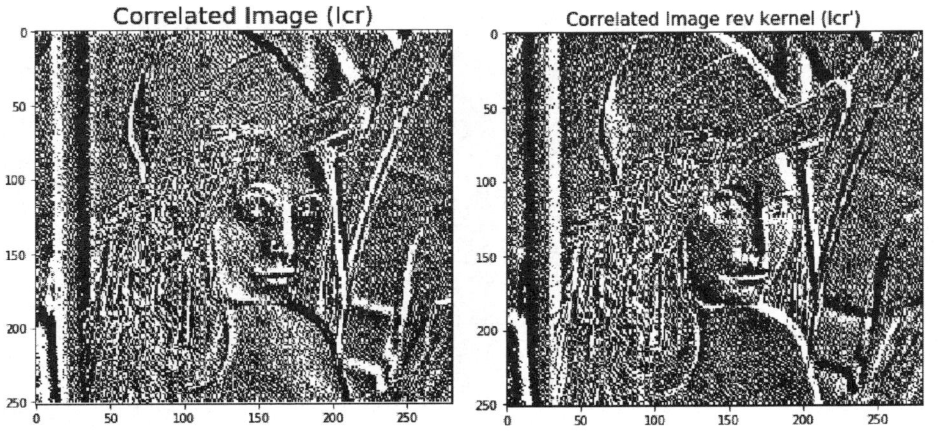

세 번째는 다음과 같다.

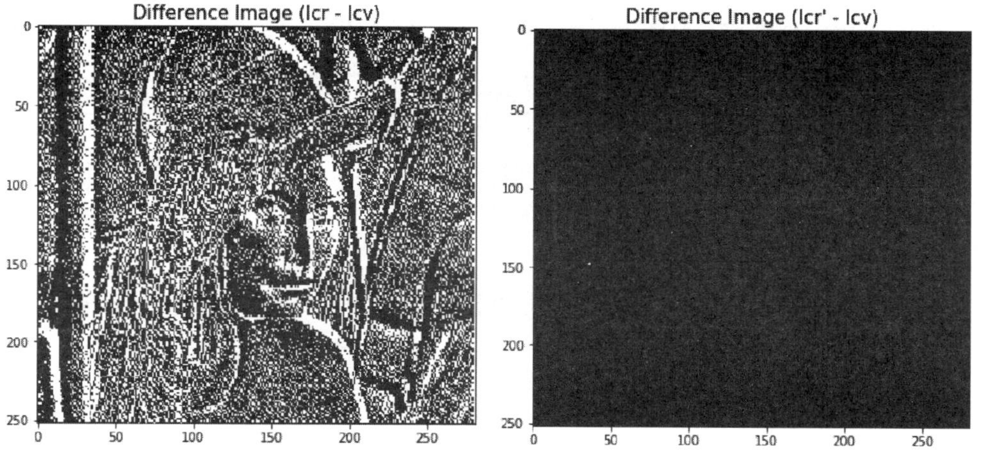

correlation2d()를 적용하기 전에 비대칭 커널을 뒤집으면, 상관관계와 컨볼루션을 사용하여 얻은 출력 영상들의 차이가 없음을 알 수 있다.

계속하여 흥미로운 상관관계의 응용을 살펴보자.

영상과 템플릿 간의 교차 상관관계로 템플릿 매칭

이 예제에서는 영상과 커널인 눈 템플릿의 교차 상관관계를 사용한다. 그래서 너구리 영상의 눈 위치는 다음과 같이 찾을 수 있다.

```
face_image = misc.face(gray=True) - misc.face(gray=True).mean()
template_image = np.copy(face_image[300:365, 670:750]) # 오른쪽 눈 영역 복사
template_image -= template_image.mean()
face_image = face_image + np.random.randn(*face_image.shape) * 50  # 랜덤 노이즈

correlation = signal.correlate2d(face_image, template_image, \
                                  boundary='symm', mode='same')
y, x = np.unravel_index(np.argmax(correlation), correlation.shape)

fig, (ax_original, ax_template, ax_correlation) = \
                 pylab.subplots(3, 1, figsize=(6, 15))
ax_original.imshow(face_image, cmap='gray')
ax_original.set_title('Original', size=20), ax_original.set_axis_off()
ax_template.imshow(template_image, cmap='gray')
```

```
ax_template.set_title('Template', size=20), ax_template.set_axis_off()

ax_correlation.imshow(correlation, cmap='afmhot')
ax_correlation.set_title('Cross-correlation', size=20)
ax_correlation.set_axis_off(), ax_original.plot(x, y, 'ro')
fig.show()
```

교차 상관관계가 가장 큰 값(템플릿과 가장 일치 함)을 가지는 위치를 빨간색(너구리의 오른쪽 눈)으로 표시했다.

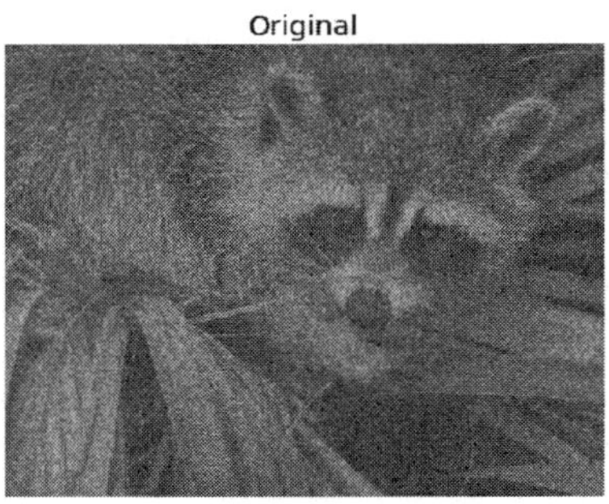

여기에 눈 템플릿이 있다.

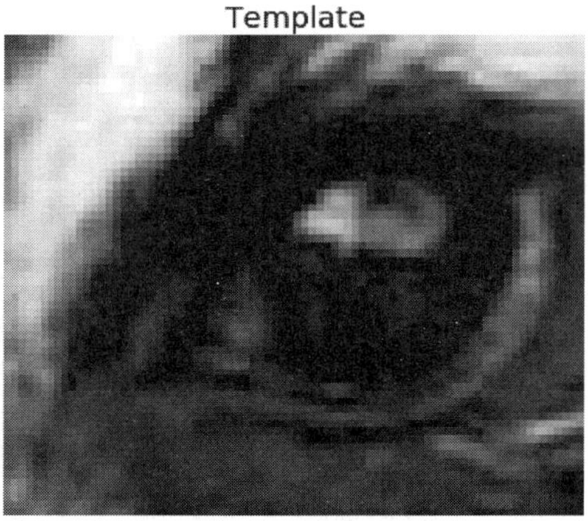

교차-상관관계를 적용한 결과는 다음과 같다.

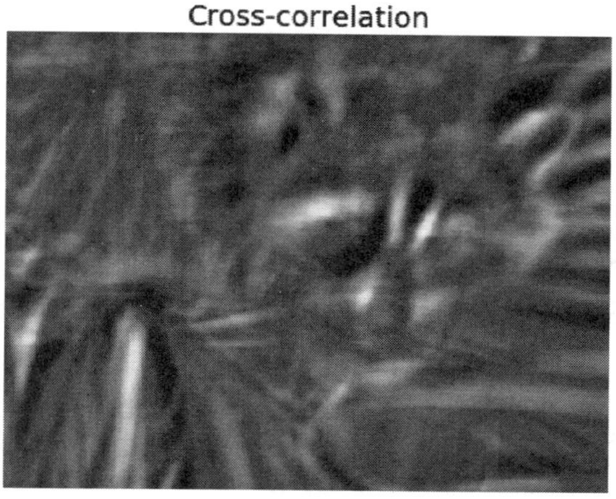

앞의 영상에서 알 수 있듯이, 입력 영상의 너구리 눈 중에 하나가 눈 템플릿 영상과 가장 높은 교차 상관관계를 가진다.

요약

우리는 2D DFT와 관련된 중요한 개념들을 논의했으며, 주파수 영역에서의 필터링과 같은 영상처리에서의 응용에 대해 논의했다. 우리는 `scikit-image` `numpy.fft`, `scipy.fftpack`, `signal` 및 `ndimage` 모듈을 사용하여 몇 가지 예를 수행하였다.

바라건대, 이제 여러분은 샘플링과 양자화, 두 가지 중요한 영상 형성 기술에 대해 분명히 알았다. 우리는 2D DFT, FFT 알고리즘의 파이썬 구현 및 다양한 응용을 살펴보았다. 즉, 영상 잡음 제거 및 복원, 영상처리에서의 DFT의 상관관계 및 컨볼루션과 같은 응용을 보았다. 그리고 필터 설계에서의 적절한 커널과의 컨볼루션 적용과 템플릿 매칭에서의 상관관계의 적용을 보았다.

이제 PIL/SciPy/sckit-image 라이브러리를 사용하여 샘플링 및 양자화를 수행하고, FFT 알고리즘을 사용하여 파이썬에서 2D FT/IFT를 수행하는 파이썬 코드를 작성할 수 있다. 일부 커널에서 영상에 기본 2D 컨볼루션을 하는 것이 얼마나 쉬운지를 보았다.

다음 장에서는 컨볼루션에 대해 더 자세히 논의하고, 다양한 응용 분야를 탐구한다. 다양한 주파수 영역 필터들과 함께 주파수 영역 필터링에 대해서도 배우게 된다.

연습문제

1. 가우시안 LPF를 사용하여 앤티 앨리어싱으로 다운 샘플링을 구현하시오. (힌트: 가우시안 필터를 적용한 다음, 처음부터 끝까지 모든 행과 열을 필터링하여 house 명암도 영상을 네 번 줄인다. 다운 샘플링 전에 LPF로 처리).
2. FFT를 사용하여 영상을 업 샘플링하시오. lena의 크기를 두 배로 늘인다. 명암도 영상을 모든 대체 위치에서 행/열을 0으로 채운 다음, FFT 다음에 LPF를 사용하고, IFFT를 사용하여 출력 영상을 얻으시오. 왜 이것이 작동하는가?
3. 푸리에 변환 및 영상 재구성을 컬러(RGB) 영상으로 적용해 보시오. (힌트: 각 채널에 대해 FFT를 별도로 적용하시오.)
4. 가우시안 커널의 푸리에 변환이 또 다른 가우시안 커널임을 (수학적으로 그리고 2D 커널 예제로) 보이시오.
5. lena 영상과 비대칭 리플 커널을 사용하여 상관관계 및 컨볼루션으로 영상을 생성하시오. 출력 영상이 다르다는 것을 보이시오. 이제 커널을 두 번 뒤집고(위 아래 뒤집어 놓고, 왼쪽-오른쪽으로 뒤집기), 뒤집은 커널과의 상관관계를 적용하시오. 출력 영상은 원래 커널을 사용하여 얻은 것과 동일한가?

추가 읽기

다음은 다양한 출처에서 나온 참고 자료들이다.

- Lecture notes from http://fy.chalmers.se/~romeo/RRY025/notes/E1.pdf and http:// web.pdx.edu/~jduh/courses/Archive/geog481w07/Students/Ludwig_ImageConvolution.pdf

- These slides (https://web.cs.pi.edu/~emmanuel/courses/cs545/S14/slides/lecture10.pdf) by Prof. Emmanuel Agu
- This lecture from Oxford university:
  http://www.robots.ox.ac.uk/~az/lectures/ia/lect2.pdf

Chapter 3

컨볼루션과 주파수 영역 필터링

이 장에서는 2D 컨볼루션(회선)을 계속 다룰 것이며, 컨볼루션 정리의 기본 개념을 사용하여 주파수 영역에서 컨볼루션이 더 빨리 수행될 수 있는 방법을 이해한다. 상관관계와 컨볼루션의 기본적인 차이점을 영상의 예와 함께 살펴본다. 교차 상관관계를 사용하여 템플릿 영상으로 영상의 특정 패턴의 위치를 찾는 방법을 보여주는 SciPy의 예제도 설명한다.

마지막으로, 주파수 영역에서 몇 가지 필터링 기술(박스[box] 커널 또는 가우시안 커널과 같은 커널을 사용하여 컨볼루션으로 구현할 수 있음)을 설명한다. 이 필터링 기술은 저역 통과, 대역 통과 및 대역 정지 필터와 같은 필터이며, 예제를 사용하여 파이썬 라이브러리로 구현하는 방법에 대해 설명한다. 또한 몇 가지 필터를 사용하여 영상의 잡음 제거에 사용할 수 있는 방법을 보일 것이다(예: 영상에서 주기적인 잡음을 제거하는 대역 차단이나 노치 필터, 또는 가우시안/모션-블러 커널로 흐린 영상을 제거하는 역 필터나 Wiener 필터).

이 장에서 다룰 주제는 다음과 같다.

- 컨볼루션 정리 및 주파수 영역 가우시안 블러(흐림)
- 주파수 영역에서 필터링(scipy `ndimage` 모듈 및 `scikit-image` 사용)

컨볼루션 정리 및 주파수 영역 가우시안 블러

이 절에서는 scipy signal 및 ndimage와 같은 파이썬 모듈을 사용하여 영상에 컨볼루션의 더 많은 응용을 살펴볼 것이다. 컨볼루션 정리로 시작하여 주파수 영역에서 컨볼루션 연산이 어떻게 더 쉬워지는지 살펴보자.

컨볼루션 정리의 적용

컨볼루션 정리convolution theorem는 영상 영역에서의 컨볼루션이 주파수 영역에서의 단순한 곱셈과 동일하다는 것을 말한다.

Convolution theorem

$$f(x,y) * h(x,y) \quad \Leftrightarrow \quad F(u,v)H(u,v)$$

Space convolution = frequency multiplication

다음 다이어그램은 푸리에 변환의 적용을 보여준다.

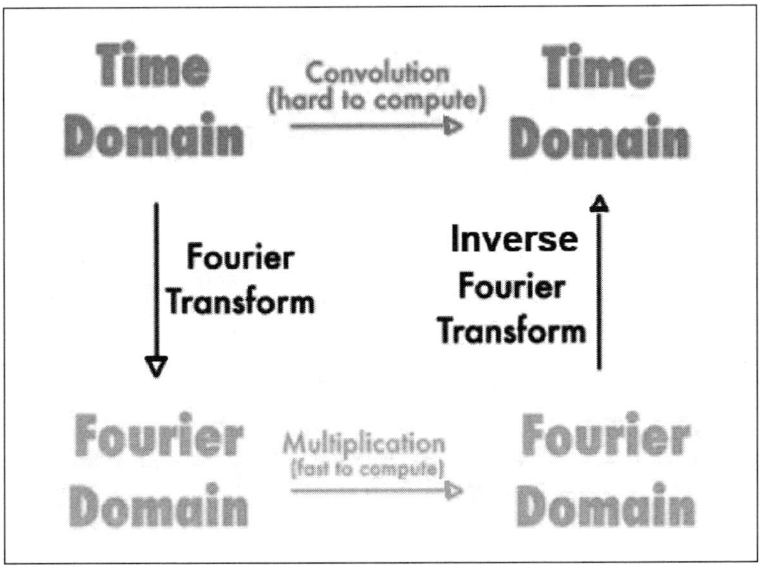

아래 다이어그램은 주파수 영역 필터링의 기본 단계를 보여준다. 우리는 원본 영상 *f*와 커널 *h*(마스크 또는 열화/향상 함수)를 입력으로 갖는다. 먼저, 두 입력 항목을 모두 DFT로 주파수 영역으로 변환한 다음, 컨볼루션 정리를 적용해야 한다. 따라서 컨볼루션 정리는 요소 단위[element-wise]의 곱셈이다. 이것은 주파수 영역에서 컨볼루션된 영상을 출력한다. 이 영상에서 재구성된 영상을 얻기 위해 IDFT를 적용해야 한다(원래 영상에서 약간의 품질 저하 또는 향상이 있음).

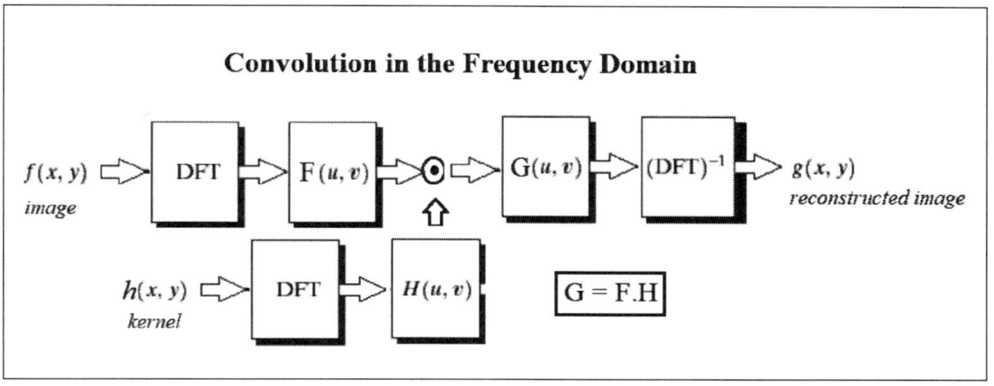

이제 몇 가지 영상과 몇 가지 파이썬 라이브러리 함수로 컨볼루션 정리의 데모를 보자. 지난 장에서 했던 것처럼 필요한 모든 라이브러리를 가져와야 한다.

```
from PIL import  Image
from skimage.io import imread, imshow, show
from skimage.color import rgb2gray
from scipy import ndimage, misc, signal, fftpack

import matplotlib.pylab as pylab
import numpy as np
import timeit                                           # 수행 시간 체크

# scipy 1.1 버전부터 signaltonoise() 함수 제공되지 않음
# 아래 함수 구현으로 사용함
def signaltonoise(a, axis=0, ddof=0):
    a = np.asanyarray(a)
    m = a.mean(axis)
    sd = a.std(axis=axis, ddof=ddof)
    return np.where(sd == 0, 0, m/sd)
```

numpy fft를 사용한 주파수 영역 가우시안 블러 필터

다음 코드 블록은 컨볼루션 정리와 numpy fft를 사용하여 주파수 영역에서 가우시안 필터를 적용하는 방법을 보여준다(주파수 영역에서 단순 곱셈).

```
import numpy.fft as fp
# RGB 3개 채널의 각 화소를 평균함 - 명암도 영상 생성
im = np.mean(imread('../images/lena.jpg'), axis=2)
freq = fp.fft2(im)
gauss_kernel = np.outer(signal.gaussian(im.shape[0], 5), \
                        signal.gaussian(im.shape[1], 5))
assert(freq.shape == gauss_kernel.shape)
freq_kernel = fp.fft2(fp.ifftshift(gauss_kernel))
convolved = freq * freq_kernel                          # 주파수 영역에서 곱
im1 = fp.ifft2(convolved).real                          # 역FFT, 허수부는 필요없음

# 주파수 스펙트럼 log 및 shift 수행
mag1 = 20*np.log10( 0.1 + fp.fftshift(freq))
mag2 = 20*np.log10( 0.1 + fp.fftshift(freq_kernel))
mag3 = 20*np.log10( 0.1 + fp.fftshift(convolved))

pylab.figure(figsize=(20,15)), pylab.gray()             # 명암도 영상으로 표시
pylab.subplot(2,3,1), pylab.imshow(im)
pylab.title('Original Image', size=20), pylab.axis('off')
pylab.subplot(2,3,2), pylab.imshow(gauss_kernel)
pylab.title('Gaussian Kernel', size=20)
pylab.subplot(2,3,3), pylab.imshow(im1)
pylab.title('Output Image', size=20), pylab.axis('off')

pylab.subplot(2,3,4), pylab.imshow(mag1.astype(int))
pylab.title('Original Image Spectrum', size=20), pylab.axis('off')
pylab.subplot(2,3,5), pylab.imshow(mag2.astype(int))
pylab.title('Gaussian Kernel Spectrum', size=20)
pylab.subplot(2,3,6), pylab.imshow(mag3.astype(int))
pylab.title('Output Image Spectrum', size=20), pylab.axis('off')
pylab.subplots_adjust(wspace=0.2, hspace=0)
pylab.show()
```

다음 그림은 앞 코드 블록의 출력으로, 원래의 `lena` 영상, 커널 및 컨볼루션 후에 얻은 출력을 공간 및 주파수 영역에서 각각 보여준다.

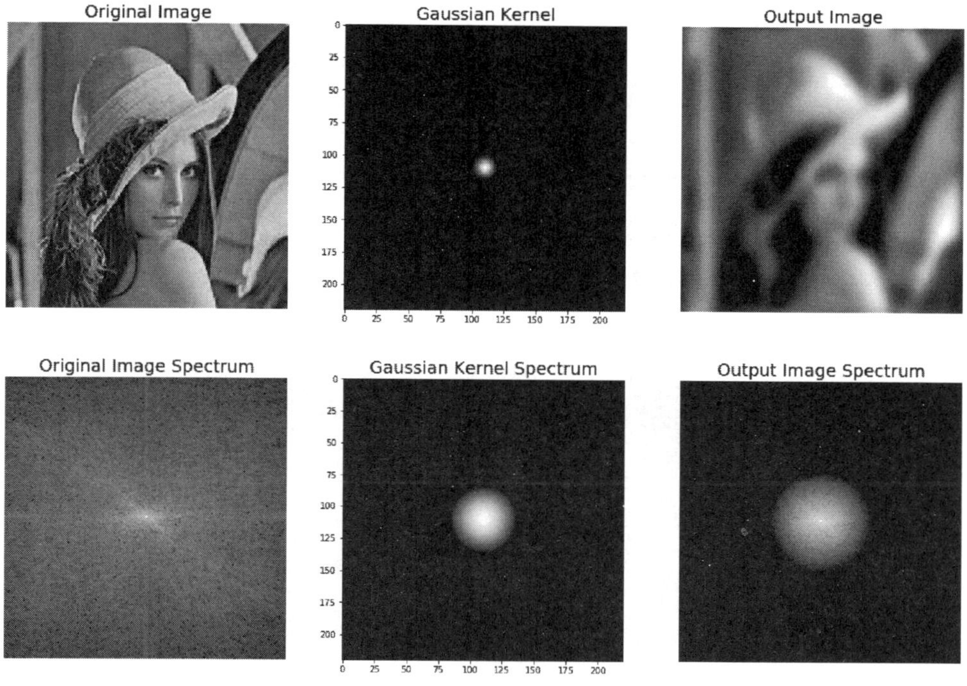

주파수 영역에서의 가우시안 커널

이 절에서는 2D 및 3D 플롯에서 가우시안 커널이 주파수 영역에서 어떻게 보이는지 볼 것이다.

2D에서 가우시안 LPF 커널 스펙트럼

다음 코드 블록은 로그 변환을 사용하여 2D에서 가우시안 커널의 스펙트럼을 플로팅하는 방법을 보여준다.

```
im = rgb2gray(imread('../images/lena.jpg'))
gauss_kernel = np.outer(signal.gaussian(im.shape[0], 1), \
                        signal.gaussian(im.shape[1], 1))
freq = fp.fft2(im)
```

```
freq_kernel = fp.fft2(fp.ifftshift(gauss_kernel))
mag = 20 * np.log10(0.01 + fp.fftshift(freq_kernel))

pylab.imshow( mag.real.astype(int), cmap='coolwarm')
pylab.colorbar()
pylab.show()
```

다음 그림은 색상 막대가 있는 위 코드 블록의 결과를 보여준다. 가우시안 커널은 저역 통과 필터이기 때문에 주파수 스펙트럼은 중심에서 더 높은 값을 가지며(더 낮은 주파수 값을 허용함) 중심에서 높은 주파수 쪽으로 멀어짐에 따라 점차적으로 감소한다.

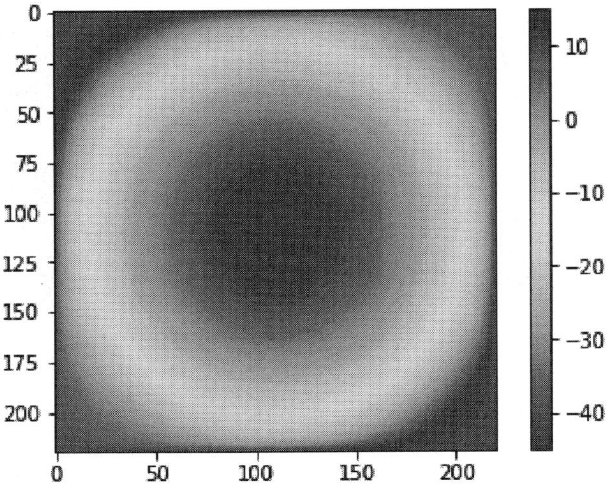

다음 그림은 응답 축을 따라 대수 눈금이 있거나 없는, 3D에서 가우시안 커널의 주파수 스펙트럼을 보여준다. 가우시안 커널의 DFT는 또 다른 가우시안 커널이다. 3D 그래프를 위한 파이썬 코드는 독자에게 연습문제로 남겨둔다.

3D에서 가우시안 LPF 커널 스펙트럼

수평면은 주파수면을 나타내고, 수직축은 주파수 영역에서의 가우시안 커널의 응답을 직접 그리고 대수적으로 각각 나타낸다.

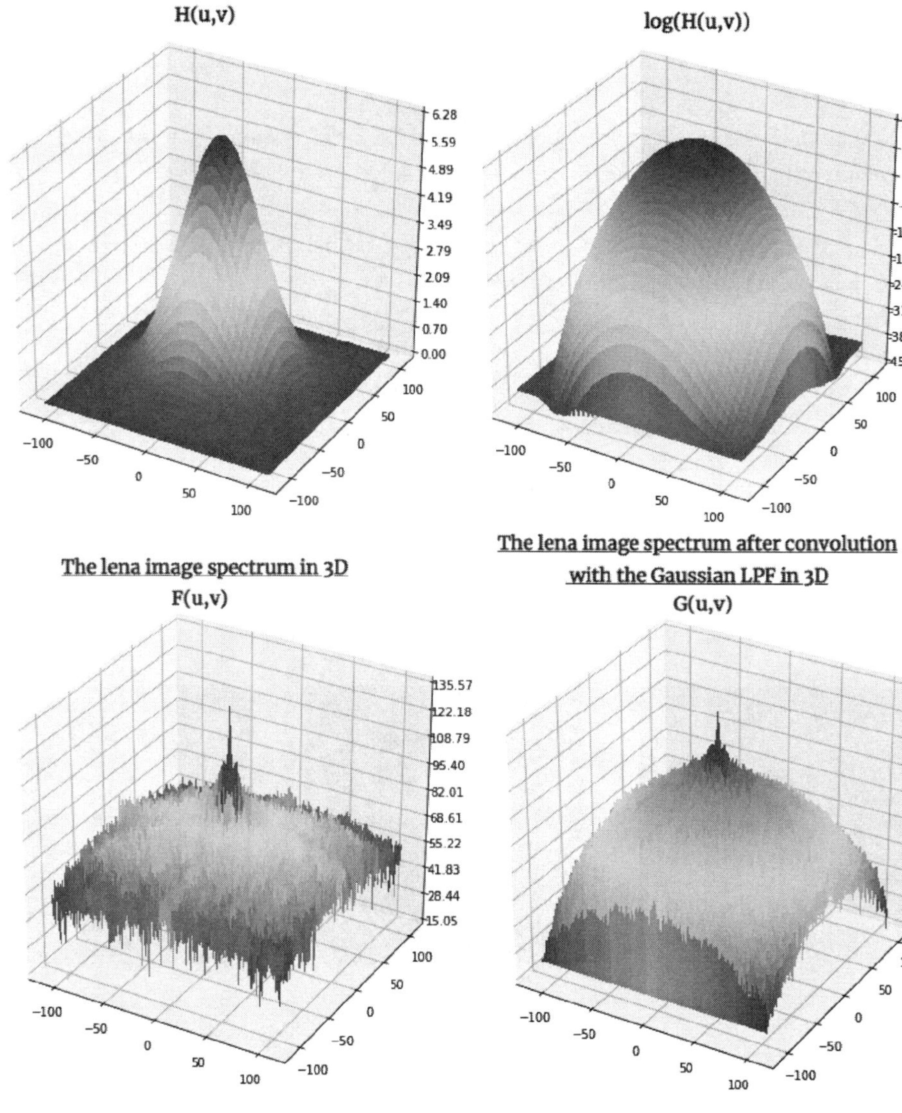

scipy signal.fftconvolve( )를 사용한 가우시안 블러 필터

다음 코드 블록은 scipy signal 모듈의 `fftconvolve()` 함수를 사용하여 주파수 영역에서 컨볼루션을 실행하는 데 사용할 수 있는 방법을 보여준다(내부적으로 곱셈과 컨볼루션 정리로 나타남).

```
im = np.mean(imread('../images/mandrill.jpg'), axis=2)
print(im.shape)                                          # (224, 225)
# 11×11 크기, 표준 편차 3의 2차원 가우시안 필터
gauss_kernel = np.outer(signal.gaussian(11, 3), signal.gaussian(11, 3))
im_blurred = signal.fftconvolve(im, gauss_kernel, mode='same')

fig, (ax_original, ax_kernel, ax_blurred) = pylab.subplots(1, 3, figsize=(20,8))
ax_original.imshow(im, cmap='gray')
ax_original.set_title('Original', size=20), ax_original.set_axis_off()
ax_kernel.imshow(gauss_kernel)
ax_kernel.set_title('Gaussian kernel', size=15), ax_kernel.set_axis_off()
ax_blurred.imshow(im_blurred, cmap='gray')
ax_blurred.set_title('Blurred', size=20), ax_blurred.set_axis_off()
fig.show()
```

다음 그림은 공간 영역에서 앞 코드 블록의 출력을 보여준다.

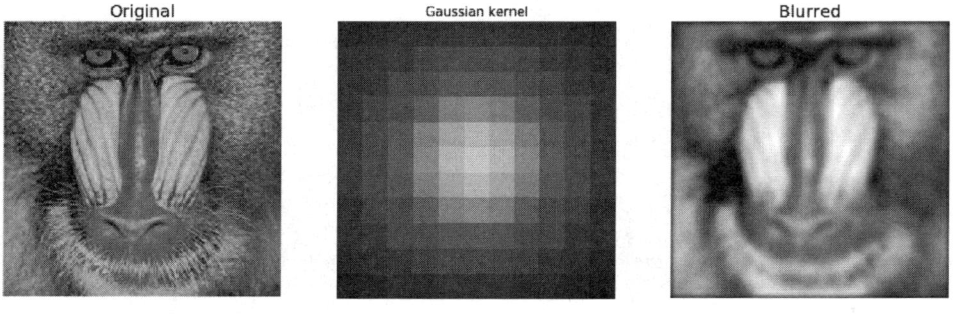

다음의 코드 블록은 컨볼루션 후에 원본 영상과 블러 영상 스펙트럼을 표시하는 방법을 보여준다.

```
F1 = fftpack.fft2((im).astype(float))                  # FFT 수행
F2 = fftpack.fftshift( F1 )                            # shift 수행
mag1 = (20*np.log10( 0.1 + F2)).astype(int)

F1 = fftpack.fft2((im_blurred).astype(float))
F2 = fftpack.fftshift( F1 )
mag2 = (20*np.log10( 0.1 + F2)).astype(int)
```

```
pylab.figure(figsize=(15,8))
pylab.subplot(1,2,1), pylab.imshow( mag1, cmap='gray')
pylab.title('Original Image Spectrum', size=20)
pylab.subplot(1,2,2), pylab.imshow( mag2, cmap='gray')
pylab.title('Blurred Image Spectrum', size=20)
pylab.show()
```

다음 그림은 주파수 영역에서 앞 코드 블록의 출력을 보여준다.

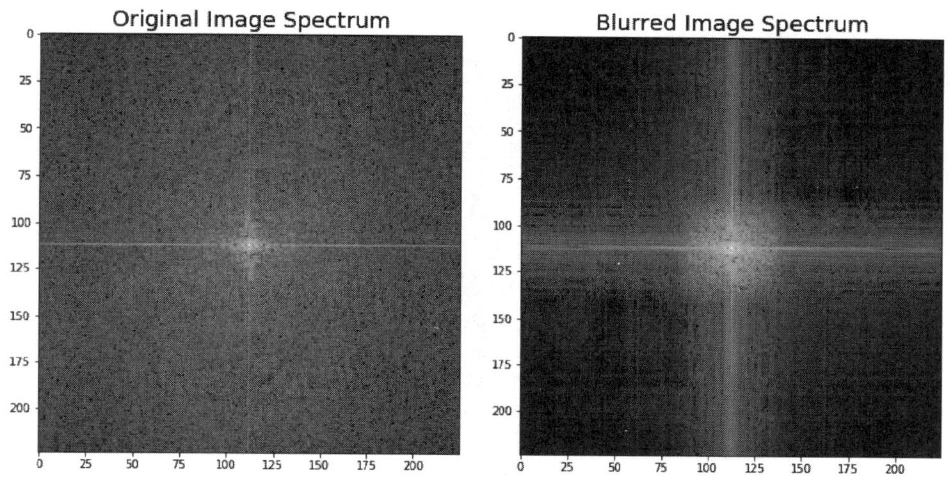

앞의 것과 같은 코드 블록을 사용하여 Victoria Memorial Hall 영상의 블러 버전을 계산하지만, 이번에는 `fftconvolve()` 함수를 $\sigma=10$인 더 큰(50 × 50) 가우시안 커널로 호출하였다.

다음 그림은 새 영상과 수정된 커널로 동일한 코드를 사용한 출력이다.

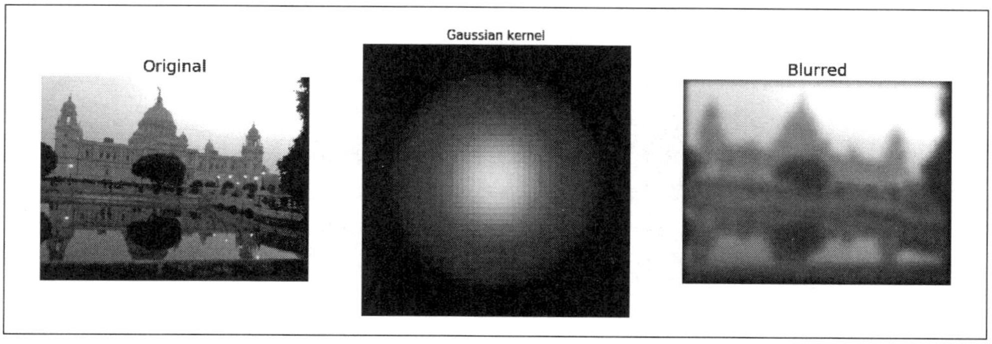

가우시안 블러로 SciPy convolve( )와 fftconvolve( )의 수행시간 비교

우리는 파이썬 timeit 모듈을 사용하여 영상 영역과 주파수 영역 컨볼루션 함수의 런타임를 비교할 수 있다. 주파수 영역 컨볼루션은 일련의 슬라이딩 윈도우 산술 계산 대신에 단일 행렬 곱셈을 포함하므로, 훨씬 더 빨라질 것으로 예상된다.

```
im = np.mean(imread('../images/mandrill.jpg'), axis=2)
print(im.shape)                                    # (224, 225)
gauss_kernel = np.outer(signal.gaussian(11, 3), signal.gaussian(11, 3))
im_blurred1 = signal.convolve(im, gauss_kernel, mode="same")
im_blurred2 = signal.fftconvolve(im, gauss_kernel, mode='same')

pylab.figure(figsize=(15,5)), pylab.gray()
pylab.subplot(131), pylab.imshow(im),
pylab.title('Original Image', size=15), pylab.axis('off')
pylab.subplot(132), pylab.imshow(im_blurred1)
pylab.title('convolve Output', size=15), pylab.axis('off')
pylab.subplot(133), pylab.imshow(im_blurred2)
pylab.title('ffconvolve Output', size=15),pylab.axis('off')
pylab.show()
```

다음 코드 블록은 원래의 Mandrill 영상과 블러된 영상들을 표시한다.

```
im = np.mean(imread('../images/mandrill.jpg'), axis=2)
print(im.shape)                                              # (224, 225)
gauss_kernel = np.outer(signal.gaussian(11, 3), signal.gaussian(11, 3))
im_blurred1 = signal.convolve(im, gauss_kernel, mode="same")
im_blurred2 = signal.fftconvolve(im, gauss_kernel, mode='same')

pylab.figure(figsize=(15,5)), pylab.gray()
pylab.subplot(131), pylab.imshow(im),
pylab.title('Original Image', size=15), pylab.axis('off')
pylab.subplot(132), pylab.imshow(im_blurred1)
pylab.title('convolve Output', size=15), pylab.axis('off')
pylab.subplot(133), pylab.imshow(im_blurred2)
pylab.title('ffconvolve Output', size=15),pylab.axis('off')
pylab.show()
```

다음 그림은 앞 코드 블록의 출력이다. 예상한대로, convolve()와 fftconvolve() 함수는 같은 블러 출력 영상을 나타낸다.

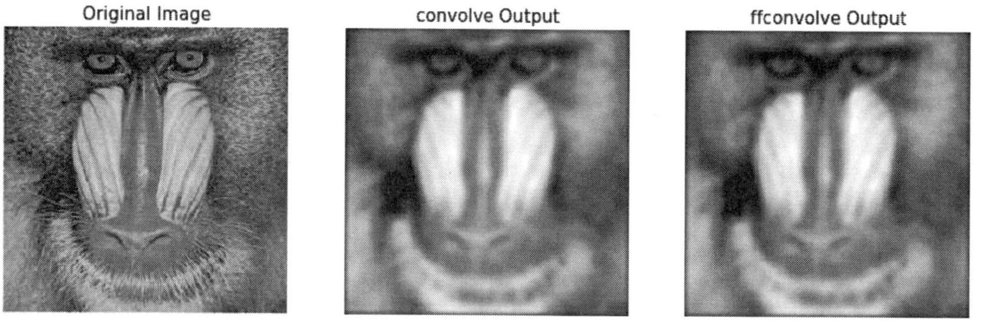

다음 코드는 수행시간을 비교한다. 즉, 수행시간 간의 차이를 시각화한 것이다. 각 기능은 동일한 가우시안 커널을 사용하여 동일한 입력 영상에서 100번 실행되었으며, 각 함수에 대한 시간의 박스 플롯이 그려졌다.

```
def wrapper_convolve(func):
    def wrapped_convolve():
        return func(im, gauss_kernel, mode="same")
    return wrapped_convolve

wrapped_convolve = wrapper_convolve(signal.convolve)
wrapped_fftconvolve = wrapper_convolve(signal.fftconvolve)
times1 = timeit.repeat(wrapped_convolve, number=1, repeat=100)
times2 = timeit.repeat(wrapped_fftconvolve, number=1, repeat=100)

data = [times1, times2]
pylab.figure(figsize=(8,6))
box = pylab.boxplot(data, patch_artist=True)          # notch=True
colors = ['cyan', 'pink']
for patch, color in zip(box['boxes'], colors):
    patch.set_facecolor(color)

pylab.xticks(np.arange(3), ('', 'convolve', 'fftconvolve'), size=15)
pylab.yticks(fontsize=15)
pylab.xlabel('scipy.signal convolution methods', size=15)
pylab.ylabel('time taken to run', size = 15)
pylab.show()
```

다음 그림은 앞 코드 블록의 출력을 보여준다. 보다시피, `fftconvolve()`는 평균 속도가 더 빠르다.

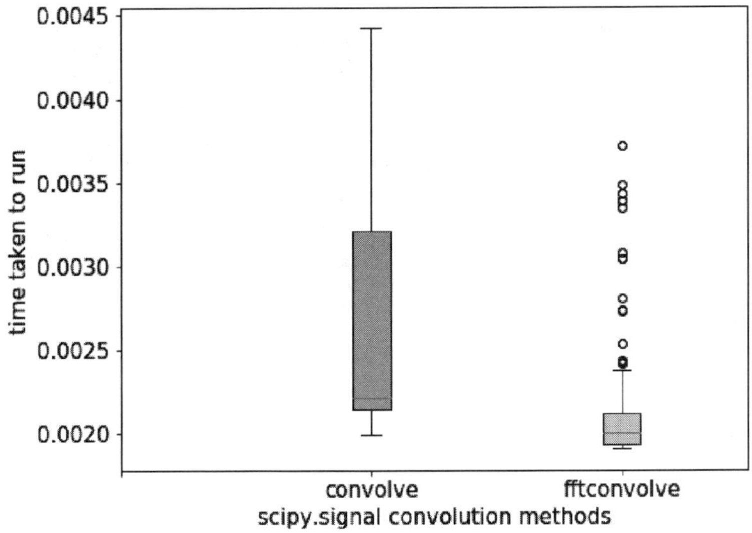

주파수 영역에서 필터링(HPF, LPF, BPF 및 노치 필터)

1장 '영상처리 시작하기'에서 설명한 영상처리 파이프라인을 기억하면, 영상을 얻은 직후의 다음 단계는 영상 전처리이다. 영상은 종종 밝기와 조명의 무작위 변화로 인해 손상되거나 대비가 떨어지므로, 직접 사용할 수 없고 향상시킬 필요가 있다. 여기에 필터가 사용된다.

필터란 무엇인가?

필터링은 화소 밝기 값을 변환하여 다음과 같은 어떤 영상 특성을 나타내는 것을 말한다.

- **향상**enhancement: 영상 특성은 대비contrast를 향상시킨다.
- **스무딩**smoothing: 영상 특성은 잡음을 제거한다.
- **템플릿 매칭**: 영상 특성은 알려진 패턴을 감지한다.

필터링된 영상은 이산 컨볼루션discrete convolution에 의해 기술되며, 필터는 $n \times n$의 개별 컨볼루션 마스크로 기술된다.

고역-통과 필터(High-Pass Filter, HPF)

이 필터는 영상의 주파수 영역 표현(DFT로 획득)에서 높은 주파수만을 허용하고 **차단값**cut-off 이하의 모든 저주파를 차단한다. 영상은 역 DFT로 재구성되며, 고주파 성분은 에지, 디테일, 잡음 등에 해당하므로 HPF는 이들을 추출하거나 향상시키는 경향이 있다. 다음 몇 절에서는 numpy, scipy 및 scikit-image 라이브러리의 여러 함수를 사용하여 HPF를 구현하고, HPF가 영상에 미치는 영향을 보여준다.

다음 단계를 통해 영상에 HPF를 구현할 수 있다.

1. scipy.fftpack fft2로 2D FFT를 수행하고 영상의 주파수 영역 표현을 얻는다.
2. 고주파 성분만 유지한다(저주파 성분을 제거한다).
3. 역 FFT를 수행하여 영상을 재구성한다.

HPF를 구현하는 파이썬 코드는 다음 코드 블록과 같다. 보다시피, 고주파 성분은 영상의 에지에 더 많이 해당되고, 평균(평면) 영상 정보는 점점 더 많은 저주파 성분을 제거함에 따라 손실된다.

```
im = np.array(Image.open('../images/rhino.jpg').convert('L'))
pylab.figure(figsize=(10,10)), pylab.imshow(im, cmap='gray'), pylab.axis('off')
pylab.show()
```

다음 그림은 원본 코뿔소 영상으로, 앞 코드 블록의 결과를 보여준다.

다음 코드 블록은 원본 코뿔소 영상 스펙트럼을 로그 도메인에 출력하는 방법을 보여준다.

```
freq = fp.fft2(im)                                         # FFT 수행
freq1 = np.copy(freq)
freq2 = fp.fftshift(freq1)                                 # shift 수행
mag = (20*np.log10( 0.1 + freq2)).astype(int)

pylab.figure(figsize=(10,10)), pylab.imshow(mag)
pylab.show()
```

다음 그림은 앞 코드 블록의 출력으로서 코뿔소 영상 스펙트럼을 보여준다.

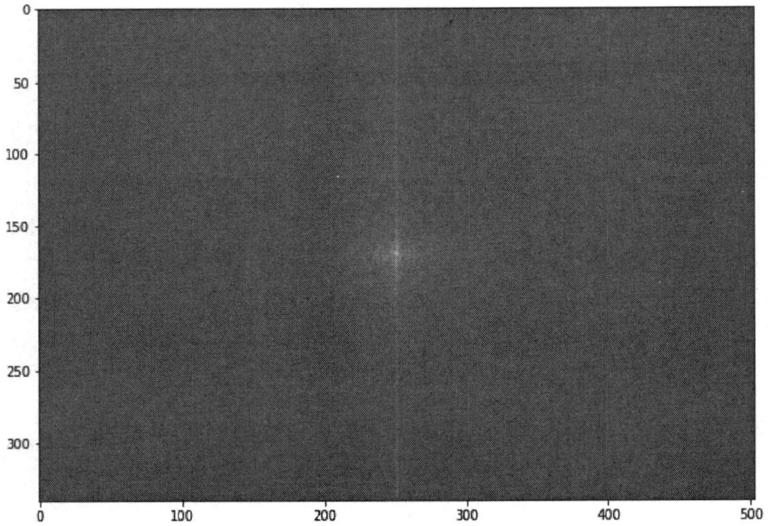

다음 코드 블록은 NumPy2D 배열의 저주파를 차단하여 HPF를 적용하는 방법을 보여준다.

```
(w, h) = freq.shape
half_w, half_h = w//2, h//2                                    # 중심 좌표
# 20 × 20 크기 저주파 영역 계수값 제거
freq2[half_w-10:half_w+11, half_h-10:half_h+11] = 0

pylab.figure(figsize=(10,10))
pylab.imshow( (20*np.log10( 0.1 + freq2)).astype(int))
pylab.show()
```

다음 그림은 앞 코드 블록의 출력인 HPF를 적용한 후, 코뿔소 영상의 스펙트럼을 보여준다.

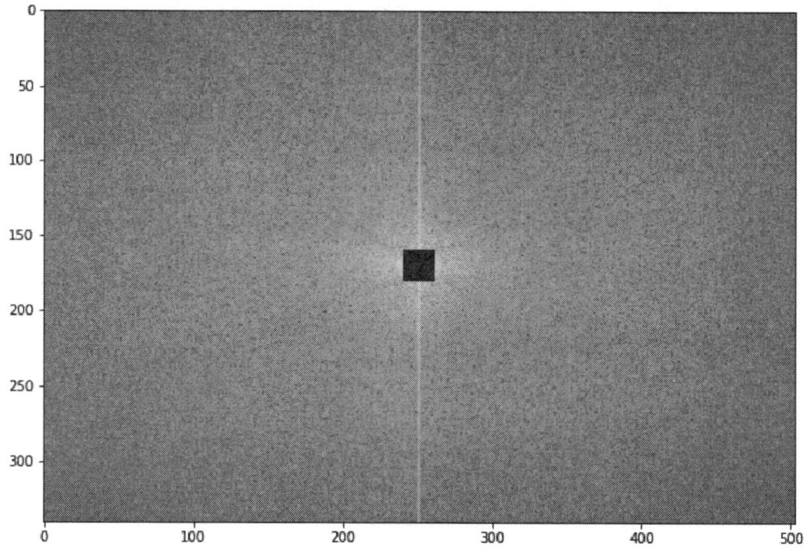

다음 코드 블록은 `ifft2()` 함수를 적용하여, 이전 스펙트럼에서 영상을 다시 얻는 방법을 보여준다.

```
im1 = fp.ifft2(fftpack.ifftshift(freq2))
im2 = np.clip(im1.real,0,255)                     # IFFT후 화소 값 클램핑 수행
print(signaltonoise(im2, axis=None))              # 0.5901647786775175
```

```
pylab.imshow(im2, cmap='gray'), pylab.axis('off')
pylab.show()
```

다음 그림은 앞 코드 블록의 결과, HPF 적용 후의 코뿔소 영상을 보여준다. 보다시피, 영상의 에지가 더 두드러지게 나타난다. HPF는 영상에서 에지들(더 높은 주파수에 해당)을 찾는다.

이제 HPF의 주파수 컷오프frequency cutoff 값이 출력 영상을 어떻게 변경하는지를 살펴보자. 우리는 명암도 카메라맨 영상에서 시작하여 FFT를 적용한 다음, 컷오프 값 F 이하의 저주파를 차단하여 출력 영상을 재구성한다. 이 값을 얻어진 출력에 미치는 영향을 보기 위해 다양하게 변경한다.

다음 코드 블록은 다른 주파수 컷오프 값 F를 사용하여, 카메라맨 명암도 영상에 HPF를 적용하는 방법을 보여준다.

```
im = np.array(Image.open('../images/cameraman.jpg').convert('L'))
freq = fp.fft2(im)
(w, h) = freq.shape
half_w, half_h = w//2, h//2                                    # 중심 좌표 - DC 위치
snrs_hp = []                                                   # 신호대 잡음비 저장
lbs = list(range(1,25))

pylab.figure(figsize=(20,20))
for l in lbs:
    freq1 = np.copy(freq)
    freq2 = fftpack.fftshift(freq1)                            # shift 수행
    freq2[half_w-l:half_w+l+1,half_h-l:half_h+l+1] = 0 # 저주파 영역 계수 제거
    im1 = np.clip(fp.ifft2(fftpack.ifftshift(freq2)).real,0,255)  # 클리핑
    snrs_hp.append(signaltonoise(im1, axis=None))

    pylab.subplot(6,4,l), pylab.imshow(im1, cmap='gray'), pylab.axis('off')
    pylab.title('F = ' + str(l+1), size=20)
    pylab.subplots_adjust(wspace=0.1, hspace=0.2)

pylab.show()
```

다음 그림은 HPF가 컷오프 주파수(F)가 증가함에 따라, 에지가 더 많이 감지되고, 영상의 전체 레벨 정보가 어떻게 버려지는지를 보여준다.

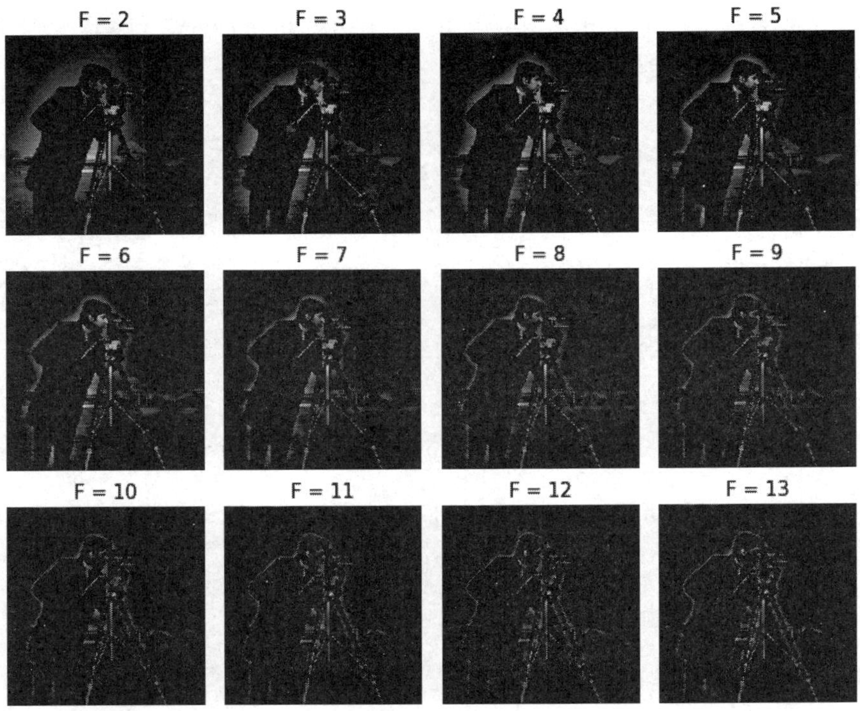
F = 2
F = 3
F = 4
F = 5
F = 6
F = 7
F = 8
F = 9
F = 10
F = 11
F = 12
F = 13

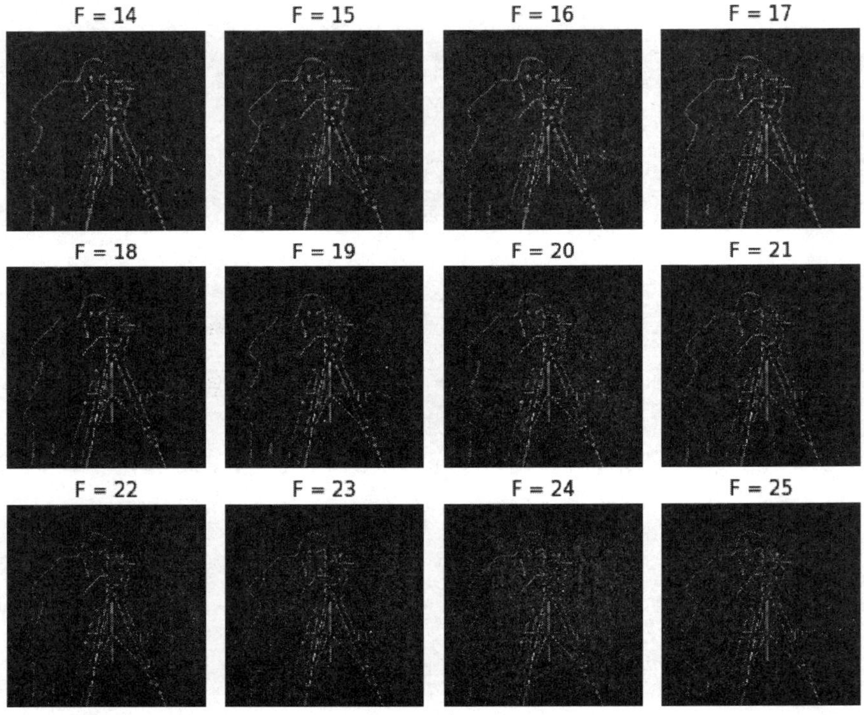
F = 14
F = 15
F = 16
F = 17
F = 18
F = 19
F = 20
F = 21
F = 22
F = 23
F = 24
F = 25

컷오프 주파수에 따라 SNR이 어떻게 변하는가?

다음 코드 블록은 HPF의 컷오프 주파수(F)와 함께 **신호 대 잡음비**[SNR]의 변화를 보여준다.

```
pylab.plot(lbs, snrs_hp, 'b.-')
pylab.xlabel('Cutoff Freqeuncy for HPF', size=20)
pylab.ylabel('SNR', size=20)
pylab.show()
```

다음 그림은 HPF의 컷오프 주파수가 증가함에 따라, 출력 영상의 SNR이 어떻게 감소하는지를 보여준다.

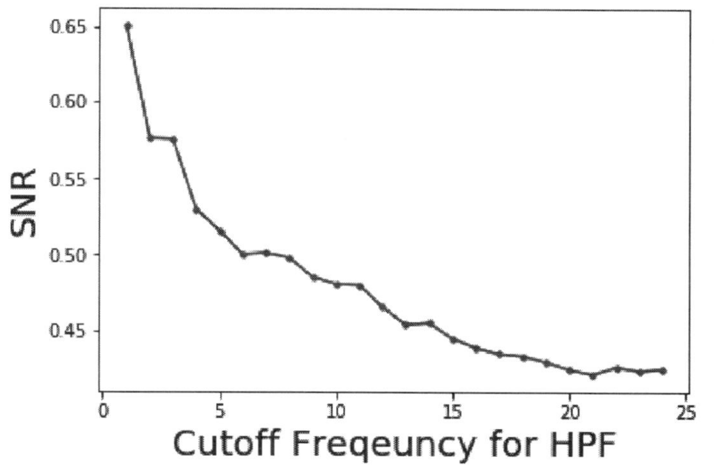

저역-통과 필터(Low-pass filter, LPF)

이 필터는 영상의 주파수 영역 표현(DFT로 얻음)에서 낮은 주파수만을 허용하고, 컷오프 값을 초과하는 모든 고주파를 차단한다. 영상은 역 DFT로 재구성되며, 고주파 성분은 에지, 디테일, 잡음 등에 해당하므로 LPF는 이를 제거하는 경향이 있다. 다음 몇 개 절에서는 numpy, scipy 및 scikit-image 라이브러리의 여러 함수를 사용하여, LPF 및 LPF가 영상에 미치는 영향을 구현하는 방법을 보여준다.

scipy ndimage 및 numpy fft가 있는 LPF

numpy fft 모듈의 fft2() 함수는 영상에 FFT를 실행하는 데도 사용할 수 있다. scipy ndimage 모듈은 주파수 영역의 영상에 LPF를 적용하는 많은 기능을 제공한다. 다음 절에서는 이러한 필터 중 하나(예: fourier_gaussian())와 예제를 보여준다.

fourier_gaussian이 있는 LPF

scipy ndimage 모듈의 이 함수는 다차원 가우시안 푸리에 필터를 구현한다. 주파수 배열은 주어진 크기의 가우시안 커널의 푸리에 변환과 곱해진다.

다음 코드 블록은 LPF(**가중 평균** 필터)를 사용하여 lena 명암도 영상을 블러하는 방법을 보여준다.

```
im = np.mean(imread('../images/lena.jpg'), axis=2)
freq = fp.fft2(im)
freq_gaussian = ndimage.fourier_gaussian(freq, sigma=4)
im1 = fp.ifft2(freq_gaussian)

fig, (axes1, axes2) = pylab.subplots(1, 2, figsize=(20,10))
pylab.gray()                                            # 명암도 영상 보기
axes1.imshow(im), axes1.axis('off')
axes2.imshow(im1.real), axes2.axis('off')               #실수부 표시
pylab.show()
```

다음 그림은 앞 코드 블록의 출력을 보여준다.

앞 코드 블록은 박스 커널이 적용된 후에 영상의 주파수 스펙트럼을 표시한다.

```
mag = 20*np.log10( 0.1 + fp.fftshift(freq_gaussian))
pylab.figure(figsize=(10,10))
pylab.imshow( mag.astype(int))
pylab.show()
```

다음 그림은 앞 코드 블록의 출력을 보여주며, 가우시안 커널 적용 후, 영상의 주파수 스펙트럼을 표시한다.

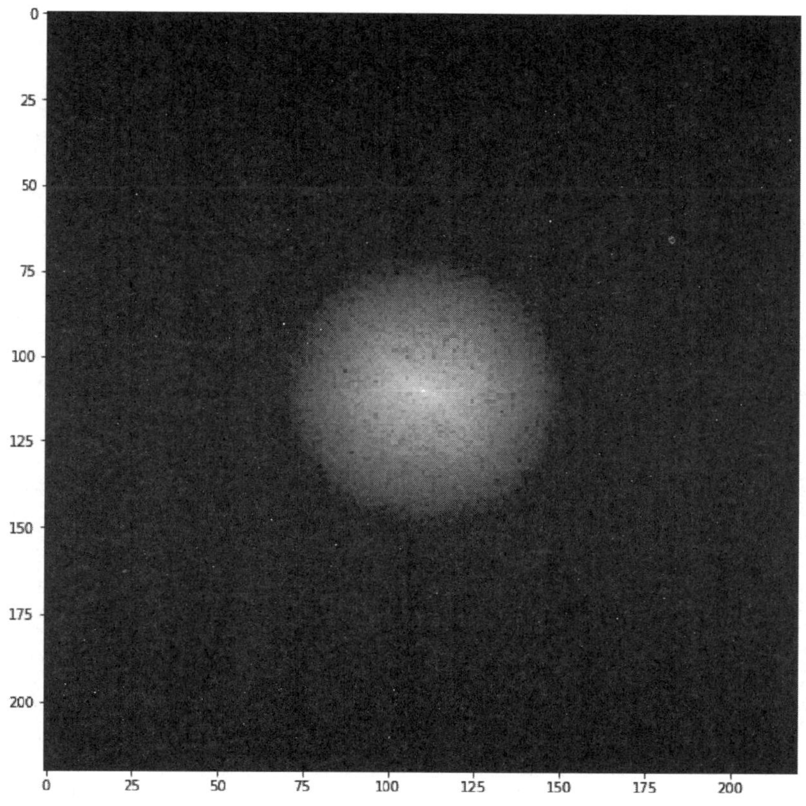

scipy fftpack을 사용한 LPF

다음 단계를 사용하여 영상에 LPF를 구현할 수 있다.

1. scipy.fftpack fft2로 2D FFT를 수행하고, 영상의 주파수 영역 표현을 얻는다.
2. 저주파 성분만 유지한다(고주파 성분을 제거한다).
3. 역 FFT를 수행하여 영상을 재구성한다.

LPF를 구현하는 파이썬 코드는 다음 코드 블록과 같다. 다음 그림에서 볼 수 있듯이, 저주파 성분은 평균(편평한) 영상 정보에 더 많이 부합하고, 영상의 세부 정보(예: 에지)는 더 많은 고주파 성분을 제거함에 따라 손실된다. 예를 들어, 첫 번째 주파수 구성 요소만 유지하고 나머지는 모두 버리면, 역 FFT 후에 얻은 결과 영상에서 코뿔소를 거의 볼 수 없지만, 점점 더 높은 주파수 구성 요소를 유지하면 최종 영상에서 두드러지게 나타난다.

```
im = np.array(Image.open('../images/rhino.jpg').convert('L'))

freq = fp.fft2(im)                                    # FFT 수행
freq1 = np.copy(freq)
freq2 = fp.fftshift(freq1)                            # shift 수행
freq2_low = np.copy(freq2)

(w, h) = freq.shape
half_w, half_h = w//2, h//2                           # 중심 좌표
freq2_low[half_w-10:half_w+11,half_h-10:half_h+11] = 0 # 저주파 영역 계수 제거
freq2 -= freq2_low                                    # 저주파 영역만 살림
im1 = fp.ifft2(fp.ifftshift(freq2)).real              # IFFT 수행 및 실수부 가져옴
print(signaltonoise(im1, axis=None))                  # 2.389151856495427

pylab.imshow(im1, cmap='gray'), pylab.axis('off')
pylab.show()
```

다음 그림은 앞 코드 블록의 출력을 보여준다. 입력된 코뿔소 영상에 LPF를 적용하여 미세한 세부 정보없이 얻은 전체 출력 영상이다.

다음 코드 블록은 높은 주파수를 차단한 후, 로그 도메인에서 영상 스펙트럼을 그리는 방법을 보여준다. 즉, 낮은 주파수만 허용한다.

```
pylab.figure(figsize=(10,10))
pylab.imshow( (20*np.log10( 0.1 + freq2)).astype(int))
pylab.show()
```

다음 그림은 영상에 LPF를 적용한 후, 얻은 스펙트럼인 앞의 코드 블록의 출력을 보여준다.

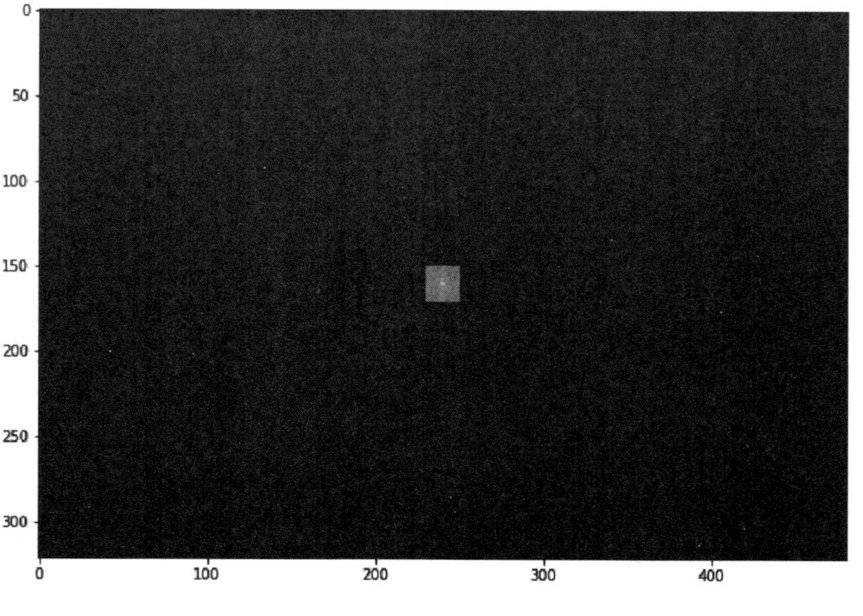

다음 코드 블록은 다른 주파수 컷오프 값 F를 사용하여 카메라맨 명암도 영상에 LPF를 적용하는 방법을 보여준다.

```
im = np.array(Image.open('../images/cameraman.jpg').convert('L'))
freq = fp.fft2(im)
(w, h) = freq.shape
half_w, half_h = w//2, h//2                                   # 중심 좌표
snrs_lp = []
ubs = list(range(1,31))

pylab.figure(figsize=(20,20))
for u in ubs:
    freq2 = fp.fftshift(np.copy(freq))
    freq2_low = np.copy(freq2)
    freq2_low[half_w-u:half_w+u+1,half_h-u:half_h+u+1] = 0
    freq2 -= freq2_low                                        # 저주파 영역만 살림

    im1 = fp.ifft2(fp.ifftshift(freq2)).real
    snrs_lp.append(signaltonoise(im1, axis=None))

    pylab.subplot(6,5,u), pylab.imshow(im1, cmap='gray'), pylab.axis('off')
    pylab.title('F = ' + str(u), size=20)
    pylab.subplots_adjust(wspace=0.1, hspace=0.2)
pylab.show()
```

다음 그림은 컷오프 주파수 F가 증가함에 따라, LPF가 영상에서 점점 더 많은 세부 사항을 감지하는 방법을 보여준다.

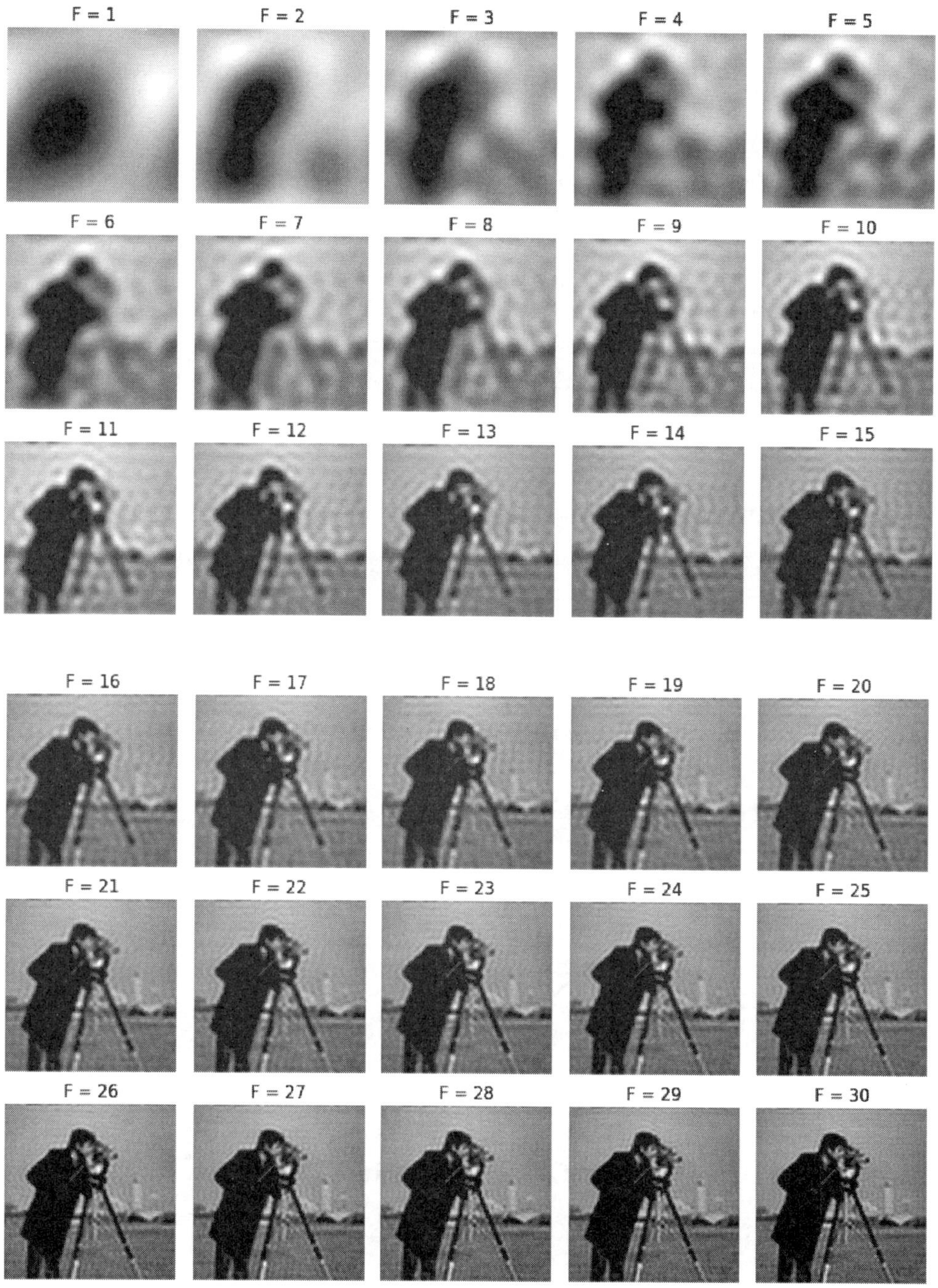
F = 1
F = 2
F = 3
F = 4
F = 5
F = 6
F = 7
F = 8
F = 9
F = 10
F = 11
F = 12
F = 13
F = 14
F = 15
F = 16
F = 17
F = 18
F = 19
F = 20
F = 21
F = 22
F = 23
F = 24
F = 25
F = 26
F = 27
F = 28
F = 29
F = 30

컷오프 주파수에 따라 SNR이 어떻게 변하는가?

다음 코드 블록은 LPF의 컷오프 주파수(F)를 사용하여 **SNR**Signal to Noise Ratio의 변화를 플로팅하는 방법을 보여준다.

```
snr = signaltonoise(im, axis=None)

pylab.plot(ubs, snrs_lp, 'b.-')
pylab.plot(range(30), [snr]*30, 'r-')
pylab.xlabel('Cutoff Freqeuncy for LPF', size=20)
pylab.ylabel('SNR', size=20)
pylab.show()
```

다음 그림은 LPF의 컷오프 주파수가 증가함에 따라, 출력 영상의 SNR이 감소하는 것을 보여준다. 빨간색 수평선(상단의 수평선)은 원본 영상의 SNR을 나타내며 비교를 위해 그려져 있다.

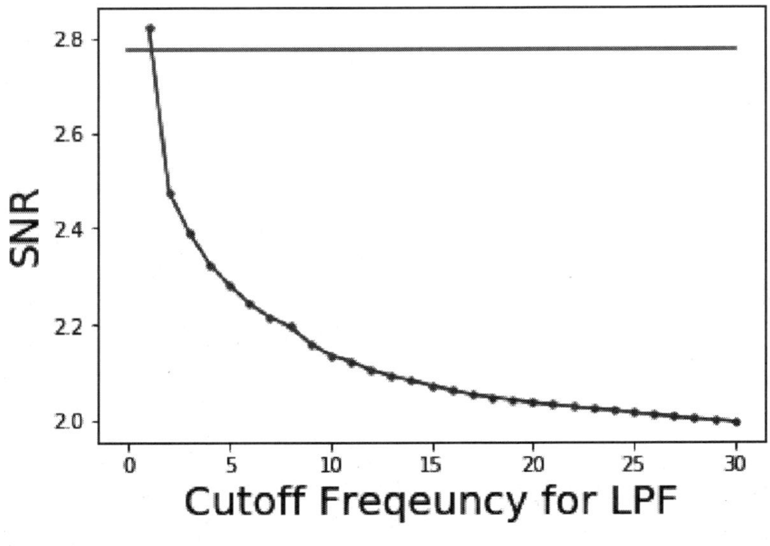

DoG를 사용한 대역-통과 필터(Band-pass filter, BPF)

DoGDifference of Gaussian 커널은 특정 대역의 주파수를 허용하고, 다른 모든 주파수를 버리는 BPF로 사용될 수 있다. 다음 코드 블록은 DoG 커널을 `fftconvolve()`와 함께 사용하여 BPF를 구현하는 방법을 보여준다.

```
from skimage import img_as_float

im = img_as_float(pylab.imread('../images/tigers.jpeg'))
x = np.linspace(-10, 10, 15)

kernel_1d = np.exp(-0.005*x**2)
kernel_1d /= np.trapz(kernel_1d)                          # 전체 합이 1이 되도록 정규화
gauss_kernel1 = kernel_1d[:, np.newaxis] * kernel_1d[np.newaxis, :]

kernel_1d = np.exp(-5*x**2)
kernel_1d /= np.trapz(kernel_1d)                          # 정규화
gauss_kernel2 = kernel_1d[:, np.newaxis] * kernel_1d[np.newaxis, :]

DoGKernel = gauss_kernel1[:, :, np.newaxis] - gauss_kernel2[:, :, np.newaxis]
im1 = signal.fftconvolve(im, DoGKernel, mode='same')
print(np.max(im1))

pylab.figure(figsize=(20,10))
pylab.subplot(1,2,1), pylab.imshow(im), pylab.axis('off')
pylab.subplot(1,2,2), pylab.imshow(np.clip(im1, 0, 1))
pylab.show()
```

다음 그림은 앞 코드 블록의 출력을 보여주며, BPF로 얻은 출력 영상이다.

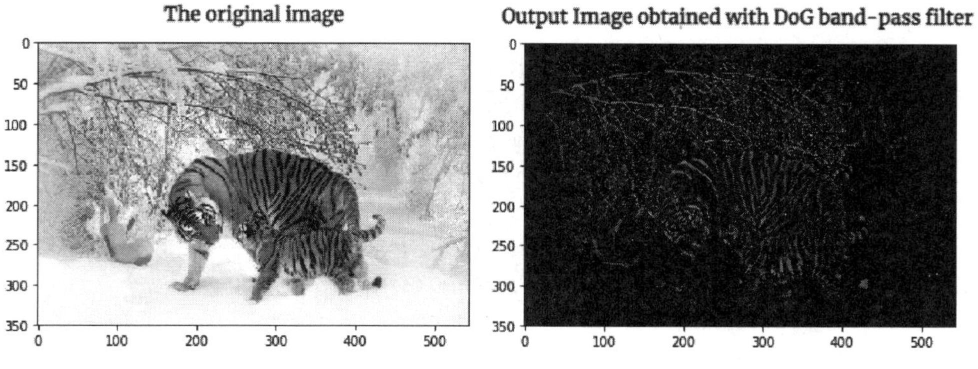

대역-차단(노치) 필터

이 필터는 영상의 주파수 영역 표현(DFT로 얻음)에서 몇 가지 선택된 주파수를 차단/거부하므로 이름이 지어졌다. 다음 절에서 설명하는 것처럼 영상에서 **주기적인 잡음**periodic noise을 제거하는 데 유용하다.

노치(notch) 필터를 사용하여 영상에서 주기적인 잡음 제거

이 예에서는 앵무새 영상에 주기적인 (정현파) 잡음을 추가하여 잡음이 있는 앵무새 영상을 만든다(일부 전기 신호 **간섭**으로 인해 발생할 수 있음). 다음 코드 블록을 사용하여 영상의 주파수 영역에서 잡음의 영향을 관찰하자.

```
im =  np.mean(imread("../images/parrot.png"), axis=2) / 255
im1 = np.copy(im)
for n in range(im.shape[1]):
    im1[:, n] += np.cos(0.1*np.pi*n)                # 코사인 잡음 추가

F1 = fftpack.fft2((im).astype(float))
F2 = fftpack.fftshift( F1 )
F3 = fftpack.fft2((im1).astype(float)) # noisy spectrum
F4 = fftpack.fftshift( F3 )

mag1 = (20*np.log10( 0.1 + F2)).astype(int)
mag2 = (20*np.log10( 0.1 + F4)).astype(int)

pylab.figure(figsize=(15,10))
pylab.subplot(2,2,1), pylab.imshow(im, cmap='gray'), pylab.axis('off')
pylab.title('Original Image')

pylab.subplot(2,2,2), pylab.imshow( mag1, cmap='gray')
pylab.xticks(np.arange(0, im.shape[1], 25))
pylab.yticks(np.arange(0, im.shape[0], 25))
pylab.title('Original Image Spectrum')

pylab.subplot(2,2,3), pylab.imshow(im1, cmap='gray'), pylab.axis('off')
pylab.title('Image after adding Sinusoidal Noise')
pylab.subplot(2,2,4), pylab.imshow( mag2, cmap='gray')
pylab.xticks(np.arange(0, im.shape[1], 25))
```

```
pylab.yticks(np.arange(0, im.shape[0], 25))
pylab.title('Noisy Image Spectrum')
pylab.tight_layout()
pylab.show()
```

다음 그림은 앞 코드 블록의 결과를 보여준다. 알 수 있듯이, 수평선 상의 주기적인 잡음은 u = 175 주변의 주파수 스펙트럼에서 더 두드러졌다.

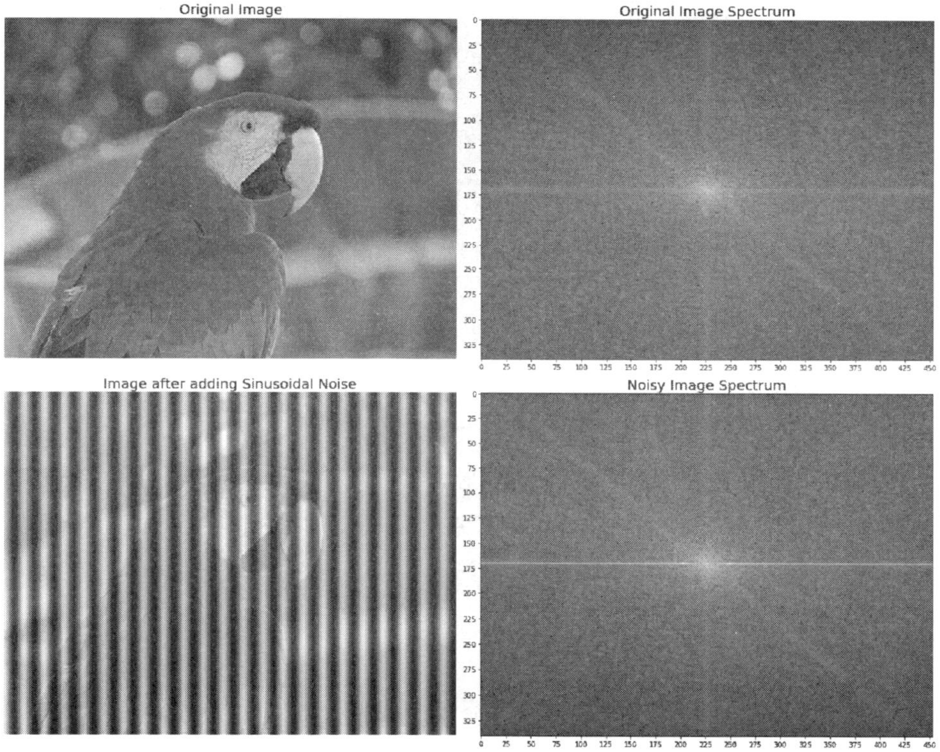

이제 다음 코드 블록에서 해당 주파수 구성 요소를 0으로 설정하여, 잡음을 일으키는 주파수를 제거하는 대역 차단/대역 거부(노치) 필터를 설계하자.

```
F2[170:176,:220] = F2[170:176,230:] = 0
im1 = fftpack.ifft2(fftpack.ifftshift( F2 )).real
pylab.axis('off'), pylab.imshow(im1, cmap='gray')
pylab.show()
```

다음 그림은 앞 코드 블록의 출력으로서 노치 필터를 적용하여 복원된 영상을 보여준다. 볼 수 있듯이, 원래 영상은 복원된 것보다 더 선명하게 보인다. 이것은 원래 영상의 일부 실제 주파수는 잡음과 함께 밴드-스톱 필터로 제거되었기 때문이다.

영상 복원

영상 복원에서 **화질 저하**[degradation]가 모델링된다. 이렇게 하면 화질 저하의 영향을 (크게) 제거할 수 있다. 문제는 정보의 손실과 잡음이다. 다음 다이어그램은 기본 영상 저하 모델을 보여준다.

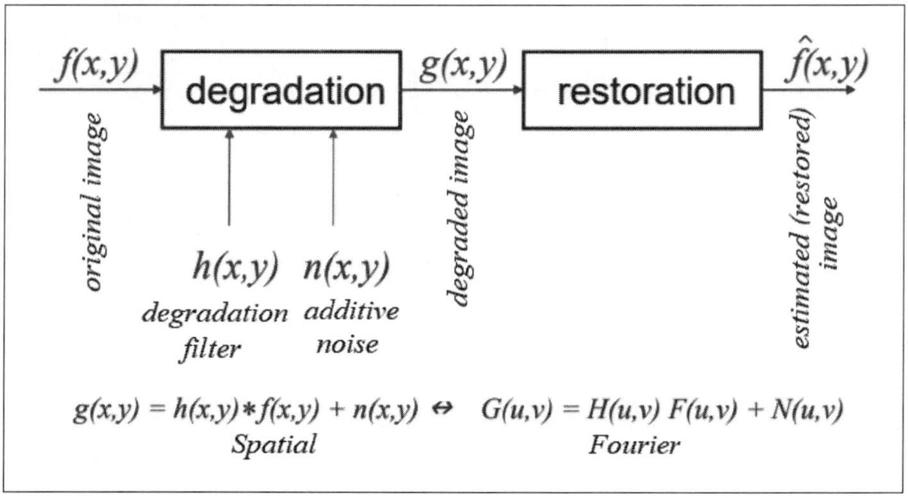

다음 몇 절에서 두 가지 화질 저하 모델(역 필터 및 위너Wiener 필터)을 설명한다.

FFT를 이용한 디컨볼루션 및 역 필터링

알려져 있는 블러 커널로 생긴 블러 영상이 주어지면, 일반적인 영상처리 작업은 원래 영상을 되찾는 것이다(최소한 근사값). 이 특별한 작업은 **디컨볼루션**deconvolution으로 알려져 있다. 이를 달성하기 위해 주파수 영역에 적용할 수 있는 순진 필터naive filter 중 하나는 이 절에서 논의할 역 필터inverse filter이다. 먼저 다음 코드를 사용하여 가우시안 블러 효과로 명암도 영상을 블러하게 한다.

```
im = rgb2gray(imread('../images/lena.jpg')) * 255
gauss_kernel = np.outer(signal.gaussian(im.shape[0], 3), \
                        signal.gaussian(im.shape[1], 3))
freq = fp.fft2(im)
freq_kernel = fp.fft2(fp.ifftshift(gauss_kernel))
convolved = freq * freq_kernel                              # 주파수 영역 필터링

im_blur = fp.ifft2(convolved).real
im_blur = 255 * im_blur / np.max(im_blur)                   # 정규화
```

이제 우리는 원래 영상을 되찾기 위해 블러 영상(같은 H를 사용)에 역 필터를 사용할 수 있다. 다음 코드 블록은 이를 수행하는 방법을 보여준다.

```
epsilon = 10**-6
freq = fp.fft2(im_blur)
freq_kernel = 1 / (epsilon + freq_kernel)                   # 0으로 나누기 방지
convolved = freq*freq_kernel
im_restored = fp.ifft2(convolved).real
im_restored = 255 * im_restored / np.max(im_restored)

pylab.figure(figsize=(10,10)), pylab.gray()
pylab.subplot(221), pylab.imshow(im)
pylab.title('Original image'), pylab.axis('off')
pylab.subplot(222), pylab.imshow(im_blur)
pylab.title('Blurred image'), pylab.axis('off')
pylab.subplot(223), pylab.imshow(im_restored)
```

```
pylab.title('Restored image with inverse filter'), pylab.axis('off')
pylab.subplot(224), pylab.imshow(im_restored - im)
pylab.title('Diff restored & original image'), pylab.axis('off')
pylab.show()
```

다음 그림은 출력을 보여준다. 보다시피, 역 필터가 블러된 영상을 복원하지만 정보가 약간 손실된다.

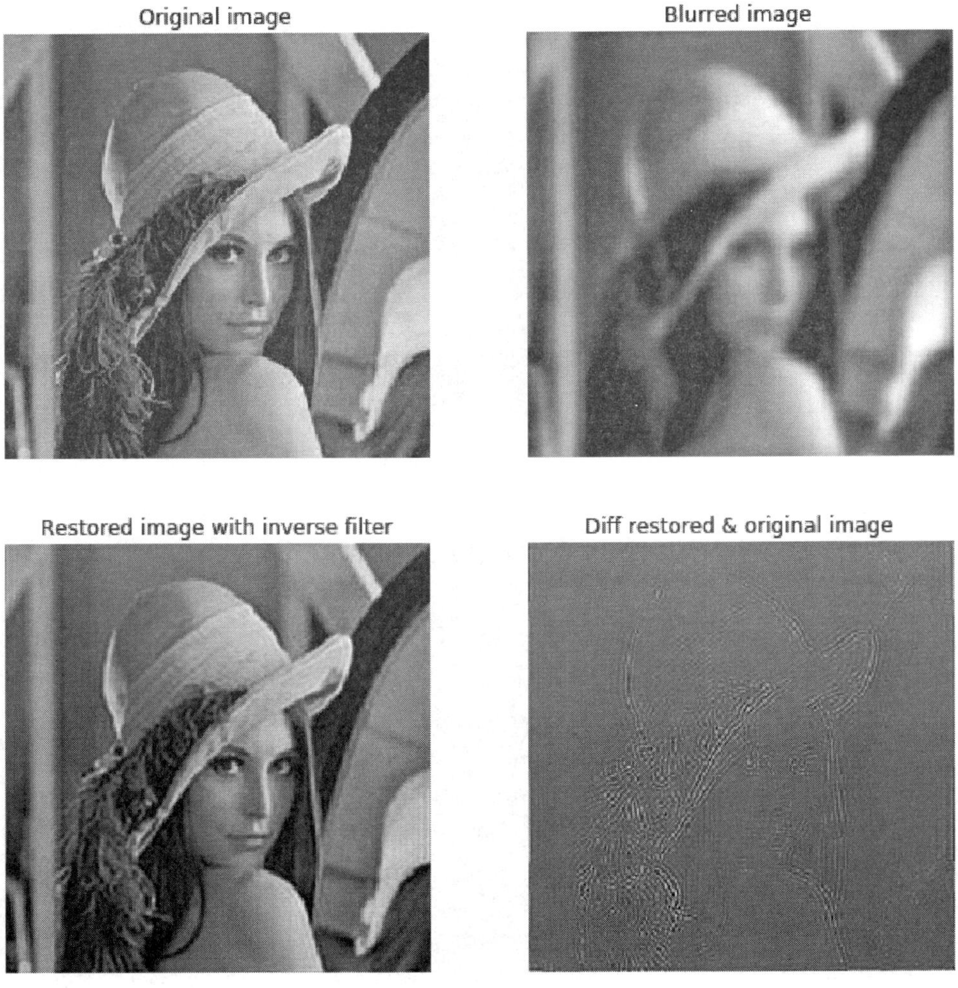

다음 그림은 역 커널(HPF), 원래 lena 영상, 가우시안 LPF가 있는 블러 lena 영상 및 복원된 영상의 주파수 스펙트럼을 로그 눈금으로 각각 보여준다. 파이썬 코드는 연습문제(3)로 남겨둔다.

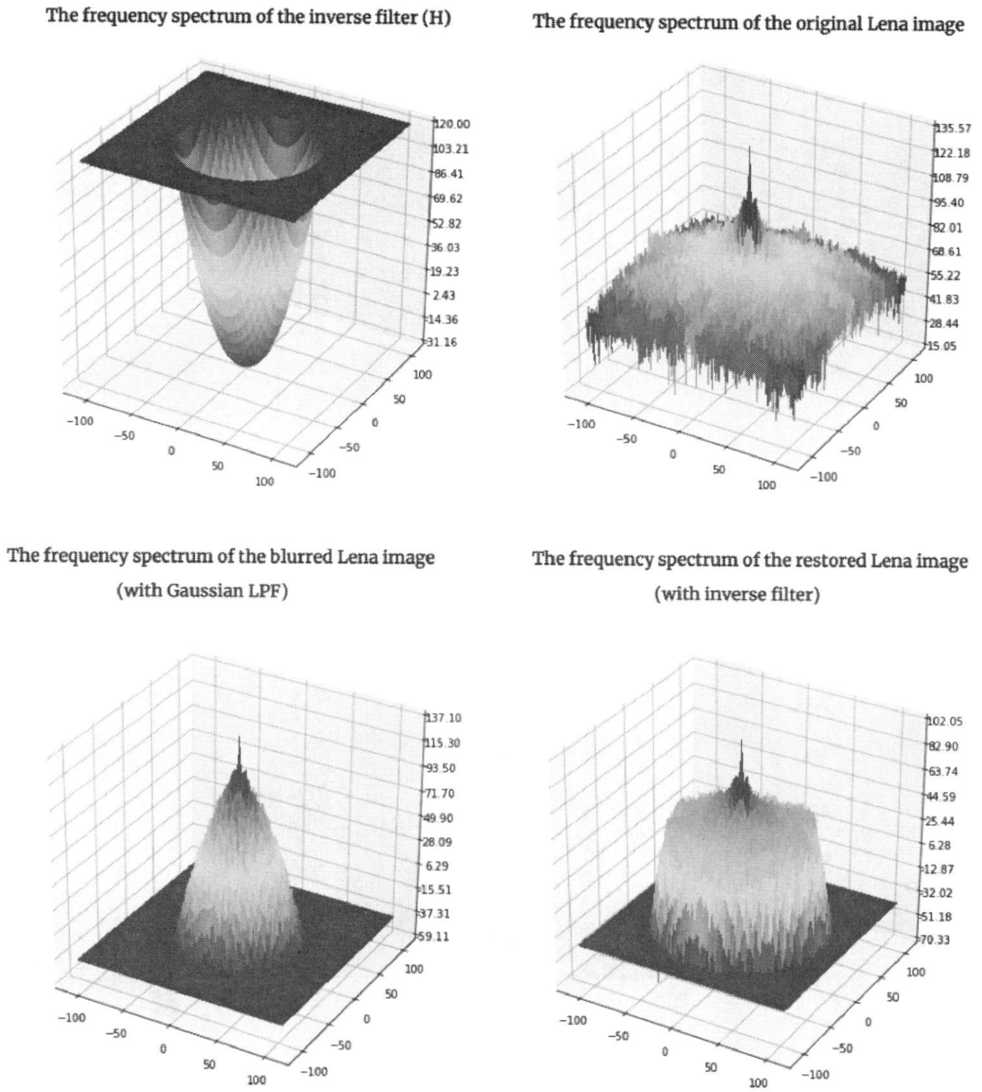

만일 입력 영상에 잡음이 있으면, 역 필터(HPF)가 제대로 수행되지 않는다. 왜냐하면 출력 영상에서 잡음이 강화되기 때문이다(연습문제 4 참조).

마찬가지로, 역 필터를 사용하여 알려진 모션 블러 커널로 흐려진 영상을 복원할 수 있다. 코드는 동일하게 유지된다. 다음 코드와 같이 커널만 변경된다. 주파수 영역에서 (np.pad()를 사용하여) 컨볼루션을 적용하기 전에 원본 영상의 크기와 동일한 크기의 제로 패딩된 커널을 만들어야 하며, 자세한 내용은 연습문제로 남겨둔다.

```
kernel_size = 21  # 21×21 모션 블러 커널
mblur_kernel = np.zeros((kernel_size, kernel_size))
mblur_kernel[int((kernel_size-1)/2), :] = np.ones(kernel_size)
mblur_kernel = mblur_kernel / kernel_size
# expand the kernel by padding zeros
```

다음 그림은 앞에 정의된 모션 블러 커널의 주파수 스펙트럼을 보여준다.

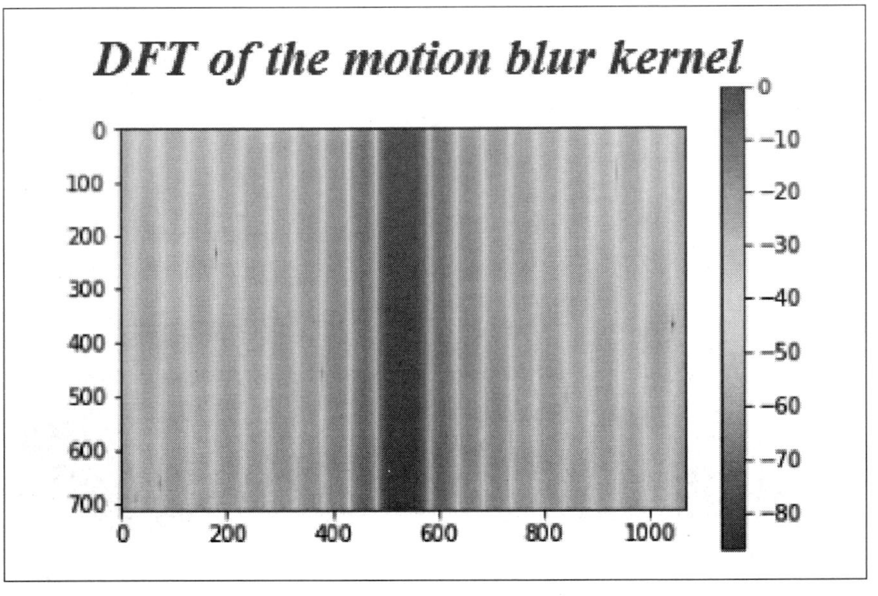

다음 그림은 모션 블러 영상이 포함된 역 필터의 출력을 보여준다.

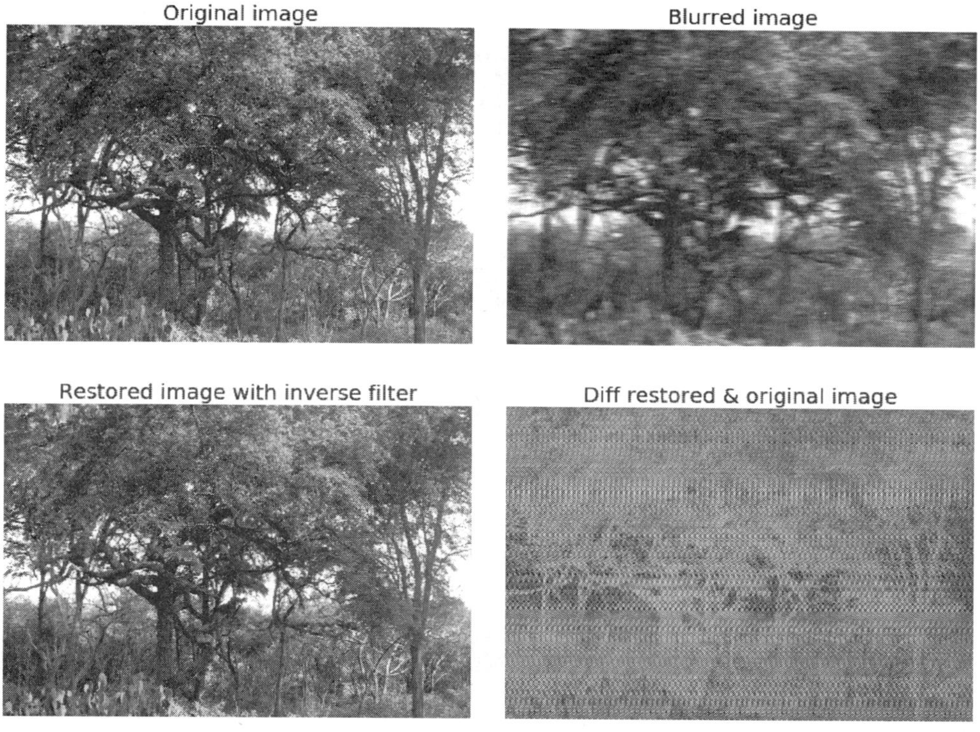

Wiener 필터를 사용한 영상 디컨볼루션

이미 지난 절에서 역 필터를 사용하여 (알려진 블러 커널을 사용하여) 블러 영상에서 (근사한) 원본 영상을 얻는 방법을 보았다. 영상처리에서 또 다른 중요한 작업은 손상된 신호에서 잡음을 제거하는 것이다. 이를 **영상 복원**image restoration이라고 한다. 다음 코드 블록은 scikit-image restoration의 **비감독 위너 필터**unsupervised Wiener filter가 디컨볼루션으로 영상 잡음 제거에 어떻게 사용될 수 있는지 보여준다.

```
from skimage import color, data, restoration
from scipy.signal import convolve2d as conv2

im = color.rgb2gray(imread('../images/elephant_g.jpg'))
n = 7
```

```
psf = np.ones((n, n)) / n**2
im1 = conv2(im, psf, 'same')
im1 += 0.1 * im1.std() * np.random.standard_normal(im1.shape)
im2, _ = restoration.unsupervised_wiener(im1, psf)

fig, axs = pylab.subplots(1, 3, figsize=(16, 4))
axs[0].imshow(im), axs[0].axis('off'),
axs[0].set_title('Original image', size=20)
axs[1].imshow(im1), axs[1].axis('off'),
axs[1].set_title('Noisy blurred image', size=20)
axs[2].imshow(im2), axs[2].axis('off'),
axs[2].set_title('Self tuned restoration', size=20)
pylab.tight_layout(), pylab.gray()                    # 명암도 영상으로 표시
pylab.show()
```

다음 그림은 앞 코드의 출력을 보여준다. 이 코드는 감독되지 않은 위너 필터를 사용하여 원본 영상, 블러된 영상 및 복원된 영상을 보여준다.

FFT로 영상 잡음 제거

다음 예제는 http://www.scipy-lectures.org/intro/scipy/auto_examples/solutions/plot_fft_image_denoise.html에서 가져온 것이다. 이 예제는 FFT가 있는 LPF를 사용하여 고주파수의 푸리에 요소를 차단하여 영상에서 먼저 잡음 제거하는 방법을 보여준다. 먼저 다음 코드 블록을 사용하여 잡음 명암도 영상을 표시해 보자.

```
im = pylab.imread('../images/moonlanding.png').astype(float)

pylab.figure(figsize=(10,10))
```

```
pylab.imshow(im, pylab.cm.gray), pylab.axis('off'), pylab.title('Original image')
pylab.show()
```

다음 그림은 앞 코드 블록의 출력인 잡음이 있는 원본 영상을 보여 준다.

다음 코드 블록은 잡음이 있는 영상의 주파수 스펙트럼을 표시한다.

```
from scipy import fftpack
from matplotlib.colors import  LogNorm
im_fft = fftpack.fft2(im)                              # FFT 수행

def plot_spectrum(im_fft):
    pylab.figure(figsize=(10,10))
    pylab.imshow(np.abs(im_fft), norm=LogNorm(vmin=5), cmap='afmhot')
    pylab.colorbar()

pylab.figure(), plot_spectrum(fftpack.fftshift(im_fft))
pylab.title('Spectrum with Fourier transform', size=20)
pylab.show()
```

다음 그림은 앞 코드 블록의 출력으로 잡음이 있는 원 영상의 푸리에 스펙트럼을 보여준다.

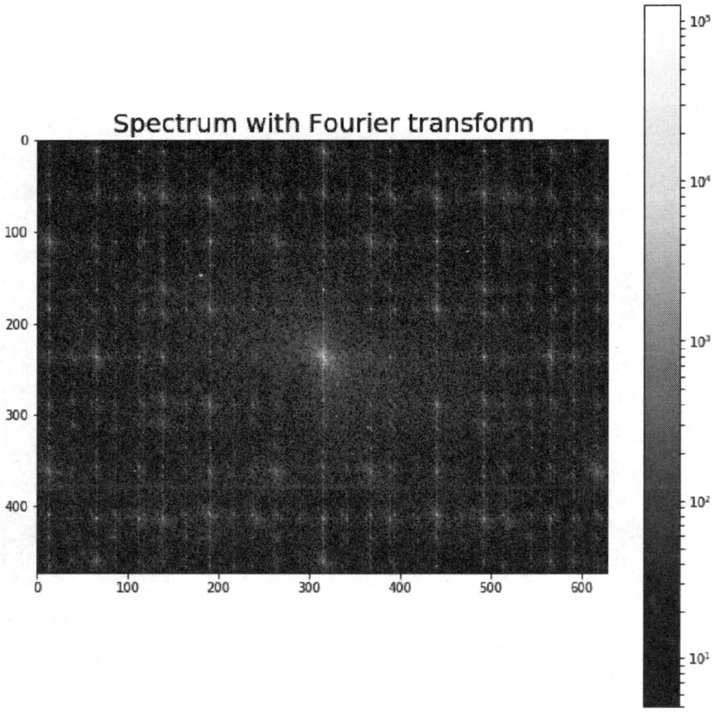

FFT로 필터링

다음 코드 블록은 높은 주파수를 제거하고, LPF를 구현하여 영상에서 잡음을 (고주파 성분에 해당) 줄이는 방법을 보여준다.

```
keep_fraction = 0.1                                # 남길 계수의 비율 정의
im_fft2 = im_fft.copy()                            # 원본 스펙트럼 복제
r, c = im_fft2.shape                               # r, c 는 배열의 행, 열의 수

im_fft2[int(r*keep_fraction):int(r*(1-keep_fraction))] = 0     # 행방향 계수 제거
im_fft2[:, int(c*keep_fraction):int(c*(1-keep_fraction))] = 0 # 열방향 계수 제거

pylab.figure(), plot_spectrum(fftpack.fftshift(im_fft2))  # shift 수행후 영상 표시
pylab.title('Filtered Spectrum')
pylab.show()
```

다음 그림은 앞 코드 블록의 출력으로 LPF로 필터링된 스펙트럼을 보여준다.

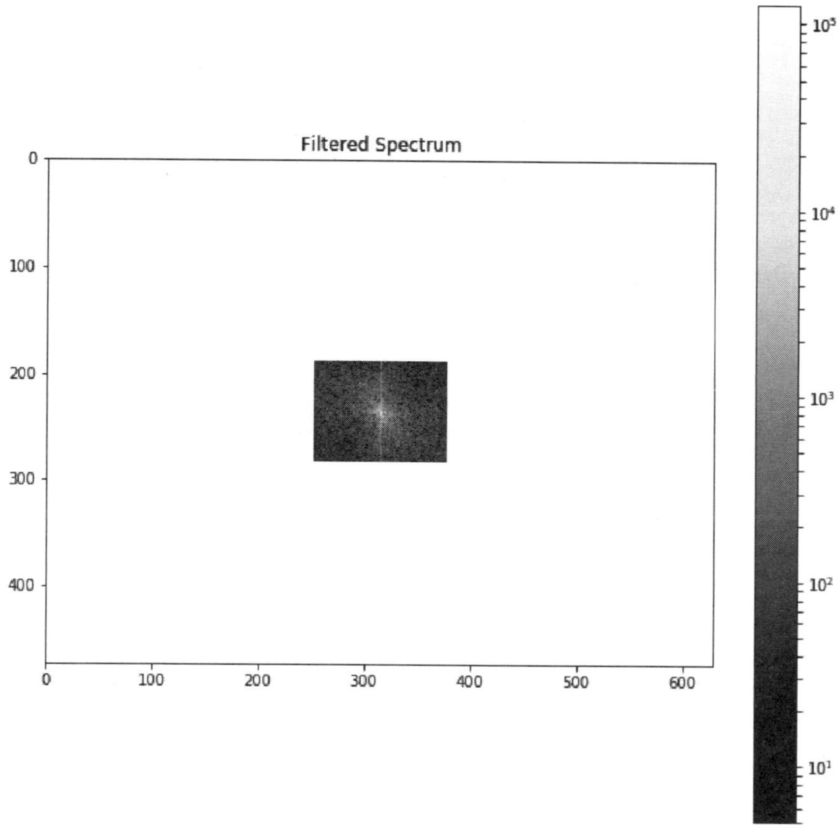

최종 영상 재구성

다음 코드 블록은 필터링된 푸리에 계수로부터 IFFT를 사용하여 영상을 재구성하는 방법을 보여준다.

```
# 필터링된 스펙트럼에서 잡음이 제거된 영상을 재구성
im_new = fp.ifft2(im_fft2).real                         # 영상으로 표시할 실수부
pylab.figure(figsize=(10,10)), pylab.imshow(im_new, pylab.cm.gray),
pylab.axis('off'), pylab.title('Reconstructed Image', size=20)
pylab.show()
```

다음 그림은 앞 코드 블록의 출력을 보여준다. 주파수 영역에서 필터링을 사용하여 원래의 잡음이 많은 영상에서 얻은 훨씬 깨끗한 출력 영상이다.

요약

이 장에서는 2D 컨볼루션과 관련된 몇 가지 중요한 개념과 공간 처리 영역에서 필터링과 같은 영상처리와 관련된 응용에 대해 설명했다. 우리는 또한 몇 가지 다른 주파수 영역 필터링 기술을 논의하고, `scikit-image numpy fft`, `scipy`, `fftpack`, `signal` 및 `ndimage` 모듈을 사용하여 몇 가지 예를 들어 설명했다. 우리는 컨볼루션 정리와 주파수 영역 필터링, LPF, HPF 및 노치 필터와 같은 다양한 주파수 영역 필터로 시작했다. 그리고 최종적으로 역 필터 및 Wiener 필터와 같은 영상 복원을 위한 필터 설계에 대한 디컨볼루션 및 그 응용을 살펴보았다.

이 장을 마치면, 독자는 2D 컨볼루션/필터링을 수행할 파이썬 코드를 작성할 수 있어야 하며, 컨볼루션의 유무에 관계없이 시간/주파수 영역 필터를 구현하는 파이썬 코드를 작성할 수 있어야 한다. 다음 장에서는 마지막 두 장에서 소개한 개념을 기반으로 다양한 영상 향상 기술을 시작한다.

연습문제

1. mpl_toolkits.mplot3d 모듈을 사용하여 영상의 주파수 스펙트럼, 가우시안 커널 및 주파수 영역에서의 컨볼루션 이후 얻은 영상을 3D로 표시하시오(출력은 해당 절에 표시된 표면과 같아야 한다). (힌트: 표면 플롯에 np.meshgrid() 함수가 유용할 것이다). 역 필터에 대해서도 연습을 반복하시오.

2. lena 영상에 임의의 잡음을 추가하고 가우시안 커널로 영상을 블러 처리한 다음, 해당 예제와 같이 역 필터를 사용하여 영상을 복원하시오. 무슨 일이 일어났나 그리고 왜인가?

3. scipy 신호의 fftconvolve() 함수를 사용하여 주파수 영역의 컬러 영상에 가우시안 블러를 적용하시오.

4. scipy의 ndimage 모듈의 fourier_uniform() 및 fourier_ellipsoid() 함수를 사용하여, 주파수 영역의 영상에서 각각 박스 및 타원형 커널이 있는 LPF를 적용하시오.

추가 읽기

- https://www.cs.cornell.edu/courses/cs1114/2013sp/sections/S06_convolution.pdf
- http://www.aip.de/groups/soe/local/numres/bookcpdf/c13-3.pdf
- http://www.cse.usf.edu/~r1k/MachineVisionBook/MachineVision.files/MachineVision_Chapter4.pdf
- https://web.stanford.edu/class/ee367/slides/lecture6.pdf
- https://pdfs.semanticscholar.org/presentation/50e8/fb095faf6ed51e03c85a2fcb7eb1ae1b1009.pdf
- http://www.robots.ox.ac.uk/~az/lectures/ia/lect2.pdf

Chapter 4

영상 향상

이 장에서는 평균/메디안 필터링 및 히스토그램 평활화와 같은 영상처리에서 가장 기본적인 도구 중 일부를 논의할 것이다. 이들은 여전히 가장 강력한 도구 중에 하나이다. 영상 향상image enhancement의 목적은 영상의 품질을 향상시키거나 특정한 특징을 더 두드러지게 보이게 하는 것이다. 이러한 기술은 좀 더 일반적인 목적의 기술이며, 영상 복원과 달리 열화 과정degradation process의 강력한 모델이 가정되지 않는다. 영상 향상 기술의 몇 가지 예는 콘트라스트 스트레칭, 스무딩 및 선명화이다. 파이썬 라이브러리 함수를 사용하고 `PIL`, `scikitimage` 및 `scipy ndimage` 라이브러리를 사용하여 이러한 기술의 기본 개념과 구현을 설명한다. 우리는 단순하고 여전히 인기있는 접근 방식에 익숙해질 것이다.

점-기반 명암point-wise intensity 변환부터 시작하여, 콘트라스트 스트레칭contrast stretching, 임계화thresholding, 하프-토닝half-toning 및 디더링dithering 알고리즘과 해당 파이선 라이브러리 함수에 대해 논의할 것이다. 그런 다음, 히스토그램 평활화(전역 및 적응 버전 모두) 및 히스토그램 매칭과 같은 다양한 히스토그램 처리 기술에 대해 논의할 것이다. 그 다음, 영상의 잡음을 제거하는 몇 가지 기술을 설명할 것이다. 먼저, 평균 필터 및 가우시안 필터와 같은 몇 가지 선형 평활화 기술을 설명한다. 그 다음에 메디안 필터링median filtering, 양방향 필터링, 비로컬 평균 필터링과 같은 비교적 최근의 비선형 잡음 평활화 기술을 파이썬에서 구현하는 방법과 함께 설명한다. 마지막으로, 구현과 함께 수학적 형태학 및 그 응용과 관련된 다양한 영상 작업을 설명할 것이다.

이 장에서 다룰 주제는 다음과 같다.

- 점-기반 명암 변환 – 화소 변환
- 히스토그램 처리, 히스토그램 평활화, 히스토그램 매칭

- 선형 잡음 스무딩(평균 필터)
- 비선형 잡음 스무딩(메디안 필터)

점-기반의 명암 변환 – 화소 변환

제1장 '영상처리 시작하기'에서 설명했듯이, 점-기반 명암 변환point-wise intensity transformation 작업은 입력 영상의 각 화소 $f(x, y)$에 전달 함수 T를 적용하여 출력 영상에서 해당 화소를 생성한다. 변환은 $g(x, y) = T(f(x, y))$ 또는 이와 동등하게 $s = T(r)$로 표현될 수 있다. 여기서 r은 입력 영상의 화소의 명암도이고, s는 출력 영상에서 동일한 화소의 변환된 명암도이다. 이것은 메모리가 없는 연산이며, 위치(x, y)의 출력 명암은 같은 지점의 입력 명암에만 의존한다. 동일한 명암의 화소는 동일한 변환을 얻는다. 이것은 새로운 정보를 가져오지 않고, 정보 손실을 가져올 수 있지만 시각적인 외관을 개선하거나 특징을 쉽게 감지할 수 있게 한다. 이러한 이유 때문에 이러한 변환이 종종 영상처리 파이프라인의 사전 처리 단계에 적용된다. 다음 그림은 점-기반 처리와 마스크/커널 처리를 보여준다(우리가 이미 보았듯이 변환을 위해 이웃 화소를 고려하는 공간 필터의 경우).

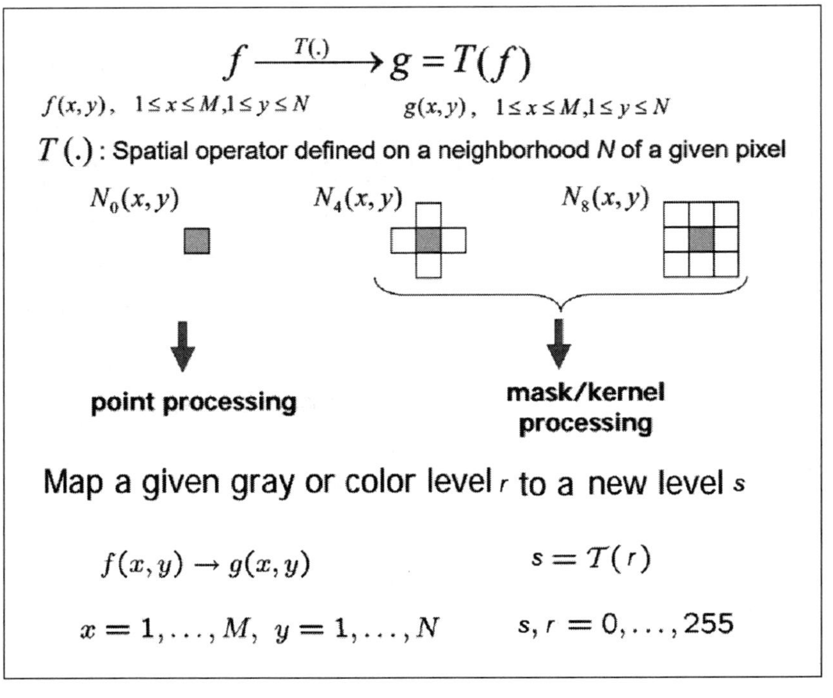

일반적으로 사용하는 밝기 변환은 다음과 같다.

- 영상 네거티브
- 색 공간 변환
- 로그 변환
- 파워-로우power-law 변환
- 콘트라스트 스트레칭
- 스칼라 양자화
- 임계화

이미 제1장 '영상처리 시작하기'에서 몇 가지 내용을 설명했다. 여기에서는 PIL을 사용하여 컬러 RGB 영상에서 로그 변환을 시작한 다음, 아직 다루지 않은 몇 가지 변환에 대해 설명한다.

평소처럼 필요한 파이썬 라이브러리에서 필요한 모든 모듈을 가져와 시작한다.

```
import numpy as np
from skimage import img_as_float, exposure, img_as_ubyte
from skimage.color import rgb2gray
from skimage.io import imread
from skimage.restoration import denoise_bilateral, denoise_nl_means, \
                               estimate_sigma
from skimage.measure import compare_psnr
from skimage.util import random_noise
from PIL import Image, ImageEnhance, ImageFilter
from scipy import ndimage
import matplotlib.pylab as pylab
```

로그 변환

로그 변환log transformation은 영상의 특정 범위의 명암도를 압축하거나 늘일 필요가 있을 때 매우 유용하다. 예를 들어, 푸리에 스펙트럼을 표시하기 위해 (DC 성분 값이 다른 것보다 훨씬 크기 때문에 로그 변환없이 다른 주파수 성분은 거의 표시될 수 없다) 사용한다. 로그 변환에 대한 점 변환 함수는 다음과 같은 일반적인 형식이다. $s = T(r) = c.\log(1+r)$이다. 여기서 c는 상수이다.

입력 영상의 색상 채널에 대한 히스토그램을 구현해 보자.

```
# 영상 표시 함수
def plot_image(image, title=''):
    pylab.title(title, size=20), pylab.imshow(image)
    pylab.axis('off')                          # 그래프에 축 보이기 원한다면 이 라인 주석처리

# 히스토그램 그리기 함수
def plot_hist(r, g, b, title=''):
    r, g, b = img_as_ubyte(r), img_as_ubyte(g), img_as_ubyte(b)
    r, g, b = np.array(r).ravel(), np.array(g).ravel(), np.array(b).ravel()
    pylab.hist(r, bins=256, range=(0, 256), color='r', alpha=0.5)
    pylab.hist(g, bins=256, range=(0, 256), color='g', alpha=0.5)
    pylab.hist(b, bins=256, range=(0, 256), color='b', alpha=0.5)
    pylab.xlabel('pixel value', size=20)
    pylab.ylabel('frequency',size=20), pylab.title(title, size=20)

im = Image.open("../images/parrot.png")
im_r, im_g, im_b = im.split()
pylab.style.use('ggplot')
pylab.figure(figsize=(15,5))
pylab.subplot(121), plot_image(im, 'original image')
pylab.subplot(122)
plot_hist(im_r, im_g, im_b,'histogram for RGB channels')
pylab.show()
```

다음 그림은 로그 변환을 적용하기 전에 원본 영상의 컬러 채널에 대한 히스토그램을 보여준다.

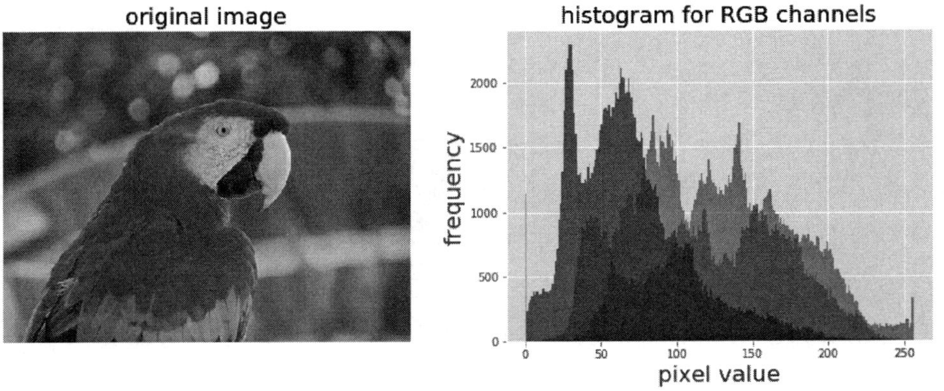

이제 PIL 영상 모듈의 `point()` 함수를 사용하여 로그 변환을 적용하고, RGB 영상에 대한 서로 다른 색상 채널의 히스토그램 변환에 미치는 영향을 살펴보자.

```
im = im.point(lambda i: 255*np.log(1+i/255))
im_r, im_g, im_b = im.split()

pylab.style.use('ggplot')
pylab.figure(figsize=(15,5))
pylab.subplot(121), plot_image(im, 'image after log transform')
pylab.subplot(122)
plot_hist(im_r, im_g, im_b, 'histogram of RGB channels log transform')
pylab.show()
```

출력은 히스토그램이 다른 색상 채널에 대해 어떻게 압축되는지 보여준다.

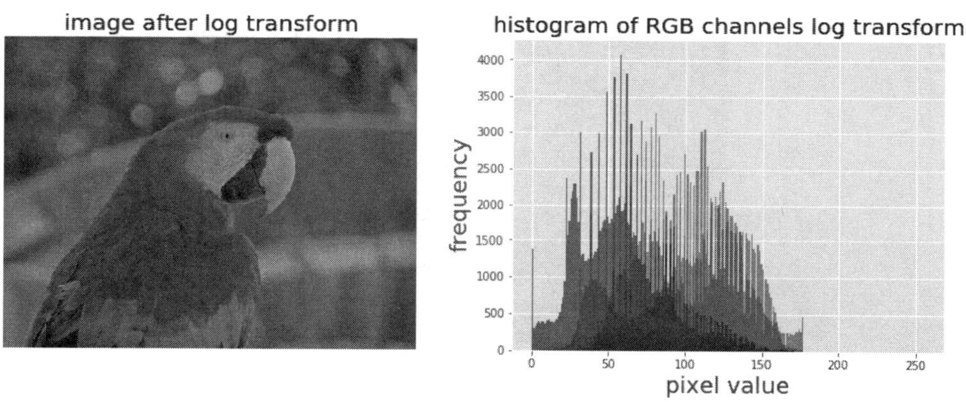

파워-로우 변환

제1장 '영상처리 시작하기'의 PIL `point()` 함수를 명암도 영상에서 이 점 변환(전달 함수는 일반적인 형태이다. $s=T(r)=c \cdot r^{\gamma}$, 여기서 c는 상수 임)을 우리가 이미 보았듯이, 이번에는 `scikit-image`를 사용하여 RGB 컬러 영상에 파워-로우power-law 변환을 적용한 다음, 컬러 채널 히스토그램에 대한 변환의 영향을 시각화 해보자.

```
im = img_as_float(imread('../images/earthfromsky.jpg'))
gamma = 5
im1 = im**gamma

pylab.figure(figsize=(15,5)), pylab.style.use('ggplot')
pylab.subplot(121)
plot_hist(im[...,0], im[...,1], im[...,2], 'histogram for RGB channels (input)')
pylab.subplot(122)
plot_hist(im1[...,0], im1[...,1], im1[...,2], 'histogram for RGB channels (output)')
pylab.show()
```

입출력은 다음과 같다. 입력 영상은 공중에서 지상을 바라본 영상이다.

출력 영상($\gamma=5$)은 다음과 같다.

파워-로우 변환 전후의 컬러 채널 히스토그램은 다음과 같다.

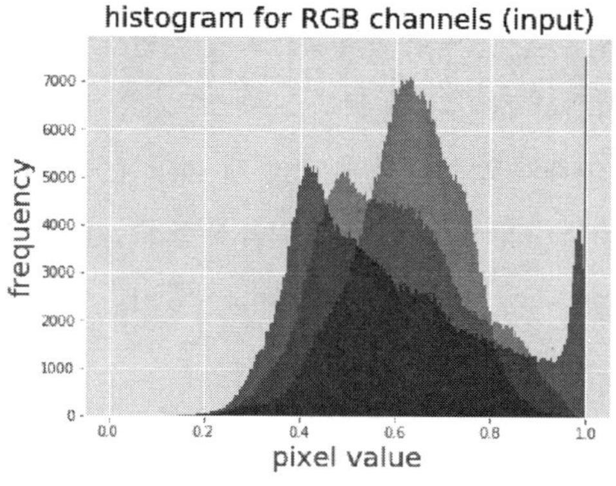

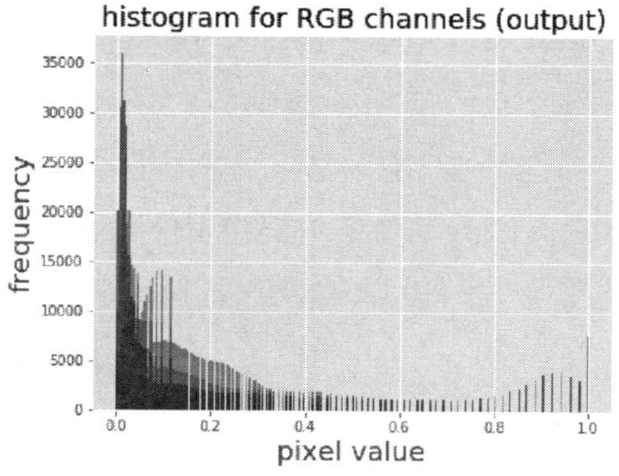

콘트라스트 스트레칭

콘트라스트 스트레칭contrast stretching 연산은 콘트라스트가 낮은 영상을 입력으로 사용한다. 콘트라스트 값의 좁은 범위를 펼쳐서 원하는 콘트라스트 값 범위를 확장하여 고-콘트라스트 출력 영상을 출력함으로써 영상의 콘트라스트를 향상시킨다. 이것은 영상 화소 값에 적용되는 선형 스케일링 함수일 뿐이므로 영상 향상은 덜 복잡하다(곧 설명될 더 정교한 대응 히스토그램 평활화보다). 다음 그림은 콘트라스트 스트레칭을 위한 점 변환 함수를 보여준다.

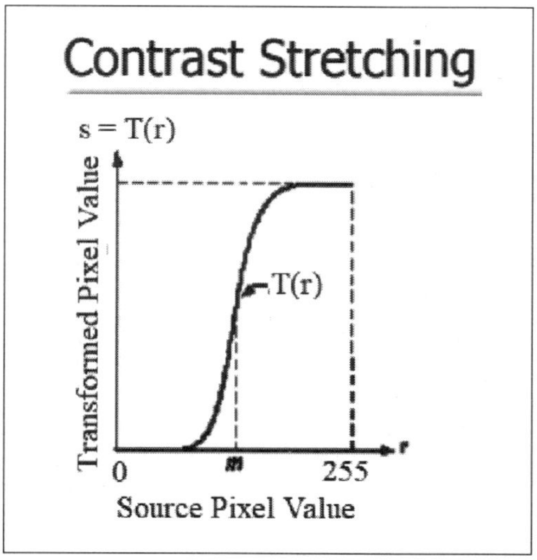

이전 그림에서 볼 수 있듯이, 스트레칭을 수행하기 전에 영상의 정규화 대상인 상단 및 하단 화소 값 한도를 지정해야 한다(예: 명암도 영상의 경우, 출력 영상이 사용 가능한 화소 값의 전체 범위를 확장할 수 있도록 한계 값을 종종 0과 255로 설정한다). 찾을 필요가 있는 것은 원 영상의 CDF에서 m의 적절한 값이다. 콘트라스트 스트레칭 변환은 원래 영상에서 값 m보다 낮은 레벨(즉, 값을 아래쪽으로 늘림)을 어둡게 하고 값 m보다 높은 레벨을 밝게 하여, 원본보다 높은 콘트라스트를 만든다(값을 위쪽 한도로 늘림). 다음 절에서는 PIL 라이브러리를 사용하여 콘트라스트 스트레칭을 구현하는 방법을 설명한다.

점 연산으로 PIL 사용

먼저 컬러 RGB 영상을 로드하고, 색상 채널로 나누어 서로 다른 색상 채널에 대한 화소 값의 히스토그램을 시각화한다.

```
im = Image.open('../images/cheetah.png')
im_r, im_g, im_b, _ = im.split()

pylab.style.use('ggplot')
pylab.figure(figsize=(15,5))
pylab.subplot(121), plot_image(im)
pylab.subplot(122), plot_hist(im_r, im_g, im_b)
pylab.show()
```

다음 그림은 앞 코드 블록의 결과를 보여준다. 보다시피, 입력 치타[cheeta] 영상은 색상 채널 히스토그램이 모든 가능한 화소 값에 걸쳐 분포하지 않고, 특정 범위의 값(오른쪽 기울어짐)에 집중되기 때문에 낮은 콘트라스트 영상이다.

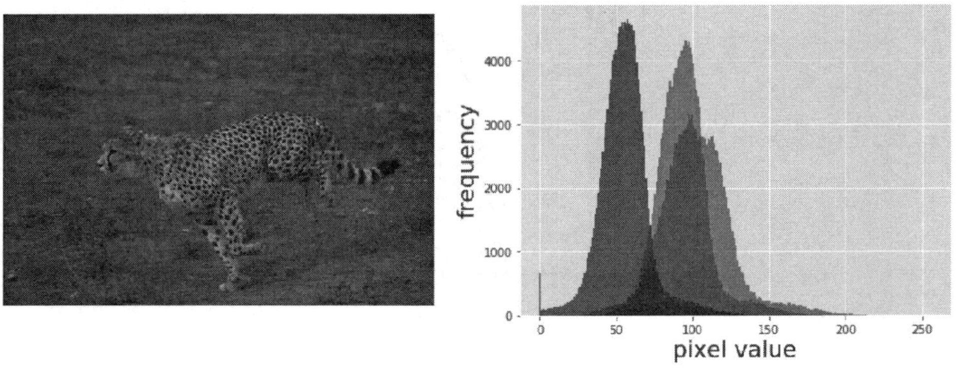

콘트라스트 스트레치 동작은 과집중된 명암도gray level를 확장한다. 전달 함수는 구분 선형 함수로 생각할 수 있다. 여기서 스트레칭 영역의 기울기는 1보다 크다. 이것은 다음 그림에서 볼 수 있다.

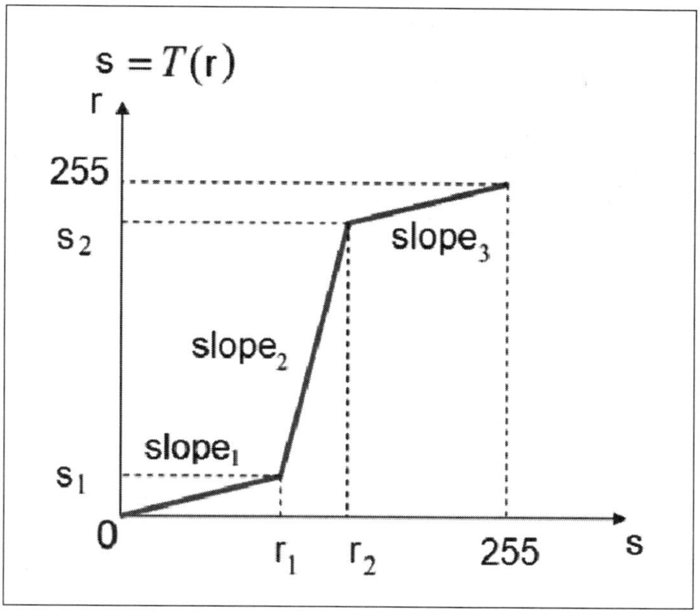

다음 코드 블록은 PIL point() 함수를 사용하여 콘트라스트 스트레칭을 구현하는 방법을 보여준다. 전달 함수는 구분piecewise 선형 함수로서 contrast() 함수로 정의된다.

```
def contrast(c):
    return 0 if c < 70 else (255 if c > 150 else (255*c - 22950) / 48)

im1 = im.point(contrast)
im_r, im_g, im_b, _ = im1.split()

pylab.style.use('ggplot')
pylab.figure(figsize=(15,5))
pylab.subplot(121), plot_image(im1)
pylab.subplot(122), plot_hist(im_r, im_g, im_b)
pylab.yscale('log',basey=10)
pylab.show()
```

다음 그림은 출력을 보여준다. 알 수 있듯이, 각 채널의 히스토그램은 점 연산을 사용하여 화소 값의 끝쪽으로 확장되었다.

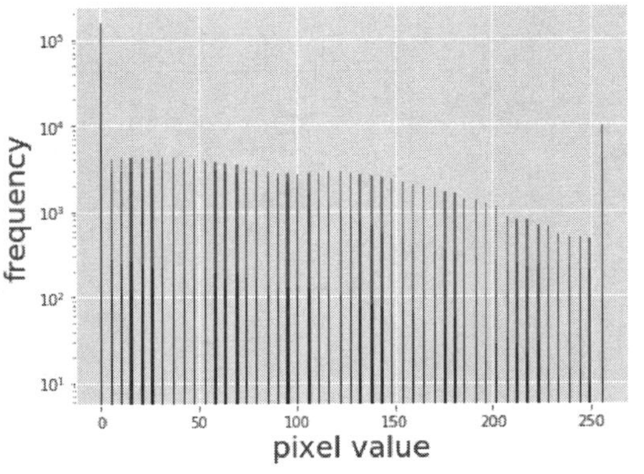

PIL ImageEnhance 모듈 사용

ImageEnhance 모듈은 콘트라스트 스트레칭에도 사용할 수 있다. 다음 코드 블록은 콘트라스트 객체의 enhance() 메서드를 사용하여, 동일한 입력 영상의 콘트라스트를 향상시키는 방법을 보여준다.

```
contrast = ImageEnhance.Contrast(im)
contrast = np.array(contrast.enhance(2).getdata()).astype(np.uint8)
im1 = np.reshape(contrast,(im.height, im.width, 4))

pylab.style.use('ggplot')
pylab.figure(figsize=(15,5))
pylab.subplot(121), plot_image(im1)
pylab.subplot(122), plot_hist(im1[...,0], im1[...,1], im1[...,2])
pylab.yscale('log',basey=10)
pylab.show()
```

다음은 코드 블록의 출력을 보여준다. 알 수 있듯이, 입력 영상의 콘트라스트가 향상되고 색상 채널 히스토그램이 끝점 방향으로 늘어났다.

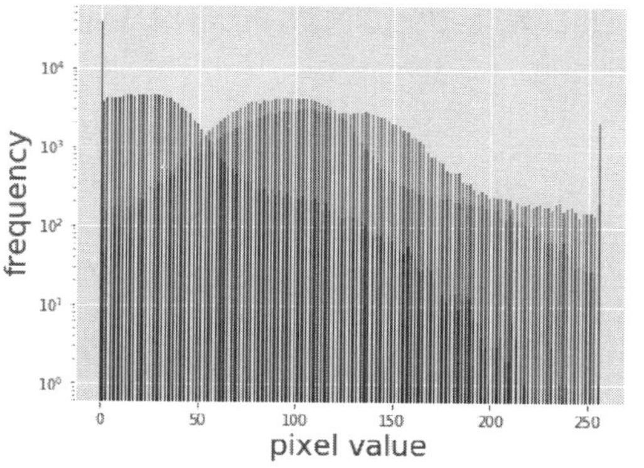

임계화(thresholding)

임계화는 다음 그림과 같이 임계치 아래의 모든 화소를 0으로 설정하고, 임계치[threshold]를 초과하는 모든 화소를 1로 설정하여, 명암도[gray-level]에서 이진 영상을 만드는 점 작업이다.

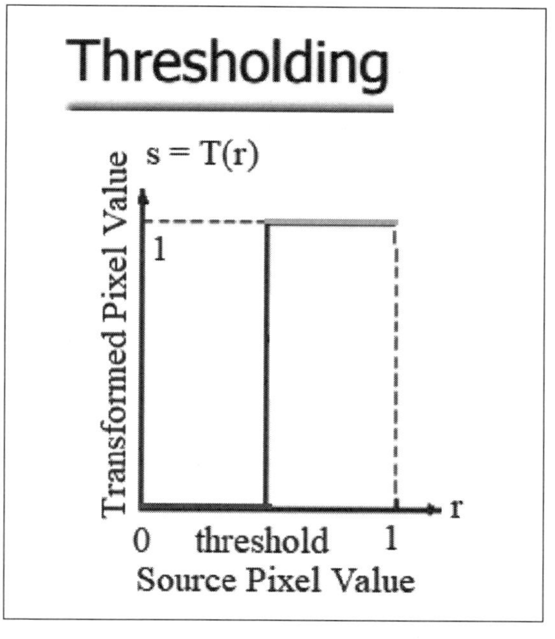

$g(x, y)$가 어떤 전역 임계치 T에서 $f(x, y)$의 임계화된 버전이면, 다음이 적용될 수 있다.

$$g(x,y) = \begin{cases} 1, & f(x,y) > T \\ 0, & otherwise \end{cases}$$

왜 이진 영상이 필요한가? 몇 가지 이유는 예를 들어, 영상을 전경과 배경으로 분리하는 데 관심이 있을 수 있다. 또한 영상을 흑백 프린터로 인쇄해야 하는 경우이다(회색의 모든 음영은 흑백 점들만 사용하여 표현해야 한다). 또는 이 장의 뒷부분에서 설명할 형태학적morphological 조작으로 영상을 전처리하고 싶은 경우이다.

고정된 임계치

다음 코드 블록은 고정된 임계치로 임계화를 하기 위해, PIL `point()` 함수를 사용하는 방법을 보여준다.

```
im = Image.open('../images/swans.jpg').convert('L')

pylab.hist(np.array(im).ravel(), bins=256, range=(0, 256), color='g')
pylab.xlabel('Pixel values'), pylab.ylabel('Frequency')
pylab.title('Histogram of pixel values')
pylab.show()

pylab.figure(figsize=(16,22))
pylab.subplot(221), plot_image(im, 'original image'), pylab.axis('off')
pylab.gray()
for i, th, in enumerate([100, 150, 200]):
    im1 = im.point(lambda x: x > th)
    pylab.subplot(2,2,i+2),
    plot_image(im1, 'binary image with threshold=' + str(th))
pylab.show()
```

다음 그림은 앞 코드 블록의 결과를 보여준다. 먼저, 그림으로부터 입력 영상의 화소 값 분포를 볼 수 있다.

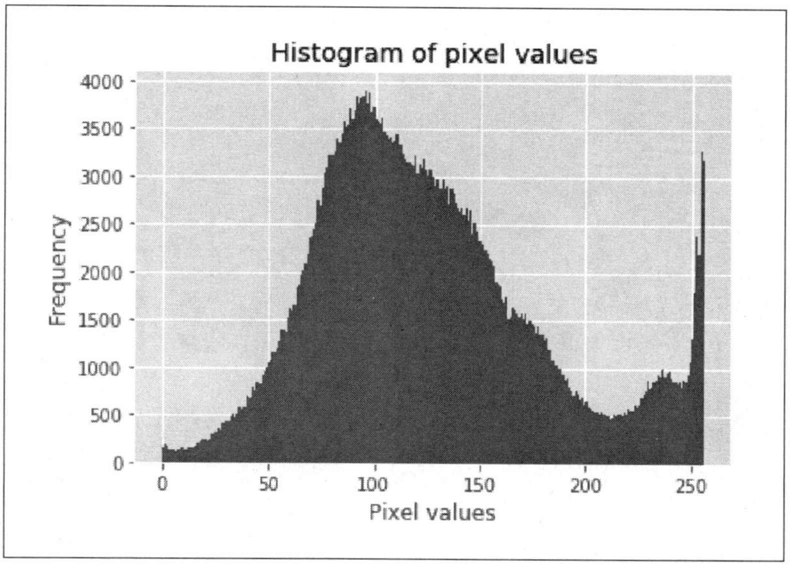

또한 다음에서 볼 수 있듯이, 서로 다른 명암도 임계치들로 얻은 이진 영상들은 제대로 음영 처리되지 않으므로, 허위 윤곽선[false contours]으로 알려진 인공음영[artefact]이 생긴다.

제6장 '형태학적 영상처리'에서 우리는 영상 분할에 대해 논의할 때, 좀 더 세부적인 몇 가지 다른 임계화 알고리즘을 논의할 것이다.

하프-토닝

임계화(이진 양자화)에서 허위 윤곽 인공 음영을 감소시키는 한 가지 방법은 양자화 이전에 균일하게 분포된 백색 잡음을 입력 영상에 부가하는 것이다. 특히, 명암도 영상의 각 입력 화소인 $f(x, y)$에 대해 독립적인 균일한 [−128, 128] 난수를 추가한 다음, 임계치를 적용한다. 이 기법을 하프-토닝halftoning이라고 한다. 다음 코드 블록은 구현을 보여준다.

```
im = Image.open('../images/swans.jpg').convert('L')
im += np.random.randint(-128, 128, (im.height, im.width))
im = Image.fromarray(np.clip(im, 0, 255).astype(np.uint8))

pylab.figure(figsize=(16,22))
pylab.subplot(221), plot_image(im, 'original image (with noise)')
pylab.gray()
for i, th, in enumerate([100, 150, 200]):
    im1 = im.point(lambda x: x > th)
    pylab.subplot(2,2,i+2)
```

```
    plot_image(im1, 'binary image with threshold=' + str(th))
pylab.show()
```

결과적으로 이진 영상에 다소 잡음이 보이지만 허위 윤곽선은 극적으로 감소되었으며, 충분한 블러 효과(예: 멀리서 보았을 때)를 통해 여러 가지 명암도가 있는 느낌을 준다.

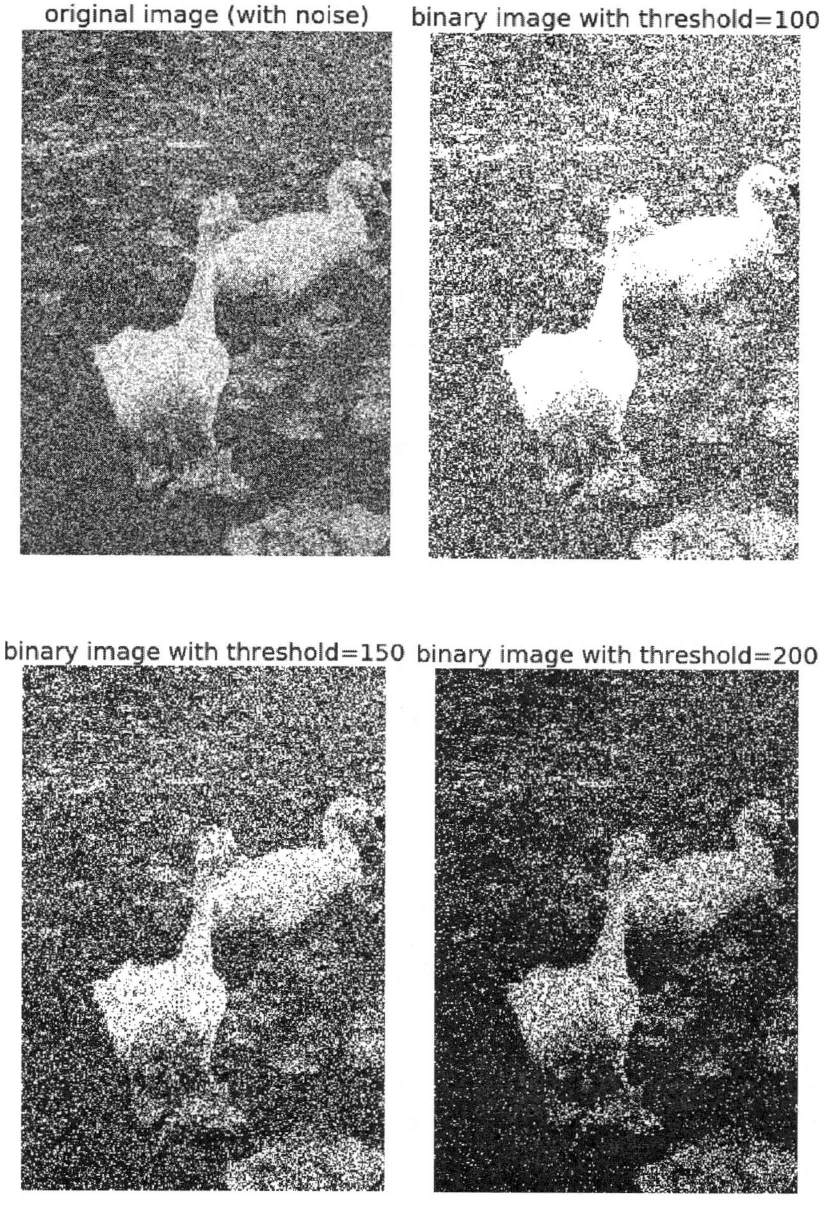

오차 확산을 이용한 Floyd-Steinberg 디더링

또한, 큰 패턴(허위 윤곽선 등)을 방지하기 위해 의도적으로 적용된 형태의 잡음을 사용하여 양자화 오차를 랜덤화한다. 이 과정을 **디더링**[dithering]이라고 한다. Floyd-Steinberg 알고리즘은 오차 확산 기법을 사용하여 디더링을 구현한다. 즉, 나중에 다루게 될 인접 화소들에게 화소의 잔여 양자화 오류를 분산(추가)한다. 인접 화소의 맵으로 다음 그림에 표시된 분포에 따라 양자화 오류를 분산시킨다.

$$\begin{bmatrix} & & * & \frac{7}{16} & \ldots \\ \ldots & \frac{3}{16} & \frac{5}{16} & \frac{1}{16} & \ldots \end{bmatrix}$$

앞의 그림에서 현재 화소는 별표 (*)로 표시되고, 빈 화소는 이전에 스캔된 화소를 나타낸다. 알고리즘은 영상을 왼쪽에서 오른쪽으로 그리고 위에서 아래로 스캔한다. 그것은 순차적으로 화소 값을 하나씩 양자화한다. 양자화 에러는 이미 양자화된 화소에 영향을 주지 않으면서 인접한 화소(아직 스캔되지 않음)간에 분산된다. 따라서 다수의 화소들이 아래로 반올림되었다면[rounded downward], 평균 양자화 오차가 0에 가깝도록 다음 화소가 알고리즘에 의해 위로 반올림[rounded upward]이 될 가능성이 높아진다.

다음 그림은 알고리즘의 의사 코드를 보여준다.

```
for each y from top to bottom
   for each x from left to right
      oldpixel   := pixel[x][y]
      newpixel   := find_closest_palette_color(oldpixel)
      pixel[x][y]  := newpixel
      quant_error  := oldpixel - newpixel
      pixel[x + 1][y     ] := pixel[x + 1][y     ] + quant_error * 7 / 16
      pixel[x - 1][y + 1] := pixel[x - 1][y + 1] + quant_error * 3 / 16
      pixel[x     ][y + 1] := pixel[x     ][y + 1] + quant_error * 5 / 16
      pixel[x + 1][y + 1] := pixel[x + 1][y + 1] + quant_error * 1 / 16
```

다음 그림은 앞 의사 코드의 파이썬 구현으로 얻은 출력 이진 영상을 보여준다. 그것은 얻어진 이진 영상의 품질에서 이전의 하프-토닝 방법에 비해 현저한 개선을 보여준다. 실제 코드는 연습문제로 남겨둔다.

히스토그램 처리 – 히스토그램 평활화 및 매칭

히스토그램 처리 기술은 영상의 화소 값의 동적 범위를 변경하여 밝기 히스토그램이 원하는 모양을 갖도록 하는 더 나은 방법을 제공한다. 지금까지 보았듯이, 콘트라스트 스트레칭 동작에 의한 영상 향상은 선형 스케일링 기능만 적용할 수 있다는 점에서 제한적이다.

히스토그램 처리 기술은 비선형 (및 비 모노톤) 전달 함수를 사용하여 입력 화소 밝기를 출력 화소 밝기에 매핑함으로써 더욱 강력해질 수 있다. 이 절에서는 `scikit-image` 라이브러리의 exposure 모듈을 사용하여 히스토그램 평활화histogram equalization와 히스토그램 매칭과 같은 두 가지 기법을 구현하는 방법을 보여준다.

Scikit-image를 이용한 콘트라스트 스트레칭과 히스토그램 평활화

히스토그램 평활화는 출력 영상이 균일한 분포의 밝기(평면 히스토그램)를 가지며 영상의 콘트라스트를 향상시키는 방식으로, 입력 영상의 화소 밝기 값을 재 할당하는 단조로운 비선형 매핑을 사용한다. 다음 그림은 히스토그램 평활화를 위한 변환 함수를 설명한다.

$$s_k = T(r_k) = \sum_{j=0}^{k} P_r(r_j) = \sum_{j=0}^{k} n_j / N$$

$$0 \le r_k \le 1, \qquad k = 0,1,2,....,255$$

N: total number of pixels
n_j: frequency of pixel with gray-level j

다음 코드 블록은 exposure 모듈의 `equalize_hist()` 함수를 사용하여 scikit-image로 히스토그램 평활화를 수행하는 방법을 보여준다. 히스토그램 평활화 구현에는 두 가지 유형이 있다. 하나는 전체 영상에 대한 전역 연산이고, 두 번째는 로컬(적응) 연산으로서 영상을 블록으로 나누고 각각에 히스토그램 평활화를 수행한다.

```
img = rgb2gray(imread('../images/earthfromsky.jpg'))
img_eq = exposure.equalize_hist(img)                          # 전역 히스토그램 평활화
img_adapteq = exposure.equalize_adapthist(img, clip_limit=0.03) # 지역적 평활화

images = [img, img_eq, img_adapteq]                           # 영상 리스트
titles = ['original input (earth from sky)', \
          'after histogram equalization', \
          'after adaptive histogram equalization']            # 그래프 영상 타이틀

pylab.gray()
for i in range(3):
   pylab.figure(figsize=(12,8)), plot_image(images[i], titles[i])
pylab.figure(figsize=(21,7))
for i in range(3):
   pylab.subplot(1,3,i+1), pylab.title(titles[i], size=15)
   pylab.hist(images[i].ravel(), color='g')
pylab.show()
```

다음 그림은 앞의 코드 블록의 결과를 보여준다. 알 수 있듯이, 히스토그램 평활화 이후, 출력 영상 히스토그램은 거의 균일해진다(x 축은 화소 값을 나타내고 y 축은 해당 빈도수를 나타낸다). 적응형 히스토그램 평활화는 전역 히스토그램 평활화보다 영상의 디테일을 더 명확하게 나타낸다.

original input (earth from sky)

after histogram equalization

다음 그림은 로컬(거의 균일한) 대 적응형(늘어나고 구분별piece-wise 균일) 히스토그램 평활화에 대한 화소 분포가 어떻게 변경되는지 보여준다.

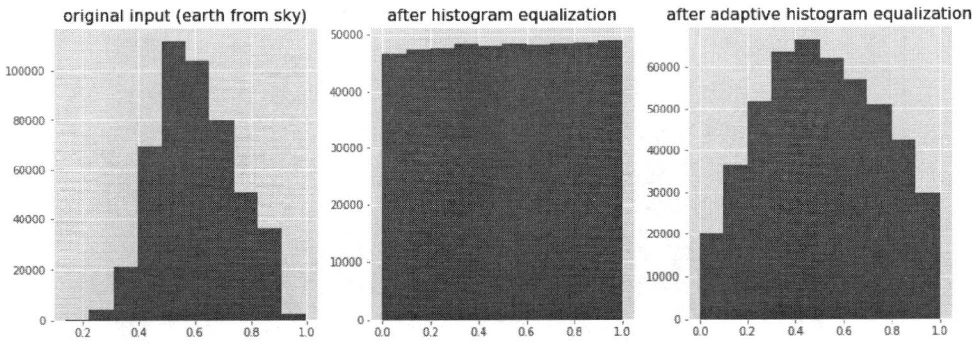

다음 코드 블록은 두 개의 서로 다른 히스토그램 처리 기술, 즉 콘트라스트 스트레칭과 히스토그램 평활화를 사용하여 얻은 영상 향상을 scikit-image와 비교한다.

```
import matplotlib

def plot_image_and_hist(image, axes, bins=256):
    image = img_as_float(image)
    axes_image, axes_hist = axes
    axes_cdf = axes_hist.twinx()
```

```
    axes_image.imshow(image, cmap=pylab.cm.gray)
    axes_image.set_axis_off()

    axes_hist.hist(image.ravel(), bins=bins, histtype='step', color='black')
    axes_hist.set_xlim(0, 1)
    axes_hist.set_xlabel('Pixel intensity', size=15)
    axes_hist.ticklabel_format(axis='y', style='scientific', scilimits=(0, 0))
    axes_hist.set_yticks([])

    image_cdf, bins = exposure.cumulative_distribution(image, bins)
    axes_cdf.plot(bins, image_cdf, 'r')
    axes_cdf.set_yticks([])
    return axes_image, axes_hist, axes_cdf

im = imread('../images/beans_g.png')
im_rescale = exposure.rescale_intensity(im, in_range=(2, 98)) # 대조 스트레칭
im_eq = exposure.equalize_hist(im)                             # 히스토그램 평활화
im_adapteq = exposure.equalize_adapthist(im, clip_limit=0.03)# 적응적 평활화

matplotlib.rcParams['font.size'] = 8
fig = pylab.figure(figsize=(15, 7))
axes = np.zeros((2, 4), dtype = np.object)
for i in range(0, 4):
    axes[0, i] = fig.add_subplot(2, 4, i+1)
    axes[1, i] = fig.add_subplot(2, 4, i+5)

axes_image, axes_hist, axes_cdf = plot_image_and_hist(im, axes[:, 0])
axes_image.set_title('Low contrast image', size=20)
y_min, y_max = axes_hist.get_ylim()
axes_hist.set_ylabel('Number of pixels', size=20)
axes_hist.set_yticks(np.linspace(0, y_max, 5))

axes_image, axes_hist, axes_cdf = plot_image_and_hist(im_rescale, ax-
es[:,1])
axes_image.set_title('Contrast stretching', size=20)
axes_image, axes_hist, axes_cdf = plot_image_and_hist(im_eq, axes[:, 2])
axes_image.set_title('Histogram equalization', size=20)
axes_image, axes_hist, axes_cdf = plot_image_and_hist(im_adapteq, axes[:,3])
axes_image.set_title('Adaptive equalization', size=20)

axes_cdf.set_ylabel('Fraction of total intensity', size=20)
```

```
axes_cdf.set_yticks(np.linspace(0, 1, 5))
fig.tight_layout()
pylab.show()
```

다음 그림은 앞 코드 블록의 결과를 보여준다. 알 수 있듯이, 적응형 히스토그램 평활화는 출력 영상의 세부 사항을 명확하게 만드는 측면에서 히스토그램 평활화보다 더 나은 결과를 제공한다.

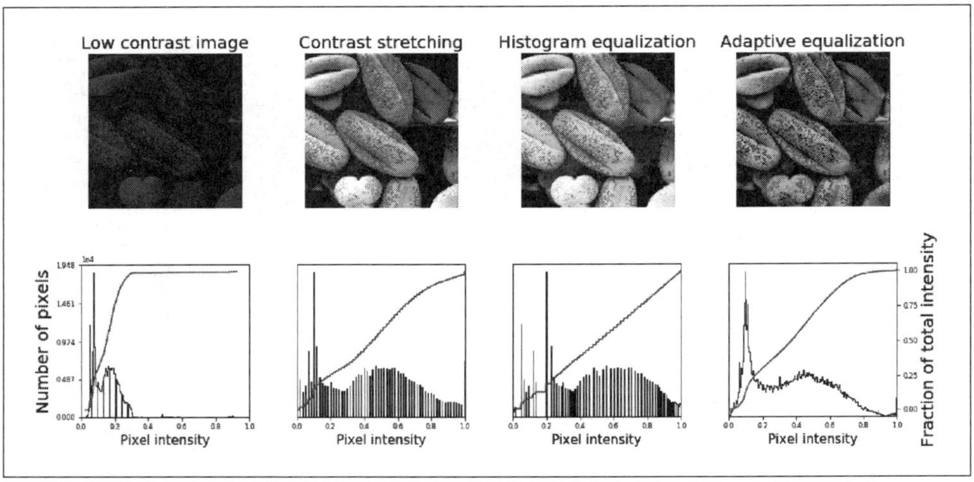

대신에 낮은 콘트라스트 색상의 치타 입력 영상을 사용하면, 앞 코드 블록에서 다음과 같은 결과가 나온다.

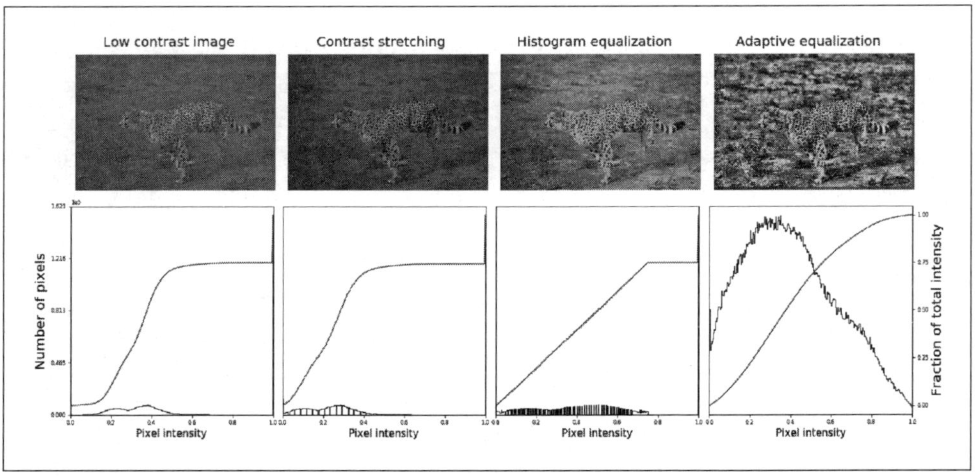

히스토그램 매칭

히스토그램 매칭은 히스토그램이 다른 참조(템플릿) 영상의 히스토그램의 영상과 일치하도록 영상이 변경되는 처리이다. 알고리즘은 다음과 같다.

1. 누적 히스토그램cumulative histogram은 다음 그림과 같이 각 영상에 대해 계산된다.
2. 주어진 화소 값, 즉 조정할 입력 영상의 x_i에 대해, 입력 영상의 히스토그램을 템플릿 영상의 히스토그램과 일치시켜서 출력 영상에서 해당 화소 값 x_j를 찾는다.
3. x_i 화소 값은 $G(x_i)$로 주어진 누적 히스토그램 값을 갖는다. 참조 영상의 누적 분포 값, 즉 $H(x_j)$가 $G(x_i)$와 같도록 화소 값 x_j를 찾는다.
4. 입력 데이터 값 x_i는 x_j로 대체된다.

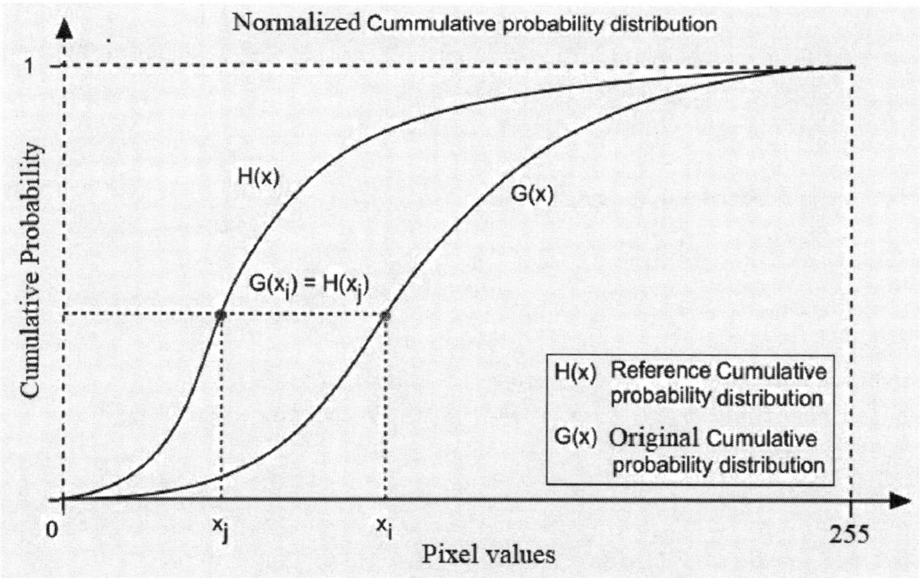

다음 코드 블록은 히스토그램 매칭을 파이썬을 사용하여 구현하는 방법을 보여준다.

```
def cdf(im):
    ''' 2D ndarray로서 im 영상의 CDF 계산 '''
    c, b = exposure.cumulative_distribution(im)
    c = np.insert(c, 0, [0]*b[0])
```

```
    c = np.append(c, [1]*(255-b[-1]))
    return c

def hist_matching(c, c_t, im):
    '''
    c: cdf() 함수로 계산된 입력 영상의 CDF
    c_t: cdf() 함수로 계산된 템플릿 영상의 CDF
    im: 2D numpy ndarray로서 입력 영상
    반환 값은 입력 영상에 대해 수정된 화소 값들
    '''
    # 탬플릿 영상의 CDF H 값이 주어지면, 입력 영상의 CDF에 상응하는
    # 가장 가까운 화소 매칭 검색 c_t = H(pixels) <=> pixels = H-1(c_t)
    pixels = np.arange(256)
    new_pixels = np.interp(c, c_t, pixels)
    im = (np.reshape(new_pixels[im.ravel()], im.shape)).astype(np.uint8)
    return im

im = (rgb2gray(imread('../images/beans_g.png'))*255).astype(np.uint8)
im_t = (rgb2gray(imread('../images/lena_g.png'))*255).astype(np.uint8)
c, c_t = cdf(im), cdf(im_t)

im1 = hist_matching(c, c_t, im)
c1 = cdf(im1)

p = np.arange(256)
pylab.figure(figsize=(20,12)), pylab.gray()
pylab.subplot(2,3,1), plot_image(im, 'Input image')
pylab.subplot(2,3,2), plot_image(im_t, 'Template image')
pylab.subplot(2,3,3)
pylab.plot(p, c, 'r.-', label='input')
pylab.plot(p, c_t, 'b.-', label='template')
pylab.legend(prop={'size': 15}), pylab.title('CDF', size=20)
pylab.subplot(2,3,4)
plot_image(im1, 'Output image with Hist. Matching')
pylab.subplot(2,3,5)
pylab.plot(p, c, 'r.-', label='input')
pylab.plot(p, c_t, 'b.-', label='template')
pylab.plot(p, c1, 'g.-', label='output')
pylab.legend(prop={'size': 15}), pylab.title('CDF', size=20)
pylab.show()
```

다음 그림은 앞 코드 블록의 결과를 보여준다. 알 수 있듯이, 출력 빈bean 영상의 CDF는 히스토그램 매칭 후 입력된 lena 영상의 CDF와 일치하며, 이는 저대비 입력 빈low-contrast input bean 영상의 대비를 향상시킨다.

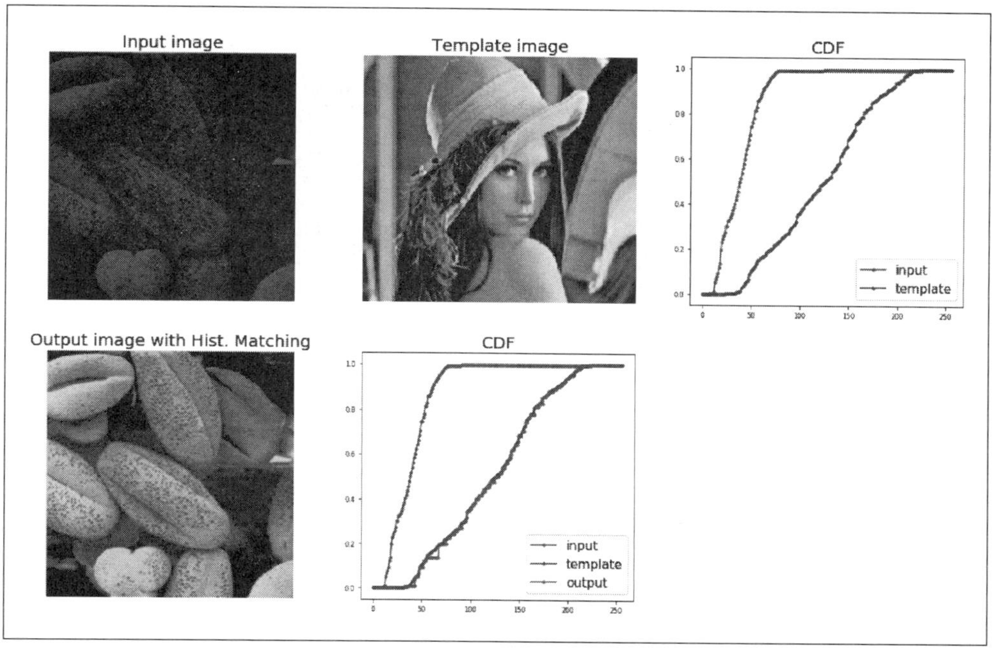

RGB 영상의 히스토그램 매칭

각 컬러 채널에 대해 다음과 같이 출력을 얻기 위해 독립적으로 매칭을 수행할 수 있다.

이것을 구현하는 파이썬 코드는 연습문제로 남겨둔다.

선형 잡음 평활화

선형(공간) 필터링은 (인접한) 화소 값들의 가중합을 계산하는 함수이다. 블러링/잡음 감소에 사용될 수 있는 영상의 선형 연산이다. 블러링은 전처리 단계에서 사용된다. 예를 들어 작은 (관련성이 없는) 세부 정보를 제거할 때, 몇 가지 보편적인 선형 필터는 박스 필터와 가우시안 필터이다. 필터는 작은 (예를 들어, 3 × 3) 커널(마스크)로 구현되며, 입력 영상 위에 마스크를 슬라이딩시키고, 입력 영상의 모든 가능한 화소에 필터 함수를 적용하여 화소 값을 다시 계산한다(입력 마스크에 대응하는 영상의 중심 화소 값은 마스크로부터의 가중치와 함께 화소 값의 가중합으로 대체된다). 예를 들어 박스 필터(평균 필터라고도 함)는 각 화소를 인접 지역의 평균으로 대체하고 부드러운 효과를 낸다(날카로운 특징 제거. 예를 들어 에지를 흐리게 하는 반면 공간 평균은 잡음을 제거한다).

다음 절에서는 먼저 PIL `ImageFilter` 모듈을 사용하여 영상에 선형 잡음 평활화를 적용한 다음, scipy `ndimage` 모듈의 필터 함수를 사용하는 방법을 설명한다.

PIL을 사용한 평활화

다음 절에서는 PIL ImageFilter 모듈의 함수를 선형 잡음 평활화에 사용할 수 있는 방법을 보여준다. 즉, 선형 필터를 사용한 잡음 평활화이다.

ImageFilter.BLUR를 사용한 평활화

다음은 PIL ImageFilter 모듈의 필터 함수를 사용하여, 잡음이 많은 영상에서 잡음을 제거하는 방법을 보여준다. 입력 영상의 잡음 레벨은 블러 필터에 미치는 영향을 보기 위해 다양하다. 인기 있는 맨드릴[mandrill](개코원숭이) 영상이 이 예제의 입력 영상으로 사용된다. 이 영상은 Creative Commons license(https://creativecommons.org/licenses/by-sa/2.0/)로 보호되며, https://www.flickr.com/photos/uhuru1701/2249220078 및 SIPI 영상 데이터베이스 http://sipi.usc.edu/database/database.php?volume=miscimage=10#top에서 찾을 수 있다.

```
def salt_pepper_noise(im, n):
    x, y = np.random.randint(0, im.width, n), np.random.randint(0, im.height, n)
    for (x,y) in zip(x,y):
        pix = ((0,0,0) if np.random.rand() < 0.5 else (255,255,255))
    im.putpixel((x, y), pix)

i = 1
pylab.figure(figsize=(15,30))
for prop_noise in np.linspace(0.05, 0.3, 3):
    im = Image.open('../images/mandrill.jpg')
    n = int(im.width * im.height * prop_noise)        # 잡음 개수
    salt_pepper_noise(im, n)

    im.save('../images/mandrill_spnoise_' + str(prop_noise) + '.jpg')
    title = 'Original Image with ' + str(int(100*prop_noise)) + '% added noise'
    pylab.subplot(6,2,i), plot_image(im, title)
    i += 1
    im1 = im.filter(ImageFilter.BLUR)
    pylab.subplot(6,2,i), plot_image(im1, 'Blurred Image')
    i += 1

pylab.show()
```

다음 그림은 출력을 보여준다. 예상대로 입력 영상의 잡음이 커질수록 평활화된 영상의 품질이 떨어진다.

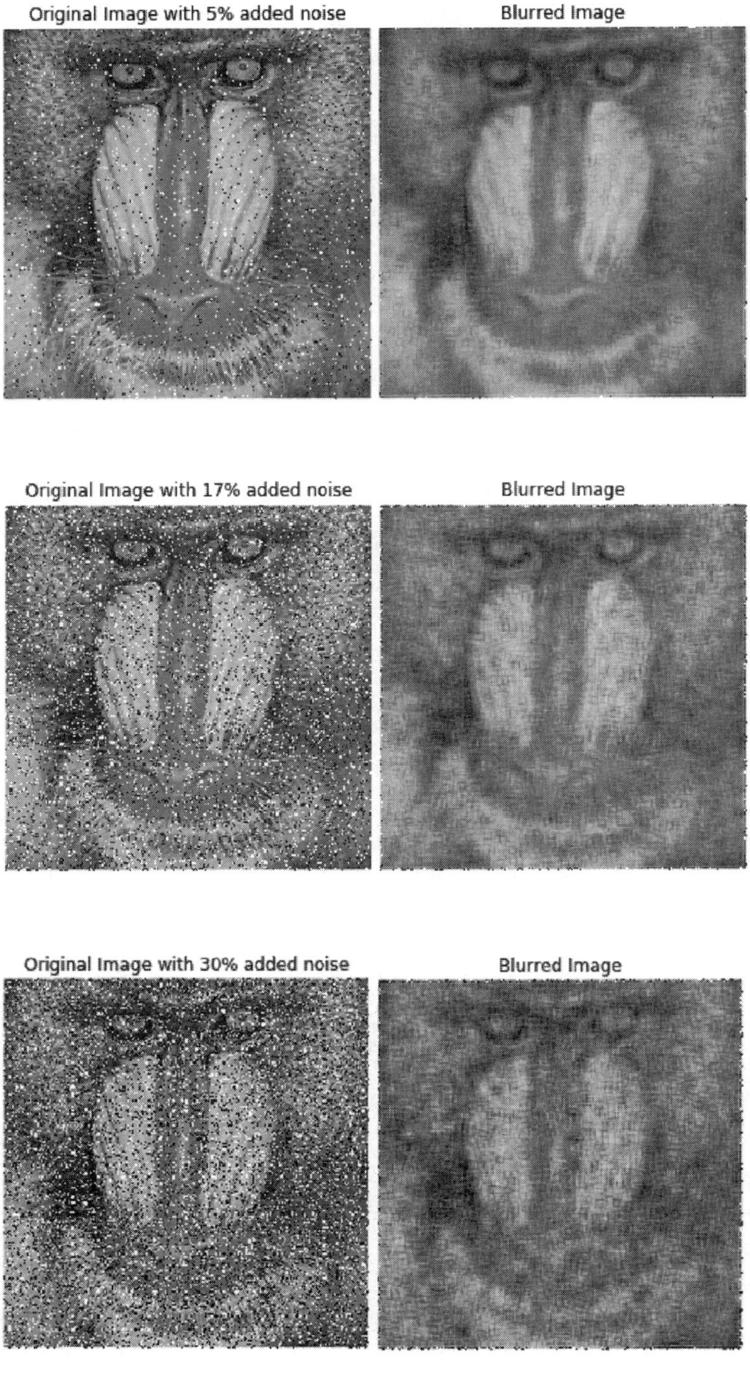

박스 블러 커널로 평균화하여 평활화

다음 코드 블록은 PIL ImageFilter.Kernel() 함수 및 3×3, 5×5 크기의 박스 블러 커널(평균 필터)을 사용하여 잡음이 많은 영상을 평활화하는 방법을 보여준다.

```
im = Image.open('../images/mandrill_spnoise_0.1.jpg')

pylab.figure(figsize=(20,7))
pylab.subplot(1,3,1), plot_image(im, 'Original Image')

for n in [3,5]:
    box_blur_kernel = np.reshape(np.ones(n*n),(n,n)) / (n*n)
    im1 = im.filter(ImageFilter.Kernel((n,n), box_blur_kernel.flatten()))
    pylab.subplot(1,3,(2 if n==3 else 3))
    plot_image(im1, 'Blurred with kernel size = ' + str(n) + 'x' + str(n))

pylab.suptitle('PIL Mean Filter (Box Blur) with different Kernel size', \
               size=30)
pylab.show()
```

다음 그림은 앞 코드의 결과를 보여준다. 알 수 있듯이, 출력 영상은 더 큰 크기의 박스 블러 커널을 잡음이 있는 영상으로 평활화하여 얻는다.

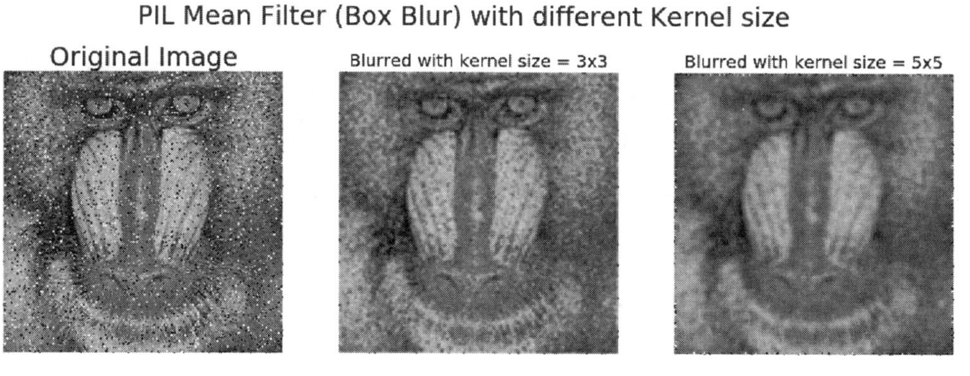

가우시안 블러 필터로 평활화

가우시안 블러 필터는 선형 필터이기도 하지만, 단순 평균 필터와 달리 커널 윈도우 내부의 화소들의 가중 평균을 사용하여 화소를 평활화 한다(인접 화소에 해당하는 가중치는 화소에서 이웃 거리에 따라 지수적으로 감소한다). 다음 코드는 PIL ImageFilter.GaussianBlur()를 사용하여, 커널에 대해 서로 다른 반경의 매개 변수 값을 갖는 잡음이 많은 영상을 평활화하는 방법을 보여준다.

```
im = Image.open('../images/mandrill_spnoise_0.2.jpg')
pylab.figure(figsize=(20,6))
for radius in range(1, 4):
    im1 = im.filter(ImageFilter.GaussianBlur(radius))
    pylab.subplot(1,3,radius), plot_image(im1, 'radius = ' + str(radius))

pylab.suptitle('PIL Gaussian Blur with different Radius', size=20)
pylab.show()
```

다음 그림은 출력을 보여준다. 보시다시피 가우시안 필터로 반경이 커지면 더 많은 잡음이 제거되면서 영상이 평활화되고, 동시에 영상이 흐려진다.

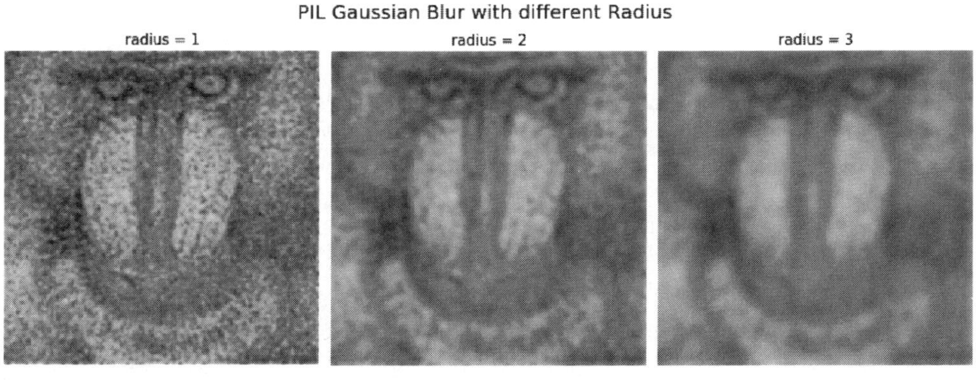

SciPy ndimage를 사용한 박스 커널과 가우시안 커널의 평활화 비교

scipy의 ndimage 모듈 함수를 사용하여 영상을 평활화하기 위해 선형 필터를 적용할 수 있다. 다음 코드는 임펄스(소금 후추) 잡음으로 저하된 맨드릴 영상에 선형 필터를 적용한 결과를 보여준다.

```
from scipy import ndimage
im = imread('../images/mandrill_spnoise_0.1.jpg')
k, s = 7, 2                          # 커널 크기 7×7 , 표준 편차 2
im_box = ndimage.uniform_filter(im, size=(k,k,1))
t = (((k - 1)/2)-0.5)/s              # 커널 크기와 표준 편차로 truncate 파라미터 계산
im_gaussian = ndimage.gaussian_filter(im, sigma=(s, s, 0), truncate=t)

fig = pylab.figure(figsize=(30,10))
pylab.subplot(131), plot_image(im, 'original image')
pylab.subplot(132), plot_image(im_box, 'with the box filter')
pylab.subplot(133), plot_image(im_gaussian, 'with the gaussian filter')
pylab.show()
```

다음 그림은 앞 코드의 결과를 보여준다. 알 수 있는 바와 같이, 동일한 커널 크기의 박스 필터는 $\sigma=2$인 동일한 크기의 가우시안 필터보다 출력 영상을 더 흐리게 만든다.

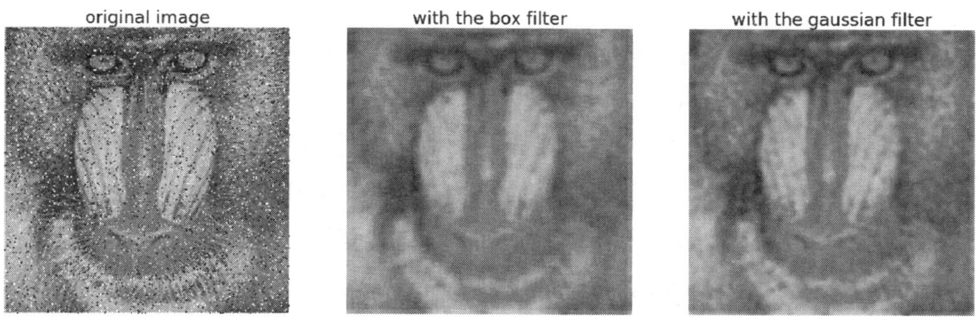

비선형 잡음 평활화

비선형(공간) 필터는 또한 인접 영역에서도 수행하며, 선형 필터와 같은 영상 위에 커널(마스크)을 슬라이딩하여 구현된다. 그러나 필터링 연산은 조건에 따라 이웃 화소 값을 기반으로 하여 일반적으로 곱의 합sum-of-product 방식으로 계수를 명시적으로 사용하지 않는다. 예를 들어, 잡음 감소는 필터가 위치한 인접 영역의 중간 회색조 값을 계산하는 것이 기본 기능인 비선형 필터를 사용하여 효과적으로 수행할 수 있다. 메디안 필터는 특정 유형의 랜덤 잡음(예: 임펄스 잡음)에 대해 비슷한 크기의 선형 평활화 필터보다 훨씬 적

은 번짐을 제공하므로 탁월한 잡음 감소 기능을 제공하여 널리 사용된다. 비선형 필터는 선형 필터보다 강력하다. 예를 들어 스파이크spikes와 같은 비가우시안 잡음의 억제 및 에지/텍스처 보존 특성에 대한 관점에서 볼 수 있다. 비선형 필터의 몇 가지 예는 메디안median, 양방향bilateral, 비-로컬 평균non-local means 및 형태학적 필터morphological filters이다. 다음 절에서는 PIL, scikit-image 및 scipy ndimage 라이브러리 함수로 몇 가지 비선형 필터의 구현을 설명한다.

PIL을 사용한 평활화

PIL ImageFilter 모듈은 영상의 비선형 잡음 제거 함수 세트를 제공한다. 이 절에서는 몇 가지 예를 들어 설명한다.

메디안 필터 사용

메디안 필터median filter는 각 화소를 이웃 화소들의 메디안으로 바꾼다. 이 필터는 영상에서 비록 작은 세부 사항을 제거하지만, 소금 후추salt-and-pepper 잡음을 제거하는 데 적합하다. 이웃의 밝기에 1순위를 부여한 다음 중간 값을 선택해야 한다. 메디안 필터링은 통계적 특이치에 대한 복원력이 있으며, 흐려짐이 적고 구현하기 쉽다. 다음 코드 블록은 PIL ImageFilter 모듈의 MedianFilter() 함수를 사용하여 서로 다른 레벨의 잡음이 추가되고, 메디안 필터에 사용되는 크기가 다른 커널 윈도우를 사용하여 잡음이 있는 맨드릴 영상에서 소금 후추 잡음을 제거하는 방법을 보여준다.

```
i = 1
pylab.figure(figsize=(30,45))

for prop_noise in np.linspace(0.05, 0.3, 3):
    im = Image.open('../images/mandrill.jpg')
    n = int(im.width * im.height * prop_noise)
    salt_pepper_noise(im, n)

    im.save('../images/mandrill_spnoise_' + str(prop_noise) + '.jpg')
    pylab.subplot(6, 4, i)
    title = str(int(100*prop_noise)) + '% added noise'
```

```
    plot_image(im, 'Original Image with ' + title)
    i += 1

    for sz in [3,7,11]:
        im1 = im.filter(ImageFilter.MedianFilter(size=sz))
        pylab.subplot(6,4,i)
        plot_image(im1, 'Output (Median Filter size=' + str(sz) + ')')
        i += 1
pylab.show()
```

다음 그림은 앞 코드의 출력을 보여 주며, 다른 커널 크기로 추가된 잡음의 레벨이 다른 잡음이 많은 영상에 메디안 필터를 적용한 후의 출력 영상이다. 알 수 있듯이, 일부 패치 patchy 효과 및 일부 세부 사항의 손실에도 불구하고, 선형 평균과 가중 평균(가우시안) 필터보다 임펄스(소금 후추) 잡음에 대해 비선형 메디안 필터가 훨씬 더 효과적이다.

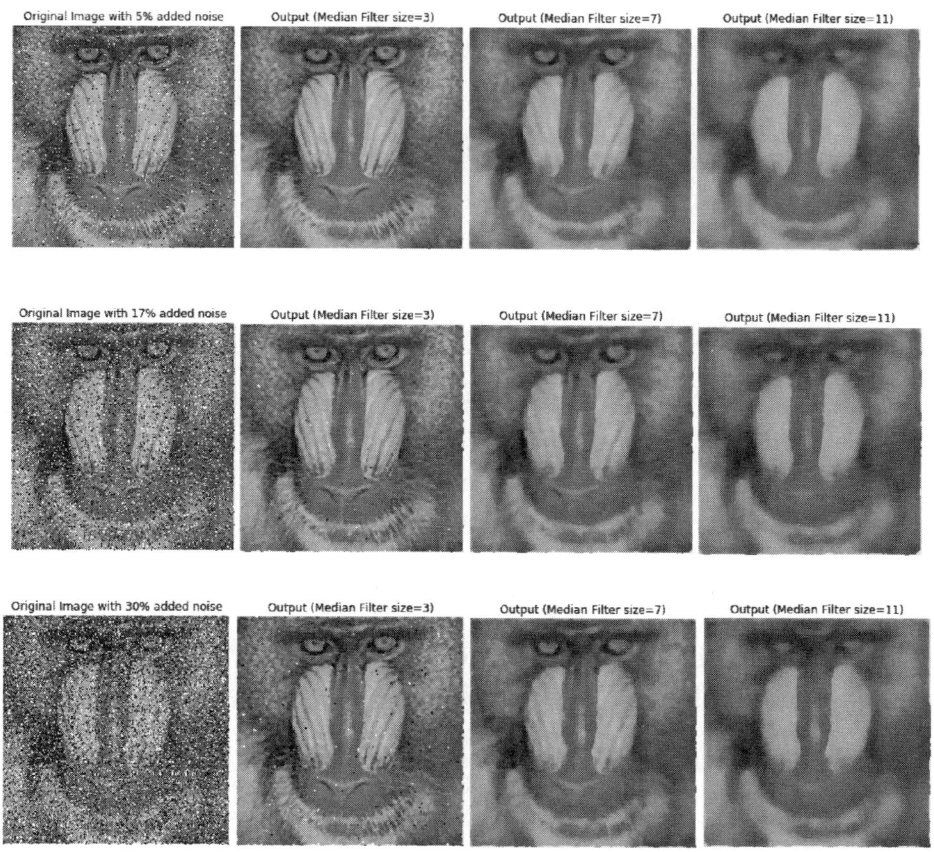

최대 및 최소 필터 사용

다음 코드는 `MaxFilter()`를 사용하여 후추 잡음을 제거하고, `MinFilter()`를 사용하여 영상에서 소금 잡음을 제거하는 방법을 보여준다.

```
im = Image.open('../images/mandrill_spnoise_0.1.jpg')
sz = 3
im1 = im.filter(ImageFilter.MaxFilter(size=sz))
im2 = im1.filter(ImageFilter.MinFilter(size=sz))

pylab.figure(figsize=(20,35))
pylab.subplot(1,3,1), plot_image(im, 'Original Image with 30% added noise')
pylab.subplot(1,3,2), plot_image(im1, 'Output (Max Filter size=' + str(sz)+ ')')
pylab.subplot(1,3,3), plot_image(im2, 'Output (Min Filter size=' + str(sz)+ ')')
pylab.show()
```

다음 그림은 앞 코드 블록의 결과를 보여준다. 최대 및 최소 필터가 각각 잡음이 많은 영상에서 소금 후추 잡음을 제거하는 데 다소 효과적임을 알 수 있다.

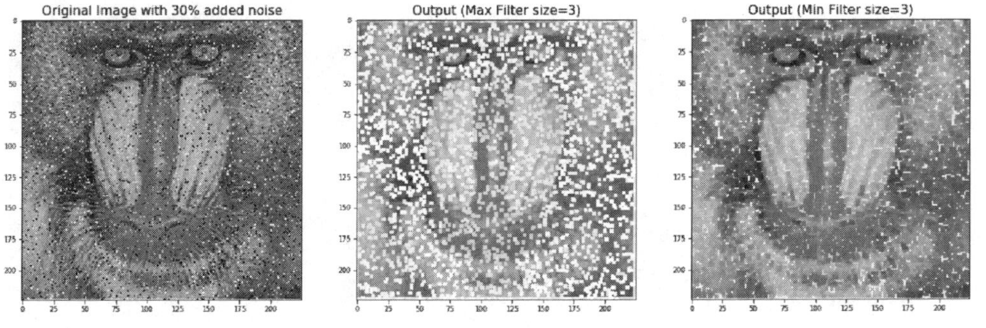

Scikit-image를 사용한 평활화(잡음 제거)

`scikit-image` 라이브러리는 restoration 모듈에 일련의 비선형 필터를 제공한다. 다음 절에서는 두 가지 매우 유용한 필터, 즉 양방향bilateral 필터와 비-로컬non-local 필터에 대해 논의한다.

양방향 필터 사용

양방향 필터는 에지 보존 평활화 필터이다. 이 필터의 경우, 중심 화소는 중심 화소와 대략 비슷한 밝기를 가진 화소 값 중 일부 화소 값의 가중 평균으로 설정된다. 이 절에서는 scikit-image 패키지의 양방향 필터 구현을 사용하여 영상을 제거하는 방법을 살펴보자. 먼저 다음과 같은 명암도 산 영상에서 잡음이 많은 영상을 만들어 보자.

다음 코드 블록은 numpy 모듈의 random_noise() 함수를 사용하는 방법을 보여준다.

```
im = rgb2gray(img_as_float(imread('../images/mountain.png')))
sigma = 0.155
noisy = random_noise(im, var=sigma**2)
pylab.imshow(noisy)
```

다음 그림은 앞 코드를 사용하여 원본 영상에 임의 잡음을 추가하여 생성된 잡음 영상을 보여준다.

다음 코드 블록은 매개 변수인 σ_{color} 및 $\sigma_{spatial}$에 대해 서로 다른 값을 사용하여 앞의 잡음이 많은 영상을 제거하는데 양방향 필터를 사용하는 방법을 보여준다.

```
pylab.figure(figsize=(20,15))
i = 1
for sigma_sp in [5, 10, 20]:
   for sigma_col in [0.1, 0.25, 5]:
   pylab.subplot(3,3,i)
      pylab.imshow(denoise_bilateral(noisy, sigma_color=sigma_col, \
                    sigma_spatial=sigma_sp, multichannel=False))
      pylab.title(r'$\sigma_r=$' + str(sigma_col) + \
            r', $\sigma_s=$' + str(sigma_sp), size=20)
      i += 1
pylab.show()
```

다음 그림은 앞 코드의 결과를 보여준다. 알 수 있듯이 표준 편차가 높으면 영상의 잡음이 적어지지만 흐려진다. 앞 코드 블록을 실행하는데 몇 분이 걸린다. RGB 영상에서 구현이 더 느리기 때문이다.

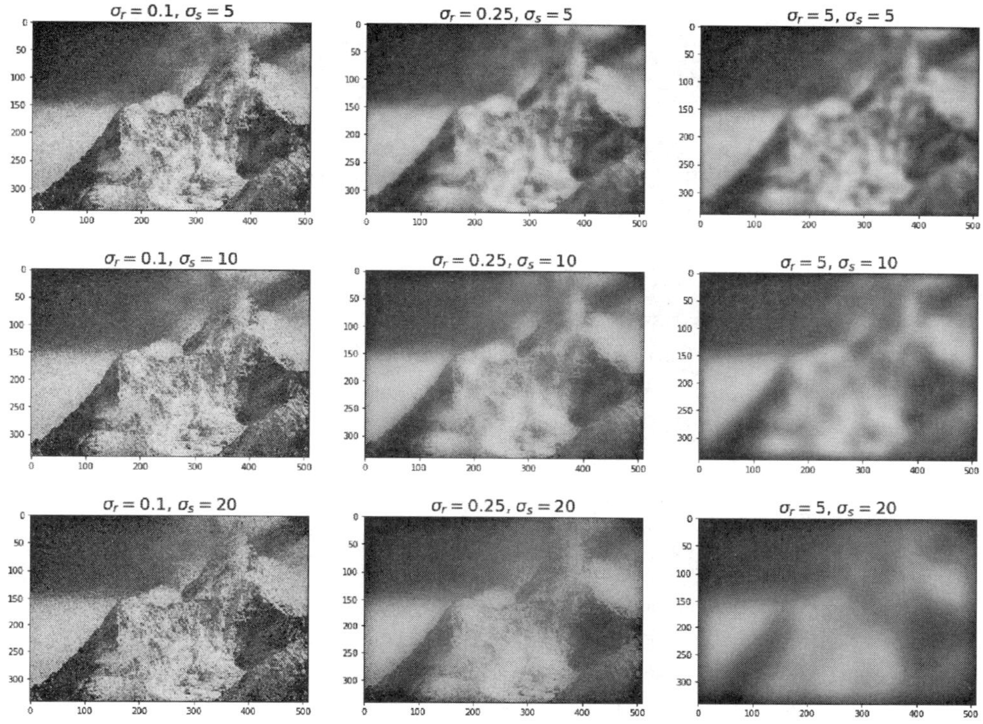

비-로컬 평균 사용

비-로컬 평균은 텍스처를 보존하는 비선형 잡음 제거 알고리즘이다. 이 알고리즘에서 임의의 주어진 화소에 대해, 관심있는 화소와 유사한 로컬 이웃을 갖는 인근 화소들만의 가중 평균이 주어진 화소 값을 설정하는 데 사용된다. 즉, 다른 화소를 중심으로 한 작은 패치는 관심 화소를 중심으로 한 패치와 비교된다. 이 절에서는 비-로컬 평균 필터를 사용하여 잡음이 있는 앵무새 영상에서 잡음을 제거하는 알고리즘을 보여준다. 함수에 대한 h 매개 변수는 패치 간의 거리의 함수로 패치 가중치의 감소를 제어한다. h가 크면, 다른 패치들 사이에서 더 부드럽게 할 수 있다. 다음 코드 블록은 비-로컬 평균을 사용하여 제거하는 방법을 보여준다.

```
def plot_image_axes(image, axes, title):
    axes.imshow(image)
    axes.axis('off')
```

```
    axes.set_title(title, size=20)

parrot = img_as_float(imread('../images/parrot.png'))
sigma = 0.25
noisy = parrot + sigma * np.random.standard_normal(parrot.shape)
noisy = np.clip(noisy, 0, 1)

# 잡음 영상에서 잡음 표준 편차 추정
sigma_est = np.mean(estimate_sigma(noisy, multichannel=True))
print("estimated noise standard deviation = {}".format(sigma_est))
# estimated noise standard deviation = 0.22048519002358943
patch_kw = dict(patch_size=5,                   # 5 × 5 패치 크기
                patch_distance=6,               # 13 × 13 검색 영역
                multichannel=True)

# slow algorithm
denoise = denoise_nl_means(noisy, h=1.15 * sigma_est, fast_mode=False, \
                           **patch_kw)
# fast algorithm
denoise_fast = denoise_nl_means(noisy, h=0.8 * sigma_est, \
                                fast_mode=True, **patch_kw)

fig, axes = pylab.subplots(nrows=2, ncols=2, figsize=(15, 12), \
                           sharex=True, sharey=True)
plot_image_axes(noisy, axes[0, 0], 'noisy')
plot_image_axes(denoise, axes[0, 1], 'non-local means\n(slow)')
plot_image_axes(parrot, axes[1, 0], 'original\n(noise free)')
plot_image_axes(denoise_fast, axes[1, 1], 'non-local means\n(fast)')
fig.tight_layout()

# PSNR metric values
psnr_noisy = compare_psnr(parrot, noisy)
psnr = compare_psnr(parrot, denoise.astype(np.float64))
psnr_fast = compare_psnr(parrot, denoise_fast.astype(np.float64))
print("PSNR (noisy) = {:0.2f}".format(psnr_noisy))
print("PSNR (slow) = {:0.2f}".format(psnr))
print("PSNR (fast) = {:0.2f}".format(psnr_fast))
# PSNR (noisy) = 13.03  # PSNR (slow) = 26.25  # PSNR (fast) = 25.84
pylab.show()
```

다음 그림은 출력을 보여준다. 알 수 있듯이, 느린slow 버전의 알고리즘은 트레이드-오프trade-off를 나타내는 빠른fast 버전보다 더 나은 PSNR을 달성한다. 두 알고리즘의 출력 영상은 모두 잡음 영상보다 훨씬 높은 PSNR을 가진다.

Scipy ndimage를 사용한 평활화

scipy ndimage 모듈은 메디안 필터의 일반 버전인 `percentile_filter()`라는 함수를 제공한다. 다음 코드 블록은 이 필터를 사용하는 방법을 보여준다.

```
lena = imread('../images/lena.jpg')
noise = np.random.random(lena.shape)    # 입력 영상에 소금 후추 잡음 추가
lena[noise > 0.9] = 255
lena[noise < 0.1] = 0

plot_image(lena, 'noisy image')
pylab.show()
```

```
fig = pylab.figure(figsize=(20,15))
i = 1
for p in range(25, 100, 25):
    for k in range(5, 25, 5):
        pylab.subplot(3,4,i)
        filtered = ndimage.percentile_filter(lena, percentile=p, size=(k,k,1))
        plot_image(filtered, str(p) + ' percentile, ' + str(k) + 'x' + \
                   str(k) + ' kernel')
        i += 1
pylab.show()
```

다음 그림은 앞 코드의 결과를 보여준다. 알 수 있듯이, 모든 백분위 수 필터 중에서 작은 커널 크기의 메디안 필터(50번째 백분위 수에 해당)는 소금 후추 잡음을 제거하는 데 가장 적합하지만, 동시에 영상에서 가능한 최소한의 세부 사항을 잃어버리게 된다.

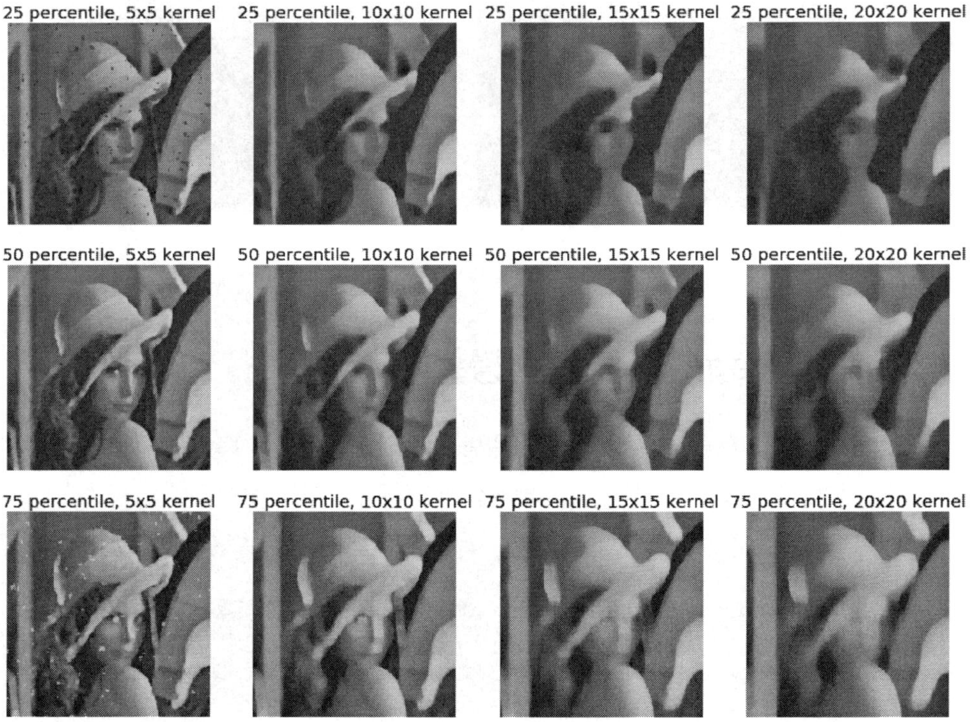

요약

이 장에서는 점 변환(예: 콘트라스트 스트레칭 및 임계치)부터 시작하여 다양한 영상 향상 방법과 히스토그램 처리(예: 히스토그램 평활화 및 히스토그램 매칭), 선형(예: 평균 및 가우시안) 및 비선형(예: 메디안, 양방향 및 비-로컬 평균) 필터를 사용하는 영상 잡음 제거 기술에 대하여 설명하였다.

이 장의 끝에서 독자는 점 변환(예: 음수, 파워-로우 변환, 콘트라스트 스트레칭), 히스토그램 기반 영상 향상(예: 히스토그램 평활화/매칭), 그리고 영상 잡음 제거(예: 평균/메디안 필터)를 위한 파이썬 코드를 작성할 수 있어야 한다.

다음 장에서는 영상 미분과 그레디언트를 기반으로 한 영상 향상 기술에 대해 계속 논의할 것이다.

연습문제

1. 컬러 RGB 영상에 대해 히스토그램 매칭을 구현하라.
2. `skimage.filters.rank`의 `equalize()` 함수를 사용하여 로컬 히스토그램 평활화를 구현하고, `skimage.exposure`의 글로벌 히스토그램 평준화와 명암도 영상을 사용하여 비교하라.
3. 여기에 설명된 알고리즘 `https://en.wikipedia.org/wiki/Floyd-Steinberg_dithering`를 사용하여 Floyd-Steinberg 오류-확산 디더링[error-diffusion dithering]을 구현하고, 명암도 영상을 이진 영상으로 변환하라.
4. PIL의 `ModeFilter()`를 사용하여 영상의 선형 평활화를 수행한다. 선형 평활화가 유용할 때가 언제인가?
5. 단순히 잡음이 많은 영상의 평균을 취하여 원래의 영상에 임의의 가우시안 잡음을 추가하여 얻은 잡음 영상에서 복구할 수 있는 영상을 표시하라. 메디안을 취하는 것도 효과가 있는가?

추가 읽기

- http://paulbourke.net/miscellaneous/equalisation/
- https://pdfs.semanticscholar.org/presentation/3fb7/fa0fca1bab83d523d882e98efa0f5769ec64.pdf
- https://www.comp.nus.edu.sg/~cs4243/doc/SciPy%20reference.pdf
- https://en.wikipedia.org/wiki/Floyd-Steinberg_dithering

Chapter 5

미분을 사용한 영상 향상

이 장에서는 영상의 외관이나 유용성을 개선시키는 문제인 영상 향상enhancement에 대한 논의를 계속할 것이다. 우리는 영상 그레디언트/미분을 계산하기 위한 공간 필터링 기술과 영상에서 에지 검출에 이 기술을 어떻게 사용할 수 있는지에 주로 집중할 것이다. 먼저, 1차(부분) 미분을 사용하는 영상 그레디언트의 기본 개념, 이산 미분을 계산하는 방법, 2차 미분/라플라시안에 대해 논의한다. 그리고 이것들이 영상의 에지를 찾는데 어떻게 사용될 수 있는지 살펴볼 것이다. 다음으로 파이썬 영상처리 라이브러리 PIL, scikit-image의 필터 모듈, 그리고 scipy의 ndimage 모듈을 사용하여 영상을 샤펀sharpen/언샤프unsharp 하는 몇 가지 방법에 대해 설명하겠다. 다음으로, 다양한 필터(Sobel, Canny, LoG 등)를 사용하는 방법과 영상의 에지를 검출하기 위해 영상을 컨볼루션하는 방법을 살펴보겠다. 마지막으로, 가우시안/라플라시안 영상 피라미드(scikit-image 사용)를 계산하고, 영상 피라미드를 사용하여 두 영상을 부드럽게 브렌딩blending하는 방법에 대해 알아보겠다. 이 장에서 다룰 내용은 다음과 같다.

- 영상 미분 – 그레디언트, 라플라시안
- 샤펀닝과 언샤프 마스킹(PIL, scikit-image, scipy ndimage 사용)
- 미분과 필터(Sobel, Canny, LoG, DoG 등 PIL, scikit-image 사용)를 사용한 에지 검출
- 영상 피라미드(가우시안과 라플라시안) – 브렌딩 영상(scikit-image 포함)

영상 미분 – 그레디언트 및 라플라시안

유한 차분을 사용하여 디지털 영상의 (편)미분을 계산할 수 있다. 이 절에서는 영상 미분인 그레디언트 및 라플라시안을 계산하는 방법과 그 유용성에 대해 설명하겠다. 다음 코드 블록과 같이 필요한 라이브러리를 가져와 시작한다.

```
import numpy as np
from skimage import filters, feature, img_as_float
from skimage.io import imread
from skimage.color import rgb2gray

from scipy import signal, ndimage
import matplotlib.pylab as pylab
```

미분과 그레디언트

다음 그림에서는 **유한 차분**(**전향** 및 **중앙 차이**, 후자가 더 정확함)을 사용하여 영상 I(함수 $f(x, y)$)의 편미분을 계산하는 방법을 보여준다. 이것은 커널과 컨볼루션을 사용하여 구현할 수 있다. 또한 그림은 그레디언트 벡터, 크기(에지의 강도에 해당) 및 방향(에지 수직)을 정의한다. 입력 영상에서 강도(명암도 값)가 급격하게 변하는 위치는 영상의 1차 미분의 강도에서 피크/스파이크(또는 계곡)가 있는 위치와 일치한다. 즉, 그레디언트 크기의 피크는 에지 위치를 표시하며, 영상의 에지를 찾기 위해 그레디언트 크기를 임계치로 지정해야 한다.

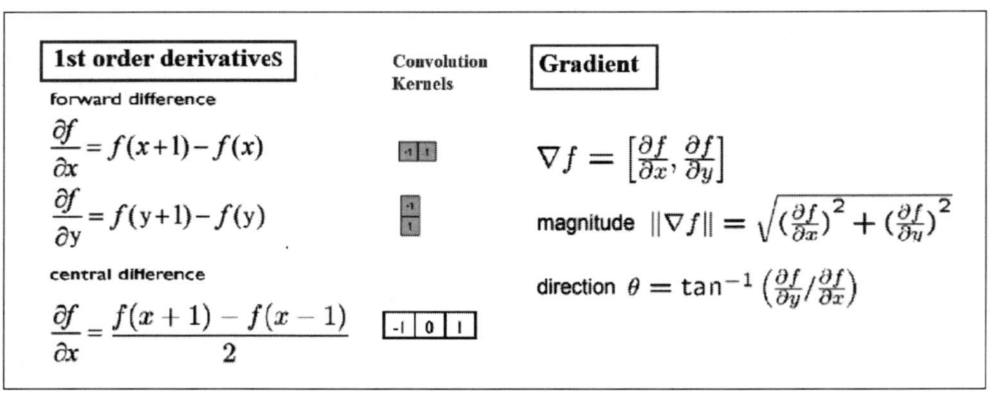

다음 코드 블록은 명암도 체스chess 영상을 입력으로 하여 이전에 보인 컨볼루션 커널을 사용하여 (크기 및 방향과 함께) 그레디언트를 계산하는 방법을 보여준다. 또한 영상의 첫 번째 행(x=0)에 대해 y 좌표와 함께 영상 화소 값과 그레디언트 벡터의 x-구성 요소가 어떻게 변화하는지를 보여준다.

```
def plot_image(image, title):
    pylab.imshow(image), pylab.title(title, size=20), pylab.axis('off')

ker_x = [[-1, 1]]                                      # 1행, 2열
ker_y = [[-1], [1]]                                    # 2행, 1열
im = rgb2gray(imread('../images/chess.png'))
im_x = signal.convolve2d(im, ker_x, mode='same')
im_y = signal.convolve2d(im, ker_y, mode='same')
im_mag = np.sqrt(im_x**2 + im_y**2)
im_ang = np.arctan(im_y/im_x)

pylab.figure(figsize=(30,20)), pylab.gray()
pylab.subplot(231), plot_image(im, 'original')
pylab.subplot(232), plot_image(im_x, 'grad_x')
pylab.subplot(233), plot_image(im_y, 'grad_y')
pylab.subplot(234), plot_image(im_mag, '||grad||')
pylab.subplot(235), plot_image(im_ang, r'$\theta$')
pylab.subplot(236)
pylab.plot(range(im.shape[1]), im[0,:], 'b-', label=r'$f(x,y)|_{x=0}$', \
           linewidth=5)
pylab.plot(range(im.shape[1]), im_x[0,:], 'r-', label= \
           r'$grad_x(f(x,y))|_{x=0}$')

pylab.title(r'$grad_x (f(x,y))|_{x=0}$', size=30)
pylab.legend(prop={'size': 20})
pylab.show()
```

다음 그림은 앞 코드 블록의 출력을 보여준다. 그림에서 알 수 있듯이 x 및 y 방향의 편미분은 영상의 수직 및 수평 에지를 각각 검출한다. 그레디언트 크기는 영상의 다른 위치에서 에지의 강도를 나타낸다. 또한 단일 행(예: 행 0)에 해당하는 원본 영상에서 모든 화소를 선택하면 구형파(흰색과 검은색 강도 패턴이 번갈아 표시됨)를 볼 수 있지만, 동일한 화소 집합에 대한 그레디언트 크기는 강도의 급격한 증가/감소를 가지며, 이들은 (수

직) 에지에 해당한다.

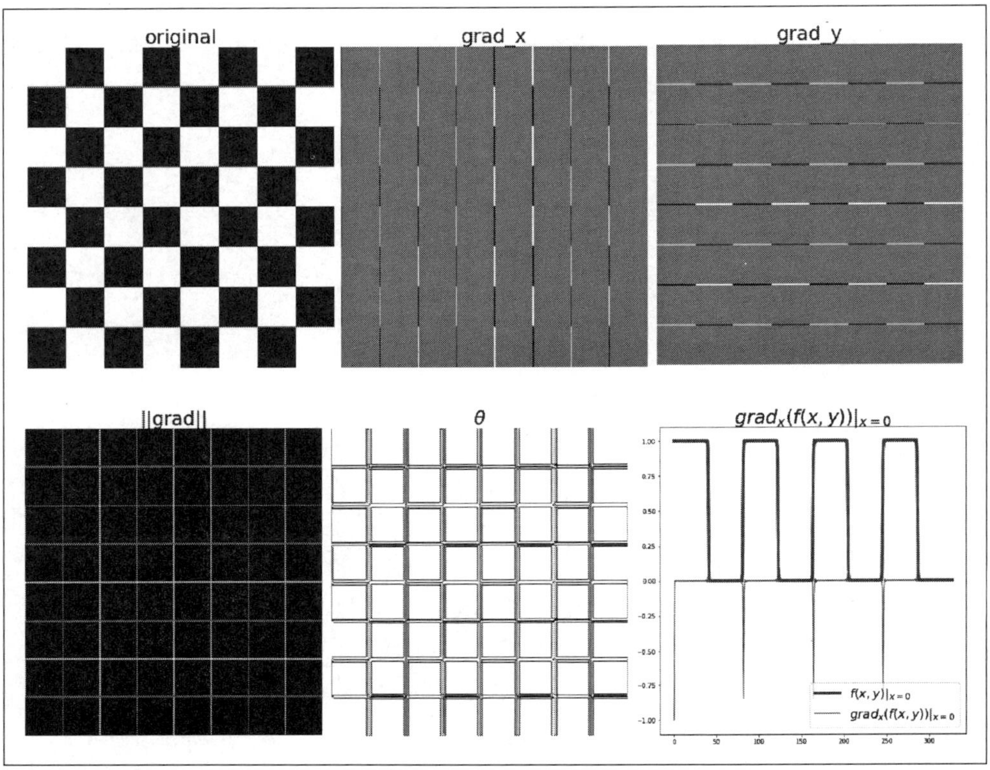

동일 영상에 크기 및 그레디언트 표시

앞의 예에서는 에지의 크기와 방향이 다른 영상에 표시되었다. 우리는 RGB 영상을 만들고 R, G, B 값을 다음과 같이 설정하여, 크기와 방향을 동일한 영상에 표시할 수 있다.

$$\begin{cases} g(x,y,R) & = |\nabla I(x,y)|.\, sin(\theta) \\ g(x,y,G) & = |\nabla I(x,y)|.\, cos(\theta) \\ g(x,y,B) & \quad\quad = 0 \end{cases}$$

마지막 예제와 같은 코드를 사용하여, 오른쪽 하단 서브 그림의 코드를 다음 코드로 바꾼다.

```
im = np.zeros((im.shape[0],im.shape[1],3))
im[...,0] = im_mag*np.sin(im_ang)
im[...,1] = im_mag*np.cos(im_ang)
plot_image(im, r'||grad||+$\theta$')
```

대신 호랑이 영상을 사용하여 다음 그림과 같은 출력을 얻는다. 마지막 서브 그림은 색상이 있는 에지의 크기와 방향을 보여준다.

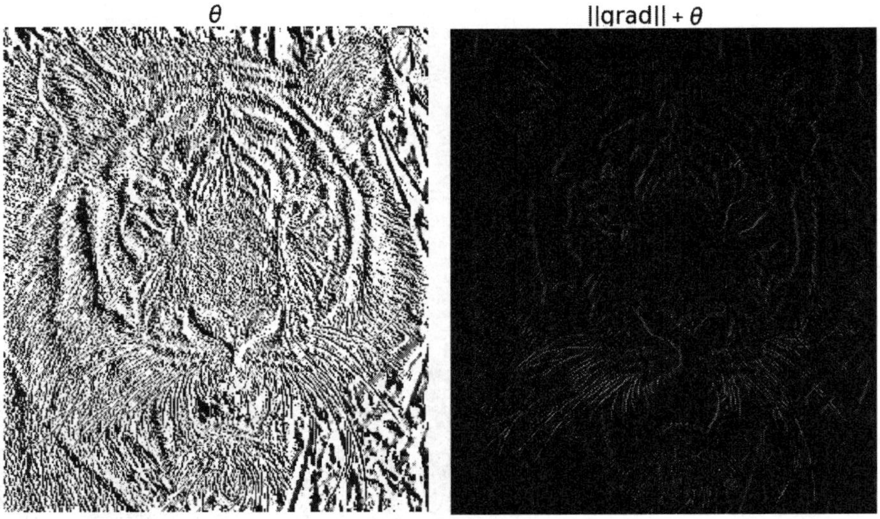

라플라시안

Rosenfeld와 Kak은 가장 단순한 **등방성**isotropic 미분 연산자가 라플라시안이라는 것을 보여 주었는데, 이는 다음 그림과 같이 정의된다. 라플라시안은 영상의 2차 미분을 근사하고 에지를 검출한다. 이것은 등방성(회전 불변) 연산자이고, **제로 크로싱**zerocrossings은 에지 위치를 표시한다. 이것에 대해서 나중에 이 장의 뒷부분에서 더 논의할 것이다. 즉, 입력 영상의 1차 미분에서 스파이크/피크 (또는 계곡)가 있는 위치에서, 입력 영상의 2 차 미분의 대응하는 위치에 제로 크로싱을 갖는다.

2nd order derivative

$$\frac{\partial^2 f}{\partial x^2} = f(x+1) + f(x-1) - 2f(x)$$

$$\frac{\partial^2 f}{\partial y^2} = f(y+1) + f(y-1) - 2f(y)$$

Convolution Kernel

	1	
1	-4	1
	1	

Laplacian

$$\nabla^2 f = \frac{\partial^2 f}{\partial x^2} + \frac{\partial^2 f}{\partial x^2}$$

$$= f(x+1, y) + f(x-1, y) + f(x, y+1) + f(x, y-1) - 4f(x, y)$$

라플라시안에 관한 몇 가지 주의 사항

다음의 사항을 살펴보자.

- $\nabla^2 f(x, y)$는 스칼라이다(반면 그레디언트는 벡터이다).
- 라플라시안을 계산하기 위해 하나의 커널(마스크)이 사용된다(두 개의 커널, 각각 x와 y 방향의 편미분 값이 있는 그레디언트와 달리).
- 스칼라이기 때문에 방향이 없으므로 방향 정보가 손실된다.
- $\nabla^2 f(x, y)$는 2차 편미분의 합계이다(그레디언트는 1차 편미분으로 구성된 벡터를 나타내지만, 미분의 차수가 높을수록 잡음이 증가한다).
- 라플라시안은 잡음에 매우 민감하다.
- 따라서, 라플라시안은 평활화 연산(예를 들어, 가우시안 필터)을 항상 먼저 수행한다. 그렇지 않으면 잡음이 크게 악화될 수 있다.

다음 코드는 이전에 표시된 커널과 컨볼루션을 사용하여 영상의 라플라시안을 계산하는 방법을 보여준다.

```
ker_laplacian = [[0, -1, 0],
                 [-1, 4, -1],
                 [0,-1,  0]]
im = rgb2gray(imread('../images/chess.png'))
im1 = np.clip(signal.convolve2d(im, ker_laplacian, mode='same'),0,1)

pylab.gray()                                          # 명암도 영상으로 표시
pylab.figure(figsize=(20,10))
pylab.subplot(121), plot_image(im, 'original')
pylab.subplot(122), plot_image(im1, 'laplacian convolved')
pylab.show()
```

다음 그림은 앞 코드의 결과를 보여준다. 보는 바와 같이, 라플라시안 출력도 영상의 에지를 찾는다.

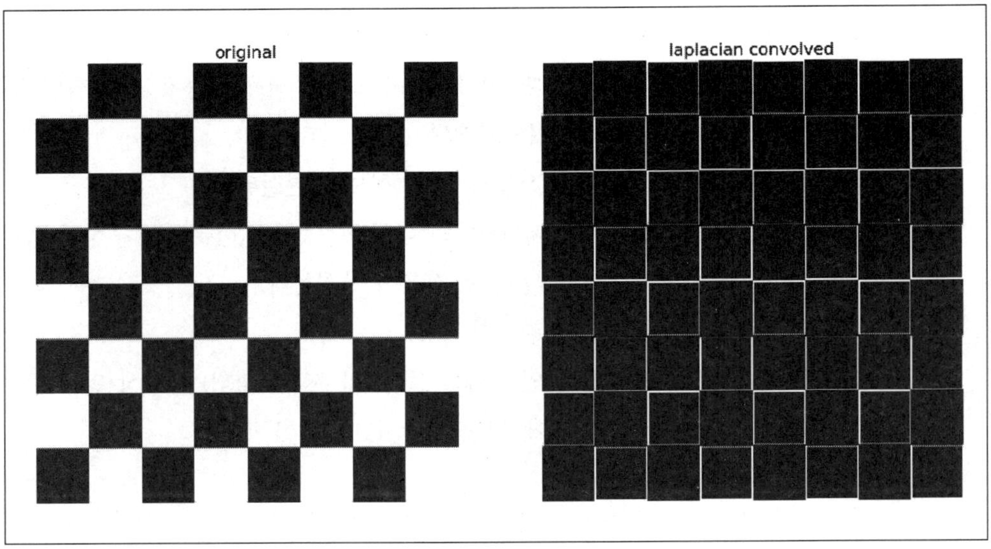

그레디언트 계산에서 잡음의 영향

유한 차분을 사용하여 계산된 미분 필터는 잡음에 매우 민감하다. 이웃들과 매우 다른 밝기 값을 갖는 영상의 화소는 일반적으로 잡음 화소이다. 일반적으로 잡음이 많을수록 밝기의 변화가 커지고 필터의 응답이 강해진다. 다음 코드 블록은 영상에 일부 가우시안 잡음을 추가하여 그레디언트에 대한 효과를 확인한다. 영상의 한 행(정확하게는 0행)을 다시 고려해보고, *x* 위치의 함수로 밝기를 그려보자.

```
from skimage.util import random_noise

sigma = 1                                          # 잡음 생성을 위한 표준 편차
im = im + random_noise(im, var=sigma**2)
plot_image(im, 'original')
```

다음 그림은 체스 영상에 임의의 잡음을 추가한 후에 앞 코드 블록의 출력을 보여준다. 알 수 있듯이, 입력 영상에 무작위 잡음을 추가하면 (편)미분과 그레디언트 크기에 큰

영향을 미친다. 에지에 해당하는 피크는 잡음과 거의 구별할 수 없게 되고, 패턴이 파괴된다.

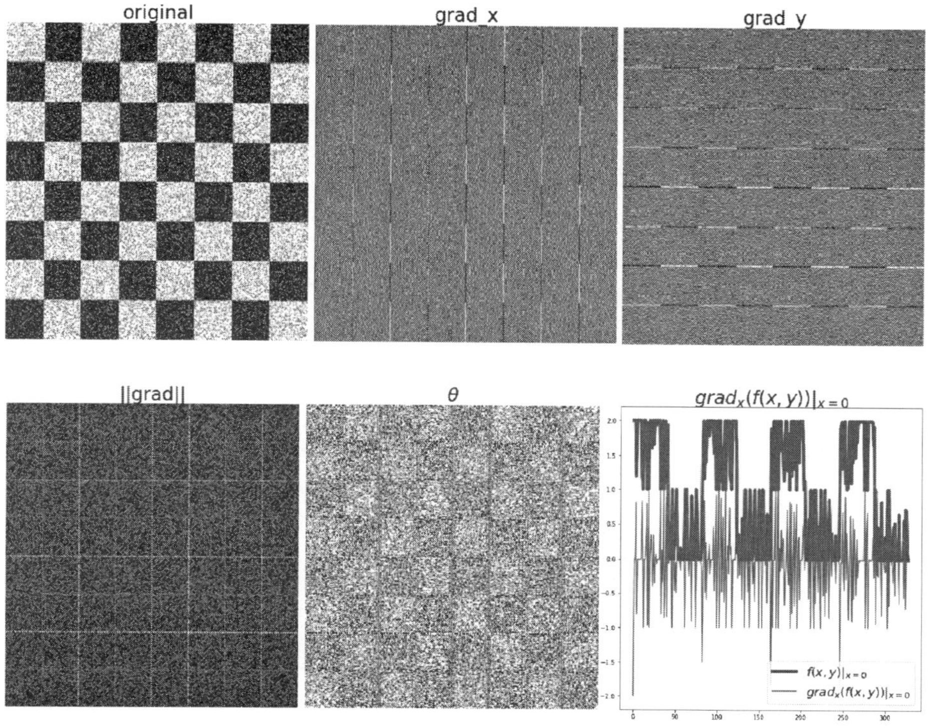

미분 필터를 적용하기 전에 영상을 평활화하는 것이 도움이 된다. 잡음이 될 가능성이 있는 고주파 성분을 제거하고, 이웃과 다른 (잡음) 화소를 이웃처럼 보이게 만든다. 따라서 솔루션은 먼저 LPF(예: 가우시안 필터)를 사용하여 입력 영상을 부드럽게 한 다음, 평활화된 영상에서 피크(임계치 사용)를 찾는다. 이것은 LoG 필터(2차 미분 필터를 사용하는 경우)의 아이디어를 발생시키며, 이 장의 뒷부분에서 살펴볼 것이다.

샤프닝과 언샤프 마스킹

샤프닝sharpening을 하는 목적은 영상의 세부 사항을 강조하거나, 흐리게 처리된 세부 사항을 향상시키는 것이다. 이 절에서는 영상을 샤프닝 하는 두 가지 방법을 보여주는 몇 가지 예와 몇 가지 기술에 대해 설명한다.

라플라시안을 사용한 샤프닝

다음의 두 단계로 라플라시안 필터를 사용하여 영상을 샤프닝할 수 있다.

1. 원본 입력 영상에 라플라시안 필터를 적용하라.
2. 1단계에서 얻은 출력 영상과 원본 입력 영상을 더한다(샤프닝 영상을 얻는다). 다음 코드 블록은 scikit-image filters 모듈의 laplace() 함수를 사용하여 알고리즘을 구현하는 방법을 보여준다.

```
from skimage.filters import laplace
im = rgb2gray(imread('../images/me8.jpg'))
im1 = np.clip(laplace(im) + im, 0, 1)

pylab.figure(figsize=(20,30))
pylab.subplot(211), plot_image(im, 'original image')
pylab.subplot(212), plot_image(im1, 'sharpened image')
pylab.tight_layout()
pylab.show()
```

다음은 원본 영상과 앞 알고리즘을 이용한 샤프닝 영상의 출력이다.

original image

언샤프 마스킹

언샤프 마스킹unsharp masking은 영상을 샤프닝하는 기술로 영상의 흐려진blurred된 버전을 영상 자체에서 뺀다. **언샤프 마스킹**에 사용되는 일반적인 혼합 공식은 다음과 같다.

$$sharpened = original + (original - blurred) \times amount$$

여기서 *amount*는 매개 변수이다. 다음 몇 개 절에서는 파이썬에서 scipy 함수의 ndimage 모듈을 사용하여 이를 구현하는 방법을 보여준다.

SciPy ndimage 모듈 사용

앞서 설명한 것처럼 영상을 먼저 흐리게 처리한 다음, 원본 영상과 흐리게 처리된 영상의 차이로 세부 영상을 계산하여 언샤프 마스킹을 구현할 수 있다. 샤프닝된 영상은 원본 영상과 세부 영상의 선형 조합으로 계산할 수 있다. 다음 그림은 개념을 다시 보여준다.

Original Image - Smoothed Image (with Gaussian Filter) = Detail Image

Original Image + α.(Detail Image) = Sharpened Image

다음 코드 블록은 앞의 개념을 사용하여 명암도 영상에 대한 scipy ndimage 모듈로 언샤프 마스크 작업을 구현할 수 있는 방법을 보여준다(독자를 위한 연습문제로 남겨진 컬러 영상으로도 동일하게 수행할 수 있음).

```
def rgb2gray2(im):                                 # 사용자 정의 명암도 영상 변환 함수
    ''' 입력 영상은 0~1 사이 값을 갖는 RGB 영상'''
    gray = 0.2989 * im[...,0] + 0.587 * im[...,1] + 0.114 * im[...,2]
    return np.clip(gray,  0, 1)                    # 0~1 사이값으로 클램핑

im = rgb2gray2(imread('../images/me4.jpg')/255) # 화소 값 정규화 후 명암도 변환
im_blurred = ndimage.gaussian_filter(im, 5)
im_detail = np.clip(im - im_blurred, 0, 1)

fig, axes = pylab.subplots(2, 3, figsize=(15, 15))
axes = axes.ravel()
axes[0].set_title('Original image', size=15), axes[0].imshow(im)
axes[1].set_title('Blurred image, sigma=5', size=15), axes[1].imshow(im_blurred)
axes[2].set_title('Detail image', size=15), axes[2].imshow(im_detail)

for i, alpha in enumerate([1, 5, 10]):
    im_sharp = np.clip(im + alpha*im_detail, 0, 1)
    axes[i+3].imshow(im_sharp)
    axes[i+3].set_title('Sharpened image, alpha=' + str(alpha), size=15)

for ax in axes: ax.axis('off')
pylab.show()
```

다음 그림은 앞 코드 블록의 결과를 보여준다. 알 수 있듯이, α의 값이 증가함에 따라 출력이 더 샤프해진다.

미분과 필터(소벨, 캐니 등)를 사용한 에지 검출

앞에서 설명한 것처럼, 영상의 에지를 구성하는 화소는 영상 밝기 함수에서 급격한 변화(불연속)가 있는 화소이며, 에지 검출의 목표는 이러한 변화를 식별하는 것이다. 따라서 에지 검출은 입력이 2차원(명암도) 영상이고 출력이 곡선 집합(**에지**라고 함)인 전처리 기술이다. 영상의 두드러진 특징은 에지 검출 과정에서 추출된다. 에지를 사용한 영상 표현은 화소를 사용하는 영상 표현보다 훨씬 간결하다. 에지 검출은 그레디언트의 크기를 (명암도 영상으로) 출력하고, 이제 에지 화소를 (이진 영상으로) 얻기 위해, 그레디언트 영상을 임계치로 구분한다. 여기에 아주 간단한 고정된 명암도 임계치가 사용된다(numpy의 `clip()` 함수로 모든 음수 값 화소를 0으로 지정). 이진 영상을 얻으려면 나중에 8장 '영상 분할'에서 볼 수 있듯이, 보다 정교한 방법(예: 오쓰Ostu의 분할을 사용한 임계치 지정)을 사용할 수 있다. 편미분의 유한 차분 근사법을 사용하여 계산된 그레디언트 크기로 에지 검출을 시작한 다음, 소벨 필터sobel filter로 진행한다.

편미분을 사용해 계산된 그레디언트 크기

이전에 보았듯이 편미분의 (전향) 유한 차분 근사법을 사용하여 계산된 그레디언트 크기(에지의 강도라고 생각할 수 있음)는 에지 검출에 사용할 수 있다. 다음 그림은 이전과 동일한 코드를 사용하여 그레디언트 크기를 계산한 다음, 얼룩말 입력 명암도 영상으로 [0, 1] 간격으로 화소 값을 잘라내어 얻은 출력을 보여준다.

다음 그림은 그레디언트 크기 영상을 보여준다. 보는바와 같이, 에지는 더 두껍고 다중 화소로 보인다.

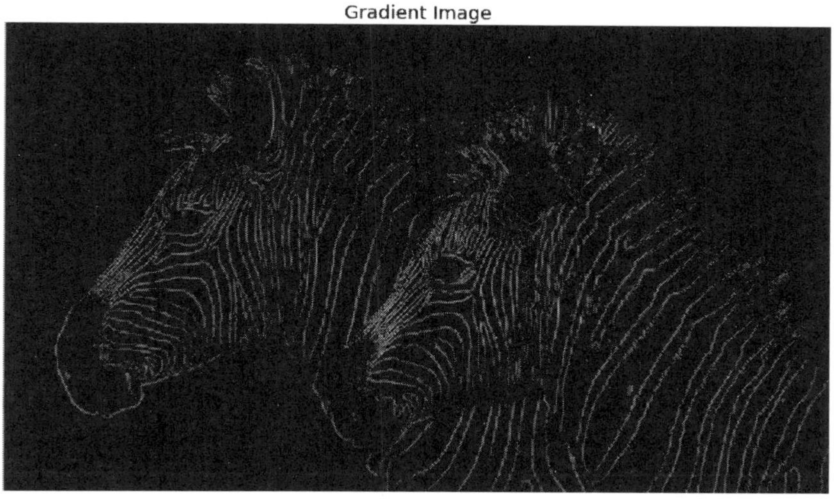

한 화소 너비의 각 에지가 있는 이진 영상을 얻으려면, 화소 주위의 그레디언트 방향을 따라 로컬 최대가 아닌 경우 화소를 제거하는 **비 최대 억제**non-maximum suppression 알고리즘을 적용해야 한다. 알고리즘의 구현은 독자를 위한 연습문제로 남겨두었다. 다음 그림은 비 최대 억제를 적용한 출력을 보여준다.

비 최대 억제 알고리즘

1. 알고리즘은 에지(에지 검출기에 의해 출력됨)의 각도(방향)를 검사함으로써 시작한다.
2. 화소 값이 그 에지 각에 접선인 라인에서 비 최대인 경우, 에지 맵으로부터 제거될 후보이다.
3. 이것은 에지 방향(360)을 22.50의 각도로 8개의 동일한 간격으로 분할함으로써 구현된다. 다음 표는 여러 가지 사례와 취할 조치를 보여준다.

edge direction	pixels to compare
horizontal	top and bottom
vertical	left and right
north west or south east	top right and bottom left
north east or south west	bottom right and top left

4. π/8 범위를 보고 일련의 if 조건에 따라 접선 비교를 설정함으로써 이를 수행할 수 있다.
5. 비 최대 억제가 있는 경우와 없는 경우의 그레디언트 영상을 비교할 때, 에지가 가늘어지는 효과가 명확하게 관찰된다(이전 영상에서 볼 수 있음).

Scikit-image가 있는 소벨 에지 검출기

(1차) 미분은 유한 차분을 사용하는 것보다 더 근사될 수 있다. 다음 그림에 표시된 소벨 연산자는 자주 사용된다.

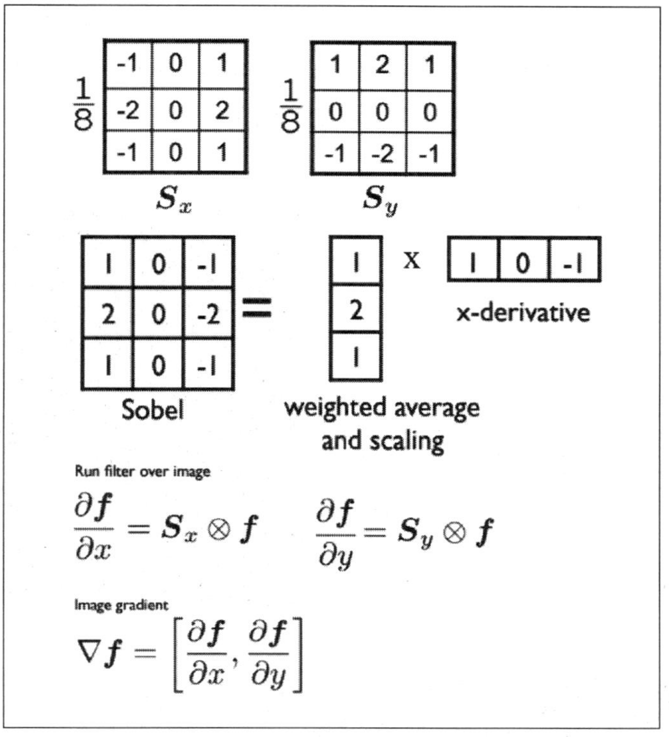

소벨 연산자의 표준 정의에는 1/8 항이 에지 검출 목적으로 포함되지 않는다. 그레디언트 값을 올바르게 얻기 위해서는 정규화 조건이 필요하지만 이것은 차이가 없다. 다음 파이썬 코드는 scikit-image의 필터 모듈의 sobel_h(), sobel_y() 및 sobel() 함수를 사용하여 소벨 연산자를 사용하여 수평/수직 에지를 찾고, 그레디언트 크기를 각각 계산하는 방법을 보여준다.

```
im = rgb2gray(imread('../images/tajmahal1.jpg'))  # RGB 영상--> 명암도 영상
edges_x = np.clip(filters.sobel_h(im), 0,1)
edges_y = np.clip(filters.sobel_v(im), 0,1)
edges = filters.sobel(im)

pylab.figure(figsize=(20,18)), pylab.gray()
pylab.subplot(2,2,1), plot_image(im, 'original')
pylab.subplot(2,2,2), plot_image(edges_x, 'sobel_x')
pylab.subplot(2,2,3), plot_image(edges_y, 'sobel_y')
pylab.subplot(2,2,4), plot_image(edges, 'sobel')
pylab.show()
```

다음 그림은 앞의 코드 블록의 결과를 보여준다. 보는 바와 같이, 영상의 수평 및 수직 에지는 수평 및 수직 소벨 필터에 의해 검출되는 반면, 소벨 필터를 사용하여 계산된 그레디언트 크기 영상은 양 방향으로 에지를 검출한다.

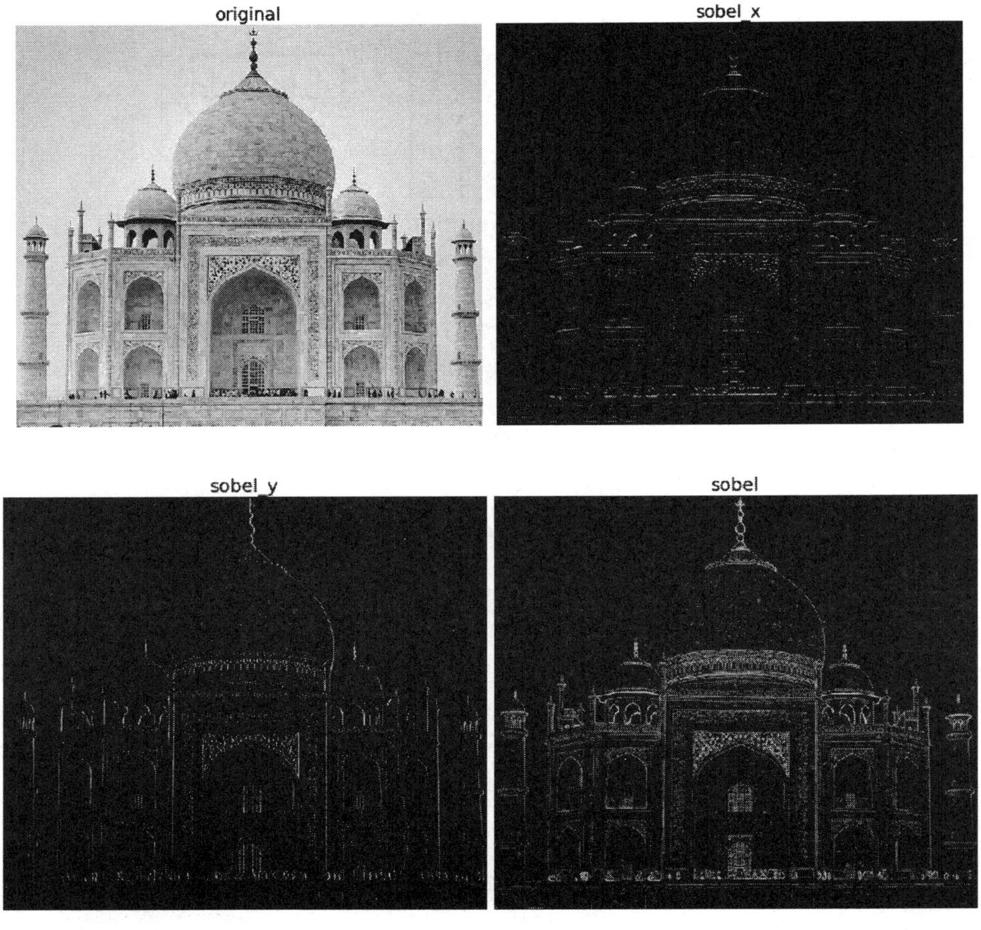

Scikit-image를 사용하는 다른 에지 검출기 – 프리윗, 로버츠, 소벨, 스칼 및 라플라스

영상처리 알고리즘에 사용되는 몇 가지 다른 에지 검출 연산자들이 있다. 그것들 모두는 불연속(1차 또는 2차) 미분 연산자이고, 영상 밝기 함수의 그레디언트를 근사한다(예를 들어 이전에 논의한 소벨 연산자). 다음 그림에 표시된 커널은 에지 검출에 사용되는 커널이다. 예를 들어 **1차 미분**을 근사하는 보편적인 미분 필터는 소벨Sobel, 프리윗Prewitt, 스칼Sharr 및 로버츠Roberts 필터이며, **2차 미분**을 근사하는 미분 필터는 라플라시안Laplacian 이다.

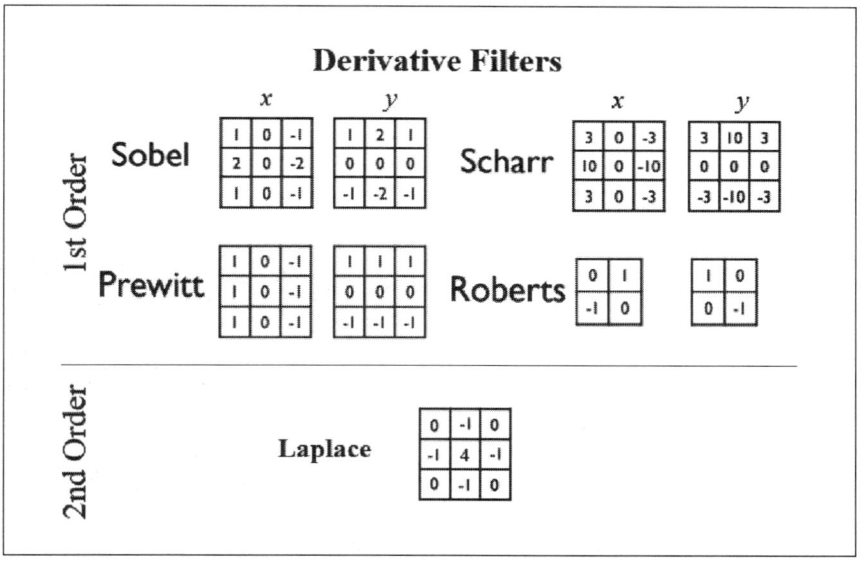

scikit-image 문서에서 설명한 것처럼, 다른 연산자로 계산된 그레디언트의 유한-차분 근사는 다르다. 예를 들어, 일반적으로 소벨 필터는 프리윗 필터보다 우수한 성능을 나타내지만 스칼 필터는 소벨 필터보다 회전 변동이 적다. 다음 코드 블록은 골든 게이트 명암도 영상에 다른 에지 검출기 필터들을 적용하고 그레디언트 크기를 보여준다.

```
im = rgb2gray(imread('../images/goldengate.jpg'))    # RGB 영상--> 명암도 영상
edges = []
edges.append(im)
edges.append(filters.roberts(im))                    # 로버츠 에지
edges.append(filters.scharr(im))                     # 스칼 에지
edges.append(filters.sobel(im))                      # 소벨 에지
edges.append(filters.prewitt(im))                    # 프리윗 에지
edges.append(np.clip(filters.laplace(im), 0, 1))     # 라플라시안

titles = ['original', 'roberts', 'scharr', 'sobel', 'prewitt', 'laplace']
pylab.figure(figsize=(20,24)), pylab.gray()
for i, edge in enumerate(edges) :
        pylab.subplot(3, 2, i+1), plot_image(edge, titles[i])
pylab.show()
```

다음 그림은 앞 코드 블록의 결과를 보여준다.

다시, 에지 검출을 위한 후처리 단계는 1차 미분을 사용하여 얻어진 (두꺼운) 에지를 가늘게 하는 비 최대 억제이다. 앞에서는 이 작업을 수행하지 않았다. 다음 절에서 캐니 검출기가 자동으로 이를 수행한다.

Scikit-image를 사용하여 캐니 에지 검출기

캐니 에지 검출기는 John F. Canny가 개발한 인기 있는 에지 검출 알고리즘이다. 이 알고리즘은 다음과 같은 여러 단계로 구성된다.

1. **평활화/잡음 감소**: 에지 검출 작업은 잡음에 민감하다. 따라서 처음부터 5 × 5 가우시안 필터를 사용하여 영상에서 잡음을 제거한다.
2. **그레디언트의 크기와 방향 계산**: 앞에서 설명한 것처럼 소벨 수평 및 수직 필터를 영상에 적용하여 각 화소의 에지 그레디언트 **크기**와 **방향**을 계산한다. 계산된 그레디언트 각도(방향)는 각 화소에 대해 수평, 수직 및 2개의 대각선 방향을 나타내는 4개의 각도 중 하나로 반올림된다.
3. **비 최대 억제**: 이 단계에서 에지가 얇아진다. 에지를 구성하지 않을 수 있는 임의의 원치 않는 화소가 제거된다. 이렇게 하기 위해, 모든 화소는 그레디언트의 방향으로 그 이웃에 있는 로컬 최대 값인지를 검사한다. 결과적으로 얇은 에지를 가진 이진 영상이 얻어진다.
4. **연결과 히스테리시스**[hysteresis] **임계치**: 이 단계에서 검출된 모든 에지가 강한 에지인지 여부가 결정된다. 이를 위해 두 가지(히스테리시스) 임계치 `min_val`과

max_val이 사용된다. 확실한 에지는 max_val보다 높은 밝기 그레디언트 값을 가진 에지이다. 물론 비-에지는 min_val 아래의 밝기 그레디언트 값을 가진 것들이며 버려진다. 이 두 임계치 사이에 있는 에지는 연결성에 따라 에지 또는 비-에지로 분류된다. 화소가 확실한 화소에 연결되면 에지의 일부로 간주된다. 그렇지 않으면 버려지게 된다. 이 단계는 또한 작은 화소 잡음을 제거한다(에지가 긴 선이라고 가정).

결국 알고리즘은 영상의 강한 에지를 출력한다. 다음 코드 블록은 캐니 에지 검출기가 scikit-image로 어떻게 구현될 수 있는지 보여준다.

```
im = rgb2gray(imread('../images/tiger3.jpg'))
im = ndimage.gaussian_filter(im, 4)
im += 0.05 * np.random.random(im.shape)
edges1 = feature.canny(im)
edges2 = feature.canny(im, sigma=3)

pylab.figure(figsize=(20,18))
pylab.subplot(1,3,1), plot_image(im, 'noisy image')
pylab.subplot(1,3,2), plot_image(edges1, 'Canny filter, $\sigma=1$')
pylab.subplot(1,3,3), plot_image(edges2, 'Canny filter, $\sigma=3$')
pylab.show()
```

다음 그림은 앞 코드의 결과를 보여준다. 에지는 초기 가우시안 LPF에 대해 다른 시그마 값을 갖는 캐니 필터로 검출된다. 알 수 있듯이, 시그마의 값이 낮을수록 원래 영상의 흐려짐이 줄어들기 때문에 더 많은 에지(미세한 세부 사항)를 찾을 수 있다.

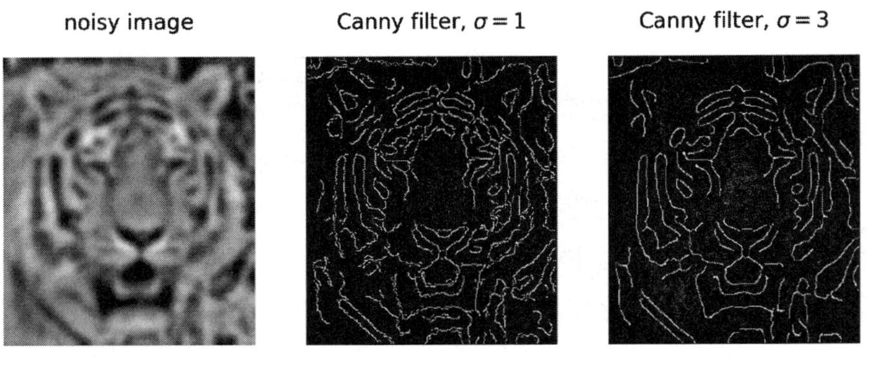

LoG와 DoG 필터들

Laplacian of a Gaussian(LoG)은 영상에 가우시안과 라플라시안 필터를 결합한 또 하나의 선형 필터이다. 2차 미분은 잡음에 매우 민감하기 때문에 잡음이 심화되지 않도록 라플라시안을 적용하기 전에 영상을 평활화 하여 잡음을 제거하는 것이 좋다. 컨볼루션의 결합 속성 때문에 가우시안 필터의 2차 미분(라플라시안)을 취한 다음, 결과 (결합된) 필터를 영상에 적용하기 때문에 LoG라는 이름을 붙인다. 다음 그림에서와 같이 다른 스케일(분산)을 가진 두 가우시안의 차이[difference of two Gaussians, DoG]를 사용하여 효율적으로 근사할 수 있다.

LoG

$$G_\sigma(x, y) = \frac{1}{2\pi\sigma^2} e^{-\frac{x^2+y^2}{2\sigma^2}}$$

$$\frac{\partial^2 G_\sigma(x, y)}{\partial x^2} = \frac{1}{2\pi\sigma^4} e^{-\frac{x^2+y^2}{2\sigma^2}} \left(\frac{x^2}{\sigma^2} - 1\right)$$

$$\frac{\partial^2 G_\sigma(x, y)}{\partial y^2} = \frac{1}{2\pi\sigma^4} e^{-\frac{x^2+y^2}{2\sigma^2}} \left(\frac{y^2}{\sigma^2} - 1\right)$$

$$\mathrm{LoG}(x,y) = \nabla^2 G_\sigma(x, y) = \frac{\partial^2 G_\sigma(x, y)}{\partial x^2} + \frac{\partial^2 G_\sigma(x, y)}{\partial y^2}$$

$$= -\frac{1}{\pi\sigma^4} e^{-\frac{x^2+y^2}{2\sigma^2}} \left(1 - \frac{x^2 + y^2}{2\sigma^2}\right)$$

Approximation with DoG

$$\nabla^2 G_\sigma \approx G_{\sigma_1} - G_{\sigma_2}$$

Best approximation with

$$\sigma_1 = \sqrt{2}\sigma,\ \sigma_2 = \frac{\sigma}{\sqrt{2}}$$

다음 코드 블록은 scipy signal 모듈의 convolve2d() 함수를 사용하여, LOG 필터와 해당 DoG 근사값(주어진 값 σ)을 계산하고 동일한 입력 영상에 적용하는 방법을 보여 준다.

```
from scipy.signal import convolve2d
from scipy.ndimage import gaussian_filter
from numpy import pi

def plot_kernel(kernel, s, name):
    pylab.title(name, size=20),
    pylab.imshow(kernel, cmap='YlOrRd')   # cmap='jet' or 'gray_r')
    ax = pylab.gca()
    ax.set_xticks(np.arange(-0.5, kernel.shape[0], 2.5))
    ax.set_yticks(np.arange(-0.5, kernel.shape[1], 2.5))
    pylab.colorbar()

def LOG(k=12, s=3):
    n = 2*k+1                                          # 커널 크기
    kernel = np.zeros((n,n))
    for i in range(n):
        for j in range(n):
            x, y = j-k, i-k                            # 중심 화소에서 좌표 계산
            dG = (x**2 + y**2)/(2*s**2)
            kernel[i,j] = -(1-dG) * np.exp(-dG)/(pi*s**4)
    kernel = np.round(kernel / np.sqrt((kernel**2).sum()), 3)
    return kernel

def DOG(k=12, s=3):
    n = 2*k+1                                          # 커널 크기
    s1, s2 = s * np.sqrt(2), s / np.sqrt(2)
    kernel = np.zeros((n,n))

    for i in range(n):
        for j in range(n):
            x, y = j-k, i-k                            # 중심 화소에서 좌표 계산
            dG1 = (x**2 + y**2)/(2*s1**2)
            dG2 = (x**2 + y**2)/(2*s2**2)
            kernel[i,j] = np.exp(-dG1)/(2*pi*s1**2) -
                          np.exp(-dG2)/(2*pi*s2**2)
    kernel = np.round(kernel / np.sqrt((kernel**2).sum()),3)
    return kernel

s = 3                                                  # LoG를 위한 표준 편차
img = rgb2gray(imread('../images/me.jpg'))
```

```
kernel1 = LOG()
kernel2 = DOG()
outimg1 = convolve2d(img, kernel1)
outimg2 = convolve2d(img, kernel2)

pylab.figure(figsize=(20,20))
pylab.subplot(221), plot_kernel(kernel1, s, 'LOG kernel')
pylab.subplot(222), pylab.title('output image with LOG', size=20)
pylab.imshow(np.clip(outimg1, 0,1), cmap='gray')
pylab.subplot(223), plot_kernel(kernel2, s, 'DoG kernel')
pylab.subplot(224), pylab.title('output image with DOG', size=20)
pylab.imshow(np.clip(outimg2, 0,1), cmap='gray')
pylab.show()
```

다음 영상들은 입력 영상과 해당 커널의 시각화와 함께 LoG와 DoG 필터($\sigma=3$)로 얻은 출력 영상을 보여준다. 커널 시각화에서 볼 때, LoG는 입력 영상에서 BPF로 작동한다는 것을 알 수 있다(낮은 주파수와 높은 주파수를 모두 차단하므로). LoG의 대역 통과 특성은 또한 DoG 근사법(가우시안 필터가 LPF임)으로 설명할 수 있다. 또한 LoG/DoG 필터로 얻은 출력 영상들이 매우 유사하다는 것을 알 수 있다.

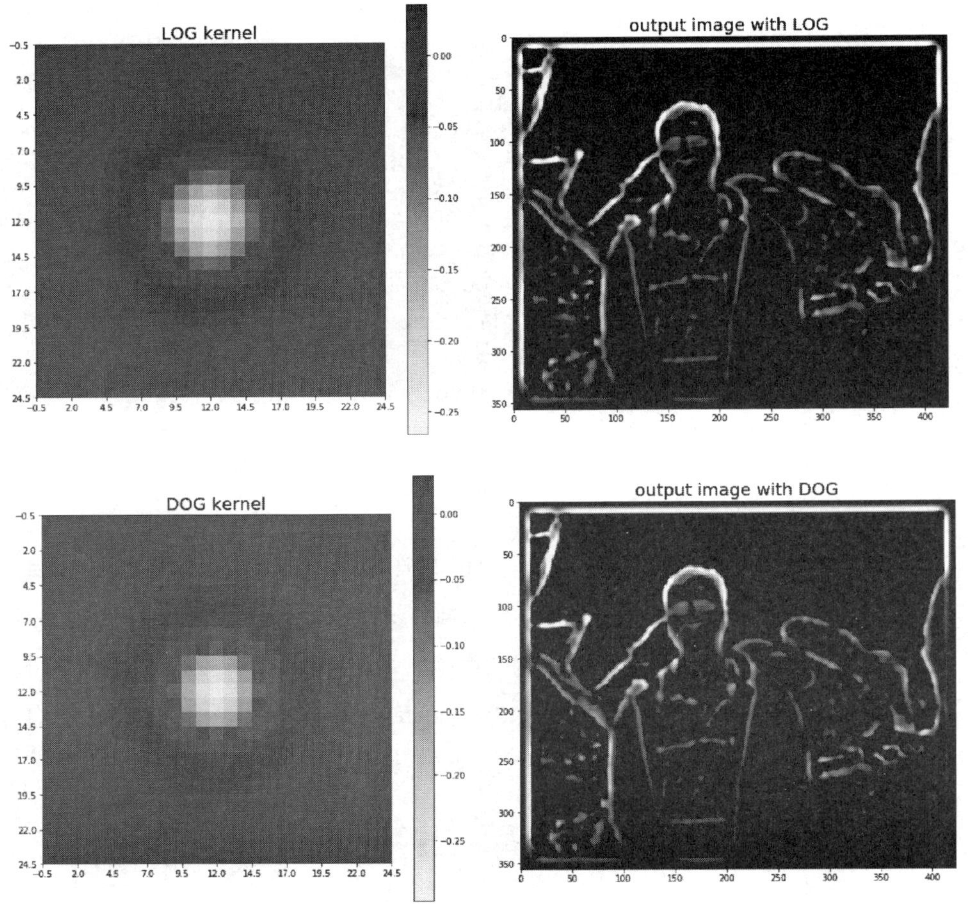

LoG 필터는 에지 검출에 매우 유용하다는 것을 이 영상들에서 볼 수 있다. 우리가 곧 보게 되겠지만, LoG는 또한 영상에서 **블롭**blobs을 찾는 데 유용하다.

SciPy ndimage 모듈을 사용한 LoG 필터

scipy ndimage 모듈의 gaussian_laplace() 함수는 다음 코드 블록과 같이 LoG를 구현하는 데에도 사용할 수 있다.

```
img = rgb2gray(imread('../images/zebras.jpg'))

fig = pylab.figure(figsize=(25,15)), pylab.gray()
for sigma in range(1,10):
```

```
    pylab.subplot(3,3,sigma)
    img_log = ndimage.gaussian_laplace(img, sigma=sigma)
    pylab.imshow(np.clip(img_log,0,1)), pylab.axis('off')
    pylab.title('LoG with sigma=' + str(sigma), size=20)
pylab.show()
```

다음 영상은 입력 영상과 서로 다른 값의 평활화 매개 변수 σ(가우시안 필터의 표준 편차)를 사용하여 LoG 필터로 얻은 출력 영상들을 보여준다.

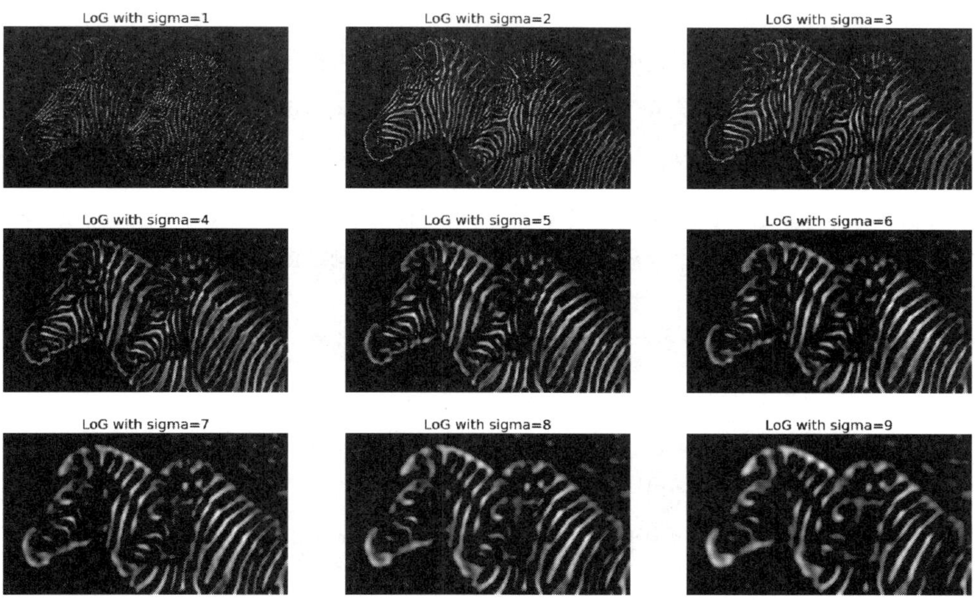

LoG 필터를 사용한 에지 검출

다음은 LoG 필터를 사용한 에지 검출의 단계를 설명한다.

- 첫째, 입력 영상은 평활화되어야 한다(가우시안 필터로 컨볼루션 됨).
- 그런 다음, 출력 영상을 $\nabla^2(I(x, y) * G(x, y))$로서 얻으려면 평활화된 영상을 라플라시안 필터와 컨볼루션해야 한다.
- 마지막으로, 다음 그림과 같이 최종 단계에서 얻은 영상에서 제로 크로싱을 계산해야 한다.

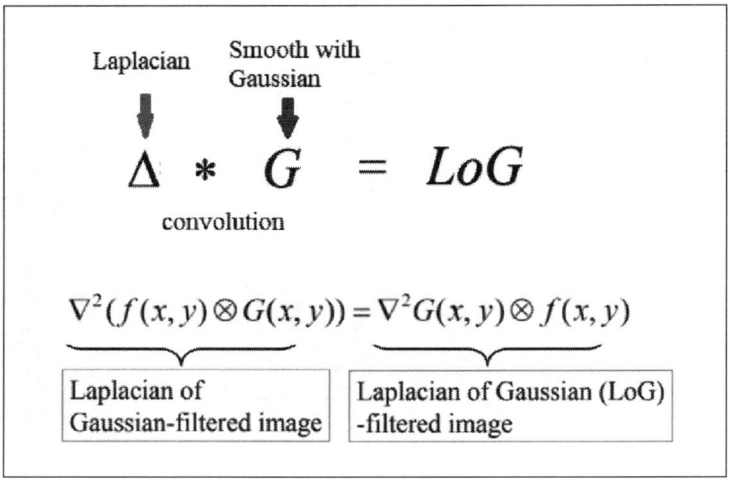

제로 크로싱 계산을 사용한 마르와 힐드레스의 알고리즘의 에지 검출

마르Marr과 힐드레스Hildreth는 **LoG-컨볼루션**된 영상의 제로 크로싱(에지를 이진 영상으로 검출)을 계산했다. 에지 화소의 식별은 **LoG-평활화**된 영상의 부호를 이진 영상으로 정의하여 볼 수 있다. 제로 크로싱을 계산하는 알고리즘은 다음과 같다.

1. 먼저, 화소 값을 양수는 1, 음수는 0으로 대체하여 LoG 컨볼루션 영상을 이진 영상으로 변환한다.
2. 제로 크로싱 화소를 계산하려면, 이진 영상에서 0이 아닌 영역의 경계를 간단히 살펴볼 필요가 있다.
3. 경계는 0인 바로 가까이 있는 이웃을 갖는 0이 아닌 화소를 찾음으로써 발견될 수 있다.

4. 따라서 각 화소에 대해 0이 아니면 그것의 8 이웃을 고려하고, 인접 화소들 중 임의의 화소가 0이면 그 화소는 에지로서 간주된다.

이 함수의 구현은 연습문제로 남겨둔다. 다음 코드 블록은 제로 크로싱으로 검출된 동일한 얼룩말 영상의 에지를 보여준다.

```
fig = pylab.figure(figsize=(25,15)), pylab.gray()
for sigma in range(2,10, 2):
    pylab.subplot(2,2,sigma/2), pylab.axis('off')
    result = ndimage.gaussian_laplace(img, sigma=sigma)
    pylab.imshow(zero_crossing(result))    # zero_crossing() 알로리즘 구현하라
    pylab.title('LoG with zero-crossing, sigma=' + str(sigma), size=20)
pylab.show()
```

다음 그림은 앞 코드 블록의 출력을 보여준다. 에지는 서로 다른 σ 스케일에서 제로 크로싱만으로 식별된다.

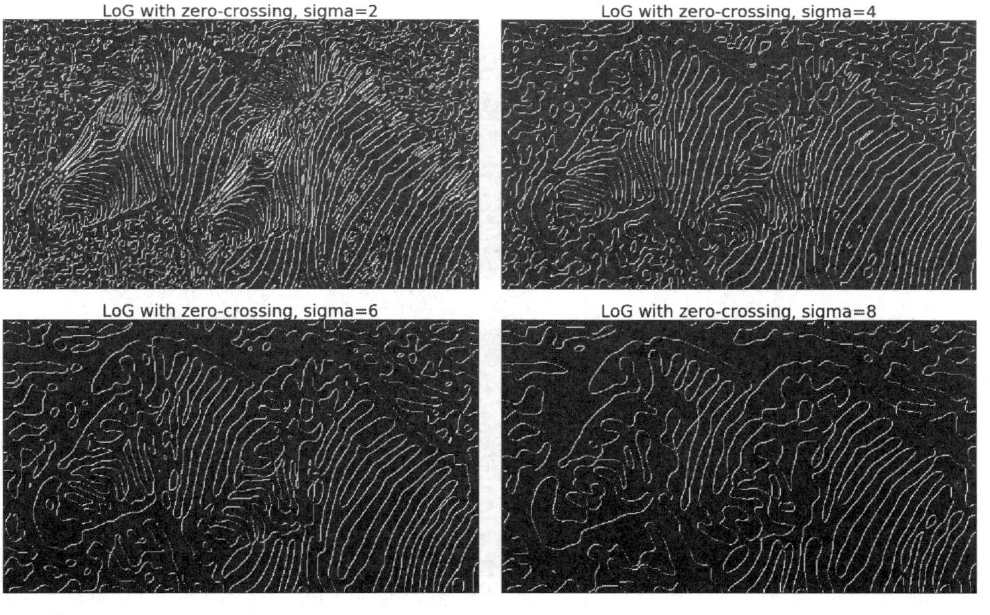

앞 영상들은 에지 검출기로 LoG/DoG를 사용한 제로 크로싱을 나타낸다. 제로 크로싱은 **닫힌 윤곽**closed contours을 형성한다는 것을 알아야 한다.

PIL를 사용하여 에지 찾기와 향상

PIL의 ImageFilter 모듈의 filter 함수를 사용하여 영상의 에지를 찾고 향상시킬 수 있다. 다음 코드 블록은 UMBC 대학 도서관 영상을 입력으로 사용한 예를 보여준다.

```
from PIL.ImageFilter import FIND_EDGES, EDGE_ENHANCE, EDGE_ENHANCE_MORE

im = Image.open('../images/umbc_lib.jpg')
pylab.figure(figsize=(18,25))
pylab.subplot(2,2,1), plot_image(im, 'original (UMBC library)')

for i, f in enumerate([FIND_EDGES, EDGE_ENHANCE, EDGE_ENHANCE_MORE]):
    im1 = im.filter(f)
    pylab.subplot(2,2,i+2), plot_image(im1, str(f))
pylab.show()
```

다음 그림은 다른 에지 찾기/향상 필터를 사용한 앞 코드의 결과를 보여준다.

영상 피라미드(가우시안과 라플라시안) – 블렌딩 영상

원본 영상에서 시작하여 반복적으로 작은 영상을 생성하여 영상의 가우시안 피라미드를 구성할 수 있다. 먼저 평활화(**앤티 앨리어싱**antialiasing을 방지하기 위해, 가우시안 필터 사용)한 후에 최소 해상도에 도달할 때까지 각 반복에서 이전 레벨의 영상으로부터 서브 샘플링(통칭하여 **감소**reducing라고 함)을 한다. 이런 식으로 생성된 영상 피라미드를 **가우시안 피라미드**Gaussian pyramid라고 한다. 이들은 스케일(예: 템플릿 매칭)에 대한 검색, 사전계산precomputation 그리고 주파수 대역을 개별적으로 편집(예: 영상 블렌딩blending)하여 영상처리 작업을 검색하는데 적합하다. 유사하게, 영상에 대한 **라플라시안 피라미드**Laplacian pyramid는 가우시안 피라미드에서 가장 작은 크기의 영상부터 시작하여 그 레벨에서 영상을 확장(업 샘플링 및 평활화)한 다음, 다음 레벨의 영상에서 그 영상을 빼서 구성할 수 있다. 원본 영상 크기에 도달할 때까지 반복적으로 이 과정을 반복한다. 이 절에서는 영상 피라미드를 계산하는 파이썬 코드를 작성하는 방법과 두 영상을 블렌딩하기 위해 영상 피라미드의 응용을 살펴보겠다.

Scikit-image 변환 피라미드 모듈을 사용한 가우시안 피라미드

입력 영상의 가우시안 피라미드는 scikitimage.transform.pyramid 모듈의 pyramid_gaussian() 함수를 사용하여 계산할 수 있다. 원래 영상으로 시작하여 이 함수는 pyramid_reduce() 함수를 호출하여 평활화를 하고, 다운 샘플링된 영상을 재귀적으로 얻는다. 다음 코드 블록은 lena RGB 입력 영상으로 이러한 가우시안 피라미드를 계산하고 표시하는 방법을 보여준다.

```
from skimage.transform import pyramid_gaussian
image = imread('../images/lena.jpg')
nrows, ncols = image.shape[:2]
pyramid = tuple(pyramid_gaussian(image, downscale=2))
n = len(pyramid)

pylab.figure(figsize=(20,5))
for i, p in enumerate(pyramid):
    pylab.subplot(1,n,i+1), plot_image(p, str(p.shape[0]) + 'x' + str(p.shape[1]) )
pylab.suptitle('Gaussian Pyramid', size=30)
pylab.show()

compos_image = np.zeros((nrows, ncols + ncols // 2, 3), dtype=np.double)
compos_image[:nrows, :ncols, :] = pyramid[0]

i_row = 0
for p in pyramid[1:]:
    n_rows, n_cols = p.shape[:2]
    compos_image[i_row:i_row + n_rows, ncols:ncols + n_cols] = p
    i_row += n_rows

fig, axes = pylab.subplots(figsize=(20,20))
axes.imshow(compos_image)
pylab.show()
```

다음 영상은 앞 코드 블록의 출력을 보여준다. 가우시안 피라미드의 영상이다. 보다시피, 피라미드에는 9개의 레벨이 있으며, 최상위 레벨은 해상도 220 × 220의 원본 영상이고, 마지막 영상은 단일 화소로 구성된 가장 작은 영상이다. 피라미드의 연속적인 각 레벨에서, 영상 높이와 너비는 2배만큼 감소한다.

Scikit-image 변환의 피라미드 모듈을 사용한 라플라시안 피라미드

입력 영상의 라플라시안 피라미드는 `scikitimage.transform.pyramid` 모듈의 `pyramid_laplacian()` 함수를 사용하여 계산할 수 있다. 원본 영상과 평활화된 버전의 차이 영상으로부터 시작하여, 함수는 다운 샘플링된 영상과 평활화된 영상을 계산하고 각 레이어에 해당하는 영상을 재귀적으로 계산하기 위해 이 두 영상의 차이를 사용한다. 라플라시안 피라미드를 생성하는 목적은 압축률이 0 주변의 예측 가능한 값들에 대해 보다 높기 때문에 압축을 달성하기 위함이다.

라플라시안 피라미드를 계산하는 코드는 가우시안 피라미드를 계산하기 위한 앞 코드의 코드와 비슷하다. 이것은 독자를 위한 연습문제로 남겨두었다. 다음 그림은 `lena` 명암도 영상의 라플라시안 피라미드를 보여준다.

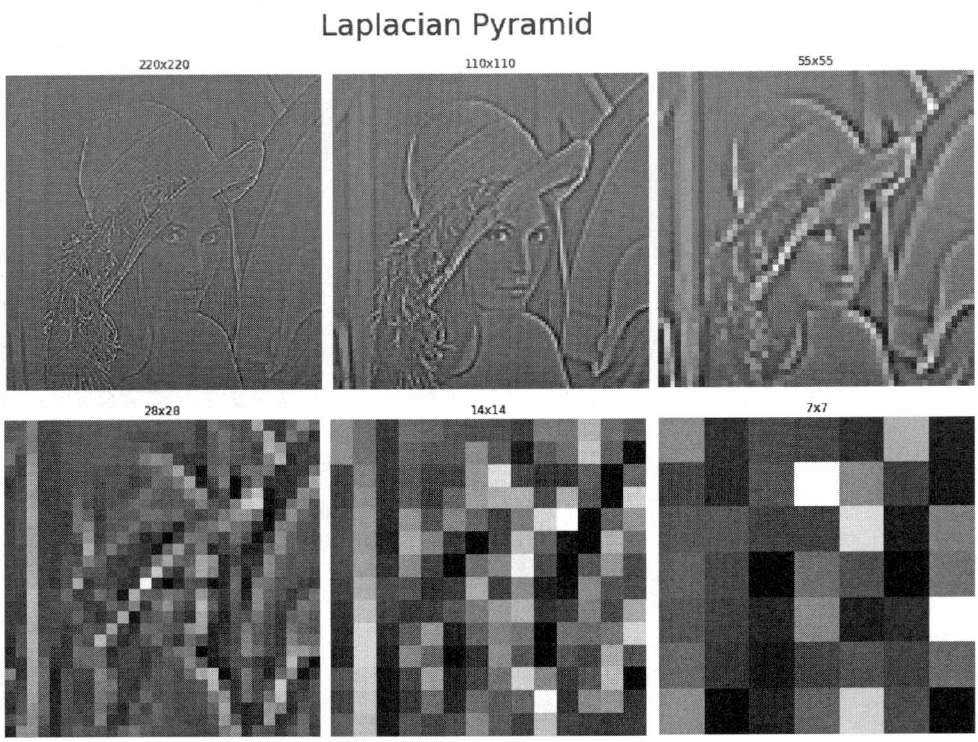

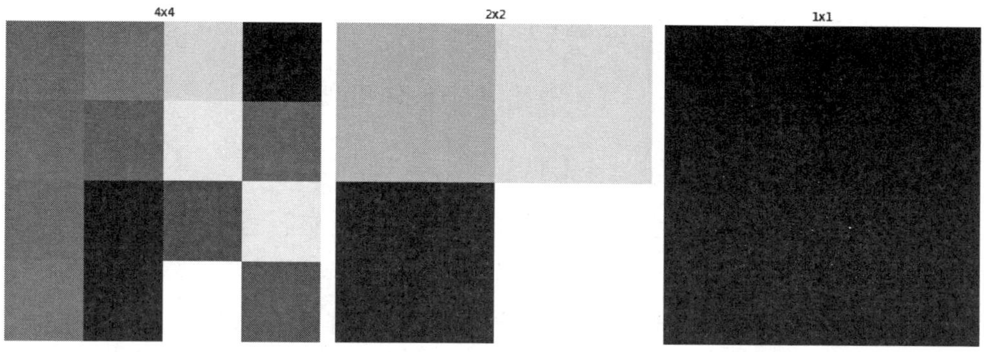

scikit-image의 pyramid_gaussian()와 pyramid_laplacian() 함수를 사용하면, 라플라시안 피라미드의 가장 낮은 해상도 영상과 가우시안 피라미드의 가장 낮은 해상도 영상이 서로 다른 영상이 된다. 이것은 우리가 원하는 것이 아니다. 우리는 가장 작은 해상도의 영상이 가우시안 피라미드의 영상과 정확히 같은 라플라시안 피라미드를 만들고 싶어 한다. 이것은 라플라시안 피라미드에서만 영상을 만들 수 있다. 다음 절에서는 scikit-image의 expand()와 reduce() 함수를 사용하여 자체 피라미드를 생성하는 알고리즘에 대해 설명한다.

가우시안 피라미드 만들기

가우시안 피라미드는 다음 단계를 통해 계산할 수 있다.

1. 원본 영상을 가지고 시작하라.
2. 피라미드의 각 레벨에서 영상을 반복적으로 계산하라. 먼저 (가우시안 필터로) 영상을 평활화하고, 이를 다운 샘플링하라.
3. 영상 크기가 충분히 작아지는 레벨(예: 1 × 1)에서 멈추라.
4. 앞 알고리즘을 구현하는 함수는 독자를 위한 연습문제로 남겨 둔다. 구현을 완료하려면 다음 함수에 몇 줄을 추가하면 된다.

```
from skimage.transform import pyramid_reduce

def get_gaussian_pyramid(image):
    '''
    입력: 컬러 영상
    출력: 리스트로 된 영상의 가우시안 피라미드
    '''
    gaussian_pyramid = []
    # 여기에 코드 작성
    # reduce () 함수로 피라미드의 각 레벨에서 영상을 반복적으로 계산하고
    # gaussian_pyramid 리스트에 추가
    return gaussian_pyramid
```

라플라시안 피라미드는 다음 알고리즘을 사용하여 계산할 수 있다.

1. 가우시안 피라미드의 가장 작은 영상으로 시작하라.
2. 현재 레벨의 영상과 첫 번째 업 샘플링에서 얻은 영상 사이의 차이 영상을 반복적으로 계산한 다음, 이전 레벨의 가우시안 피라미드에서 영상을 평활화하라(가우시안 필터 사용).
3. 영상 크기가 원본 영상 크기와 같은 수준에서 멈추라.
4. 앞 알고리즘을 구현하는 함수는 독자에게 연습문제로 남겨 둔다. 구현을 완료하려면 다음 함수에 몇 줄을 추가하면 된다.

```
from skimage.transform import pyramid_expand, resize
def get_laplacian_pyramid(gaussian_pyramid):
    '''
    input: 리스트로 된 가우시안 피라미드 영상
    output: 리스트로 된 라플라시안 피라미드 영상
    '''
    laplacian_pyramid = []
    # 여기에 코드 작성
    # expand() 함수로 피라미드의 각 레벨에서 영상을 반복적으로 계산하고
    # gaussian_pyramid 리스트에 추가
   return laplacian_pyramid
```

함수가 올바르게 구현되면 입력 영양antelope 영상이 있는 다음 코드 블록의 출력을 생성한다.

```
image = imread('../images/antelops.jpeg')
gaussian_pyramid = get_gaussian_pyramid(image)
laplacian_pyramid = get_laplacian_pyramid(gaussian_pyramid)

w, h = 20, 12
for i in range(3):
    pylab.figure(figsize=(w,h))
    p = gaussian_pyramid[i]
    pylab.imshow(p), pylab.axis('off')
    pylab.title(str(p.shape[0]) + 'x' + str(p.shape[1]), size=20)
    w, h = w / 2, h / 2
    pylab.show()

w, h = 10, 6
for i in range(1,4):
    pylab.figure(figsize=(w,h))
    p = laplacian_pyramid[i]
    pylab.imshow(rgb2gray(p), cmap='gray'),     pylab.axis('off')
    pylab.title(str(p.shape[0]) + 'x' + str(p.shape[1]), size=20)
    w, h = w / 2, h / 2
    pylab.show()
```

가우시안 피라미드의 일부 영상이다.

350x523

175x262

88x131

44x66

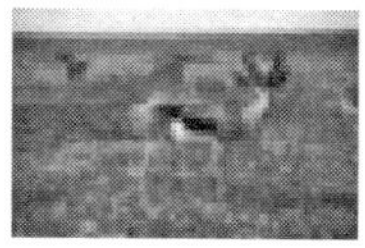

라플라시안 피라미드의 일부 영상이다.

175x262

88x131

44x66

라플라시안 피라미드에서만 영상 재구성

다음 그림은 앞 절에서 설명한 알고리즘을 따라 라플라시안 피라미드만으로 영상을 재구성하는 방법을 보여준다.

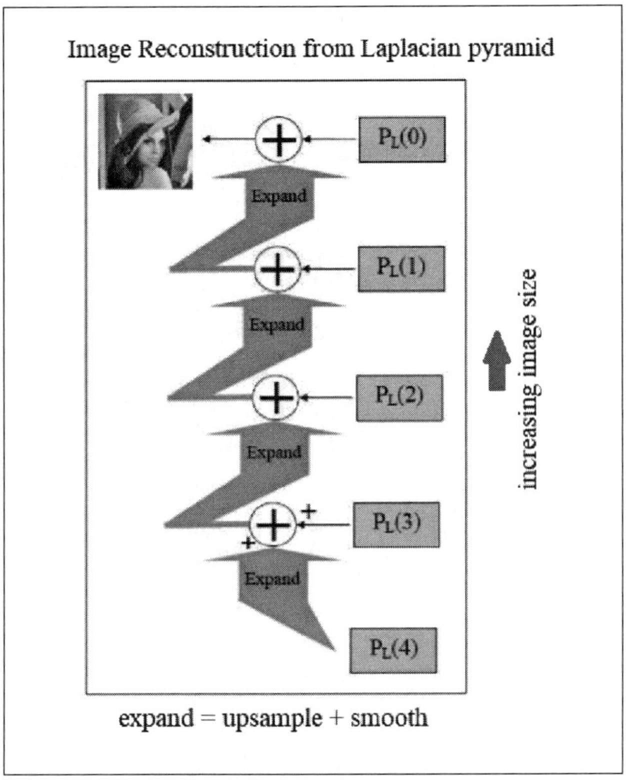

다음 코드 블록을 살펴보자.

```
from skimage.transform import pyramid_reduce, pyramid_laplacian, \
                               pyramid_expand, resize
def reconstruct_image_from_laplacian_pyramid(pyramid):
    i = len(pyramid) - 2
    prev = pyramid[i+1]
    pylab.figure(figsize=(20,20))
    j = 1
    while i >= 0:
```

```
        prev = resize(pyramid_expand(prev, upscale=2), pyramid[i].shape)
        im = np.clip(pyramid[i] + prev,0,1)
        title = 'Level=%d  %d x %d' % (j, im.shape[0], im.shape[1])
        pylab.subplot(3, 3, j), plot_image(im, title)
        prev = im
        i -= 1
        j += 1
    title = 'Original image %d x %d' % (im.shape[0], im.shape[1])
    pylab.subplot(3, 3, j), plot_image(image, title)
    pylab.show()
    return im

image = img_as_float(imread('../images/apple.png')[...,:3])
pyramid = get_laplacian_pyramid(get_gaussian_pyramid(image))
im = reconstruct_image_from_laplacian_pyramid(pyramid)
```

다음 그림은 앞 코드의 결과를 보여준다. 각 레벨의 영상에서 expand() 연산을 사용하여 원본 영상이 라플라시안 피라미드에서 최종적으로 생성된 방법과 다음 레벨의 영상에 반복적으로 추가하는 방법을 보여준다.

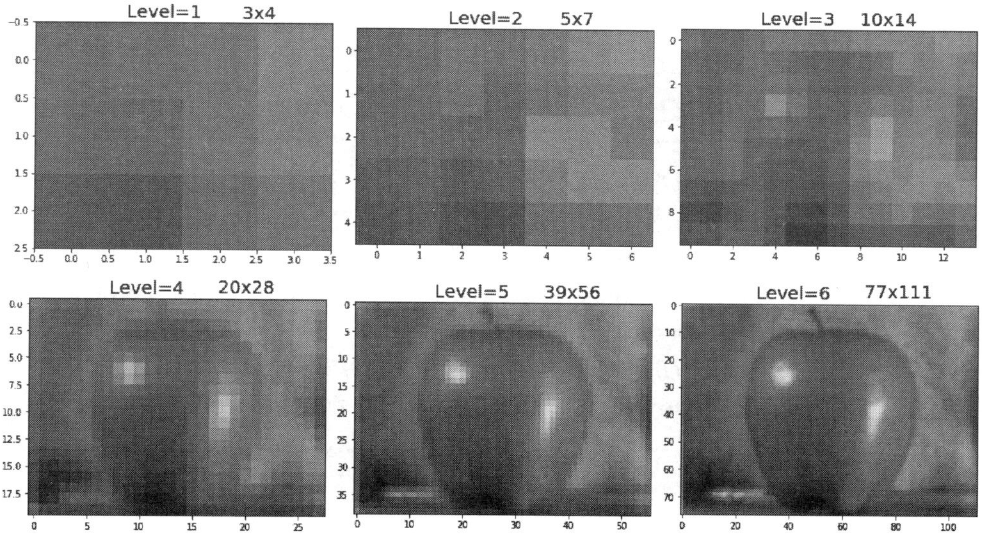

피라미드를 사용한 영상 블렌딩

RGB 컬러 입력 영상인 A(사과)와 B(오렌지) 그리고 세 번째 이진 마스크 영상인 M이 있다고 하자. 세 영상은 모두 같은 크기이다. 목적은 마스크 M에 의해 유도된 영상 A를 B와 블렌딩하는 것이다(마스크 영상 M의 화소가 1의 값을 갖는다면, 이 화소는 영상 A로부터, 그렇지 않으면 영상 B로부터 취해짐을 의미한다). 다음 알고리즘은 영상 A와 B의 라플라시안 피라미드(A와 B의 라플라시안 피라미드의 동일한 레벨에서 마스크 영상(M)의 가우시안 피라미드와 동일한 레벨로부터 가중치와 함께 영상들의 선형 조합을 사용하여 블렌딩된 피라미드를 계산함으로써)를 사용하여 두 개의 영상을 블렌딩한 다음, 라플라시안 피라미드로부터의 출력 영상을 재구성하는 데 사용할 수 있다.

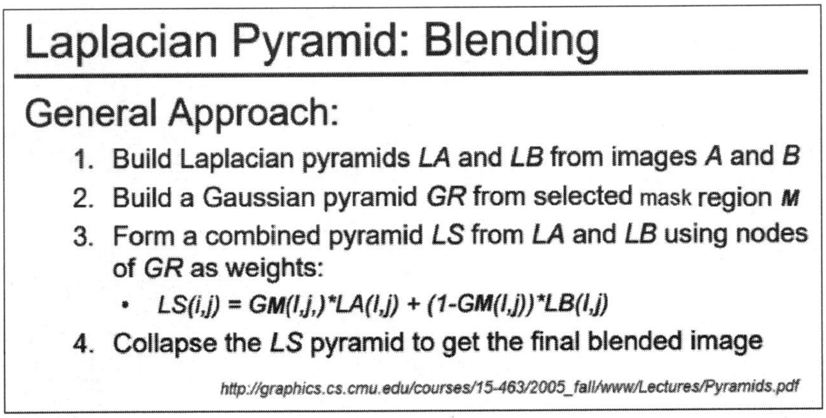

다음 코드 블록은 이미 구현한 함수를 사용하여 파이썬에서 알고리즘을 구현하는 방법을 보여준다.

```
A = img_as_float(imread('../images/apple.png')[...,:3])   # 4번째 알파 채널 제외
B = img_as_float(imread('../images/orange.png')[...,:3]) # RGB 채널만 사용
M = img_as_float(imread('../images/mask.png')[...,:3])   # [0,1] 범위로 변경

pyramidA = get_laplacian_pyramid(get_gaussian_pyramid(A))
pyramidB = get_laplacian_pyramid(get_gaussian_pyramid(B))
pyramidM = get_gaussian_pyramid(M)

# 블랜딩된 피라미드 구성
pyramidC = [ M*A + (1-M)*B for A,B,M in zip(pyramidA, pyramidB,pyramidM)]

I = reconstruct_image_from_laplacian_pyramid(pyramidC)
```

다음 그림은 앞 코드 블록으로 생성된 입력 영상과 출력 영상을 보여준다.

Input Apple Image (A) Input Orange Image (B)

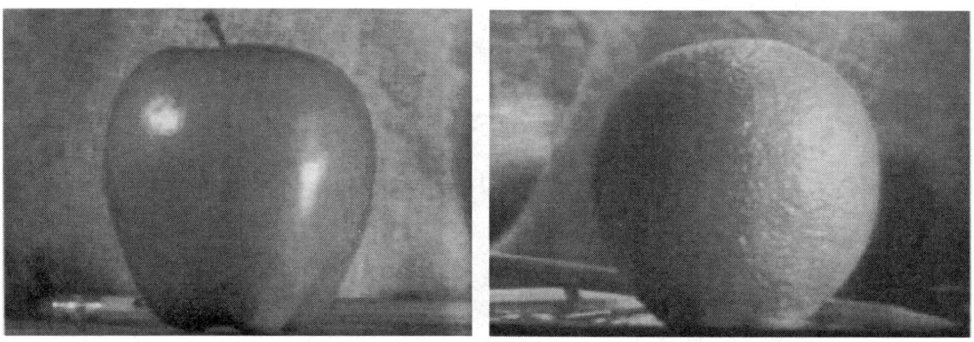

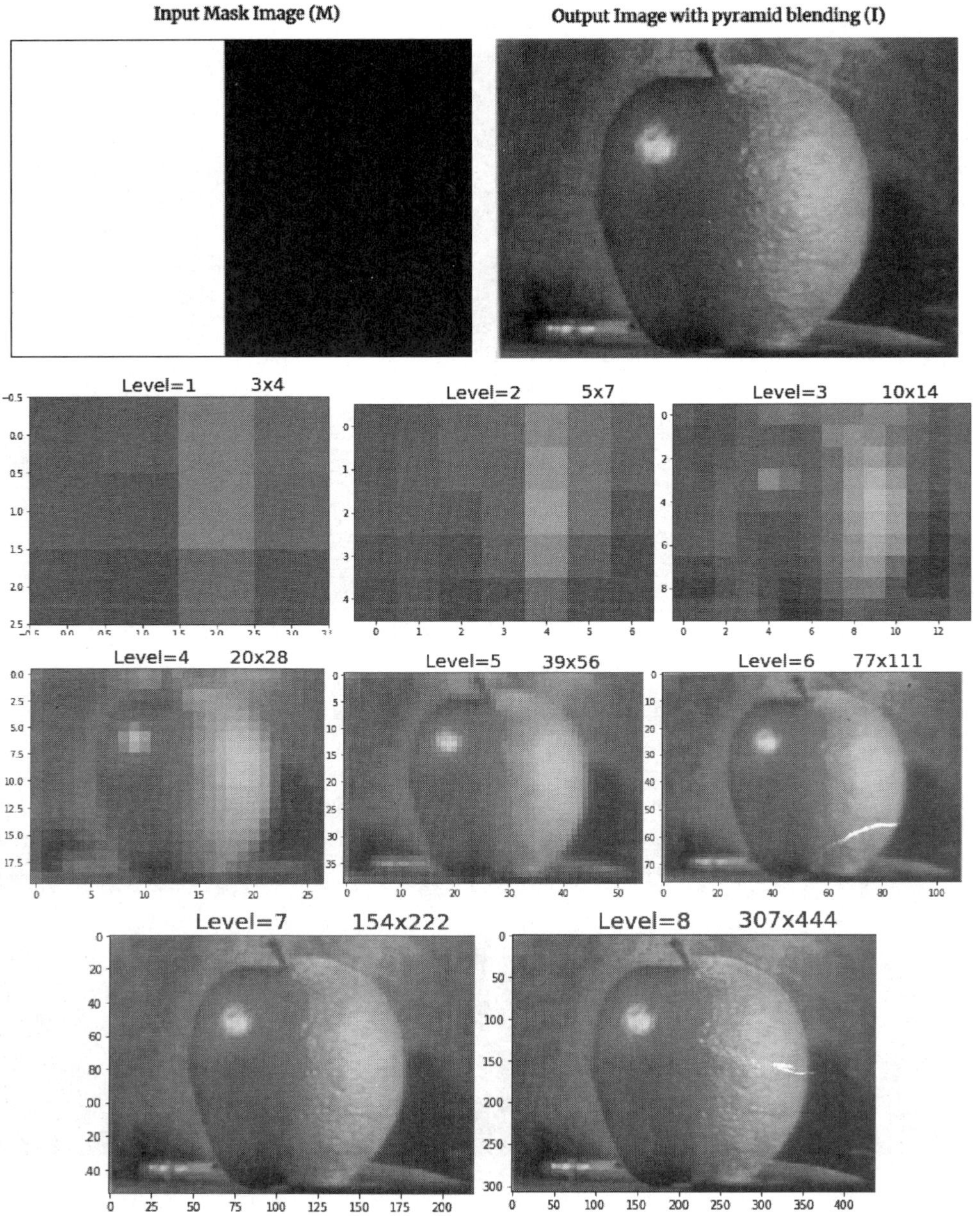
Input Mask Image (M)
Output Image with pyramid blending (I)
Level=1 3x4
Level=2 5x7
Level=3 10x14
Level=4 20x28
Level=5 39x56
Level=6 77x111
Level=7 154x222
Level=8 307x444

요약

이 장에서는 먼저 여러 필터(소벨, 프리윗, 캐니 등)를 사용하여 영상의 에지 검출에 대해 설명하고, 영상의 그레디언트 및 라플라시안을 계산하였다. 그런 다음 LoG/DoG 연산에 대해서 알아보고, 그것을 구현하는 방법과 제로 크로싱을 통해 에지를 검출하는 방법에 대해 설명하였다. 다음으로 우리는 영상 피라미드를 계산하고 라플라시안 피라미드를 사용하여 두 영상을 자연스럽게 블렌딩하는 방법에 대해 논의하였다. 그리고 우리는 scikit-image로 블롭을 검출하는 방법을 논의하였다.

이 장을 마치면 독자는 다른 필터를 사용하여 파이썬으로 영상에 에지 검출기(소벨, 캐니 등)를 구현할 수 있어야 한다. 또한 독자는 영상을 샤프닝하고 LoG/DoG를 사용하여 다른 스케일로 에지를 찾는 필터를 구현할 수 있어야 한다. 마지막으로 라플라시안/가우시안 피라미드와 영상을 블렌딩하고 다양한 스케일 공간의 영상에서 블롭blob 검출을 구현할 수 있어야 한다. 다음 장에서는 영상에서 특징 검출feature detection과 추출extraction 기술에 대해 논의한다.

연습문제

1. skimage.filters 모듈의 unsharp_mask() 함수를 사용하여 radius와 amount 매개 변수의 다른 값을 사용하여 영상을 샤프닝하시오.

2. PIL ImageFilter 모듈의 UnsharpMask() 함수를 사용하여 radius과 percent 매개 변수 값을 다르게 하여 영상을 샤프닝하시오.

3. 샤펀 커널 [[0, −1, 0], [−1, 5, −1], [0, −1, 0]]을 사용하여 컬러(RGB) 영상을 샤프닝하시오. (힌트: scipy signal 모듈의 convolve2d() 함수를 각 컬러 채널에 하나씩 사용하시오.)

4. scipy ndimage 모듈을 사용하여 (개별 컬러 채널을 하나씩 샤프닝하지 않고) 직접 컬러 영상을 샤프닝하시오.

5. skimage.transform 모듈의 pyramid_laplacian() 함수를 사용하여 lena 명암도 입력 영상을 가지고 가우시안 피라미드를 계산하고 나타내시오.
6. scikit-image 변환 모듈의 reduce() 함수로 가우시안 피라미드를 구성하시오. 그리고 가우시안 피라미드와 expand() 함수로 라플라시안 피라미드를 구성하시오.
7. 영상에 대한 라플라시안 피라미드를 계산하고 원본 영상을 만드시오.
8. LoG와 DoG 커널이 3차원 표면 그래프에서 멕시칸 모자와 같음을 보이시오.
9. LoG를 사용하여 에지 검출을 위해 Marr와 Hildreth의 제로 크로싱 알고리즘을 구현하시오.
10. 그레디언트 크기 영상에서 에지를 얇게 만들기 위해 비-최대 억제 알고리즘을 구현하시오.

추가 읽기

- https://web.stanford.edu/class/cs448f/lectures/5.2/Gradient%20Domain.pdf
- https://web.stanford.edu/class/ee368/Handouts/Lectures/2014_Spring/Combined_Slides/11-Edge-Detection-Combined.pdf
- https://www.cs.cornell.edu/courses/cs6670/2011sp/lectures/lec02_filter.pdf
- http://www.cs.toronto.edu/~mangas/teaching/320/slides/CSC320L05.pdf
- http://www.cse.psu.edu/~rtc12/CSE486/lecture11.pdf
- http://graphics.cs.cmu.edu/courses/15-463/2005_fall/www/Lectures/Pyramids.pdf
- http://www.eng.tau.ac.il/~ipapps/Slides/lecture05.pdf
- https://sandipanweb.wordpress.com/2017/05/16/some-more-computationalphotography-merging-and-blending-images-using-gaussian-and-laplacianpyramids-in-python/
- http://www.me.umn.edu/courses/me5286/vision/VisionNotes/2017/ME5286-Lecture7-2017-EdgeDetection2.pdf

- https://www.cs.rutgers.edu/~elgammal/classes/cs334/EdgesandContours.pdf
- https://web.fe.up.pt/~campilho/PDI/NOTES/EdgeDetection.pdf
- http://www.cs.cornell.edu/courses/cs664/2008sp/handouts/edges.pdf
- http://www.cs.cmu.edu/~16385/s17/Slides/4.0_Image_Gradients_and_Gradient_Filtering.pdf
- http://www.hms.harvard.edu/bss/neuro/bornlab/qmbc/beta/day4/marrhildreth-edge-prsl1980.pdf
- http://citeseerx.ist.psu.edu/viewdoc/download?doi=10.1.1.420.3300rep=rep1type=pdf
- http://persci.mit.edu/pub_pdfs/pyramid83.pdf
- http://persci.mit.edu/pub_pdfs/spline83.pdf
- http://ftp.nada.kth.se/CVAP/reports/cvap198.pdf
- https://www.cs.toronto.edu/~mangas/teaching/320/assignments/a3/tcomm83.pdf
- https://www.cs.toronto.edu/~mangas/teaching/320/assignments/a3/spline83.pdf
- http://6.869.csail.mit.edu/fa16/lecture/lecture6.pdf
- https://docs.opencv.org/3.1.0/dc/dff/tutorial_py_pyramids.html

Chapter

6

형태학적 영상처리

이 장에서는 수학적 형태학 및 형태학적 영상처리에 대해 논의할 것이다. 형태학적 영상처리는 영상의 특징features의 형태 또는 모양과 관련된 비선형 연산의 집합이다. 이 작업은 특히 이진 영상(화소는 0 또는 1로 표시되며, 일반적으로 객체의 전경은 1 또는 흰색이고, 배경은 0 또는 검정)의 처리에 적합하지만, 명암도 영상으로 확장될 수 있다.

형태학적인 연산에서 구조요소structuring element(작은 템플릿 영상)가 입력 영상을 조사하는 데 사용된다. 알고리즘은 구조요소를 입력 영상의 가능한 모든 위치에 배치하고, 집합 연산자를 사용하여 화소의 해당 이웃과 구조요소를 비교함으로써 작동한다. 일부 연산은 요소가 이웃에 속하는지 여부를 테스트하는 반면, 다른 연산은 이 요소가 이웃에 도달하거나 교차하는지 여부를 테스트한다. 몇 가지 인기 있는 형태학적 연산자 또는 필터는 이진 팽창dilation과 침식erosion, 열림opening과 닫힘closing, 세선화thinning, 골격화skeletonizing, 형태학적 에지 검출기morphological edge detectors, 적중 혹은 비적중 필터hit or miss filters, 순위 필터rank filters, 메디안 필터median filters와 다수결 필터majority filters이다.

이 장에서는 scikit-image와 scipy ndimage.morphology 모듈의 함수를 사용하여 응용들과 함께 이진 영상과 명암도 영상에서 형태학적 연산자 또는 필터를 사용하는 방법을 보여준다.

이 장에서 다룰 내용은 다음과 같다.

- scikit-image morphology 모듈을 사용한 형태학적 영상처리
- scikit-image `filter.rank` 모듈을 사용한 형태학적 영상처리
- `scipy.ndimage.morphology` 모듈을 사용한 형태학적 영상처리

Scikit-image morphology 모듈

이 절에서는 scikit-image의 morphology 모듈에 있는 함수를 사용하여 몇 가지 형태학적 연산을 구현하는 방법을 보여줄 것이다. 먼저 이진 영상과 명암도 영상에 대해 설명한다.

이진 연산

이진 영상에 대한 형태학적 연산부터 시작해 보자. 함수를 호출하기 전에 이진 입력 영상(예: 고정된 단순 임계치)을 생성해야 한다.

침식(erosion)

침식은 전경 객체의 크기를 줄이고 객체 경계를 부드럽게 하며, 반도[peninsulas], 가락 및 작은 객체를 제거하는 기본 형태학 연산이다. 다음 코드 블록은 이진 영상을 빠르게 이진 형태학적 침식을 계산하는 binary_erosion() 함수를 사용하는 방법을 보여준다.

```
from skimage.morphology import binary_erosion, rectangle

im = rgb2gray(imread('../images/clock2.jpg'))
im[im <= 0.5] = 0                          # 고정 임계값 0.5를 기준으로 이진 영상 생성
im[im > 0.5] = 1
im1 = binary_erosion(im, rectangle(1,5))
im2 = binary_erosion(im, rectangle(1,15))

pylab.figure(figsize=(20,10)) , pylab.gray()
pylab.subplot(1,3,1), plot_image(im, 'original')
pylab.subplot(1,3,2), plot_image(im1, 'erosion with rectangle size (1,5)')
pylab.subplot(1,3,3), plot_image(im2, 'erosion with rectangle size (1,15)')
pylab.show()
```

다음 그림은 앞 코드 블록의 결과를 보여준다. 보다시피, 얇고 작은 수직 직사각형으로 구성된 구조요소에 침식을 사용하면, 이진 시계 영상의 작은 틱ticks이 먼저 제거된다. 다음으로, 시계의 시침과 분침을 침식하기 위하여 더 큰 수직의 직사각형이 이용된다.

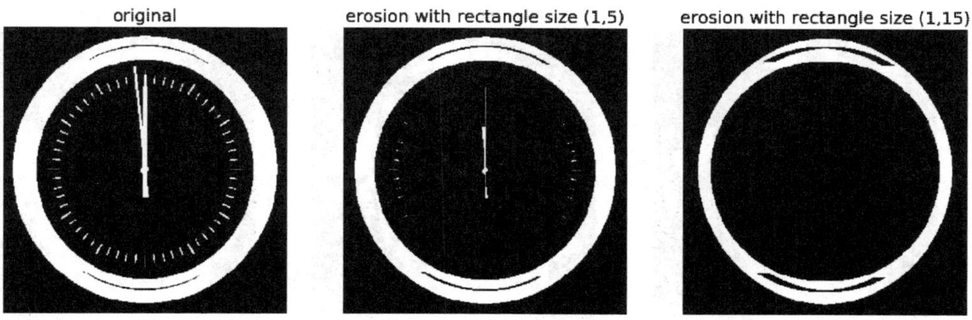

팽창(dilation)

팽창은 전경 객체의 크기를 확장하고 객체 경계를 부드럽게 하며, 이진 영상의 구멍과 틈을 닫는 또 다른 기본 형태학적 연산이다. 이것은 침식의 이중dual 연산이다. 다음 코드는 다른 크기의 구조요소를 구성하는 디스크와 함께 타고르Tagore의 이진 영상에서 `binary_dilation()` 함수를 사용하는 방법을 보여준다.

```
from skimage.morphology import binary_dilation, disk

im = img_as_float(imread('../images/tagore.png')) # for this binary png
im = 1 - im[...,3]                              # 3개 채널만 사용, 알파 채널 포함된 입력 영상
im[im <= 0.5] = 0
im[im > 0.5] = 1

pylab.figure(figsize=(18,9)), pylab.gray()
pylab.subplot(131), plot_image(im, 'original')
for d in range(1, 3):
    im1 = binary_dilation(im, disk(2*d))
    pylab.subplot(1,3, d+1), plot_image(im1, 'dilation with disk size ' + str(2*d))
pylab.show()
```

다음 그림은 앞 코드 블록의 결과를 보여준다. 볼 수 있듯이, 더 작은 크기의 구조요소를 사용하면 얼굴의 (배경 또는 간격으로 취급되는) 몇 가지 세부 사항이 제거된다. 더 큰 크기의 디스크disk로 모든 작은 간격이 채워진다.

열림과 닫힘(opening and closing)

열림은 침식과 팽창 연산의 조합으로 표현될 수 있는 형태학적 연산이다. 이것은 이진 영상에서 작은 객체를 제거한다. 반대로, **닫힘**은 팽창과 침식 연산의 조합으로 표현될 수 있는 또 다른 형태학적 연산이다. 이것은 이진 영상에서 작은 구멍을 제거한다. 이 두 가지는 이중dual 연산이다. 다음 코드는 scikit-image morphology 모듈의 해당 함수를 사용하여 이진 영상에서 작은 객체와 작은 구멍을 각각 제거하는 방법을 보여준다.

```
from skimage.morphology import binary_opening, binary_closing, disk

im = rgb2gray(imread('../images/circles.jpg'))
im[im <= 0.5] = 0
im[im > 0.5] = 1
im1 = binary_opening(im, disk(12))
im2 = binary_closing(im, disk(6))

pylab.figure(figsize=(20,10)), pylab.gray()
pylab.subplot(1,3,1), plot_image(im, 'original')
pylab.subplot(1,3,2), plot_image(im1, 'opening with disk size ' + str(12))
```

```
pylab.subplot(1,3,3), plot_image(im2, 'closing with disk size ' + str(6))
pylab.show()
```

다음 그림은 앞 코드 블록의 출력을 보여준다. 크기가 다른 디스크 구조요소를 사용하여 이진 열림과 닫힘 연산으로 생성된 패턴이다. 예상대로 열림 연산은 더 큰 원만 유지된다.

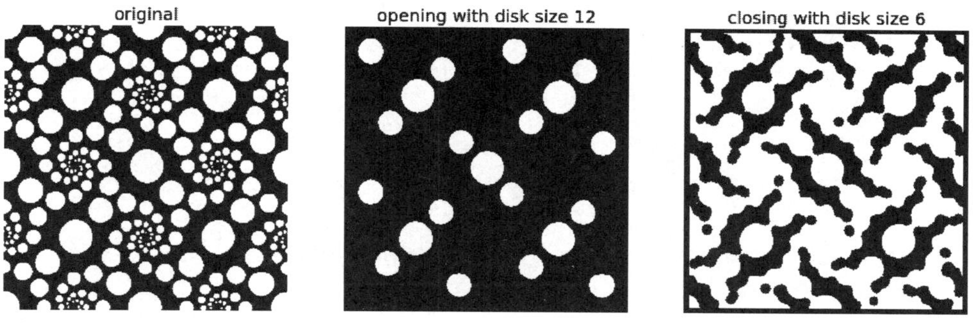

이제 binary_opening()을 binary_erosion()으로 대체하고, binary_closing()을 binary_dilation()으로 대체하여, 마지막 코드 블록에서와 동일한 구조요소를 사용하여 열림을 침식과 닫힘을 팽창과 각각 비교해 보자. 다음 그림은 침식과 팽창으로 얻은 출력 영상을 보여준다.

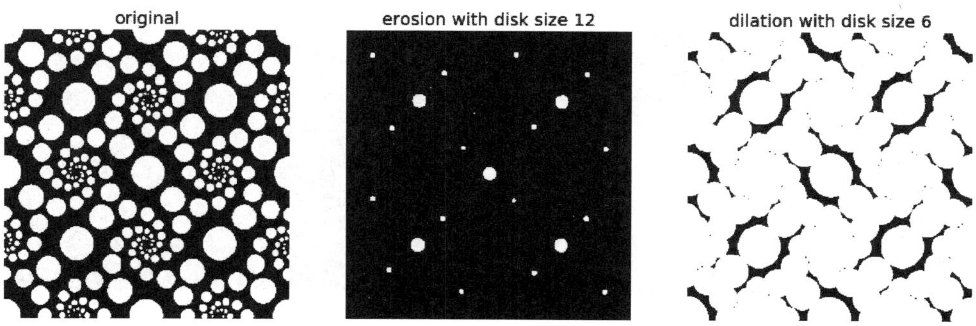

골격화(skeletonizing)

이 연산에서 이진 영상의 연결된 각 구성 요소는 형태학적 세선화 연산을 사용하여 단일 화소 너비 골격으로 축소된다. 다음 코드 블록은 공룡 이진 영상을 골격화하는 방법을 보여준다.

```
def plot_images_horizontally(original, filtered, filter_name, sz=(18,7)):
    pylab.gray()
    pylab.figure(figsize = sz)
    pylab.subplot(1,2,1), plot_image(original, 'original')
    pylab.subplot(1,2,2), plot_image(filtered, filter_name)
    pylab.show()

from skimage.morphology import skeletonize

im = img_as_float(imread('../images/dynasaur.png')[...,3])
threshold = 0.5
im[im <= threshold] = 0
im[im > threshold] = 1
skeleton = skeletonize(im)
plot_images_horizontally(im, skeleton, 'skeleton',sz=(18,9))
```

다음 그림은 앞 코드 블록의 결과를 보여준다.

볼록 선체(convex hull) 계산하기

볼록 선체는 입력 영상의 모든 전경(흰색 화소)을 둘러싸는 가장 작은 볼록 다각형으로 정의된다. 다음 코드 블록은 이진 영상에 대해 볼록 선체를 계산하는 방법을 보여준다.

```
from skimage.morphology import convex_hull_image
im = rgb2gray(imread('../images/horse-dog.jpg'))

threshold = 0.5
im[im < threshold] = 0                                  # 이진 영상 변환
im[im >= threshold] = 1
chull = convex_hull_image(im)
plot_images_horizontally(im, chull, 'convex hull', sz=(18,9))
```

다음 그림은 원 영상에 대한 볼록 선체의 출력을 보여준다.

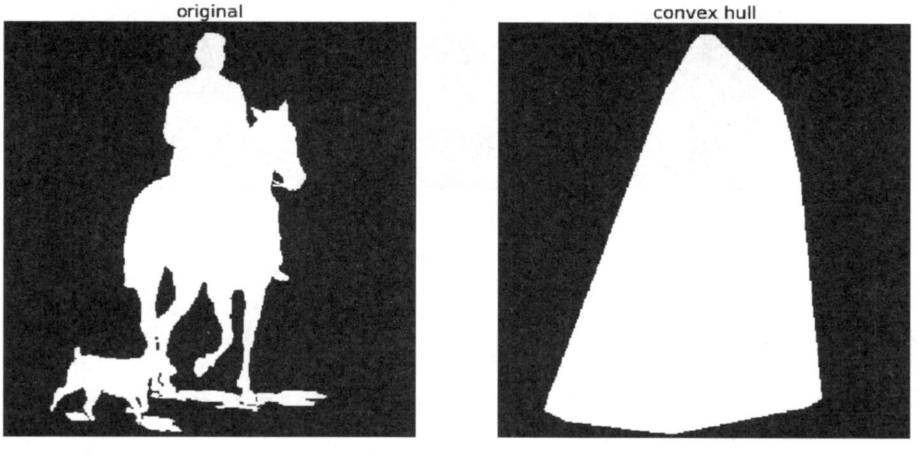

다음 코드 블록은 원본 이진 영상과 계산된 볼록 선체 영상의 차 영상을 나타낸다.

```
im = im.astype(np.bool)
chull_diff = img_as_float(chull.copy())
chull_diff[im] = 2

pylab.figure(figsize=(20,10))
pylab.imshow(chull_diff, cmap=pylab.cm.gray, interpolation='nearest')
pylab.title('Difference Image', size=20)
pylab.show()
```

다음 그림은 앞 코드 블록의 결과를 보여준다.

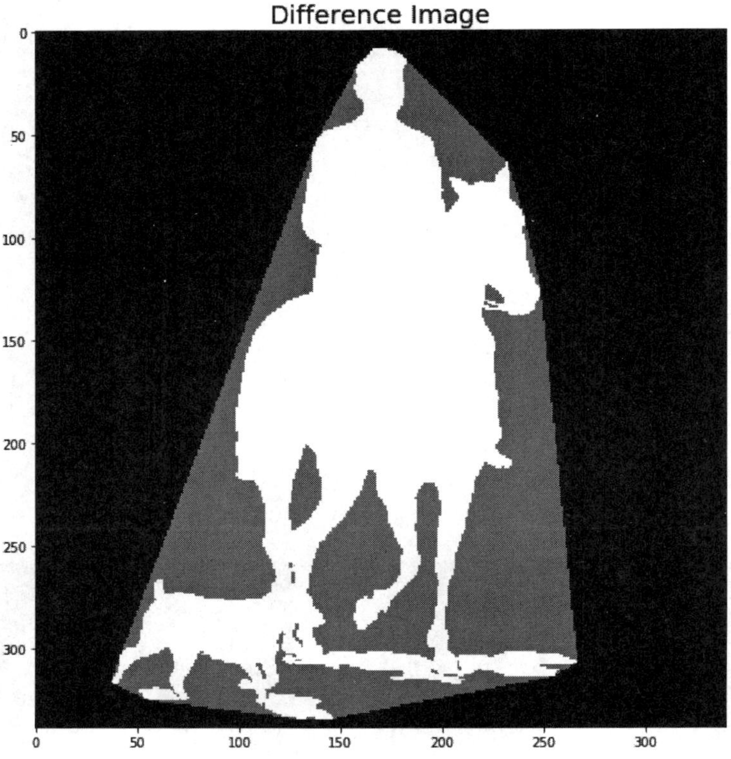

작은 객체 제거

다음 코드 블록은 remove_small_objects() 함수를 사용하여 지정된 최소 임계치보다 작은 객체를 제거하는 방법을 보여준다. 지정된 임계치가 높을수록 더 많은 객체가 제거된다.

```
from skimage.morphology import remove_small_objects
im = rgb2gray(imread('../images/circles.jpg'))

im[im <= 0.5], im[im > 0.5] = 0, 1                  # 임계값 0.5로 이진화 수행
im = im.astype(np.bool)

pylab.figure(figsize=(20,20))
pylab.subplot(2,2,1), plot_image(im, 'original')
```

```
for i, osz in enumerate([50, 200, 500]):
    im1 = remove_small_objects(im, osz, connectivity=1)
    pylab.subplot(2,2,i+2)
    plot_image(im1, 'removing small objects below size ' + str(osz))
pylab.show()
```

다음 그림은 앞 코드 블록의 결과를 보여준다. 예상대로, 지정된 최소 크기 임계치가 높을수록 더 많은 객체들이 제거된다.

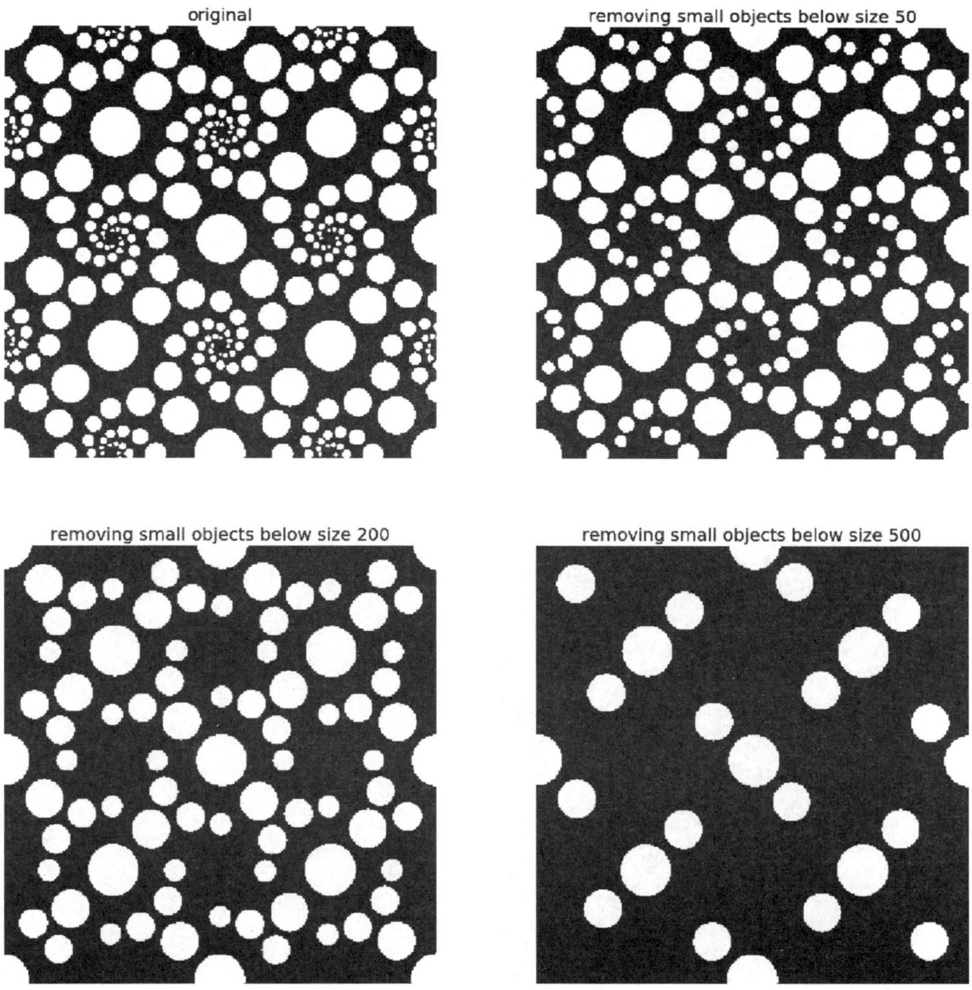

흰색과 검은색 탑-햇(top-hats)

영상의 **흰색 탑-햇**white top-hat은 구조요소보다 작은 밝은 점들을 계산한다. 이것은 원본 영상과 그것의 형태학적 열림의 차 영상으로 정의된다. 유사하게, 영상의 **검은색 탑-햇**black top-hat은 구조요소보다 작은 어두운 점들을 계산한다. 이것은 원본 영상과 형태학적인 닫힘 영상의 차 영상으로 정의된다. 검은색 탑-햇 연산 후에 원 영상의 어두운 점들이 밝은 점들이 된다. 다음 코드 블록은 타고르의 입력 이진 영상에서 scikit-image morphology 모듈 함수를 사용하여 이 두 가지 형태학적 연산을 사용하는 방법을 보여준다.

```
from skimage.morphology import white_tophat, black_tophat, square
im = imread('../images/tagore.png')[...,3]
im[im <= 0.5], im[im > 0.5] = 0, 1                    # 이진 영상으로 변환
im1 = white_tophat(im, square(5))
im2 = black_tophat(im, square(5))

pylab.figure(figsize=(20,15)), pylab.gray()
pylab.subplot(1,2,1), plot_image(im1, 'white tophat')
pylab.subplot(1,2,2), plot_image(im2, 'black tophat')
pylab.show()
```

다음 그림은 흰색과 검은색 탑-햇의 출력을 보여준다.

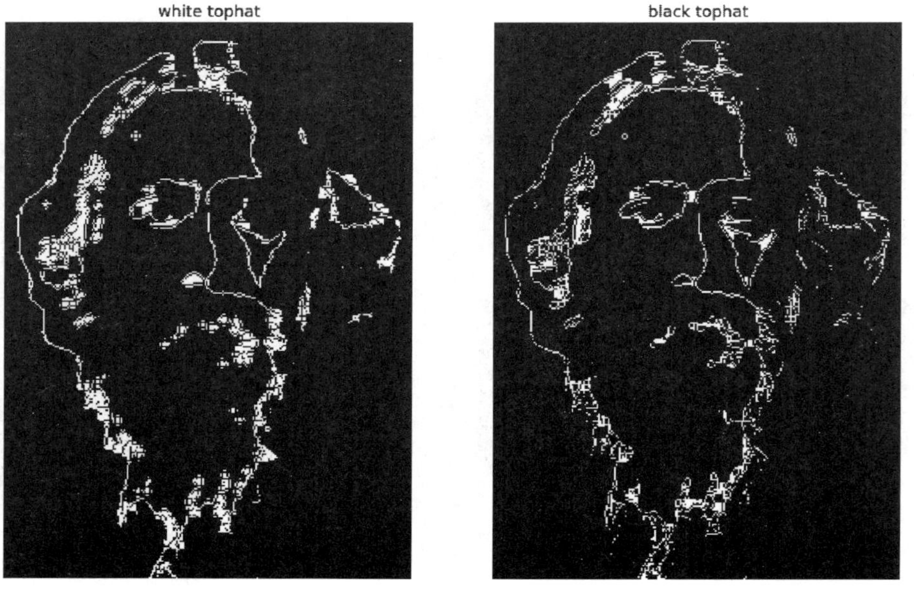

경계 추출

침식 연산은 이진 영상의 경계를 추출하는데 사용할 수 있다. 경계를 추출하기 위해 침식된 영상을 입력 이진 영상에서 뺄 필요가 있다. 다음 코드 블록은 이를 구현한다.

```
from skimage.morphology import binary_erosion
im = rgb2gray(imread('../images/horse-dog.jpg'))
threshold = 0.5
im[im < threshold], im[im >= threshold] = 0, 1          # 이진화
boundary = im - binary_erosion(im)
plot_images_horizontally(im, boundary, 'boundary',sz=(18,9))
```

다음 그림은 앞 코드 블록의 결과를 보여준다.

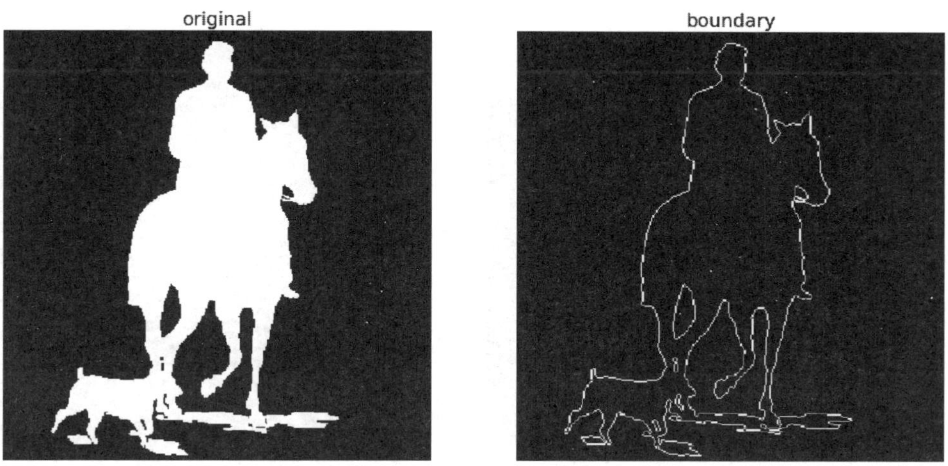

열림과 닫힘을 사용한 지문 개선

열림과 닫힘을 순차적으로 사용하여 이진 영상에서 잡음(작은 전경 객체)을 제거할 수 있다. 이것은 전처리 단계로서 지문 영상을 개선하는데 사용할 수 있다. 다음 코드 블록은 이를 구현하는 방법을 보여준다.

```
from skimage.morphology import binary_closing, binary_opening

im = rgb2gray(imread('../images/fingerprint.jpg'))
```

```
im[im <= 0.5], im[im > 0.5] = 0, 1                          # 이진화
im_o = binary_opening(im, square(2))
im_c = binary_closing(im, square(2))
im_oc = binary_closing(binary_opening(im, square(2)), square(2))

pylab.figure(figsize=(20,20))
pylab.subplot(221), plot_image(im, 'original')
pylab.subplot(222), plot_image(im_o, 'opening')
pylab.subplot(223), plot_image(im_c, 'closing')
pylab.subplot(224), plot_image(im_oc, 'opening + closing')
pylab.show()
```

다음 그림은 앞 코드 블록의 결과를 보여준다. 알 수 있듯이, 열림과 닫힘의 연속 적용은 잡음의 이진 지문 영상을 깨끗하게 한다.

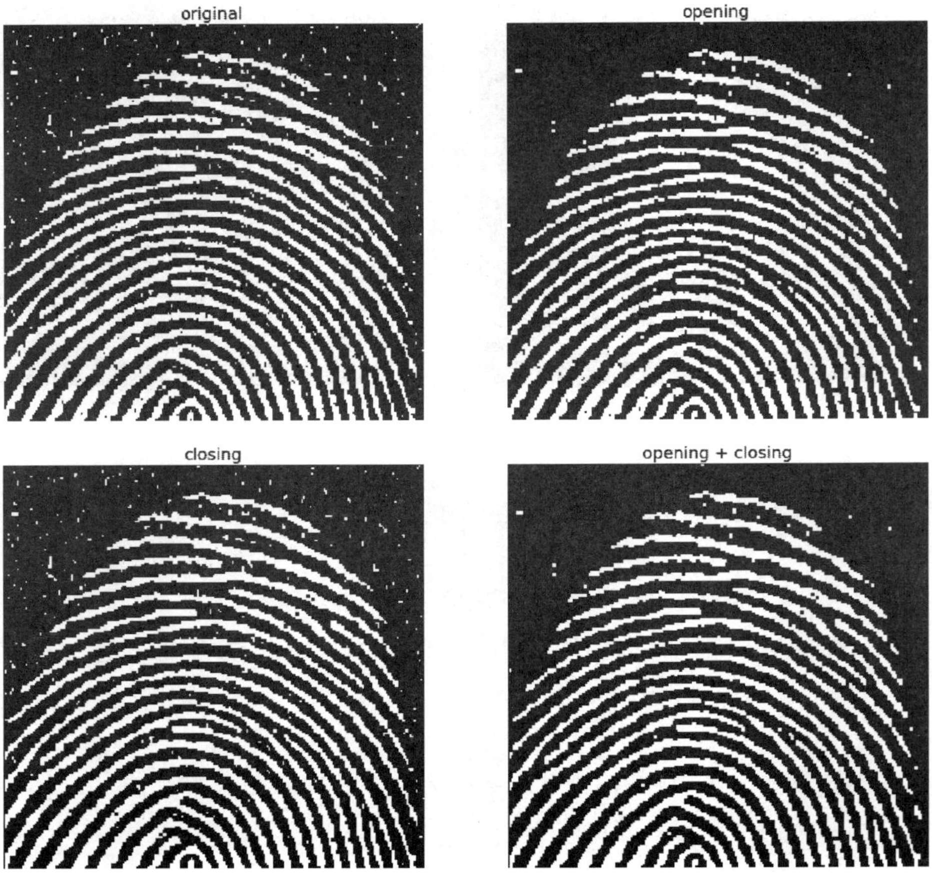

명암도 연산

다음의 몇 가지 코드 블록은 명암도 영상에 형태학적 연산을 적용하는 방법을 보여준다. 먼저, 명암도 침식으로 시작해 보자.

```
from skimage.morphology import dilation, erosion, closing, opening, square
im = imread('../images/zebras.jpg')
im = rgb2gray(im)
struct_elem = square(5)
eroded = erosion(im, struct_elem)
plot_images_horizontally(im, eroded, 'erosion')
```

다음 그림은 앞 코드 블록의 결과를 보여준다. 보는 바와 같이, 검은 줄무늬가 침식으로 넓어진다.

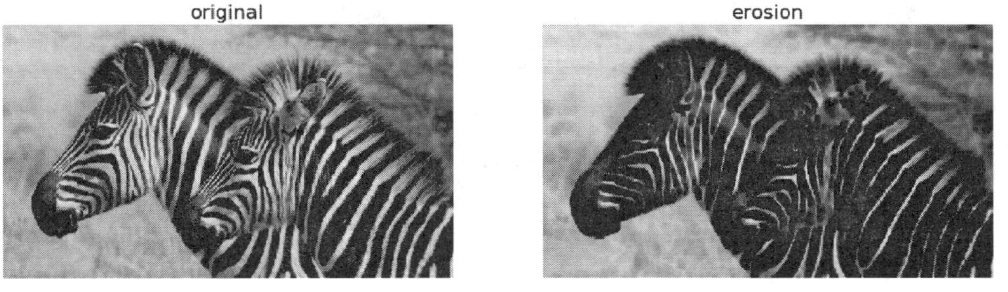

다음 코드 블록은 동일한 같은 입력 명암도 영상에 팽창을 적용하는 방법을 보여준다.

```
dilated = dilation(im, struct_elem)
plot_images_horizontally(im, dilated, 'dilation')
```

다음 그림은 앞 코드 블록의 결과를 보여준다. 보는 바와 같이, 팽창으로 검은 줄무늬가 좁아진다.

다음 코드 블록은 동일한 입력 명암도 영상에 형태학적 명암도 열림 연산을 적용하는 방법을 보여준다.

```
opened = opening(im, struct_elem)
plot_images_horizontally(im, opened, 'opening')
```

다음 그림은 출력을 보여준다. 약간의 흰색 줄무늬가 제거되었지만, 볼 수 있듯이 검은 줄무늬의 폭은 열림에 따라 변하지 않았다.

다음 코드 블록은 동일한 입력 명암도 영상에 형태학적 명암도 닫힘 연산을 적용하는 방법을 보여준다.

```
closed = closing(im, struct_elem)
plot_images_horizontally(im, closed, 'closing')
```

다음 그림은 출력을 보여준다. 약간의 검은 색 줄무늬가 제거되었지만, 볼 수 있듯이 흰색 줄무늬의 폭은 닫힘에 의하여 변경되지 않았다.

Scikit-image filter.rank 모듈

scikit-image의 `filter.rank` 모듈은 형태학적 필터를 구현하는 함수를 제공한다. 예를 들어, 형태학적 메디안 필터 및 형태학적 콘트라스트 강조 필터를 포함할 수 있다. 다음 절에서는 몇 가지 필터에 대해 설명한다.

형태학적 콘트라스트 향상

형태학적 콘트라스트 향상 필터는 구조요소에 의해 정의된 이웃의 화소만을 고려하여 각 화소에서 작동한다. 원 화소가 어떤 화소에 가장 가까이 있는가에 따라 중심 화소를 로컬 최소 또는 로컬 최대 화소로 바꾼다. 다음의 코드 블록은 형태학적 콘트라스트 향상 필터와 노출 모듈의 적응형 히스토그램 평활화를 사용하여 얻은 출력을 비교하여 보여준다. 두 필터는 모두 로컬이다.

```
def plot_gray_image(ax, image, title):
    ax.imshow(image, vmin=0, vmax=255, cmap='gray')
    ax.set_title(title), ax.axis('off')
    ax.set_adjustable('box-forced')

from skimage.filters.rank import enhance_contrast
from skimage.morphology import disk
from skimage import exposure

image = rgb2gray(imread('../images/squirrel.jpg'))
sigma = 0.05
noise = sigma * np.random.standard_normal(image.shape)
noisy_image = (np.clip(image + noise, 0, 1) * 255).astype(np.uint8)
enhanced_image = enhance_contrast(noisy_image, disk(5))
equalized_image = exposure.equalize_adapthist(noisy_image)
equalized_image =(equalized_image * 255).astype(np.uint8)

fig, axes = pylab.subplots(1, 3, figsize=[18, 7], sharex='row',sharey='row')
axes1, axes2, axes3 = axes.ravel()
plot_gray_image(axes1, noisy_image, 'Original')
plot_gray_image(axes2, enhanced_image, 'Local morphological \
                contrast enhancement')
```

```
plot_gray_image(axes3, equalized_image, 'Adaptive Histogram equalization')
```

다음 그림은 형태학적 콘트라스트 향상과 적응형 히스토그램 평활화를 사용하여 얻은 출력 영상과 입력 영상을 비교한 출력을 보여준다.

메디안 필터를 사용한 잡음 제거

다음 코드 블록은 scikit-images `filters.rank` 모듈의 형태학적 메디안[median] 필터를 사용하는 방법을 보여준다. 일부 임펄스 잡음은 화소의 10%를 무작위로 255(소금)로 설정하고, 또 다른 10%는 0(후추)으로 설정하여 입력 명암도 `lena` 영상에 추가된다. 사용되는 구조요소는 메디안 필터로 잡음을 제거하기 위해 크기가 다른 디스크이다.

```
from skimage.filters.rank import median
from skimage.morphology import disk

noisy_image = (rgb2gray(imread('../images/lena.jpg'))*255).astype(np.uint8)
noise = np.random.random(noisy_image.shape)
noisy_image[noise > 0.9] = 255
noisy_image[noise < 0.1] = 0

fig, axes = pylab.subplots(2, 2, figsize=(10, 10), sharex=True,sharey=True)
axes1, axes2, axes3, axes4 = axes.ravel()
plot_gray_image(axes1, noisy_image, 'Noisy image')
plot_gray_image(axes2, median(noisy_image, disk(1)), 'Median $r=1$')
plot_gray_image(axes3, median(noisy_image, disk(5)), 'Median $r=5$')
plot_gray_image(axes4, median(noisy_image, disk(20)), 'Median $r=20$')
```

앞 코드 블록의 출력이 다음 그림에 표시되었다. 그림에서 알 수 있듯이, 디스크 반경이 커짐에 따라, 출력물이 고르지 못하거나 흐려지지만 동시에 더 많은 잡음이 제거된다.

로컬 엔트로피 계산

엔트로피entrophy는 영상의 불확실성 또는 임의성의 척도이다. 이것은 수학적으로 다음과 같이 정의된다.

$$H = -\sum_{i=0}^{255} p_i \log_2 p_i$$

앞 공식에서, p_i는 명암도 i와 연관된 확률(영상의 정규화된 히스토그램으로부터 얻어 짐)이다. 이 수식은 영상의 전체 엔트로피를 계산한다. 유사한 방식으로 로컬 엔트로피를 정의하여 로컬 영상 복잡성을 정의할 수 있으며, 이것은 로컬 히스토그램을 사용하여 계산할 수 있다.

skimage.rank.entropy() 함수는 주어진 구조요소에서 영상의 로컬 엔트로피(로컬 명암도 분포를 인코딩하는데 필요한 최소 비트 수)를 계산한다. 다음 예제는 명암도 영상에 이 필터를 적용하는 방법을 보여준다. 이 함수는 8비트 영상에 대해 10x 엔트로피를 반환한다.

```
from skimage.morphology import disk
from skimage.filters.rank import entropy

image = rgb2gray(imread('../images/birds.png'))
fig, (axes1, axes2) = pylab.subplots(1, 2, figsize=(18, 10))
fig.colorbar(axes1.imshow(image, cmap='gray'), ax=axes1)
axes1.axis('off'), axes1.set_title('Image', size=20)
axes1.set_adjustable('box-forced')
fig.colorbar(axes2.imshow(entropy(image, disk(5)), cmap='inferno'), ax=axes2)
axes2.axis('off'), axes2.set_title('Entropy', size=20)
axes2.set_adjustable('box-forced')
pylab.show()
```

다음 그림은 코드 블록의 출력을 보여준다. 더 높은 엔트로피(즉, 조류의 둥지와 같은 더 높은 정보 내용을 가진) 영역은 더 밝은 색으로 표시된다.

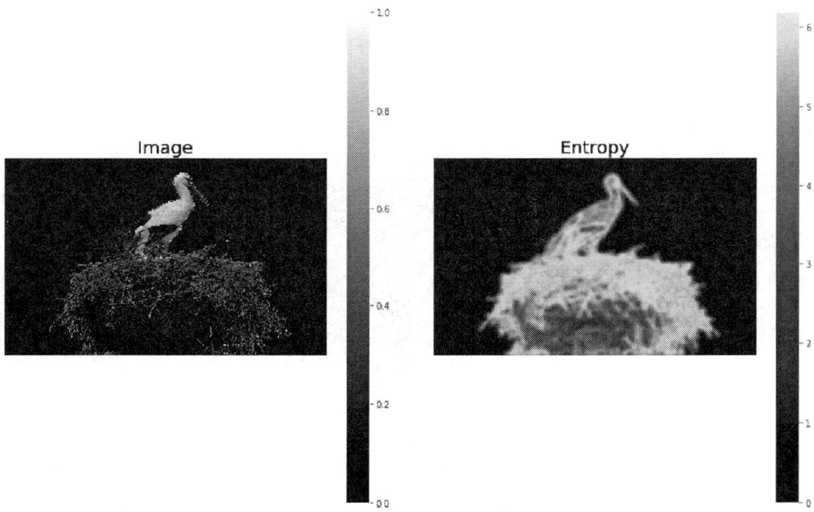

SciPy ndimage.morphology 모듈

scipy ndimage.morphology 모듈은 또한 이진 영상과 명암도 영상에 대한 형태학적 연산을 위해 이전에 논의된 함수를 제공하며, 그 중 일부는 다음 절에서 설명한다.

이진 객체에 구멍 채우기

이 함수는 이진 객체에 구멍을 채운다. 다음 코드 블록은 입력 이진 영상에 다른 구조요소 크기를 갖는 함수의 적용을 보여준다.

```
from scipy.ndimage.morphology import binary_fill_holes

im = rgb2gray(imread('../images/text1.png'))
im[im <= 0.5] = 0
im[im > 0.5] = 1

pylab.figure(figsize=(20,15)), pylab.gray()
pylab.subplot(221), plot_image(im, 'original')

for i, n in enumerate([3,5,7]):
    im1 = binary_fill_holes(im, structure=np.ones((n,n)))
    title = 'binary_fill_holes with structure square side ' + str(n)
    pylab.subplot(2, 2, i+2), plot_image(im1, title)    # 영상 표시 함수 사용
pylab.show()
```

다음 그림은 앞 코드 블록의 결과를 보여준다. 볼 수 있듯이, 구조요소(사각형)가 클수록 채워지는 구멍의 수가 적다.

열림과 닫힘을 사용한 잡음 제거

다음 코드 블록은 명암도 열림과 닫힘 연산으로 어떻게 명암도 영상에서 소금 후추 잡음을 제거할 수 있는지 보여준다. 열림과 닫힘의 연속적인 적용으로 잡음이 있는 만드릴[mandrill] 명암도 영상에서 소금 후추(임펄스) 잡음을 제거하는 방법에 대해 설명한다.

```
from scipy import ndimage
im = rgb2gray(imread('../images/mandrill_spnoise_0.1.jpg'))
im_o = ndimage.grey_opening(im, size=(2,2))
im_c = ndimage.grey_closing(im, size=(2,2))
im_oc = ndimage.grey_closing(ndimage.grey_opening(im, size=(2,2)),size=(2,2))
```

```
pylab.figure(figsize=(20,20)), pylab.gray()
pylab.subplot(221), plot_image(im, 'Original')
pylab.subplot(222), plot_image(im_o, 'opening (removessalt)')
pylab.subplot(223), plot_image(im_c, 'closing (removes pepper)')
pylab.subplot(224), plot_image(im_oc, 'opening+closing (removes salt+pepper)')
pylab.show()
```

다음은 앞 코드 블록의 출력을 보여준다. 열림과 닫힘 연산이 어떻게 만드릴의 명암도 잡음 영상에서 소금 후추 잡음을 제거하는지 보여준다.

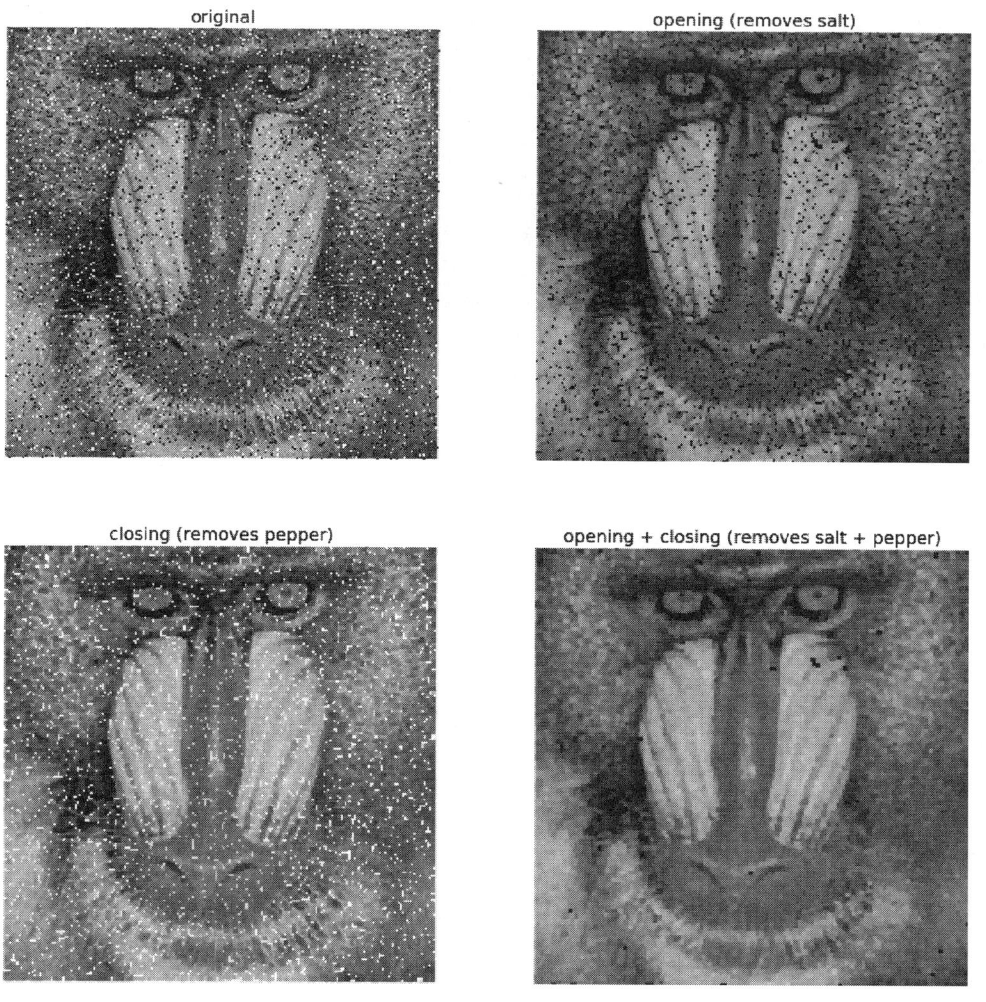

형태학적 베커(Beucher)의 그레디언트 계산

형태학적인 베커 그레디언트는 입력 명암도 영상의 팽창된 버전과 침식된 버전의 차 영상으로 계산될 수 있다. scipy ndimage는 명암도 영상의 형태학적 그레디언트를 계산하는 함수를 제공한다. 다음 코드 블록은 이 두 가지가 아인슈타인 영상에 대해 동일한 출력을 생성하는 방법을 보여준다.

```
from scipy import ndimage
im = rgb2gray(imread('../images/einstein.jpg'))

im_d = ndimage.grey_dilation(im, size=(3,3))
im_e = ndimage.grey_erosion(im, size=(3,3))
im_bg = im_d - im_e
im_g = ndimage.morphological_gradient(im, size=(3,3))

pylab.figure(figsize=(20,18)), pylab.gray()
pylab.subplot(231), plot_image(im, 'original')
pylab.subplot(232), plot_image(im_d, 'dilation')
pylab.subplot(233), plot_image(im_e, 'erosion')
pylab.subplot(234), plot_image(im_bg, 'Beucher gradient(bg)')
pylab.subplot(235), plot_image(im_g, 'ndimage gradient (g)' )
pylab.subplot(236), plot_image(im_bg - im_g, 'diff gradients (bg - g)')
pylab.show()
```

다음 그림은 코드 블록의 출력을 보여준다. scipy 형태학적 그레디언트 함수는 베커 그레디언트와 정확히 동일한 출력 영상을 가지고 있다.

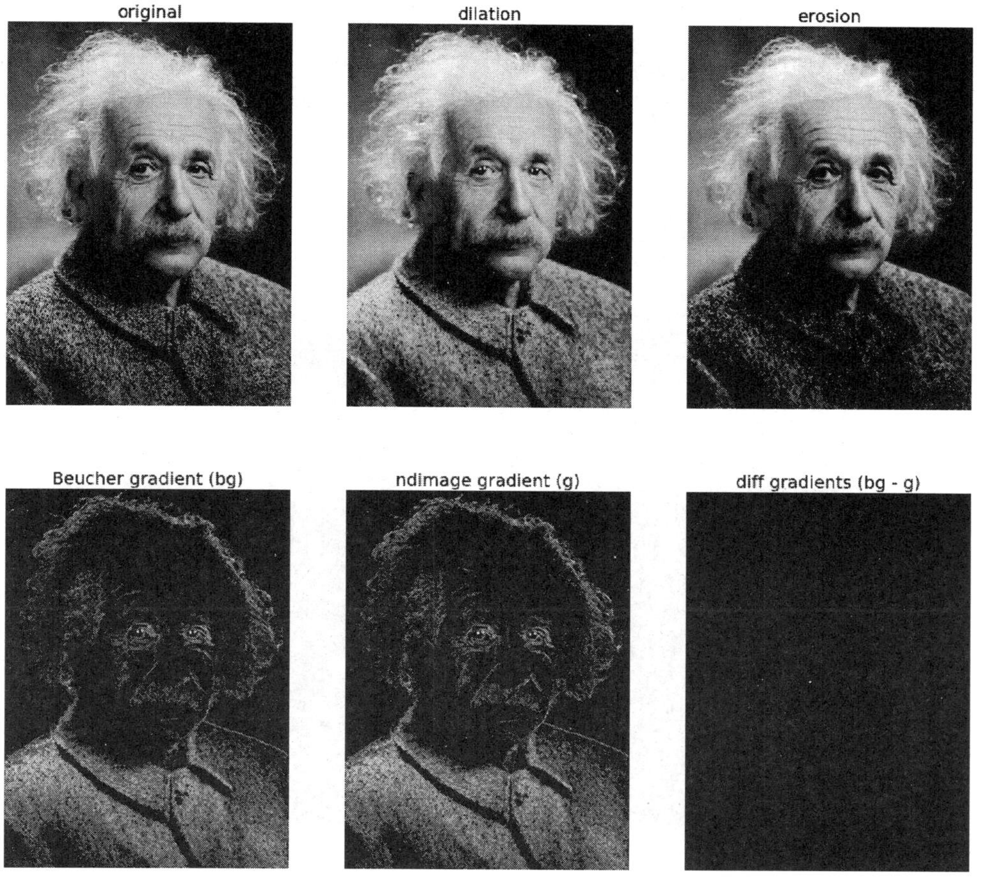

형태학적 라플라스 계산

다음 코드 블록은 타고르의 이진 영상으로 ndimage 함수를 사용하여 형태학적인 라플라스를 계산하는 방법을 보여준다. 볼 수 있듯이, 다양한 크기의 구조요소를 가진 형태학적 그레디언트와 비교한다. 이 영상에서 그레디언트가 있는 더 작은 구조요소와 라플라스가 있는 더 큰 구조요소는 추출된 에지의 측면에서 더 나은 출력 영상을 산출한다.

```
im = imread('../images/tagore.png')[...,3]
im_g = ndimage.morphological_gradient(im, size=(3,3))
im_l = ndimage.morphological_laplace(im, size=(5,5))
```

```
pylab.figure(figsize=(15,10))
pylab.subplot(121), plot_image(im_l, 'ndimage morphological laplace')
pylab.subplot(122), plot_image(im_g, 'ndimage morphological gradient')
pylab.show()
```

다음 그림은 앞 코드 블록의 결과를 보여준다.

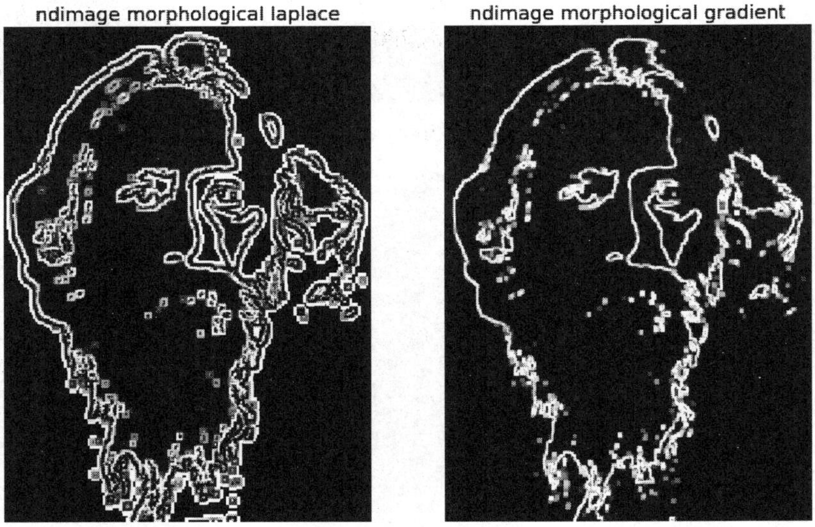

요약

이 장에서는 수학적 형태학에 기반한 다양한 영상처리 기술에 대해 논의했다. 우리는 침식erosion, 팽창dilation, 열림opening, 닫힘closing, 골격화skeletonizing, 흰색과 검은색 탑-햇top-hats과 같은 형태학적 이진 연산에 대해 논의했다. 그리고 볼록 선체convex hull 계산, 작은 객체 제거, 경계 추출, 지문 개선을 위한 열림과 닫힘 연산, 이진 객체의 구멍 채우기 및 열림과 닫힘 연산을 사용한 잡음 제거와 같은 몇 가지 응용들에 대해 설명했다. 그 후에 우리는 명암도 연산에 대한 형태학적 연산의 확장과 형태학적 콘트라스트 향상, 메디안 필터로 잡음 제거 및 로컬 엔트로피 계산에 대해 논의했다. 또한, 우리는 형태학적 베커 그레디언트와 형태학적 라플라스를 계산하는 방법을 논의했다. 이 장의 끝에서 독자는 형태학적 영상처리(예: 열림, 닫힘, 골격화 및 볼록 선체 계산)를 위한 파이썬 코드를 작성할 수 있어야 한다.

연습문제

1. 형태학적 열림과 닫힘이 이중dual 연산이라는 것을 이진 영상을 사용하여 보여라. (힌트: 영상 전경에서 열림을 적용하고, 동일한 구조요소를 사용하여 영상 배경에서 닫힘을 적용)

2. 객체의 볼록 선체를 사용하여 영상을 자동으로 잘라내라(문제는 `https://stackoverflow.com/questions/14211340/automatically-cropping-an-image-with-python-pil/51703287#51703287`에서 가져옴). 다음 영상을 사용하고 흰색 배경을 잘라낸다.

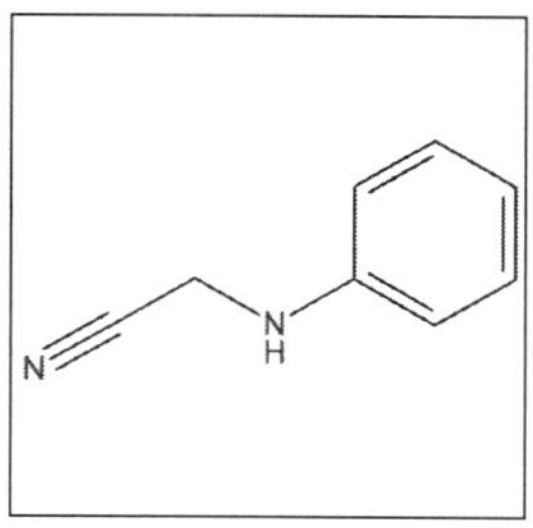

원하는 출력 영상은 다음과 같이 표시된다. 영상을 잘라내는 경계 사각형이 자동으로 발견된다.

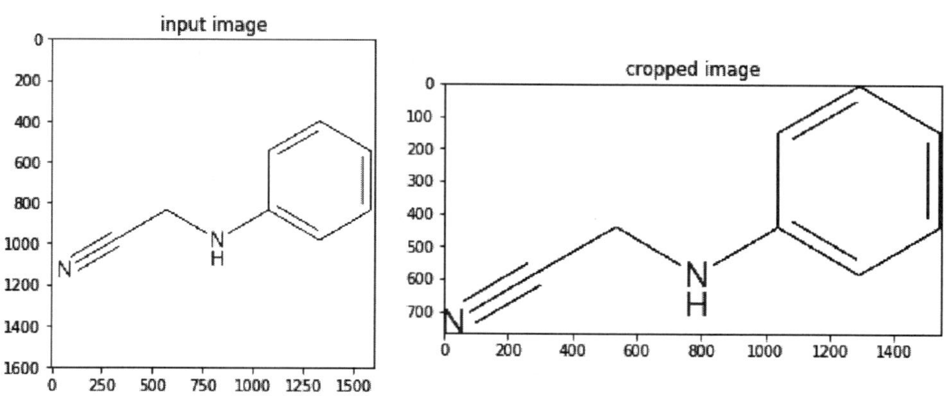

3. skimage.filters.rank의 maximum() 및 minimum() 함수를 사용하여 명암도 영상으로 형태학적 열림 및 닫힘을 구현하라.

추가 읽기

- https://www.idi.ntnu.no/emner/tdt4265/lectures/lecture3b.pdf
- https://www.uio.no/studier/emner/matnat/ifi/INF4300/h11/undervisningsmateriale/morfologi2011.pdf
- https://www.cis.rit.edu/class/simg782/lectures/lecture_03/lec782_05_03.pdf
- http://www.math.tau.ac.il/~turkel/notes/segmentation_morphology.pdf
- https://courses.cs.washington.edu/courses/cse576/book/ch3.pdf
- http://www.cse.iitd.ernet.in/~pkalra/csl783/Morphological.pdf

Chapter 7

영상 특징과 서술자 추출

이 장에서는 영상처리에서 다양한 유형의 특징 검출기/추출기의 여러 응용과 함께 특징 검출기와 서술자를 설명한다. 특징 검출기와 서술자를 정의하며 시작할 것이다. 해리스 코너Harris Corner와 SIFT 그리고 HOG와 같은 몇 가지 인기 있는 특징 검출기와 `scikit-image` 및 `python-opencv (cv2)` 라이브러리 함수를 사용하여 영상 매칭 및 객체 검출과 같은 중요한 영상처리 문제에 대한 응용 부분에 관해서 논의할 것이다.

이 장에서 다룰 내용은 다음과 같다.

- 특징 검출기와 서술자를 비교하여 영상에서 특징/서술자 검출
- 해리스 코너 검출기와 영상 매칭에서 해리스 코너 특징 적용(scikit-image 사용)
- LoG, DoG 그리고 DoH가 있는 블롭blob 검출기(`scikit-image` 사용)
- HoG 특징 추출
- SIFT, ORB 및 BRIEF 특징 및 영상 매칭에서의 응용
- 유사-하르Haar-like 특징과 얼굴 검출에서의 응용

특징 검출기와 서술자

영상처리에서 (로컬) 특징feature은 영상처리 작업과 관련된 주요 점들points의 그룹 또는 정보를 의미하며, 영상의 추상적이고 보다 일반적인 (종종 강건한) 표현을 생성한다. 어떤 기준(예: 코너, 로컬 최대/최소 등, 영상의 특징을 검출/추출)을 기반으로 영상에서 관심점 그룹을 선택하는 알고리즘들을 **특징 검출기**feature detectors/**추출기**extractors라고 한다.

반대로 서술자는 특징/관심 지점(예: HOG 특징)으로 영상을 나타내기 위한 값 모음으로 구성된다. 특징 추출은 영상을 특징 서술자 집합으로 변환하는 연산으로 생각할 수 있으며, 따라서 특별한 형태의 차원 감소가 가능하다. 로컬 특징은 일반적으로 관심 점과 그것의 서술자에 의하여 함께 구성된다.

전체 영상의 전역 특징(예: 영상 히스토그램)은 종종 바람직하지 않다. 보다 실제적인 접근법은 영상을 코너, 에지 및 블롭blob 같은 영상의 관심 있는 영역에 해당하는 로컬 특징의 집합으로 묘사하는 것이다. 이들 영역 각각은 밝기 및 그레디언트와 같은 특정 광도 속성photometric properties의 로컬 분포를 포착하는 서술자로 특징지어진다. 로컬 특징의 일부 속성은 다음과 같다.

- 반복적이어야 한다(각 영상에서 동일한 점들을 독립적으로 검출함).
- 변환, 회전, 스케일(어파인 변환)에 불변해야 한다.
- 잡음/블러blur/폐색occlusion, 클러터clutter 그리고 조명 변화(지역)의 존재에 견고해야 한다.
- 이 영역에는 관심있는 구조(독특성)가 있어야 한다.

영상 등록, 영상 매칭, 영상 스티칭(파노라마) 및 객체 검출/인식과 같은 많은 영상처리 작업은 로컬 특징을 사용한다. 다음 그림은 기본적인 아이디어를 보여준다.

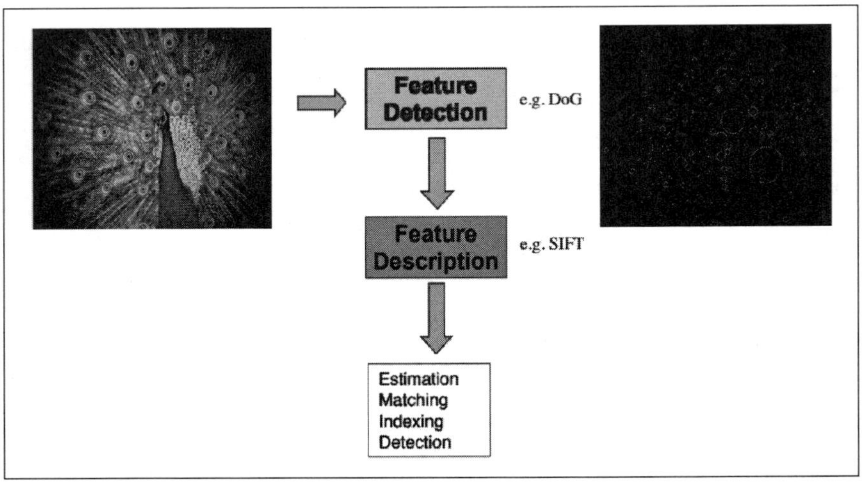

이 장에서는 처음으로 python-opencv (cv2 라이브러리)를 사용할 것이다. 제대로 설치하려면 다음의 링크를 사용하는 것이 좋다. https://opencvpython-tutroals.

readthedocs.io/en/latest/py_tutorials/py_setup/py_setup_in_windows/py_setup_in_windows.html.

보통 때와 같이 필요한 모든 라이브러리를 임포트해서 시작하겠다.

```
import cv2
import numpy as np
from matplotlib import pylab as pylab

from skimage.io import imread
from skimage.color import rgb2gray
from skimage.feature import corner_harris, corner_subpix, corner_peaks
from skimage.transform import warp, AffineTransform

from skimage.util import img_as_float
from skimage.exposure import rescale_intensity
from skimage.measure import ransac
```

해리스 코너 검출기

이 알고리즘은 윈도우가 영상 내에서 위치를 변경함에 따라 윈도우 내의 밝기 변화를 탐색한다. 밝기 값이 한 방향으로만 급격하게 변하는 에지와는 달리 모든 방향의 코너에서 밝기 값이 크게 변경된다. 따라서 윈도우가 코너에서 어느 방향으로든 움직이면 밝기 값의 큰 변화가 발생해야 한다(좋은 지역화로). 이 사실은 해리스 코너 검출기harris corner detector 알고리즘에서 이용된다. 회전에는 불변이지만, 크기에는 그렇지 않다(즉, 영상에서 찾은 코너 지점은 영상에 회전 변환이 적용되어도 변경되지 않고, 영상의 크기가 변경될 때 변경된다). 이 절에서는 해리스 코너 검출기를 scikit-image로 구현하는 방법에 대해 설명한다.

Scikit-image 사용

다음 코드 블록은 scikit-image 특징 모듈의 corner_harris() 함수와 함께 해리스 코너 검출기를 사용하여 영상의 코너 지점을 검출하는 방법을 보여준다.

```
image = imread('../images/chess_football.png')        #컬러 영상
image_gray = rgb2gray(image)
coordinates = corner_harris(image_gray, k =0.001)
image[coordinates>0.01*coordinates.max()]=[255,0,0,255]

pylab.figure(figsize=(20,10)), pylab.imshow(image), pylab.axis('off')
pylab.show()
```

다음 그림은 빨간색 좌표로 검출된 코너들의 출력을 보여준다.

서브 화소 정확도 사용

때로는 코너를 최대 정확도로 찾을 필요도 있다. scikit-image의 특징 모듈에서 corner_subpix() 함수를 사용하면, 검출된 코너가 서브 화소 정확도로 정밀해진다. 다음 코드 블록은 이 함수를 사용하는 방법을 보여준다. 파리의 루브르 피라미드가 입력 영상으로 사용된다. 보통 때와 같이, 해리스 코너는 corner_peaks()로 계산된 다음, corner_subpix() 함수를 사용하여 코너의 서브 화소 위치가 계산된다. 이 함수는 통계적 테스트를 사용하여 corner_peaks() 함수로 이전에 계산된 코너 지점을 허용/거부할지를 결정한다. 함수가 코너를 검색하는데 사용할 인접 영역(윈도우)의 크기를 정의해야 한다.

```
image = imread('../images/pyramids2.jpg')
image_gray = rgb2gray(image)
coordinates = corner_harris(image_gray, k =0.001)
coordinates[coordinates > 0.03*coordinates.max()] = 255
corners = corner_peaks(coordinates)
subpixs = corner_subpix(image_gray, corners, window_size=11)
```

```
pylab.figure(figsize=(20,20))
pylab.subplot(211), pylab.imshow(coordinates, cmap='inferno')
pylab.plot(subpixs[:, 1], subpixs[:, 0], 'r.', markersize=5, label='subpixel')
pylab.legend(prop={'size': 20}), pylab.axis('off')
pylab.subplot(212), pylab.imshow(image, interpolation='nearest')
pylab.plot(corners[:, 1], corners[:, 0], 'bo', markersize=5)
pylab.plot(subpixs[:, 1], subpixs[:, 0], 'r+', markersize=10),
 pylab.axis('off')
pylab.tight_layout(), pylab.show()
```

다음 그림들은 코드 블록의 출력을 보여준다. 첫 번째 그림에서 해리스 코너는 노란색 화소로 표시되고, 개선된 서브 화소 코너는 빨간색 화소로 표시된다. 두 번째 그림에서, 검출된 코너는 원 입력 영상에 파란색 화소로 표시되고, 서브 화소는 다시 빨간색 화소로 표시된다.

응용 프로그램 – 영상 매칭

영상에서 관심 점들을 검출하면, 동일한 객체의 여러 영상들에서 그 점들을 매칭시키는 방법을 알고 있으면 좋다. 예를 들어 다음 목록은 두 영상을 매칭시키는 일반적인 방법을 보여준다.

- 관심 점들points of interest을 계산하라(예: 해리스 코너 검출기로 코너 점들).
- 각 키 점들key-points의 주변의 영역(윈도우)을 고려하라.
- 그 영역에서 각 영상의 각 키 점들에 대한 로컬 특징 서술자를 계산하고 표준화하라.
- 두 영상에서 계산된 로컬 서술자를 매칭시켜라(예: 유클리드 거리 사용).

해리스 코너 점들을 사용하여 두 영상을 매칭시킬 수 있다. 다음 절에서 예제를 제공한다.

란삭(RANSAC) 알고리즘과 해리스 코너 특징을 사용한 강건한 영상 매칭

이 예제에서는 영상을 어파인 변환된 버전을 사용하여 매칭시킨다. 마치 영상을 다른 관점에서 찍은 것처럼 간주될 수 있다. 다음 단계들은 영상 매칭 알고리즘을 설명한다.

1. 먼저, 두 영상에서 관심 점들 또는 해리스 코너를 계산한다.
2. 점들 주위의 작은 공간이 고려될 것이고, 그 점들 사이의 일치는 제곱 차의 가중합을 사용하여 계산된다. 이 측정 값은 그다지 견고하지 않으며, 약간의 관점 변경으로만 사용할 수 있다.
3. 일단 일치가 발견되면 소스와 해당 목적지 좌표 집합이 얻어진다. 이것은 두 영상 사이의 기하학적 변환을 추정하는데 사용된다.
4. 좌표를 가지고 매개 변수를 간단하게 추정하는 것만으로는 충분하지 않다. 대부분의 일치가 잘못되었을 수 있다.
5. RANSACRANdom SAmple Consensus 알고리즘은 매개 변수를 견고하게 추정하기 위해, 먼저 점들을 인라이어inliers와 아웃라이어outliers로 분류하고, 아웃라이어를 무시하면서 모델을 인라이어에 맞추어, 어파인 변환과 매칭하는 것을 찾는다.

다음 코드 블록은 해리스 코너 특징을 사용하여 영상 매칭을 구현하는 방법을 보여준다.

```
temple = rgb2gray(img_as_float(imread('../images/temple.jpg')))
image_original = np.zeros(list(temple.shape) + [3])
image_original[..., 0] = temple

mgrid = np.mgrid[0:image_original.shape[0], 0:image_original.shape[1]]
gradient_row, gradient_col = (mgrid / float(image_original.shape[0]))
image_original[..., 1] = gradient_row
image_original[..., 2] = gradient_col
image_original = rescale_intensity(image_original)      # 밝기 조정

# 와핑 영상 생성- 크기 변경, 회전, 평행 이동
affine_trans = AffineTransform(scale=(0.8, 0.9), rotation=0.1, \
 translation=(120, -20))
image_warped = warp(image_original, affine_trans .inverse, \
                    output_shape=image_original.shape)
image_original_gray = rgb2gray(image_original)          # 명암도 영상
image_warped_gray = rgb2gray(image_warped)
```

해리스 코너 측정을 사용하여 코너를 추출한다.

```
coordinates = corner_harris(image_original_gray)
coordinates[coordinates > 0.01*coordinates.max()] = 1
coordinates_original = corner_peaks(coordinates, threshold_rel=0.0001, \
                                    min_distance=5)
coordinates = corner_harris(image_warped_gray)
coordinates[coordinates > 0.01*coordinates.max()] = 1
coordinates_warped = corner_peaks(coordinates, threshold_rel=0.0001, \
                                  min_distance=5)
```

서브 화소 코너 위치를 결정한다.

```
coordinates_original_subpix = \
 corner_subpix(image_original_gray, coordinates_original, window_size=9)
coordinates_warped_subpix = \
 corner_subpix(image_warped_gray, coordinates_warped, window_size=9)
```

```
# 중심 화소까지의 거리에 따라 화소 가중치 계산
def gaussian_weights(window_ext, sigma=1):
    y, x = np.mgrid[-window_ext:window_ext+1, -window_ext:window_ext+1]
    g_w = np.zeros(y.shape, dtype = np.double)
    g_w[:] = np.exp(-0.5 * (x**2 / sigma**2 + y**2 / sigma**2))
    g_w /= 2 * np.pi * sigma * sigma
    return g_w

def match_corner(coordinates, window_ext=3):
    row, col = np.round(coordinates).astype(np.intp)
    window_original = image_original[row-window_ext:row+window_ext+1, \
                                     col-window_ext:col+window_ext+1, :]

    # 중심 화소까지의 거리에 따른 화소의 가중치
    weights = gaussian_weights(window_ext, 3)
    weights = np.dstack((weights, weights, weights))

    #왜곡 영상에서 모든 코너에 대한 차 제곱의 합 계산
    SSDs = []
    for row, col in coordinates_warped:
        window_warped = image_warped[row-window_ext:row+window_ext+1, \
                                     col-window_ext:col+window_ext+1, :]
        if window_original.shape == window_warped.shape:
            SSD = np.sum(weights * (window_original - window_warped)**2)
            SSDs.append(SSD)

    # 일치관계로서 최소 SSD로 코너 사용
    min_idx = np.argmin(SSDs) if len(SSDs) > 0 else -1
    if min_idx >= 0: return coordinates_warped_subpix[min_idx]
    else: return [None]
```

제곱 차의 단순 가중 합계를 사용하여 일치 관계를 찾는다. 모든 좌표를 사용하여 어파인 변환 모델을 추정한다. 그리고 란삭으로 어파인 변환 모델을 강력하게 추정한다.

```
# 제곱 차 가중 합계를 사용하여 일치 관계 찾기
source, destination = [], []
for coordinates in coordinates_original_subpix:
```

```
    coordinates1 = match_corner(coordinates)
    if any(coordinates1) and len(coordinates1) > 0 \
                             and not all(np.isnan(coordinates1)):
        source.append(coordinates)
        destination.append(coordinates1)

source = np.array(source)
destination = np.array(destination)

# 모든 좌표를 이용하여 어파인 변환 모델 추정
model = AffineTransform()
model.estimate(source, destination)

# 란삭 어파인 변환 모델 강력 추정
model_robust, inliers = ransac((source, destination), AffineTransform, \
                    min_samples=3, residual_threshold=2, max_trials=100)
outliers = inliers == False
```

참과 추정된 변환 매개 변수를 비교한다.

```
print(affine_trans.scale, affine_trans.translation, affine_trans.rotation)
print(model.scale, model.translation, model.rotation)
print(model_robust.scale, model_robust.translation, model_robust.rotation)
# 0.8, 0.9) [120. -20.] 0.09999999999999999
# (0.8982412101241938, 0.8072777593937359) [-20.45123966 114.92297156]
 -0.10225420334222499
# (0.9001524425730123, 0.8000362790749186) [-19.87491292 119.83016533]
 -0.09990858564132579
```

일치관계를 시각화한다.

```
from skimage.feature import plot_matches

fig, axes = pylab.subplots(nrows=2, ncols=1, figsize=(20,15))
inlier_idxs = np.nonzero(inliers)[0]
outlier_idxs = np.nonzero(outliers)[0]
```

```
pylab.gray()
plot_matches(axes[0], image_original_gray, image_warped_gray, source, \
 destination, np.column_stack((inlier_idxs, inlier_idxs)), matches_color='b')
axes[0].axis('off'), axes[0].set_title('Correct correspondences', size=20)
plot_matches(axes[1], image_original_gray, image_warped_gray, source, \
 destination, np.column_stack((outlier_idxs, outlier_idxs)), matches_color='r')
axes[1].axis('off'), axes[1].set_title('Faulty correspondences', size=20)
fig.tight_layout()
pylab.show()
```

다음 그림은 코드 블록의 출력을 보여준다. 탐색된 올바른 일치관계는 파란색 선(위의 그림)으로 표시되는 반면, 잘못된 일치관계는 빨간색 선(아래 그림)으로 표시된다.

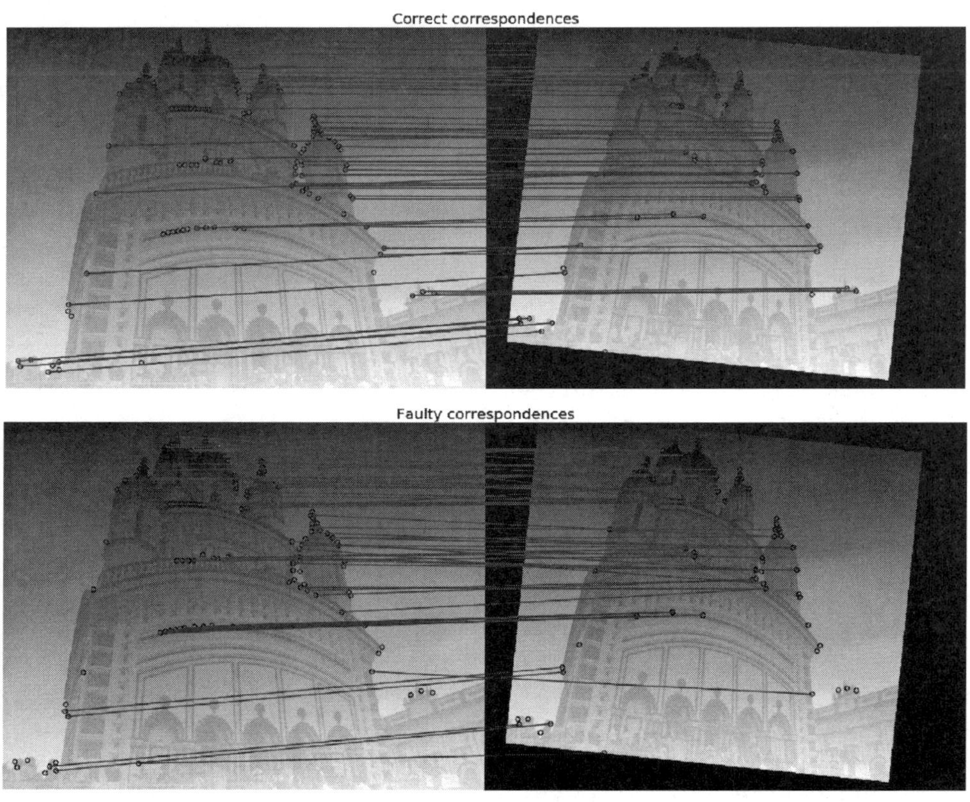

LoG, DoG 및 DoH를 사용한 블롭 검출기

영상에서 블롭blob은 어두운 영역에 있는 밝은 영역 또는 밝은 영역에 있는 어두운 영역으로 정의된다. 이 절에서는 다음 세 가지 알고리즘을 사용하여 영상에 블록 특징 검출을 구현하는 방법에 대해 설명한다. 입력 영상은 컬러(RGB) 나비 영상이다.

Laplacian of Gaussian(LoG)

3장 '컨볼루션과 주파수 영역 필터링'에서, 패턴 매칭으로 볼 수 있는 필터를 사용하여 영상의 상호 상관관계를 살펴보았다. 즉, 우리가 찾고자하는 (작은) 템플릿 영상을 영상의 모든 지역 영역과 비교한다. 블롭 발견의 핵심 아이디어는 이 사실에서 비롯된다. 이미 지난 장에서 에지 검출을 위해 제로 크로싱을 사용하는 LoG 필터를 어떻게 사용할 수 있는지 살펴보았다. LoG는 스케일 공간의 개념으로 LoG의 3차원(위치 + 스케일) 극한을 검색하여 스케일 불변 영역을 찾는 데에도 사용할 수 있다. 라플라시안의 스케일(LoG 필터의 σ)이 블롭의 스케일과 매칭되면, 라플라스 응답의 크기는 블롭의 중심에서 최대가 된다. 이 방법을 사용하면 LoG-컨볼루션된 영상이 점진적으로 증가하는 σ로 계산되며 큐브cube에 쌓인다. 블롭은 이 큐브의 로컬 최대 값에 해당한다. 이 접근법은 어두운 배경의 밝은 블롭을 감지한다. 그리고 그것은 정확하지만 속도는 느리다(특히 더 큰 블롭을 탐지하는 경우).

Difference of Gaussian(DoG)

LoG 접근법은 DoG 접근법에 의해 근사되며 따라서 더 빠르다. 영상은 σ 값이 증가하면서 (가우시안을 사용하여) 평활화되고, 연속된 두 평활화 영상 사이의 차가 큐브에 쌓인다. 이 접근법은 어두운 배경에서 밝은 블롭을 다시 검출한다. 큰 블롭 검출이 여전히 시간이 많이 소요되지만, 이것은 LoG보다 빠르며 정확성은 떨어진다.

Determinant of Hessian(DoH)

DoH 접근법은 이러한 접근법들 중에서 가장 빠르다. 영상의 헤시안Hessian 행렬식 행렬에서 최대 값을 계산하여 블롭을 검출한다. 블롭의 크기는 검출 속도에 아무런 영향을 미치지 않는다. 어두운 배경의 밝은 블롭과 밝은 배경의 어두운 블롭은 이 방법으로 검출되지만, 작은 블롭은 정확하게 검출되지 않는다.

다음 코드 블록은 scikit-image를 사용하여 앞서 언급한 세 가지 알고리즘을 구현하는 방법을 보여준다.

```
from skimage.feature import blob_dog, blob_log, blob_doh
im = imread('../images/butterfly.png')
im_gray = rgb2gray(im)

log_blobs = blob_log(im_gray, max_sigma=30, num_sigma=10, threshold=.1)
dog_blobs = blob_dog(im_gray, max_sigma=30, threshold=0.1)
log_blobs[:, 2] = np.sqrt(2) * log_blobs[:, 2]
dog_blobs[:, 2] = np.sqrt(2) * dog_blobs[:, 2]
doh_blobs = blob_doh(im_gray, max_sigma=30, threshold=0.005)
list_blobs = [log_blobs, dog_blobs, doh_blobs]

colors, titles = ['yellow', 'lime', 'red'], ['LoG','DoG', 'DoH']
fig, axes = pylab.subplots(2, 2, figsize=(20, 20))
axes = axes.ravel()
axes[0].imshow(im, interpolation='nearest')
axes[0].set_title('original image', size=30), axes[0].set_axis_off()

for i, blobs in enumerate(list_blobs):
    axes[i+1].imshow(im), axes[i+1].set_title('Blobs with ' + titles[i], size=30)
    for (y, x, row) in blobs:
        col = pylab.Circle( (x, y), row, color=colors[i], linewidth=2, fill=False)
        axes[i+1].add_patch(col), axes[i+1].set_axis_off()
pylab.tight_layout()
pylab.show()
```

다음 그림은 다른 세 가지 알고리즘으로 검출된 블롭 출력을 보여준다.

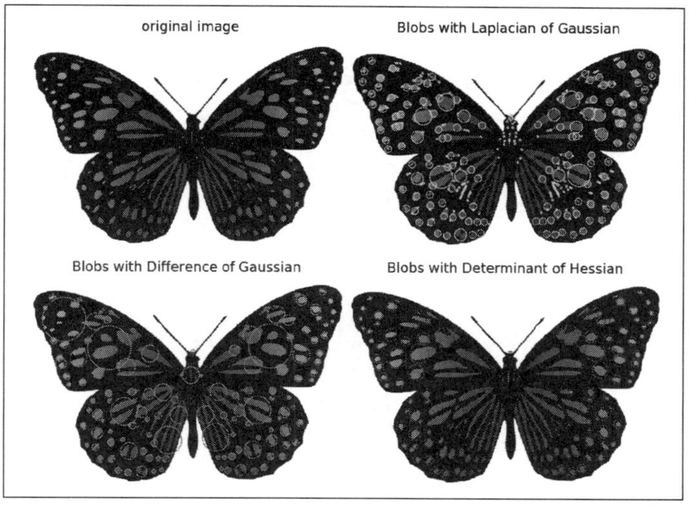

코너와 블롭 특징은 반복성repeatability, 돌출성saliency 그리고 국부성locality을 모두 가지고 있다.

Histogram of Oriented Gradients(HOG)

객체 검출을 위한 인기 있는 특징 서술자는 HOGHistogram of Oriented Gradients이다. 이 절에서는 영상에서 HOG 서술자를 계산하는 방법에 대해 설명한다.

HOG 서술자 계산 알고리즘

다음 단계는 HOG 서술자 알고리즘을 설명한다.

1. 원하는 경우 영상을 전체적으로 정규화할 수 있다.
2. 수평 및 수직 그레디언트 영상을 계산한다.
3. 그레디언트 히스토그램을 계산한다.
4. 블록blocks을 기준으로 정규화한다.
5. 특징 서술자 벡터로 전개한다.

HOG 서술자는 알고리즘을 사용하여 최종적으로 얻은 정규화된 블록 서술자이다.

Scikit-image로 HOG 서술자 계산

이제 scikit-image 특징 모듈의 hog() 함수를 사용하여 HOG 서술자를 계산하고 시각화해 본다. 더 나은 디스플레이를 위해 히스토그램의 크기를 재조정한다.

```
# HOG 서술자 계산하고 시각화
from skimage.feature import hog

image = rgb2gray(imread('../images/cameraman.jpg'))
fd, hog_image = hog(image, orientations=8, pixels_per_cell=(16, 16), \
                    cells_per_block=(1, 1), visualize=True)
hog_image_rescaled = rescale_intensity(hog_image, in_range=(0,10))
print(image.shape, len(fd))             # ((256L, 256L), 2048)

fig, (axes1, axes2) = pylab.subplots(1, 2, figsize=(15, 10))
axes1.axis('off'), axes1.imshow(image, cmap='gray')
axes1.set_title('Input image')

# 히스토그램 크기 재조정
axes2.axis('off'), axes2.imshow(hog_image_rescaled, cmap='gray')
axes2.set_title('Histogram of Oriented Gradients')
pylab.show()
```

결과물은 다음과 같다. 계산된 HOG 특징의 시각화에 유의하자.

9장 '영상처리에서 전통적인 기계학습 방법'에서, 우리는 HOG 서술자를 사용하여 영상에서 객체를 검출하는 방법을 논의할 것이다.

스케일 불변의 특징 변환(SIFT)

SIFT(Scale-Invariant Feature Transform) 서술자는 영상 영역에 대한 대체 표현을 제공한다. 이것은 영상 매칭에 매우 유용하다. 앞에서 설명한 것처럼 간단한 코너 검출기는 일치시킬 영상이 본질적으로 비슷할 때(스케일, 방향 등과 관련하여) 잘 작동한다. 그러나 영상의 스케일과 회전이 다른 경우에는 SIFT 서술자를 사용하여 영상을 매칭시킬 필요가 있다. SIFT는 스케일 불변성뿐만 아니라 영상의 회전, 조명 및 시점이 변경될 때도 여전히 우수한 결과를 얻는다.

이동, 회전, 스케일 및 기타 영상 매개 변수에 영향을 받지 않는 로컬 특징 좌표로 영상 내용을 변환하는 SIFT 알고리즘과 관련된 주요 단계에 대해 살펴보자.

SIFT 서술자를 계산하는 알고리즘

- **스케일 공간 극값한 검출**(scale-space extrema detection): 다중 스케일 및 영상 위치를 검색하고, 위치 및 특성 스케일은 DoG 검출기로 제공된다.
- **키포인트 지역화**(keypoint localization): 안정성 기준에 따라 키포인트를 선택하고, 낮은 콘트라스트와 에지 키포인트를 제거하여 강한 관심 점들만 유지한다.
- **방향 지정**(orientation assignment): 각 키포인트 영역에 대해 최상의 방향을 계산하여 매칭의 안정성에 기여한다.
- **키포인트 서술자 계산**(keypoint descriptor computation): 각 키포인트 영역을 설명하기 위해 선택된 스케일과 회전에서 로컬 영상 그레디언트를 사용한다.

논의된 바와 같이, SIFT는 조명의 작은 변화(그레디언트와 정규화로 인한), 자세(방향 히스토그램으로 인한 작은 어파인 변화), 스케일(DoG에 의한) 그리고 클래스 내 변화(히스토그램으로 인한 작은 변화)에 대하여 강건하다.

Opencv와 opencv-contrib 사용

python-opencv에서 SIFT 함수를 사용하려면, 먼저 다음 링크의 지침(https://pypi.org/project/opencv-contrib-python/)에 따라 opencv-contrib을 설치해야 한다. 다음 코드 블록은 SIFT 키포인트를 검출하는 방법을 보여주며, 입력된 모나리자 영상을 사용하여 키포인트를 그린다.

먼저 SIFT 객체를 생성한 다음, detect() 메서드를 사용하여 영상의 키포인트를 계산한다. 모든 키포인트는 특별한 특징이며 여러 가지 속성이 있다. 예를 들어, (x, y) 좌표, 각도(방향), 응답(키포인트의 밝기), 의미있는 이웃의 크기 등이다.

그런 다음, cv2의 drawKeyPoints() 함수를 사용하여 검출된 키포인트 주위에 작은 원을 그린다. 이 함수에 cv2.DRAW_MATCHES_FLAGS_DRAW_RICH_KEYPOINTS 플래그를 적용하면, 키포인트의 방향과 함께 키포인트 크기의 원이 그려진다. 키포인트와 서술자를 함께 계산하기 위해, 우리는 detectAndCompute() 함수를 사용할 것이다.

```
im = cv2.imread('../images/monalisa.jpg')
gray= cv2.cvtColor(img,cv2.COLOR_BGR2GRAY)
sift = cv2.xfeatures2d.SIFT_create()

kp = sift.detect(gray, None)                          # SIFT 키포인트 검출
flags=cv2.DRAW_MATCHES_FLAGS_DRAW_RICH_KEYPOINTS
im1 = cv2.drawKeypoints(im,kp, None, flags=flags)

fig, (axes1, axes2) = pylab.subplots(1, 2, figsize=(15, 10))
axes1.axis('off'), axes1.imshow(cv2.cvtColor(im,cv2.COLOR_BGR2RGB))
axes1.set_title('Original Image', size=20)
axes2.axis('off'), axes2.imshow(cv2.cvtColor(im1,cv2.COLOR_BGR2RGB))
axes2.set_title('Image with SIFT Keypoints', size=20)
pylab.show()

kp, des = sift.detectAndCompute(gray,None)            # SIFT 서술자 계산
```

다음은 모나리자 입력 영상과 그 위에 그려진 계산된 SIFT 키포인트 및 방향에 관한 출력이다.

응용 프로그램 – BRIEF, SIFT 및 ORB를 사용한 영상 매칭

앞 절에서는 SIFT 키포인트를 검출하는 방법에 대해 논의했다. 이 절에서는 BRIEF(짧은 이진 서술자)와 ORB(SIFT 대신 효율적인 대안)라는 영상에 대한 몇 가지 특징 서술자를 소개한다. 이 모든 서술자는 곧 우리가 보게될 영상 매칭과 객체 검출에도 사용될 수 있다.

Scikit-image를 사용한 BRIEF 이진 서술자와 영상 매칭

BRIEF[Binary Robust Independent Elementary Features]서술자는 상대적으로 적은 비트 수를 가지며, 밝기 차이 테스트 집합을 사용하여 계산할 수 있다. 짧은 이진 서술자이기 때문에 메모리를 차지하는 공간이 작으며, 이 서술자를 사용한 매칭은 해밍 거리 측정법으로 매우 효율적으로 할 수 있다. BRIEF를 사용하면 회전 불변성을 제공하지 않지만, 다른 스케일에서 특징을 검출하여 원하는 스케일 불변성을 얻을 수 있다. 다음 코드 블록은 scikit-image 함수로 BRIEF 이진 서술자를 계산하는 방법을 보여준다. 일치하는 입력 영상은 명암도 `lena` 영상과 그것의 어파인 변환된 버전이다.

이 코드 블록을 작성해 보자.

```
from skimage import transform
from skimage.feature import (match_descriptors, corner_peaks, \
                             corner_harris, plot_matches, BRIEF)

img1 = rgb2gray(imread('../images/lena.jpg'))
affine_trans = AffineTransform(scale=(1.2, 1.2), translation=(0,-100))
img2 = transform.warp(img1, affine_trans)
img3 = transform.rotate(img1, 25)

coords1, coords2, coords3 = corner_harris(img1), corner_harris(img2), \
                            corner_harris(img3)
coords1[coords1 > 0.01*coords1.max()] = 1
coords2[coords2 > 0.01*coords2.max()] = 1
coords3[coords3 > 0.01*coords3.max()] = 1
keypoints1 = corner_peaks(coords1, min_distance=5)
keypoints2 = corner_peaks(coords2, min_distance=5)
keypoints3 = corner_peaks(coords3, min_distance=5)

extractor = BRIEF()
extractor.extract(img1, keypoints1)
keypoints1, descriptors1 = keypoints1[extractor.mask], extractor.descriptors
extractor.extract(img2, keypoints2)
keypoints2, descriptors2 = keypoints2[extractor.mask],extractor.descriptors
extractor.extract(img3, keypoints3)
keypoints3, descriptors3 = keypoints3[extractor.mask],extractor.descriptors
matches12 = match_descriptors(descriptors1, descriptors2, cross_check=True)
matches13 = match_descriptors(descriptors1, descriptors3, cross_check=True)

# pylab.subplot(211), pylab.imshow(descriptors1)
# pylab.subplot(212), pylab.imshow(descriptors2)
# pylab.show()
# print(descriptors1.shape, descriptors2.shape)
fig, (axe1, axe2) = pylab.subplots(2, 1, figsize=(10,10))
plot_matches(axe1, img1, img2, keypoints1, keypoints2,matches12)
axe1.axis('off'), axe1.set_title("Original Image vs. Scaled & Translation Image")
plot_matches(axe2, img1, img3, keypoints1, keypoints3, matches13)
axe2.axis('off'), axe2.set_title("Original Image vs. Rotated Image")
pylab.show()
```

다음 그림은 코드 블록의 출력과 간단한 키포인트가 두 영상 사이에서 일치하는 방식을 보여준다.

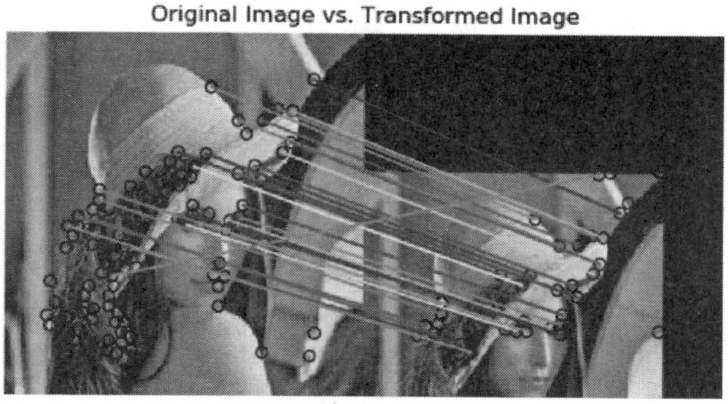

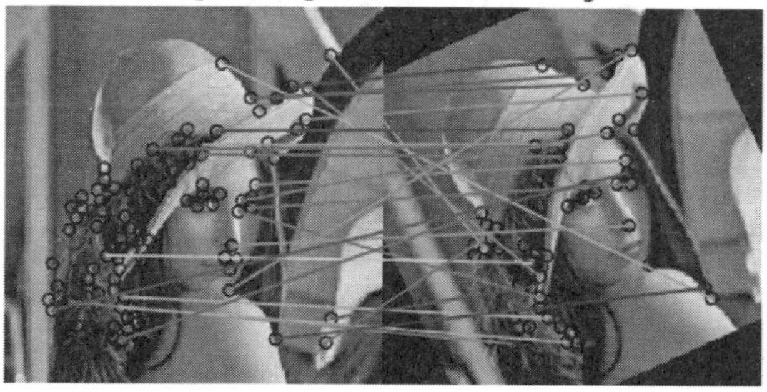

Scikit-image를 사용하여 ORB 특징 검출기와 이진 서술자를 이용한 매칭

ORB[Oriented FAST and Rotated BRIEF] 특징 검출과 이진 서술자 알고리즘을 보여주는 코드를 작성해 보자. 지향적 FAST 검출 방법과 회전된 BRIEF 서술자가 이 알고리즘에 사용된다. BRIEF와 비교할 때, ORB는 스케일과 회전 불변에 더 뛰어나고, 또한 매칭을 위해 해밍 거리를 더 효율적으로 적용할 수 있다. 따라서 이 방법은 실시간 응용을 고려할 때 BRIEF보다 선호된다.

```
from skimage.feature import (match_descriptors, ORB, plot_matches)

img1 = rgb2gray(imread('../images/me5.jpg'))
img2 = transform.rotate(img1, 180)
```

```
affine_trans = AffineTransform(scale=(1.3, 1.1), rotation=0.5, \
                               translation=(0, -200))
img3 = transform.warp(img1, affine_trans)
img4 = rgb2gray(imread('../images/me6.jpg'))
img4 = transform.resize(img4, img1.shape, anti_aliasing=True)

descriptor_extractor = ORB(n_keypoints=200)
descriptor_extractor.detect_and_extract(img1)
keypoints1 = descriptor_extractor.keypoints
descriptors1 = descriptor_extractor.descriptors
descriptor_extractor.detect_and_extract(img2)
keypoints2 = descriptor_extractor.keypoints
descriptors2 = descriptor_extractor.descriptors

descriptor_extractor.detect_and_extract(img3)
keypoints3 = descriptor_extractor.keypoints
descriptors3 = descriptor_extractor.descriptors
descriptor_extractor.detect_and_extract(img4)
keypoints4 = descriptor_extractor.keypoints
descriptors4 = descriptor_extractor.descriptors

matches12 = match_descriptors(descriptors1, descriptors2, cross_check=True)
matches13 = match_descriptors(descriptors1, descriptors3, cross_check=True)
matches14 = match_descriptors(descriptors1, descriptors4, cross_check=True)

fig, (axe1, axe2, axe3) = pylab.subplots(3, 1, figsize=(10,15))
plot_matches(axe1, img1, img2, keypoints1, keypoints2, matches12)
axe1.axis('off'), axe1.set_title("Original Image vs. Transformed Image")
plot_matches(axe2, img1, img3, keypoints1, keypoints3, matches13)
axe2.axis('off'), axe2.set_title("Original Image vs. Transformed Image")
plot_matches(axe3, img1, img4, keypoints1, keypoints4, matches14)
axe3.axis('off'), axe3.set_title("Image1 vs. Image2")
pylab.show()
```

다음은 ORB 검출기와 이진 서술자로 어떻게 매칭시키는지와 그 결과를 볼 수 있다.

아래 그림은 코드 블록의 출력 영상과 라인으로 매칭된 영상에 대한 ORB 키포인트를 보여준다. 먼저, 알고리즘은 영상을 어파인 변환된 버전과 매칭시키고, 다음으로 동일한 객체를 가지는 두 개의 다른 영상에 대해서 각각 매칭을 시도한다.

방향 1:

방향 2:

방향 3:

Image1 vs. Image2

Python-opencv의 무차별 매칭을 사용한 ORB 특징의 매칭

이 절에서는 두 개의 영상 서술자가 opencv의 무차별 매처brute-force matcher를 사용하여 어떻게 매칭될 수 있는지를 보여준다. 이 경우, 한 영상의 특징 서술자가 다른 영상의 모든 특징과 매칭되고(거리 측도를 사용하여), 가장 가까운 것이 반환된다. `BFMatcher()` 함수를 ORB 서술자와 함께 사용하여 두 책의 영상을 매칭시킨다.

```
img1 = cv2.imread('../images/books.png',0)                # 질의 영상
img2 = cv2.imread('../images/book.png',0)                 # 훈련 영상

orb = cv2.ORB_create()                                    # ORB 검출기 객체 생성
kp1, des1 = orb.detectAndCompute(img1,None)               # 키포인트와 서술자 검색
kp2, des2 = orb.detectAndCompute(img2,None)

# BFMatcher 객체 생성
bf = cv2.BFMatcher(cv2.NORM_HAMMING, crossCheck=True)
matches = bf.match(des1, des2)                            # 서술자 매칭
matches = sorted(matches, key = lambda x:x.distance)      # 거리순 정렬
# 첫 20개 매치 그리기
img3 = cv2.drawMatches(img1, kp1,img2, kp2, matches[:20], None, flags=2)
pylab.figure(figsize=(20,10)), pylab.imshow(img3)
pylab.show()
```

다음 그림은 코드 블록에서 사용된 입력 영상을 보여준다.

다음 그림은 코드 블록에 의해 계산된 상위 20개의 ORB 키포인트를 보여준다.

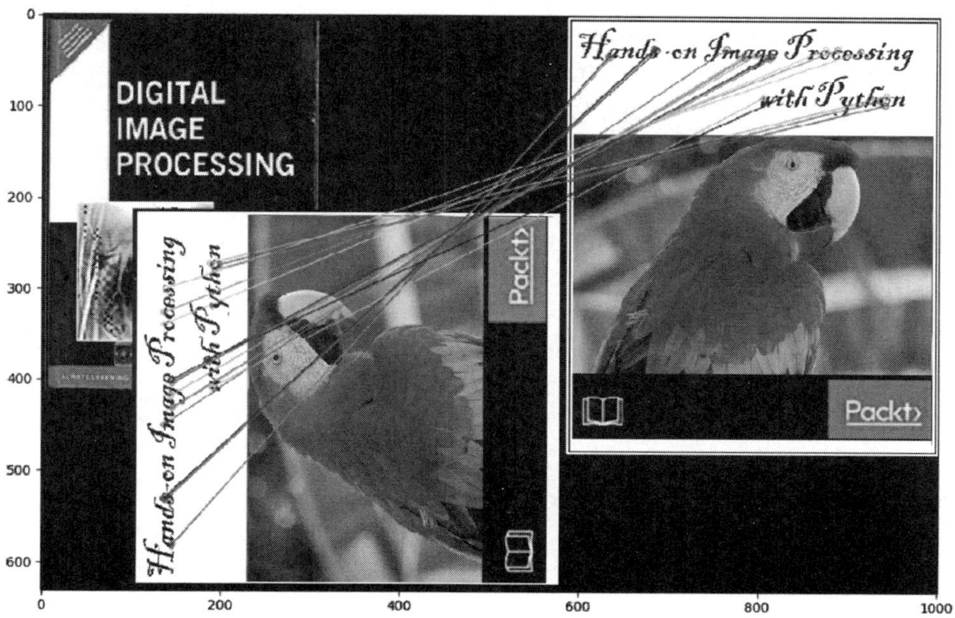

OpenCV를 이용한 SIFT 서술자의 무차별 매칭과 비율 테스트

두 영상 사이의 SIFT 키포인트는 최근접 이웃을 식별하여 매칭시킨다. 그러나 잡음과 같은 요소로 인해, 두 번째 가장 가까운 매칭이 첫 번째보다 더 가깝게 보일 수도 있다. 이 경우, 가장 가까운 두 번째 거리와 가장 가까운 거리의 비율을 계산하고 0.8보다 큰지 확인한다. 비율이 0.8 이상이면, 이들은 거부된다.

이렇게 하면 잘못된 매칭의 약 90%를 제거하고, 약 5%만 매칭시킨다(SIFT 논문에 의해). `knnMatch()` 함수를 사용하여 키포인트에 대해 `k = 2`의 가장 잘 매칭되는 항목을 얻는다. 우리는 또한 비율 테스트를 적용할 것이다.

```
img1 = cv2.imread('../images/books.png',0)        # 질의 영상
img2 = cv2.imread('../images/book.png',0)         # 훈련 영상

sift = cv2.xfeatures2d.SIFT_create()              # SIFT 검출기 객체 생성
kp1, des1 = sift.detectAndCompute(img1,None)      # SIFT로 키포인트와 서술자 검색
kp2, des2 = sift.detectAndCompute(img2,None)
bf = cv2.BFMatcher()
matches = bf.knnMatch(des1, des2, k=2)

good_matches = []
for m1, m2 in matches:                            # Apply ratio test
    if m1.distance < 0.75*m2.distance:
        good_matches.append([m1])
img3 = cv2.drawMatchesKnn(img1, kp1, img2, kp2,good_matches, None, flags=2)
pylab.figure(figsize=(20,10)), pylab.imshow(img3)
pylab.show()
```

다음 그림은 앞 코드 블록의 출력과 키포인트가 k-최근접 이웃 매처로 영상 간에 어떻게 매칭하는지 보여준다.

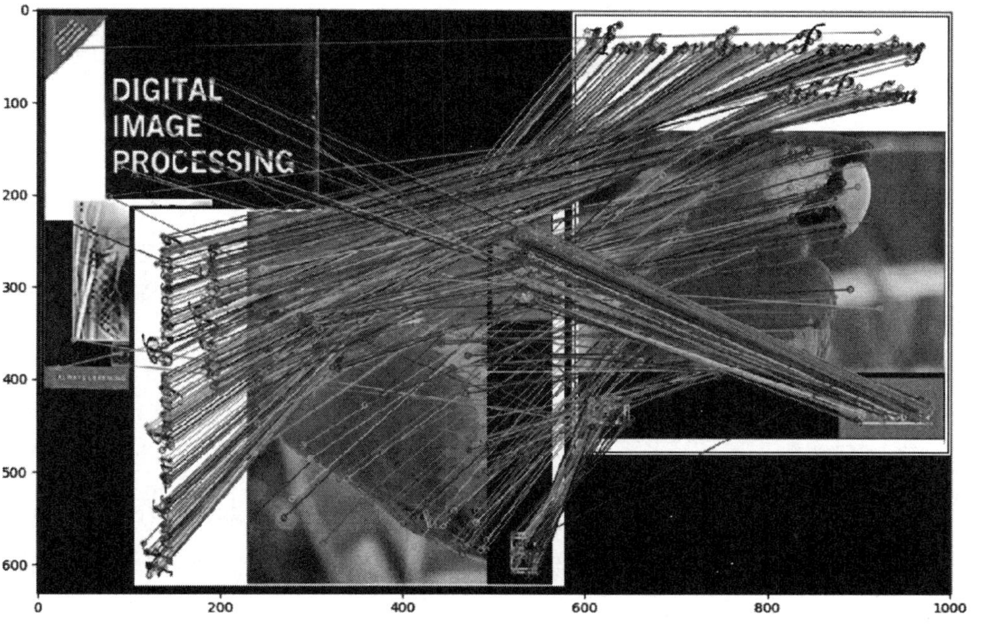

유사 - 하르 특징

유사-하르Haar-like 특징은 객체 검출에 사용되는 매우 유용한 영상 특징이다. 이것은 Viola와 Jones의 첫 번째 실시간 얼굴 검출기에 도입되었다. 적분 영상integral images을 사용하면 어떤 크기(스케일)의 유사-하르 특징을 일정 시간 내에 효율적으로 계산할 수 있다. 계산 속도는 다른 특징에 비해 유사-하르 특징의 핵심 이점이다. 이러한 특징은 3장 '컨볼루션과 주파수 영역 필터링'에서 소개한 컨볼루션 커널(사각형 필터)과 같다. 각 특징은 검은색 직사각형 내의 화소 합에서 흰색 직사각형 내의 화소 합계를 뺀 값으로 계산된다. 다음 그림은 유사-하르의 여러 가지 유형의 특징과 얼굴 인식을 위한 중요한 유사-하르 특징을 보여준다.

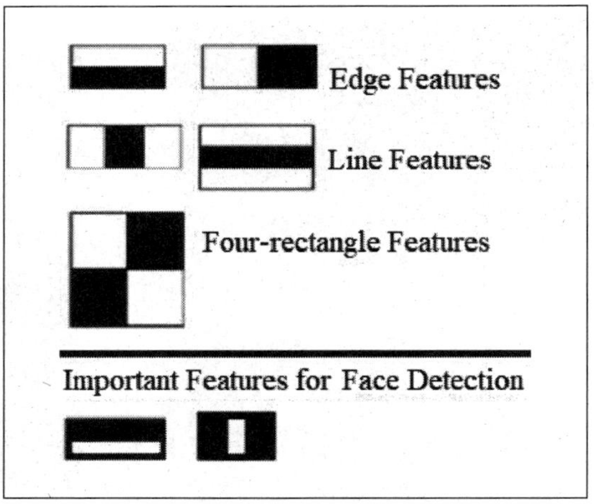

여기에 표시된 얼굴 검출의 첫 번째와 두 번째 중요한 특징은 눈의 영역이 코와 볼의 영역보다 종종 더 어두우며, 눈이 콧등보다 더 어둡다는 사실에 초점을 맞추었다. 다음 절에서는 scikit-image를 사용하여 유사-하르 특징을 시각화한다.

Scikit-image를 사용한 유사-하르 특징 서술자

이 절에서는 다양한 유형의 유사-하르 특징 서술자를 시각화한다. 여기에는 5가지 다른 유형이 있다. 서술자의 값은 파란색(중간 회색)과 빨간색(밝은 회색) 밝기 값 합계 사이의 차와 같다.

다음 코드 블록은 scikit-image 특징 모듈의 `haar_like_feature_coord()`와 `draw_haar_like_feature()` 함수를 사용하여 여러 유형의 Haar 특징 서술자를 시각화하는 방법을 보여준다.

```
from skimage.feature import haar_like_feature_coord
from skimage.feature import draw_haar_like_feature

images = [np.zeros((2, 2)), np.zeros((2, 2)), \
          np.zeros((3, 3)), np.zeros((3, 3)), np.zeros((2, 2))]
feature_types = ['type-2-x', 'type-2-y', 'type-3-x', 'type-3-y', 'type-4']

fig, axes = pylab.subplots(3, 2, figsize=(5,7))
```

```
for axes, img, feat_t in zip(np.ravel(axes), images, feature_types):
    coordinates, _ = haar_like_feature_coord(img.shape[0], img.shape[1], feat_t)
    haar_feature = draw_haar_like_feature(img, 0, 0, img.shape[0], img.shape[1], \
                            coordinates, max_n_features=1, random_state=0, \
                            color_positive_block=(1.0, 0.0, 0.0), \
                            color_negative_block=(0.0, 0.0, 1.0), alpha=0.8)
    axes.imshow(haar_feature), axes.set_title(feat_t), axes.set_axis_off()

fig.suptitle('Different Haar-like feature descriptors')
pylab.axis('off'), pylab.tight_layout()
pylab.show()
```

다음 그림은 앞 코드 블록의 결과를 보여준다.

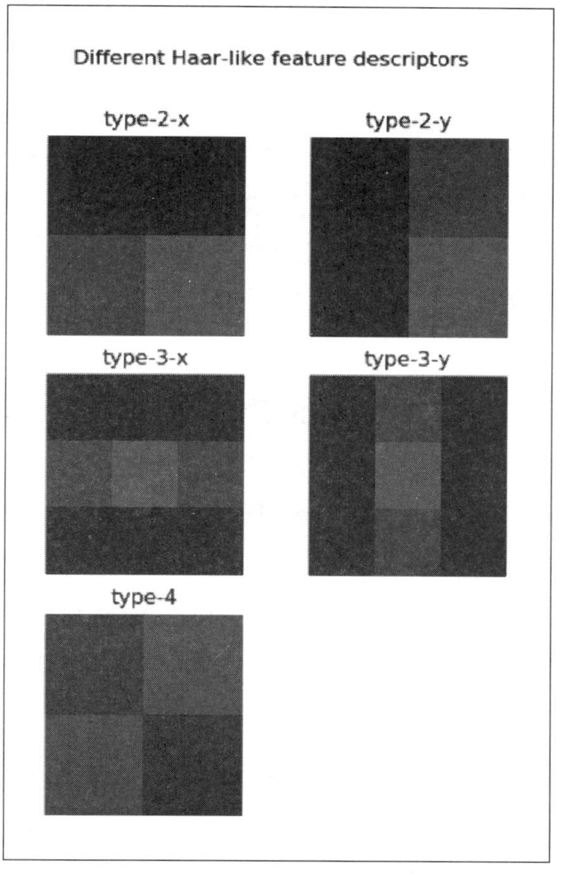

응용 프로그램 – 유사–하르 특징을 사용한 얼굴 검출

Viola-Jones 얼굴 검출 알고리즘을 사용하면, 이러한 유사-하르 특징을 사용하여 영상에서 얼굴을 검출할 수 있다. 각각의 유사-하르 특징은 약한 분류기일 뿐이므로 정확성을 가진 얼굴을 검출하기 위해 많은 유사-하르 특징들이 필요하다. 적분 영상integral images을 사용하여 각 유사-하르 커널의 가능한 모든 크기와 위치에 대해 많은 수의 유사-하르 특징들이 계산된다. 그런 다음, 아다부스트AdaBoost 앙상블 분류기를 사용하여 많은 수의 특징들 중에서 중요한 특징을 선택하고, 이를 학습 단계에서 강한 분류기 모델로 결합한다. 마지막으로 학습된 모델을 사용하여 선택한 특징으로 얼굴 영역을 분류한다.

영상의 대부분의 영역은 일반적으로 비-얼굴 영역이다. 그래서 먼저 윈도우가 얼굴 영역이 아닌지 검사한다. 그렇지 않은 경우에는 단일 샷으로 버리고, 얼굴이 발견될 가능성이 있는 다른 영역을 검사한다. 이렇게 하면 얼굴 영역을 검사하는데 더 많은 시간을 할애할 수 있다. 이 아이디어를 구현하기 위해 분류기의 캐스케이드cascade 개념이 도입되었다. 방대한 양의 모든 특징들을 윈도우에 적용하는 대신 특징을 분류기의 여러 단계로 그룹화하고 하나씩 적용한다(처음 몇 단계는 특징이 거의 없다). 윈도우가 첫 번째 단계에서 실패하면 버려지고, 나머지 특징은 고려되지 않는다. 통과하면 특징의 두 번째 단계가 적용되는 식으로 진행된다. 얼굴 영역은 모든 단계를 통과하는 윈도우에 해당한다. 이 개념은 9장 '영상처리에서 전통적인 기계학습 방법'에서 더 자세히 논의될 것이다.

Haar-cascade 특징을 갖춘 사전 학습 분류기를 사용하여 OpenCV로 얼굴/눈 검출

OpenCV에서는 학습기와 검출기가 함께 제공된다. 이 절에서는 얼굴, 눈, 미소 등에 대한 사전 학습 분류기를 사용하여 검출(모델 학습 생략)하는 방법을 보여준다. OpenCV에는 이미 학습된 많은 모델이 포함되어 있다. 우리는 처음부터 분류기를 학습하는 대신에 그들을 사용할 것이다. 이 사전 학습 분류기는 XML 파일로 직렬화되며, OpenCV 설치와 함께 제공된다(`opencv/data/haarcascades/` 폴더에서 찾을 수 있음).

입력 영상에서 얼굴을 검출하려면, 먼저 필요한 XML 분류기를 로드한 다음, 입력 영상을 로드해야 한다(명암도 모드). 영상에서의 얼굴은 미리 학습된 캐스케이드 분류기와 함께 `detectMultiScale()` 함수를 사용하여 찾을 수 있다. 이 함수는 다음의 매개 변수를 가진다.

- scaleFactor: 각 영상 스케일에서 영상 크기를 줄이고, 스케일 피라미드를 만드는 데 사용되는 양을 지정하는 매개 변수이다(예: 스케일 인수 1.2는 크기를 20 % 줄임). scaleFactor가 작을수록 검출 모델과 매칭하는 크기가 더 많이 발견된다.
- minNeighbors: 각 후보 사각형을 유지해야 하는 이웃의 수를 지정하는 매개 변수이다. 이 매개 변수는 검출된 얼굴의 품질에 영향을 준다. 값이 클수록 검출은 적지만 품질은 높아진다.
- minSize와 maxSize: 가능한 최소와 최대 객체 크기이다. 이 값을 초과하는 크기의 객체는 무시된다.

얼굴이 발견되면 함수는 검출된 얼굴의 위치를 Rect(x, y, w, h)로 반환한다. 이 위치를 얻은 후에는 얼굴의 ROI(관심 영역)를 생성한 다음, 이 ROI에 눈 검출이 적용된다(눈은 항상 얼굴에 있기 때문에). 다음 코드 블록은 여러 사전학습 분류기를 사용하여 python-opencv로 얼굴과 눈 검출기를 생성하는 방법을 보여준다(정면 얼굴, 상체를 사용한 사전학습 분류기나 혹은 안경 착용/미착용 눈을 사용한 눈 검출용 사전학습 분류기로 얼굴을 탐지하는데 적합).

```
# OpenCV 설치되어 있어야 함
opencv_haar_path = 'C:/opencv/sources/data/haarcascades/'
face_cascade = \
    cv2.CascadeClassifier(opencv_haar_path + 'haarcascade_frontalface_
                          default.xml')
eye_cascade = cv2.CascadeClassifier(opencv_haar_path + 'haarcascade_eye.xml')
# eye_cascade = \                    # 안경 착용 얼굴 검출
#       cv2.CascadeClassifier(opencv_haar_path + \
#                                 'haarcascade_eye_tree_eyeglasses.xml')

im = cv2.imread('../images/lena.jpg')
gray = cv2.cvtColor(im, cv2.COLOR_BGR2GRAY)
faces = face_cascade.detectMultiScale(gray, 1.2, 5) # scaleFactor=1.2, minNbr=5
print(len(faces))                                   # 검출된 얼굴 개수 1

for (x,y,w,h) in faces:
    im1 = cv2.rectangle(img,(x,y),(x+w,y+h),(255,0,0),2)
    roi_gray = gray[y:y+h, x:x+w]
```

```
    roi_color = img[y:y+h, x:x+w]
    eyes = eye_cascade.detectMultiScale(roi_gray)  # 검출 눈 좌표
    print(eyes)
    for (ex,ey,ew,eh) in eyes:
        cv2.rectangle(roi_color,(ex,ey),(ex+ew,ey+eh), (0,255,0), 2)
cv2.imwrite('me_face_detected.jpg', img)
```

다음 두 그림은 앞 코드 블록의 출력을 보여준다. 각각의 사전 학습된 Haar 캐스케이드 분류기(각각 eye 및 eye_tree_glass 분류기)와 두 개의 서로 다른 입력 얼굴 영상(처음에는 안경이 없고, 두 번째 입력 영상은 안경이 있음)이 표시된다.

요약

이 장에서는 파이썬의 scikit-image 및 cv2 (python-opencv) 라이브러리를 사용하여 영상에서 여러 유형의 특징 서술자를 계산하기 위한 몇 가지 중요한 특징 검출과 추출 기술에 대해 설명했다. 우리는 영상의 로컬 특징 검출기와 서술자의 기본 개념과 함께 바람직한 특성을 가지고 작업을 시작했다. 그런 다음, 해리스 코너 검출기를 사용하여 영상의 코너 관심 지점을 검출하고, 이를 사용하여 두 영상을 매칭시킨다(서로 다른 시점에서 캡처한 동일한 객체). 그리고 LoG/DoG/DoH 필터를 사용하여 블롭 검출에 대해 논의했다. 다음으로, 우리는 HOG, SIFT, ORB, BRIEF 이진 검출기/서술자 그리고 영상을 이러한 특징과 매칭하는 방법에 대해 논의했다. 마지막으로, Viola-Jones 알고리즘을 사용하여 유사-하르 특징과 얼굴 검출에 대해 설명했다.

이 장의 마지막 부분에서는 파이썬 라이브러리를 사용하여 영상의 다양한 특징/서술자를 계산할 수 있어야 한다. 또한 영상을 다양한 유형의 특징 서술자(예: SIFT, ORB 등)와 비교하고, 파이썬으로 얼굴이 포함된 영상에서 얼굴을 탐지할 수 있어야 한다. 다음 장에서는 영상 분할에 대해 설명한다.

연습문제

1. cv2로 서브 화소 정확도로 해리스 코너 검출기를 구현하라.
2. cv2로 몇 가지 사전 학습된 Haar 캐스케이드 분류기를 수행하고, 영상에서 여러 얼굴을 탐지하라.
3. BFMatcher 대신 FLANN 기반 근사 최근접 이웃 매처approximate nearest-neighborhood matcher를 사용하여 cv2로 책 영상들과 매칭시켜라.
4. SURF 키포인트를 계산하고, 그것을 cv2로 영상 매칭에 사용하라.

추가 읽기

- http://scikit-image.org/docs/dev/api/skimage.feature.html
- https://docs.opencv.org/3.1.0/da/df5/tutorial_py_sift_intro.html
- https://sandipanweb.wordpress.com/2017/10/22/feature-detection-withharris-corner-detector-and-matching-images-with-feature-descriptorsin-python/
- https://sandipanweb.wordpress.com/2018/06/30/detection-of-a-humanobject-with-hog-descriptor-features-using-svm-primal-quadprogimplementation-using-cvxopt-in-python/
- http://vision.stanford.edu/teaching/cs231b_spring1213/slides/HOG_2011_Stanford.pdf
- http://cvgl.stanford.edu/teaching/cs231a_winter1415/lecture/lecture10_detector_descriptors_2015.pdf
- https://www.cis.rit.edu/~cnspci/references/dip/feature_extraction/harris1988.pdf
- https://www.cs.ubc.ca/~lowe/papers/ijcv04.pdf
- https://www.cs.cmu.edu/~efros/courses/LBMV07/Papers/viola-cvpr-01.pdf
- https://lear.inrialpes.fr/people/triggs/pubs/Dalal-cvpr05.pdf

Chapter 8

영상 분할

이 장에서는 영상처리의 핵심 개념, 즉 분할에 대해 설명한다. 영상 분할의 기본개념과 그것이 왜 중요한지에 대한 소개로 시작할 것이다. scikit-image 및 python-opencv (cv2) 라이브러리 함수에서의 구현과 함께 다양한 영상 분할 기법에 대한 논의를 계속할 것이다.

이 장에서 다룰 내용은 다음과 같다.

- 허프 변환–영상에서 원과 직선 검출(scikit-image 사용)
- 임계치와 오쓰Otsu의 분할(scikit-image 사용)
- 에지 기반/영역 기반 분할 기법(scikit-image 사용)
- Felzenszwalb, SLIC, QuickShift 및 Compact Watershed 알고리즘(scikit-image 사용)
- 능동 윤곽선, 형태학적인 스네이크와 GrabCut 알고리즘(scikit-image와 python-opencv 사용)

영상 분할이란 무엇인가?

영상 분할image segmentation은 서로 다른 객체 또는 객체의 일부에 해당하는 별개의 영역 또는 범주로 영상을 분할하는 것이다. 각 영역에는 유사한 속성을 가진 화소가 포함되어 있으며, 영상의 각 화소는 이러한 범주 중 하나에 할당된다. 양호한 분할은 전형적으로 동일한 범주 내의 화소들이 유사한 밝기 값을 가지며 연결된 영역을 형성하는 반면, 상이한 범주에 있는 이웃하는 화소들은 다른 밝기 값을 갖는다. 분할의 목표는 영상의 표현을 보다 의미있고, 쉽게 분석할 수 있도록 단순화 또는 변경하는 것이다.

분할이 잘 수행되면 영상 분석의 다른 모든 단계가 더 간단해진다. 따라서 분할의 품질과 신뢰성은 영상 분석의 성공 여부를 결정한다. 그러나 영상을 올바르게 분할하는 것은 매우 어려운 문제이다.

분할 기법은 일부 전역 속성(예: 색상/명암도)과 관련된 그룹 화소와 영상의 특징 사이의 공간적 관계는 고려하지 않는 비문맥non-contextual적이거나, 유사한 명암도를 갖는 공간적으로 근접한 화소를 그룹화하는 것과 같은 공간적 관계를 추가로 이용하는 문맥contextual적이 될 수 있다. 이 장에서는 서로 다른 분할 기법을 논의하고, `scima-image`, `python-opencv (cv2)` 및 `SimpleITK` 라이브러리 함수를 사용하여 파이썬 기반 구현을 시연한다. 이 장에서 필요한 라이브러리를 임포트하여 시작하자.

```
import numpy as np
import matplotlib.pyplot as pylab
from matplotlib import cm

from skimage import img_as_float, data
from skimage.data import astronaut
from skimage.io import imread
from skimage.color import rgb2gray, label2rgb, gray2rgb, rgba2rgb

from skimage.filters import sobel, threshold_otsu
from skimage.draw import circle_perimeter
from skimage.feature import canny
from skimage.transform import (hough_line, hough_line_peaks, \
                               hough_circle, hough_circle_peaks)
from skimage.segmentation import (felzenszwalb, slic, quickshift, \
                            watershed, mark_boundaries, find_boundaries)
```

허프 변환 – 직선과 원 검출

영상처리에서 **허프 변환**Hough transform은 매개 변수 공간에서 수행되는 투표 절차를 사용하여 특정 모양의 객체의 인스턴스를 찾는 것을 목표로 하는 특징 추출 기술이다. 가장 간단한 형태로 고전적인 허프 변환은 영상에서 직선을 검출하는 데 사용될 수 있다. 극좌표 파라미터(ρ, θ)를 사용하여 직선을 나타낼 수 있다. 여기서 ρ는 선분의 길이이고, θ는 직선과 x 축 사이의 각도이다. (ρ, θ) 매개 변수 공간을 탐색하기 위해, 먼저 2차원 히스토그램을 만든다. 그리고 ρ와 θ의 각 값에 대해 입력 영상에서 해당 직선에 가까운 0이 아닌 화소의 수를 계산하고, 그에 따라 위치 (ρ, θ)에서 배열을 증가시킨다. 따라서 각각의 0이 아닌 화소는 잠재적 직선 후보를 투표하는 것으로 간주된다. 가장 가능성이 높은 직선은 가장 높은 득표를 얻은 매개 변수 값, 즉 2차원 히스토그램의 로컬 최대 값에 해당한다.

이 방법은 원(및 다른 곡선)을 감지하도록 확장된다. 유사한 투표 방법을 사용하여 원의 매개 변수 공간에서 최대 값을 찾을 수 있다. 곡선의 매개 변수가 많을수록 허프 변환을 사용하여 곡선을 감지하는 데 공간적으로나 계산적으로 많은 비용이 든다.

다음 코드 블록은 scikit-image 변환 모듈에서 직선과 원이 있는 입력 영상에서 직선/원을 검출하는 hough_line() 또는 hough_line_peaks() 함수 사용 방법과 hough_circle() 또는 hough_circle_peaks() 함수 사용 방법을 각각 보여준다.

```
#영상 보기 함수
def plot_image(image, title, cmap='gray'):
    pylab.imshow(image, cmap=cmap), pylab.title(title, size=20),\
                                   pylab.axis('off')

def plot_ax_image(ax, image, title, cmap='gray',  size = 20):
    ax.imshow(image, cmap=cmap)
    ax.set_title(title), ax.axis('off')

image = rgba2rgb(imread('../images/triangle_circle.png'))  # 알파 채널 포함됨
gray = rgb2gray(image)
fig, axes = pylab.subplots(2, 2, figsize=(20, 20))
axes = axes.ravel()
```

```
plot_ax_image( axes[0], image, 'Input image')

h, theta, d = hough_line(gray)                          # 허프 변환 수행
extent = [10*np.rad2deg(theta[-1]), np.rad2deg(theta[0]), d[-1], d[0]]
axes[1].imshow(np.log(1 + h), extent=extent, cmap=cm.hot, aspect=1/1.5)
axes[1].set_title('Hough transform', size=20)
axes[1].set_xlabel('Angles (degrees)', size=20)
axes[1].set_ylabel('Distance (pixels)', size=20)
axes[1].axis('image')

hough = hough_line_peaks(h, theta, d)             # 허프 행렬에서 피크 값의 각도, 거리
axes[2].imshow(image, cmap='gray')
for _, angle, dist in zip(*hough):
    x0, y0 = 0 , image.shape[1]
    x1 = (dist - x0 * np.cos(angle)) / np.sin(angle)
    y1 = (dist - y0 * np.cos(angle)) / np.sin(angle)
    axes[2].plot((x0, y0), (x1, y1), '-r')
axes[2].set_xlim((0, image.shape[1])), axes[2].set_ylim((image.shape[0],0))
axes[2].set_axis_off(), axes[2].set_title('Detected lines', size=20)

# Circle 허프 변환
hough_radii = np.arange(50, 100, 2)
hough_res = hough_circle(gray, hough_radii)
# 누적이 많은 6개 원 선택
circle_param = hough_circle_peaks(hough_res, hough_radii, total_num_peaks=6)

for _, c_x, c_y, radius in zip(*circle_param):
    cir_points = circle_perimeter(c_y, c_x, radius)
    image[cir_points] = (1, 0, 0)
plot_ax_image(axes[3], image, 'Detected Circles')
pylab.show()
```

다음 그림은 앞 코드 블록을 사용하여 획득한 영상이다. 입력 영상, 검출할 직선에 대한 가장 가능성 있는 (ρ, θ) 쌍 (두 번째 서브 그림에서 가장 밝은 점, 최대 득점을 갖는 것), 검출된 직선(적색)과 검출된 원(적색)을 각각 보여준다.

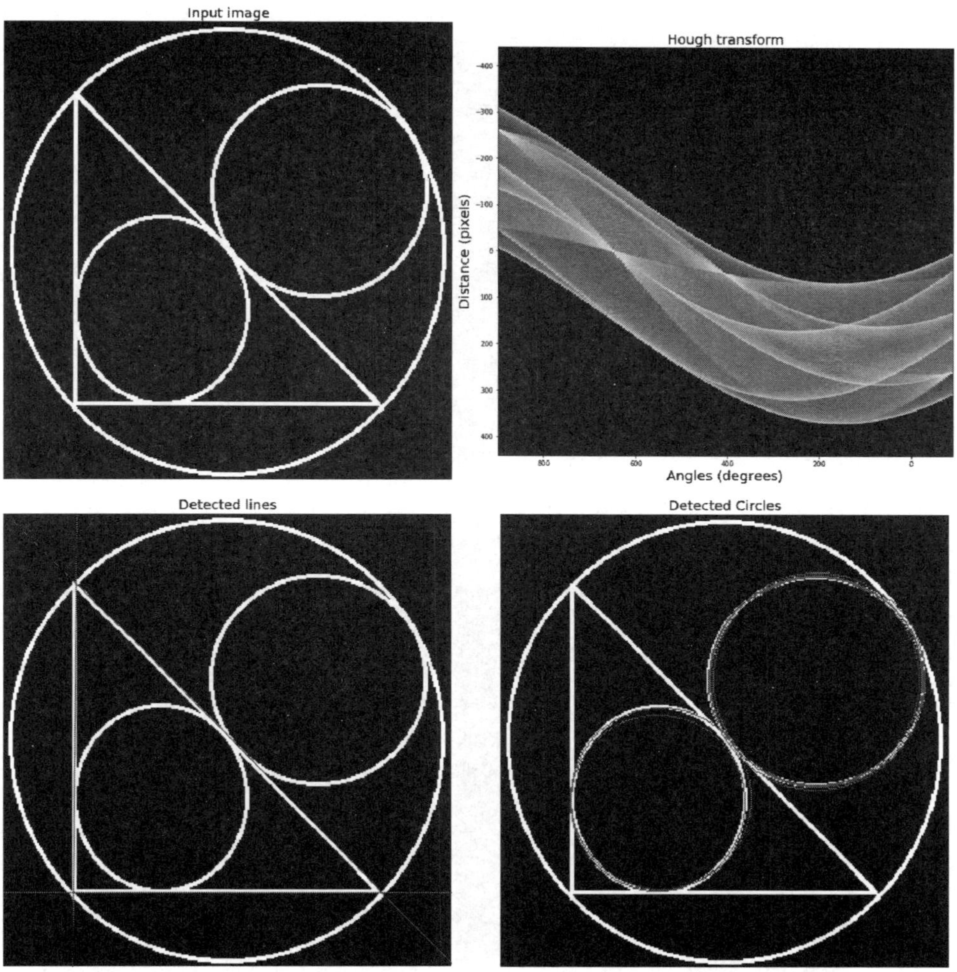

다음 코드 블록은 원 허프 변환circle Hough transform을 사용하여 동전 영상이 있는 배경에서 동전 객체를 분할하는 방법을 보여준다.

```
image = rgb2gray(imread('../images/coins.png'))
hough_radii = np.arange(65, 75, 1)
hough_res = hough_circle(image, hough_radii)          # 원 허프 변환
# 허프 행렬 피크가 큰 4개 원 선택
circle_param = hough_circle_peaks(hough_res, hough_radii, total_num_peaks=4)
detected_image = gray2rgb(image)
segmented_image = np.zeros_like(image)
for _, c_x, c_y, radius in zip(*circle_param):
```

```
    cir_points = circle_perimeter(c_y, c_x, radius)
    detected_image[cir_points] = (1, 0, 0)
    segmented_image[cir_points] = 1

_, axes = pylab.subplots(2, 2, figsize=(20, 20))
plot_ax_image(axes[0][0], image, 'Input image')
plot_ax_image(axes[0][1], detected_image, 'Detected Circles')
plot_ax_image(axes[1][0], segmented_image, 'Segmented Image')
pylab.axis('off')
pylab.show()
```

다음 그림은 앞 코드 블록을 사용하여 입력 동전 영상, 원 허프 변환을 사용하여 검출된 적색 원과 분할된 영상을 각각 보여준다.

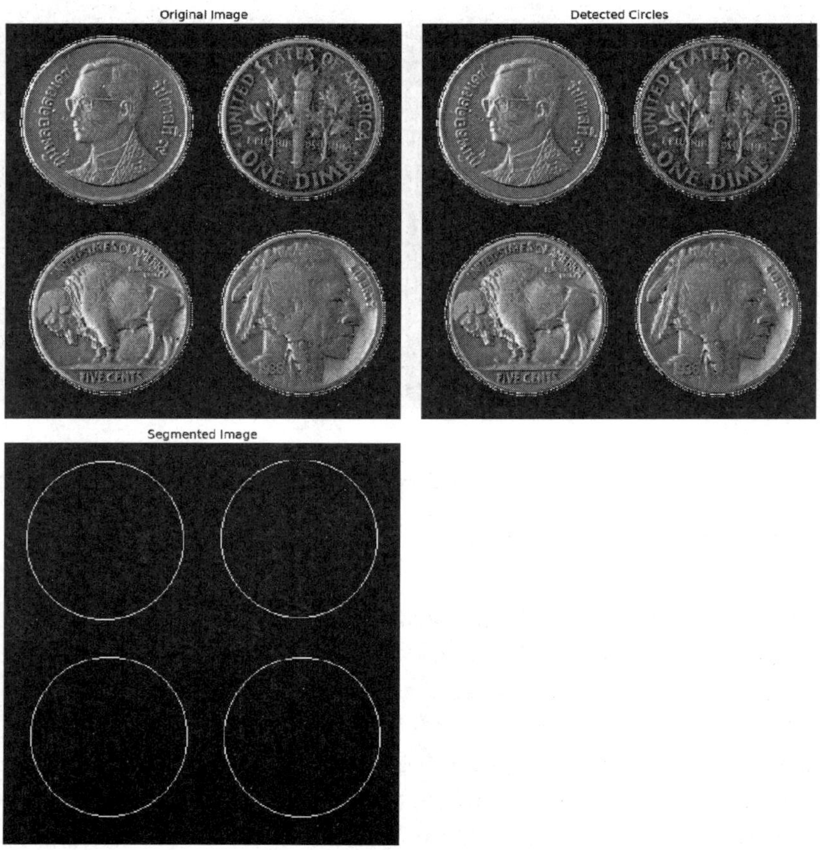

임계화와 오쓰(Otsu)의 분할

임계화Thresholding 한다는 것은 화소 값을 임계치를 사용하여 명암도 영상에서 이진 영상(흑백 화소만 있는 영상)을 만드는 알고리즘 부류를 말한다. 영상의 배경에서 객체를 분할하는 가장 간단한 방법을 제공한다. 임계치는 수동으로 (화소 값의 히스토그램을 보면서) 또는 알고리즘을 사용하여 자동으로 선택될 수 있다. scikit-image에는 임계화 알고리즘 구현의 두 가지 범주가 있다. 즉 히스토그램 기반(화소 밝기 히스토그램은 이 히스토그램의 속성에 대한 몇 가지 가정과 함께 사용됨, 예를 들어 바이모달bimodal)과 로컬(이웃 화소만 처리에 사용, 이 알고리즘은 계산적으로 비쌈)이 있다.

이 절에서는 **오쓰의 방법**(바이모달 히스토그램으로 가정)으로 알려진 인기있는 히스토그램 기반 임계치 방법에 대해서만 설명한다. 이것은 클래스 간 분산을 최대화하고, 두 클래스의 화소 사이의 클래스 내 분산을 최소화함으로써 최적의 임계치를 계산한다. 다음 코드 블록은 말horse 입력 영상으로 오쓰의 분할을 구현하고, 배경에서 전경을 분리하는 최적의 임계치를 계산한다.

```
image = rgb2gray(imread('../images/horse.jpg'))
thresh = threshold_otsu(image)
binary = image > thresh

_, axes = pylab.subplots(2, 2, figsize=(20, 15))
axes = axes.ravel()
plot_ax_image(axes[0], image , 'Original')
axes[1].hist(image.ravel(), bins=256, density=True)
axes[1].set_title('Histogram', size=20), axes[1].axvline(thresh, color='r')
plot_ax_image(axes[2], binary , 'Thresholded (Otsu)')
axes[3].axis('off'), pylab.tight_layout()
pylab.show()
```

다음 그림은 앞 코드 블록의 출력을 보여준다. 오쓰의 방법으로 계산된 최적 임계치는 다음과 같이 히스토그램에서 빨간색 선(수직 선)으로 표시된다.

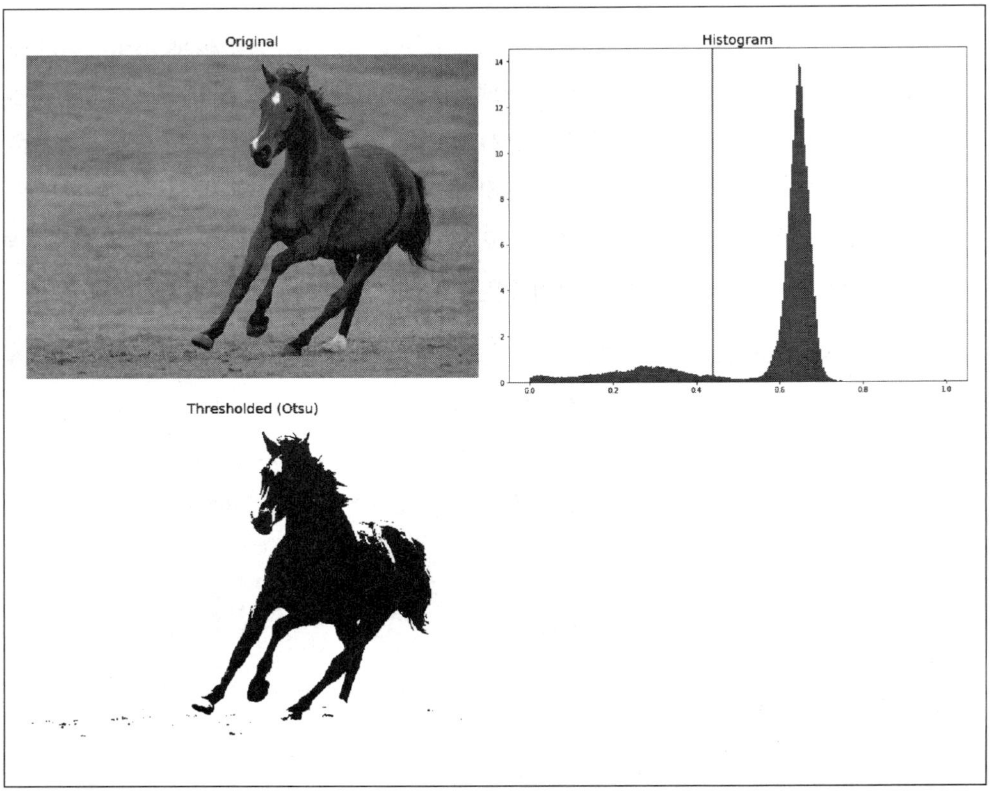

에지 기반/영역 기반 분할

scikit-image 문서의 예제에서 가져온 이 예제는 먼저 에지 기반 분할 알고리즘을 사용하고, 다음으로 영역 기반 분할 알고리즘을 사용하여 배경에서 객체를 분할하는 방법을 보여준다. skimage.data의 동전 영상이 입력 영상으로 사용되며, 어두운 배경에 대해 윤곽선이 나타난 여러 동전을 보여준다. 다음 코드 블록은 명암도 영상과 밝기 히스토그램을 보여준다.

```
coins = data.coins()
hist = np.histogram(coins, bins=np.arange(0, 256), density=True)

fig, axes = pylab.subplots(1, 2, figsize=(20, 10))
axes[0].imshow(coins, cmap='gray'), axes[0].axis('off')
axes[1].plot(hist[1][:-1], hist[0], lw=2),
 axes[1].set_title('histogram of gray values')
pylab.show()
```

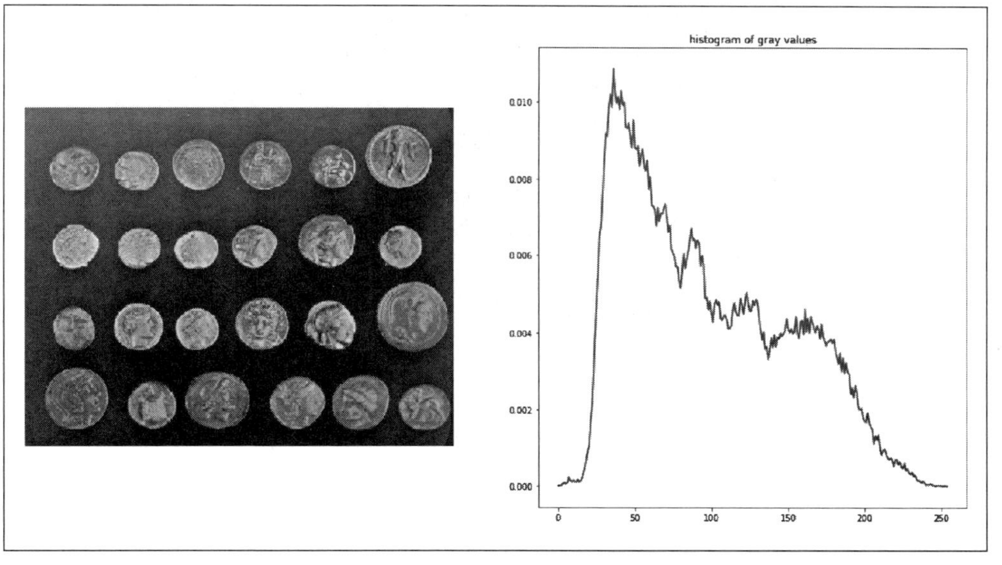

에지 기반 분할

이 예에서는 에지 기반 분할을 사용하여 동전의 윤곽선을 묘사하려고 한다. 이렇게 하려면 첫 번째 단계는 캐니 에지 검출기를 사용하여 특징들의 에지를 얻는다. 다음 코드 블록에 의해 설명된다.

```
edges = canny(coins, sigma=2)
fig, axes = pylab.subplots(figsize=(7, 7))
plot_ax_image(axes, edges , 'Canny detector')          # 영상 표시 함수 사용
pylab.show()
```

다음 그림은 앞 코드 블록의 출력으로서 캐니 에지 검출기를 사용하여 얻은 동전의 윤곽선을 보여준다.

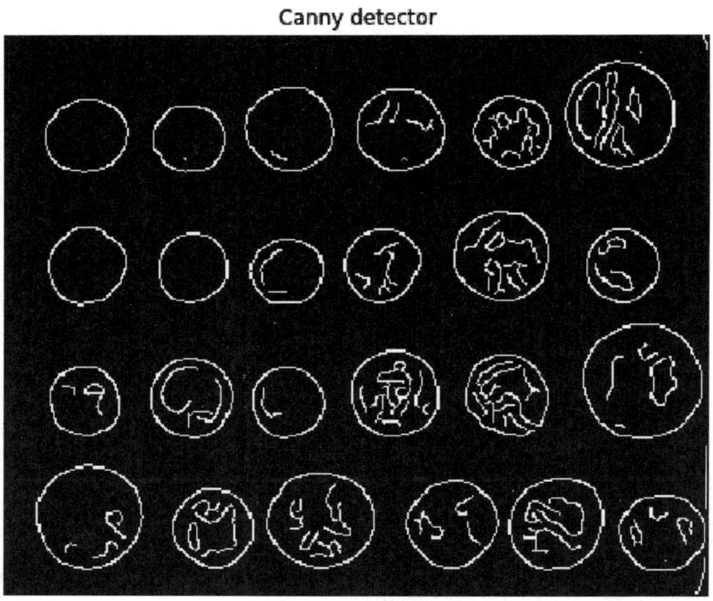

다음 단계는 아래의 코드 블록에서 볼 수 있듯이, scipy ndimage 모듈의 형태학적 함수 binary_fill_holes()를 사용하여 윤곽선을 채운다.

```
from scipy import ndimage as ndi

fill_coins = ndi.binary_fill_holes(edges)
_, axes = pylab.subplots(figsize=(10,6))
plot_ax_image(axes, fill_coins , 'filling the holes')   # 영상 표시 함수 사용
pylab.show()
```

다음 그림은 동전의 채워진 윤곽선으로서 앞 코드 블록의 결과를 보여준다.

filling the holes

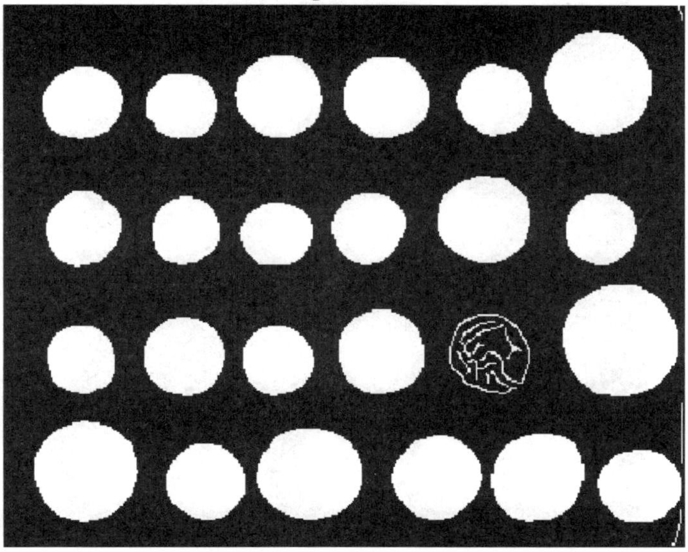

그림에서 볼 수 있듯이, 윤곽선이 이 연산으로 채워지지 않은 동전도 있다. 다음 단계에서는 이와 같은 작은 가짜 객체를 유효한 객체를 위한 최소 크기로 설정하고, 형태학적 함수를 사용하여 다시 제거한다. 이번에는 scikit-image morphology 모듈의 remove_small_objects() 함수를 사용한다.

```
from skimage import morphology

coins_cleaned = morphology.remove_small_objects(fill_coins, 21)
_, axes = pylab.subplots(figsize=(10,6))
plot_ax_image(axes, coins_cleaned , 'removing small objects')
pylab.show()
```

다음 그림은 앞 코드 블록의 결과를 보여준다.

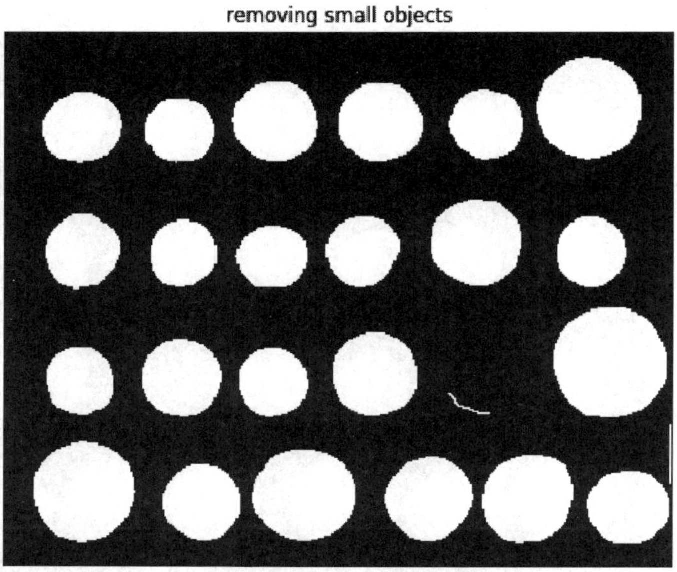

그러나 이 방법은 앞 그림에서 볼 수 있듯이, 윤곽선이 완벽하게 닫히지 않은 하나의 동전이 정확하게 채워지지 않았기 때문에 매우 강력하지는 않다.

영역 기반 분할

이 절에서는 형태학적 유역watershed 알고리즘을 사용하여 동일한 영상에 영역 기반 분할 방법을 적용할 것이다. 먼저, 유역 알고리즘의 기본 단계를 직관적으로 논한다.

형태학적 유역 알고리즘

모든 명암도 영상은 지형 표면으로 간주될 수 있다. 이 표면이 최소치에서 범람되고 다른 근원의 물과의 합병이 방지되면, 영상은 2개의 다른 집합, 즉 집수 분지catchment basins와 유역 라인으로 구분된다. 이 변환이 영상 그레디언트에 적용되면, 집수 분지는 이론적으로 이 영상의 균일한 명암도 영역(세그먼트)과 일치한다.

그러나 그레디언트 영상에서 잡음 또는 로컬 불규칙 때문에 실제로 이 변환을 사용하면 영상이 과분할된다. 과분할을 방지하기 위해 미리 정의된 마커 집합이 사용되고, 이러한 마커에서 표면의 범람이 시작된다. 다음은 유역 변환에 의한 영상 분할 단계이다.

- 마커와 분할 기준(영역 분할에 사용되는 함수로 종종 콘트라스트/그레디언트이다)을 찾는다.
- 이 두 요소로 마커 제어 유역 알고리즘을 실행한다.

이제 형태학적 유역 알고리즘의 scikit-image 구현을 사용하여 전경인 동전을 배경과 분리해 보자. 첫 번째 단계는 다음 코드 블록에서 볼 수 있듯이, 영상의 소벨 그레디언트를 사용하여 고도 지도elevation map을 찾는다.

```
elevation_map = sobel(coins)
plot_image(elevation_map , 'elevation map')
pylab.show()
```

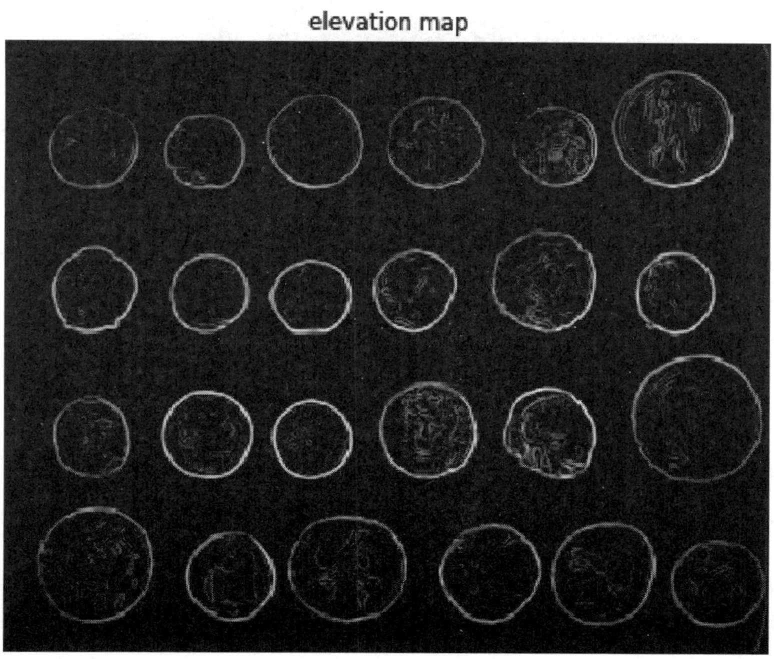

다음으로, 코드 블록에서 볼 수 있듯이, 명암도 값의 히스토그램의 극단적인 부분에 기초하여 배경과 동전의 마커를 계산한다.

```
markers = np.zeros_like(coins)
markers[coins < 30] = 1
markers[coins > 150] = 2
print(np.max(markers), np.min(markers))          # 2  0

pylab.figure(figsize=(10,6))
plot_image(markers , 'markers', cmap='hot'), pylab.colorbar()
pylab.show()
```

다음 그림은 앞 코드 블록의 출력으로서 마커 배열의 열 지도heatmap을 보여준다.

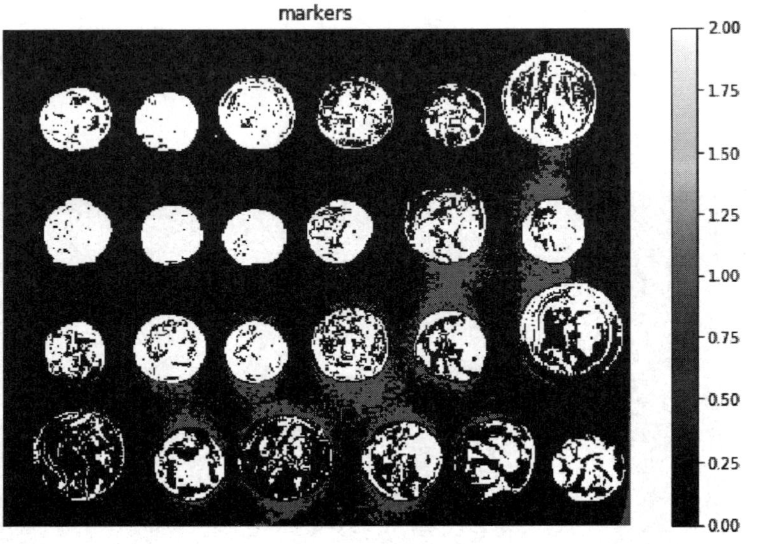

마지막으로, 유역 변환은 다음 코드 블록에서 볼 수 있듯이, 결정된 마커에서 시작하여 고도 지도의 영역을 채우는데 사용된다.

```
from skimage import morphology

segmentation = morphology.watershed(elevation_map, markers)
fig, axes = pylab.subplots(figsize=(10, 6))
plot_ax_image(axes, segmentation, 'segmentation')
```

```
pylab.show()
```

다음 그림은 앞 코드 블록의 출력을 보여주는데, 형태학적 유역 알고리즘을 사용한 결과로 분할된 이진 영상이다.

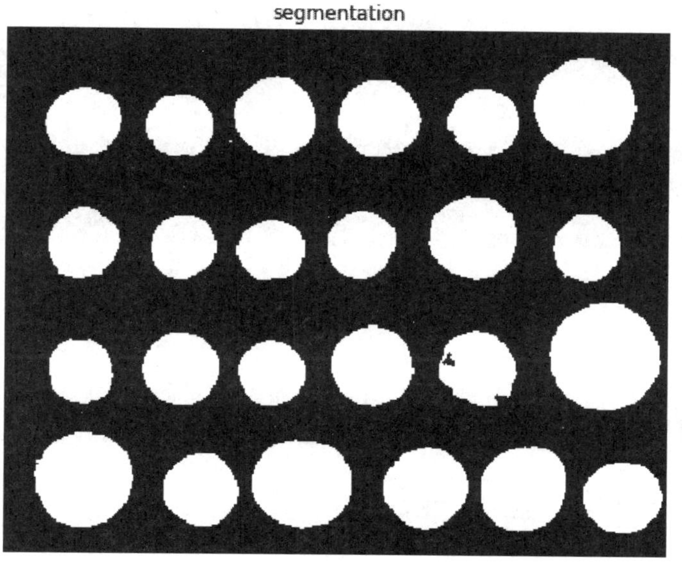

이 방법은 잘 동작하며, 다음 코드 블록과 같이 동전을 개별적으로 분류하고 레이블할 수 있다.

```
from scipy import ndimage as ndi

segmentation = ndi.binary_fill_holes(segmentation - 1)
labeled_coins, _ = ndi.label(segmentation)
image_label_overlay = label2rgb(labeled_coins, image=coins)

fig, axes = pylab.subplots(1, 2, figsize=(14, 6), sharey=True)
axes[0].imshow(coins, cmap=pylab.cm.gray, interpolation='nearest')
axes[0].contour(segmentation, [0.5], linewidths=1.2, colors='y')
axes[1].imshow(image_label_overlay, interpolation='nearest')

axes[0].axis('off'), axes[1].axis('off')
pylab.show()
```

다음 그림은 이 코드 블록의 출력으로서 유역 라인(윤곽선)이 있는 분할된 동전과 레이블된 동전을 각각 보여준다.

 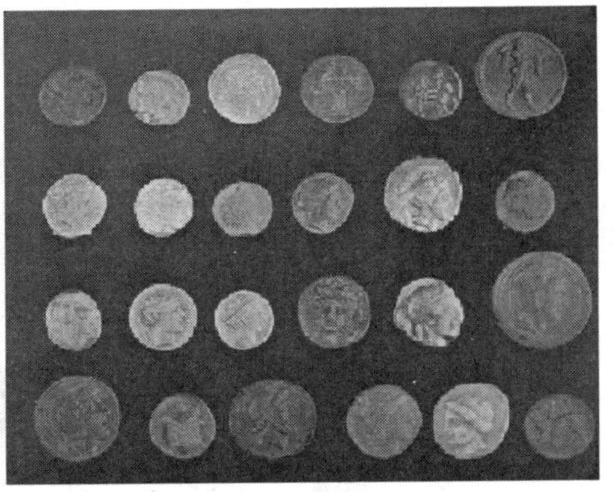

Felzenszwalb, SLIC, QuickShift 및 Compact Watershed 알고리즘

이 절에서는 4가지의 인기 있는 낮은 단계low-level에서의 영상 분할 방법에 대해 논의한 다음, 해당 방법으로 얻은 결과를 입력 영상과 비교한다. 좋은 분할의 정의는 종종 응용분야에 의존하기 때문에 좋은 분할을 얻는 것이 어렵다. 이들 방법은 일반적으로 **슈퍼 화소**superpixels라고 하는 과분할을 얻는데 사용된다. 그런 다음, 이 슈퍼 화소는 영역 인접 그래프 또는 조건부 임의 필드와 병합되어 보다 정교한 알고리즘의 기초로 사용된다.

Felzenszwalb의 효율적인 그래프 기반 영상 분할

Felzenszwalb의 알고리즘은 분할에 대한 그래프 기반 접근 방식을 취한다. 먼저 영상 화소를 정점(분할할 집합)으로 하여 무방향 그래프를 구성한다. 그리고 두 정점 사이의 에지 가중치는 비유사성dissimilarity의 일부 척도(예: 밝기의 차이)이다. 그래프 기반 접근 방식에서 영상을 분할로 나누는 문제는 구성된 그래프에서 연결된 구성 요소를 찾는 것으로 해석된다. 같은 구성 요소의 두 정점 사이의 에지는 상대적으로 낮은 가중치를 가져야 하며, 다른 구성 요소의 정점 사이에 있는 에지는 더 높은 가중치를 가져야 한다.

알고리즘은 그래프 에지 개수에 거의 선형 시간으로 실행되며 실제로 빠르다. 이 기법은 가변성이 낮은 영상 영역에서는 세부 사항을 유지하면서, 가변성이 큰 영역에서는 세부 사항을 무시한다. 알고리즘은 분할의 크기에 영향을 미치는 단일 스케일 매개 변수를 가진다. 실제 크기와 분할 개수는 지역 대비에 따라 크게 다를 수 있다. 다음 코드 블록은 이 알고리즘의 scikit-image segmentation 모듈의 구현 방법에 대해서 보여준다. 그리고 몇 개의 입력 영상을 사용하여 얻은 출력 분할 영상을 보여준다.

```
from matplotlib.colors import LinearSegmentedColormap

for imfile in ['eagle.jpg', 'horses.jpg', 'flowers.jpg', 'bisons.jpg']:
    img = img_as_float(imread('../images/'+ imfile)[::2, ::2, :3])
    segments_fz = felzenszwalb(img, scale=100, sigma=0.5, min_size=400)
    borders = find_boundaries(segments_fz)
    unique_colors = np.unique(segments_fz.ravel())
    segments_fz[borders] = -1

    colors = [np.zeros(3)]
    for color in unique_colors:
        colors.append(np.mean(img[segments_fz == color], axis=0))

    cm = LinearSegmentedColormap.from_list('pallete', colors, N=len(colors))

    pylab.figure(figsize=(20,10))
    pylab.subplot(121), plot_image(img, 'Original')
    pylab.subplot(122)
    plot_image(segments_fz,'Segmented with Felzenszwalbs\'s method', cmap=cm)
    pylab.show()
```

다음 그림은 코드 블록의 결과로서 입력 영상과 알고리즘을 사용하여 분할된 출력 영상을 보여준다.

Original
Segmented with Felzenszwalbs's method
Original
Segmented with Felzenszwalbs's method
Original
Segmented with Felzenszwalbs's method
Original
Segmented with Felzenszwalbs's method

다음 코드 블록은 스케일 매개 변수가 변경될 때, 알고리즘 결과가 어떻게 변경되는지 보여준다.

```
img = imread('../images/fish.jpg')[::2, ::2, :3]
pylab.figure(figsize=(15,10))
for i, scale in enumerate([50, 100, 200, 400]):
    segments_fz = felzenszwalb(img, scale=scale, sigma=0.5, min_size=200)
    seg = mark_boundaries(img, segments_fz, color=(1,0,0))
    pylab.subplot(2,2,i+1), plot_image(seg, 'scale=' + str(scale))

pylab.suptitle('Felzenszwalbs\'s method', size=30)
pylab.tight_layout(rect=[0, 0.03, 1, 0.95])
pylab.show()
```

다음 그림은 분할에 사용된 입력 물고기 영상을 보여준다.

다음 그림은 앞 코드 블록의 결과를 보여준다. 보는 바와 같이, 출력 영상의 분할 개수는 스케일 매개 변수의 값이 증가함에 따라 감소한다.

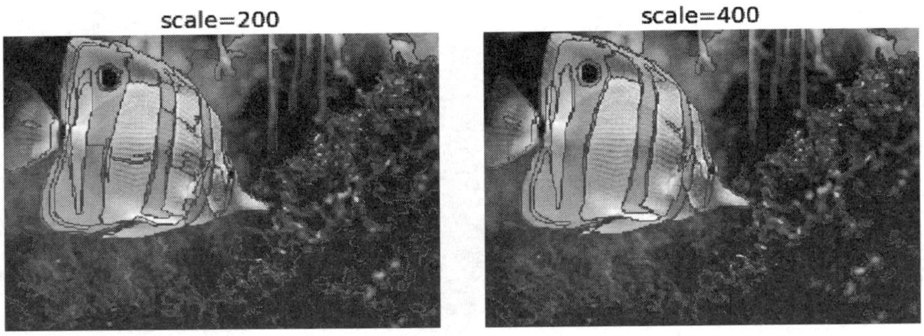

SLIC

SLIC 알고리즘은 단순히 색 공간(RGB 또는 Lab)과 영상 위치(즉, 화소 좌표: *x*, *y*)의 5차원 공간에서 k-means 클러스터링을 수행한다(9장 '영상처리에서 고전적인 기계학습 방법'에서 이 클러스터링 알고리즘에 대해 더 자세히 살펴보겠다). 클러스터링 방법이 더 간단하기 때문에 이 알고리즘은 매우 효율적이다. 이 알고리즘으로 좋은 결과를 얻으려면, Lab 색 공간에서 작업하는 것이 중요하다. 이 알고리즘은 빠르게 추진력을 얻었으며, 현재 널리 사용되고 있다. compactness 매개 변수는 색상 유사성과 근접성에서 상충관계에 있고, `n_segments` 매개 변수는 k-means를 위한 중심의 수를 선택한다.

다음 코드 블록은 `scikit-image` segmentation 모듈을 사용하여, 이 알고리즘을 구현하는 방법을 보여준다. 또한 출력이 compactness 매개 변수 값에 따라 어떻게 변하는지를 보여준다.

```
pylab.figure(figsize=(15,10))
for i, compactness in enumerate([0.1, 1, 10, 100]):
    segments_slic = slic(img, n_segments=250, compactness=compactness, sigma=1)
    seg= mark_boundaries(img, segments_slic, color=(1,0,0))
    pylab.subplot(2,2,i+1) , plot_image(seg, 'compactness=' + str(compactness))

pylab.suptitle('SLIC', size=30), pylab.tight_layout(rect=[0, 0.03, 1, 0.95])
pylab.show()
```

다음 그림은 코드 블록의 출력을 보여준다. 분할 결과에서 알 수 있듯이, 값이 높을수록 공간 근접성에 더 많은 가중치가 주어져서, 슈퍼 화소 모양이 더 정사각형/큐빅에 가깝게 된다.

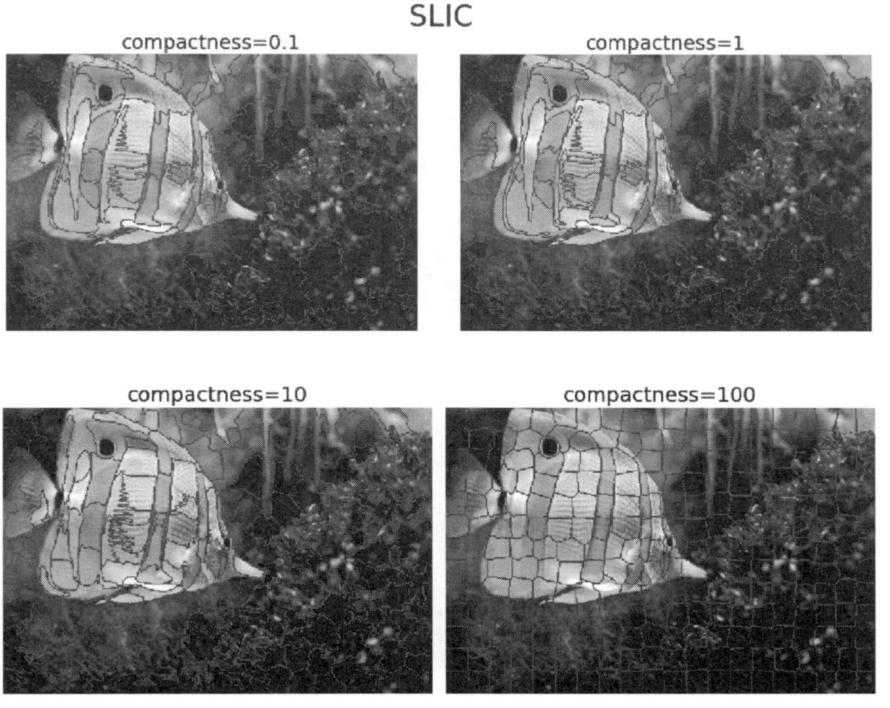

RAG 병합

이 절에서는 더 나은 분할을 얻기 위해, 영상의 과분할된 영역을 결합하는데 **Region Adjacency Graph(RAG)**를 사용하는 방법에 대해 설명한다. 먼저 SLIC 알고리즘을 사용하여 입력 영상을 분할하고 영역 레이블을 얻는다. 그런 다음 RAG를 구성하고, 색상이 비슷한 과분할된 영역을 점진적으로 병합한다. 인접한 두 영역을 병합하면 병합된 영역의 모든 화소가 포함된 새로운 영역이 만들어진다. 매우 유사한 영역 쌍이 남아 있지 않을 때까지 영역이 병합된다.

```
from skimage.future import graph

def _weight_mean_color(graph, src, dst, n):
```

```
    diff = graph.node[dst]['mean color'] - graph.node[n]['mean color']
    diff = np.linalg.norm(diff)
    return {'weight': diff}

def merge_mean_color(graph, src, dst):
    graph.node[dst]['total color'] += graph.node[src]['total color']
    graph.node[dst]['pixel count'] += graph.node[src]['pixel count']
    graph.node[dst]['mean color'] = (graph.node[dst]['total color'] /
                                     graph.node[dst]['pixel count'])

img = imread('../images/me12.jpg')
labels = slic(img, compactness=30, n_segments=400)
g = graph.rag_mean_color(img, labels)
labels2 = graph.merge_hierarchical(labels, g, thresh=35, rag_copy=False, \
                    in_place_merge=True, merge_func=merge_mean_color, \
                    weight_func=_weight_mean_color)
out = label2rgb(labels2, img, kind='avg')
out = mark_boundaries(out, labels2, (0, 0, 0))

pylab.figure(figsize=(20,10))
pylab.subplot(121), pylab.imshow(img), pylab.axis('off')
pylab.subplot(122), pylab.imshow(out), pylab.axis('off')
pylab.show()
```

다음 그림은 앞 코드 블록의 출력으로서, 입력 영상과 SLIC 분할을 병합한 RAG를 사용하여 얻은 출력 영상이다.

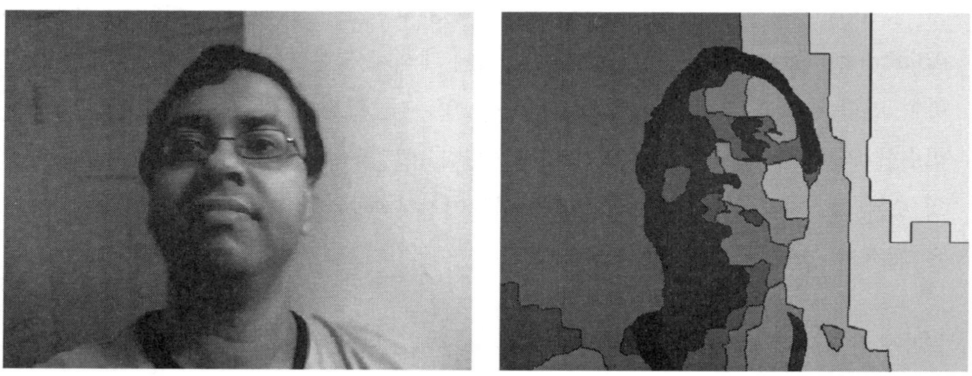

QuickShift

QuickShift는 커널화된 mean-shift 알고리즘의 근사를 기반으로 한 비교적 최근의 2차원 영상 분할 알고리즘이다. 로컬 (비모수) mode-seeking 알고리즘(각 데이터 점을 기본 확률 밀도 함수의 모드와 연관시키는 아이디어를 기반으로 함)의 부류에 속하며, 색상 공간과 영상 위치로 구성된 5차원 공간에 적용된다.

QuickShift는 실제로 이 알고리즘의 이점 중 하나인 다중 스케일의 계층적 분할을 동시에 계산한다. QuickShift에는 두 가지 주요 매개 변수가 있다. sigma 매개 변수는 로컬 밀도 근사의 스케일을 제어한다. 여기서 `max_dist` 매개 변수는 생성되는 계층적 분할에서 레벨을 선택한다. 비율에 의해 주어진 색상 공간에서의 거리와 영상 공간에서의 거리 사이에 상충관계가 또한 있다.

다음 코드 블록은 알고리즘의 구현에 `scikit-image`을 어떻게 사용하는지 방법을 보여준다. 또한 얻어진 분할 출력에 대한 매개 변수 `max_distance`와 ratio의 변화의 영향을 보여준다.

```
img = imread('../images/fish.jpg')[::2, ::2, :3]
pylab.figure(figsize=(12,10))
i = 1
for max_dist in [5, 500]:
    for ratio in [0.1, 0.9]:
        segments_quick = quickshift(img, kernel_size=3, \
                                    max_dist=max_dist, ratio=ratio)
        boundary = mark_boundaries(img, segments_quick, color=(1,0,0))
        title = 'max_dist=' + str(max_dist) + ', ratio=' + str(ratio)
        pylab.subplot(2,2,i), plot_image(boundary, title)
        i += 1
pylab.suptitle('Quickshift', size=30)
pylab.tight_layout(rect=[0, 0.03, 1,0.95])
pylab.show()
```

다음 그림은 코드 블록의 출력을 보여준다. 알 수 있듯이, 매개 변수 `max_dist`는 데이터 거리에 대한 컷오프 지점으로 작동한다. 매개 변수의 값이 높을수록 클러스터 수가 줄어든다. 반대로 매개 변수 비율은 색상 공간 근접성과 영상 공간 근접성의 균형을 유지한다. 이 매개 변수의 값이 클수록 색상 공간에 더 많은 가중치가 부여된다.

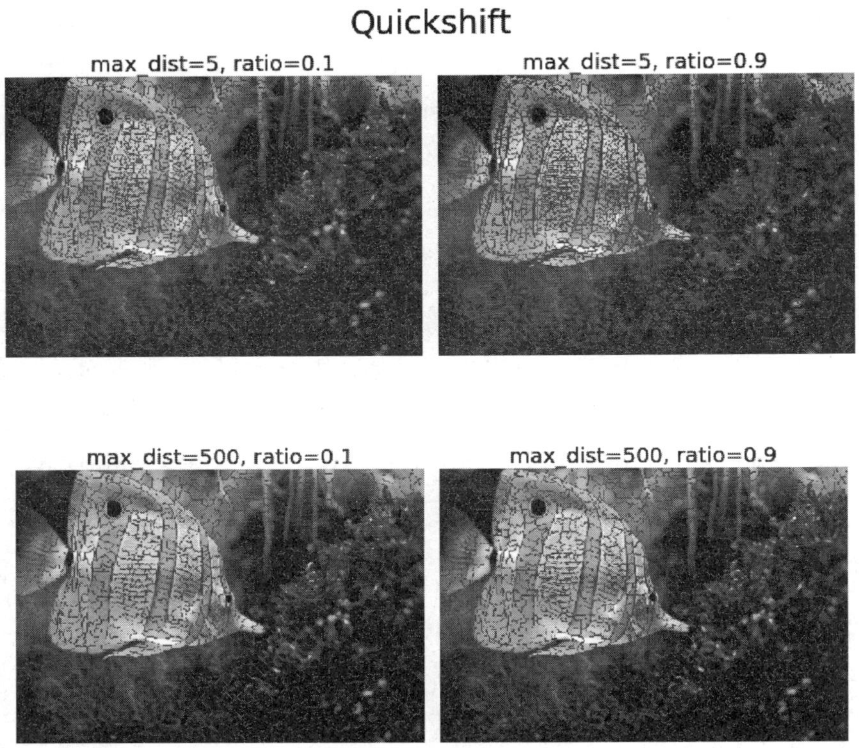

Compact Watershed

앞에서 설명한 것처럼, 유역 알고리즘은 주어진 마커에서 범람되어 나온 영상에서 유역된 집수 분지catchment basins를 계산하여, 표시된 분지로 분배한다. 알고리즘은 명암도 그레디언트 영상을 입력(영상을 풍경landscape으로 보기)으로 받는다. 여기서 밝은 화소는 영역 사이의 경계(높은 피크를 형성)를 나타낸다. 주어진 마커에서, 다른 범람 분지가 피크를 만날 때까지 이 풍경은 범람된다. 각기 뚜렷한 분지에 의해 서로 다른 영상 분할이 형성된다. SLIC에서와 마찬가지로, 마커가 먼 화소를 범람하게 하는 것이 더 어려워지게 하는 추가적인 매개 변수 compactness가 있다. compactness의 값이 높을수록 유역 지역이 보다 규칙적으로 형성된다.

다음 코드 블록은 이 알고리즘 구현에 `scikit-image`가 어떻게 사용될 수 있는지를 보여준다. 또한 마커와 compactness를 변경하여 분할 결과에 미치는 영향을 보여준다.

```
gradient = sobel(rgb2gray(img))
pylab.figure(figsize=(15,10))
i = 1
for markers in [200, 1000]:
    for compactness in [0.001, 0.0001]:
        segments_watershed = watershed(gradient, markers=markers, \
                                        compactness=compactness)
        boundary = mark_boundaries(img, segments_watershed, color=(1,0,0))
        title = 'markers='+str(markers) + '.compactness=' + str(compactness)
        pylab.subplot(2,2,i), plot_image(boundary, title)
        i += 1
pylab.suptitle('Compact watershed', size=30)
pylab.tight_layout (rect=[0, 0.03, 1, 0.95])
pylab.show()
```

다음 그림은 코드 블록의 출력을 보여준다. 알 수 있듯이, compactness의 값이 높을수록 더 규칙적인 형태의 유역 구역이 형성되는 반면, 마커의 값이 높을수록 과분할이 발생한다.

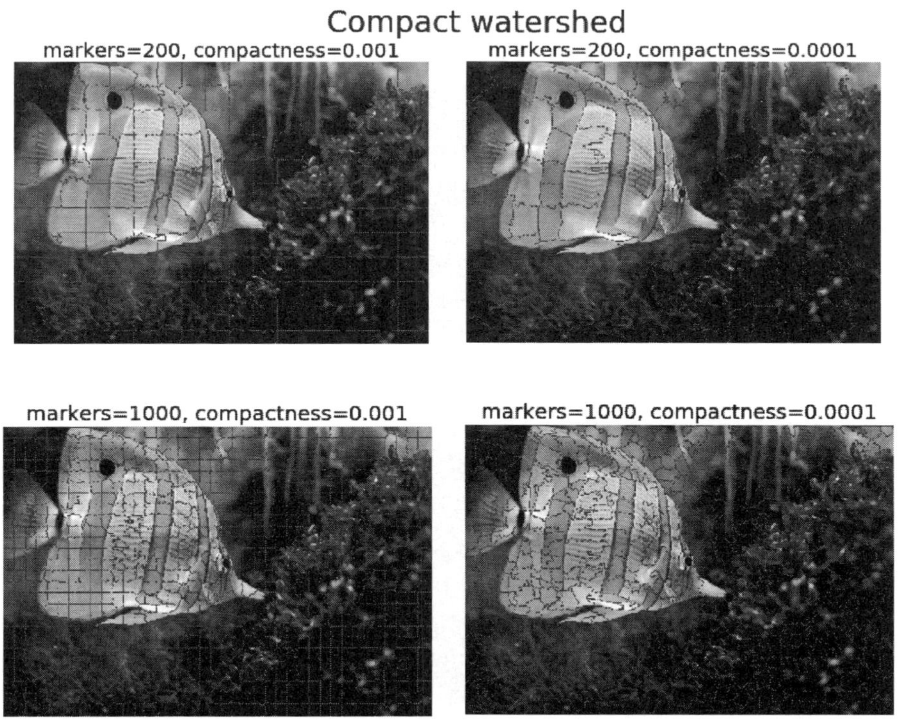

SimpleITK를 사용한 영역 확장

영역 확장은 분할의 밝기가 현재 화소와 비슷한 경우, 화소의 이웃이 동일한 분할에 있는 것으로 간주하는 분류 알고리즘의 종류이다. 유사성이 정의되는 방식은 알고리즘마다 다르다. 초기 화소 집합은 일반적으로 수동으로 선택되는 **시드 포인트**seed points라고 한다.

다음 코드 블록은 ConnectedThreshold의 SimpleITK 라이브러리 구현(영역 확장 분할 알고리즘의 변형에 따라 다름)을 사용하는 방법을 보여준다. 두개골 MRI 스캔(T1) 의학 영상이 입력 영상으로 사용된다. ConnectedThreshold 알고리즘의 경우, 이웃 복셀의 밝기가 두 개의 명시적으로 지정된 하한과 상한 임계치 내에 있는 경우, 복셀(볼륨 화소) 이웃은 동일한 분할에 있는 것으로 간주된다.

고정된 시드 포인트가 알고리즘을 시작하는 데 사용되고, 상한 임계치를 변경하여(하한 임계치를 고정시킴으로써), 분할 결과의 효과를 확인한다.

```
import SimpleITK as sitk                # pip install SimpleITK 로 설치 필요

def show_image(img, title=None):
    nda = sitk.GetArrayViewFromImage(img)
    pylab.imshow(nda, cmap='gray'), pylab.axis('off')
    if (title): pylab.title(title, size=20)

img = 255*rgb2gray(imread('../images/mri_T1.png'))
img_T1 = sitk.GetImageFromArray(img)
img_T1_255 = sitk.Cast(sitk.RescaleIntensity(img_T1), sitk.sitkUInt8)

seed = (100, 120)
for upper in [80, 85, 90]:
    seg1 = sitk.ConnectedThreshold(img_T1, seedList=[seed], lower=40, \
                                   upper=upper)
    seg2 = sitk.LabelOverlay(img_T1_255, seg1)
    pylab.figure(figsize=(18,20))
    pylab.subplot(221), show_image(img_T1, "Original Image")
    pylab.scatter(seed[0], seed[1], color='red', s=50)
    pylab.subplot(222), show_image(seg1, "Region Growing")
    pylab.subplot(223), show_image(seg2, "Connected Threshold")
    pylab.suptitle('With upper threshold value ='+ str(upper), size = 30)
    pylab.axis('off'), pylab.tight_layout(rect=[0, 0.03, 1, 0.95])
```

```
pylab.show()
```

다음 그림은 서로 다른 상한 임계치upper-threshold를 가진 영역 확장하는 Connected-Threshold 알고리즘의 출력을 보여준다.

시드 복셀seed voxel은 빨간색 점(Original image의 중앙의 작은 점)으로 표시된다. 다음 그림에서 볼 수 있듯이, 상한 임계치가 높을수록 예상대로 ConnectedThreshold 알고리즘을 사용하여 얻은 분할 영역의 크기가 점점 더 커진다.

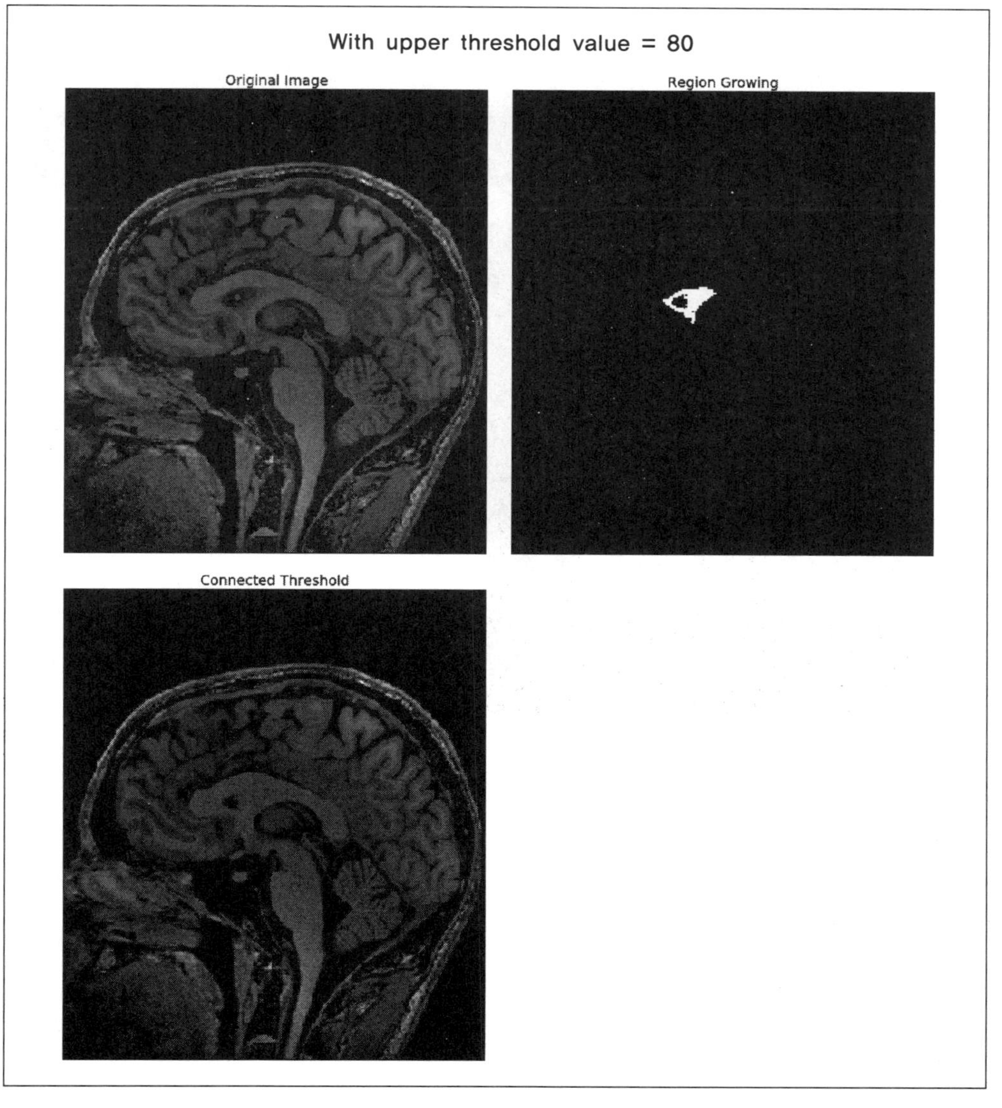

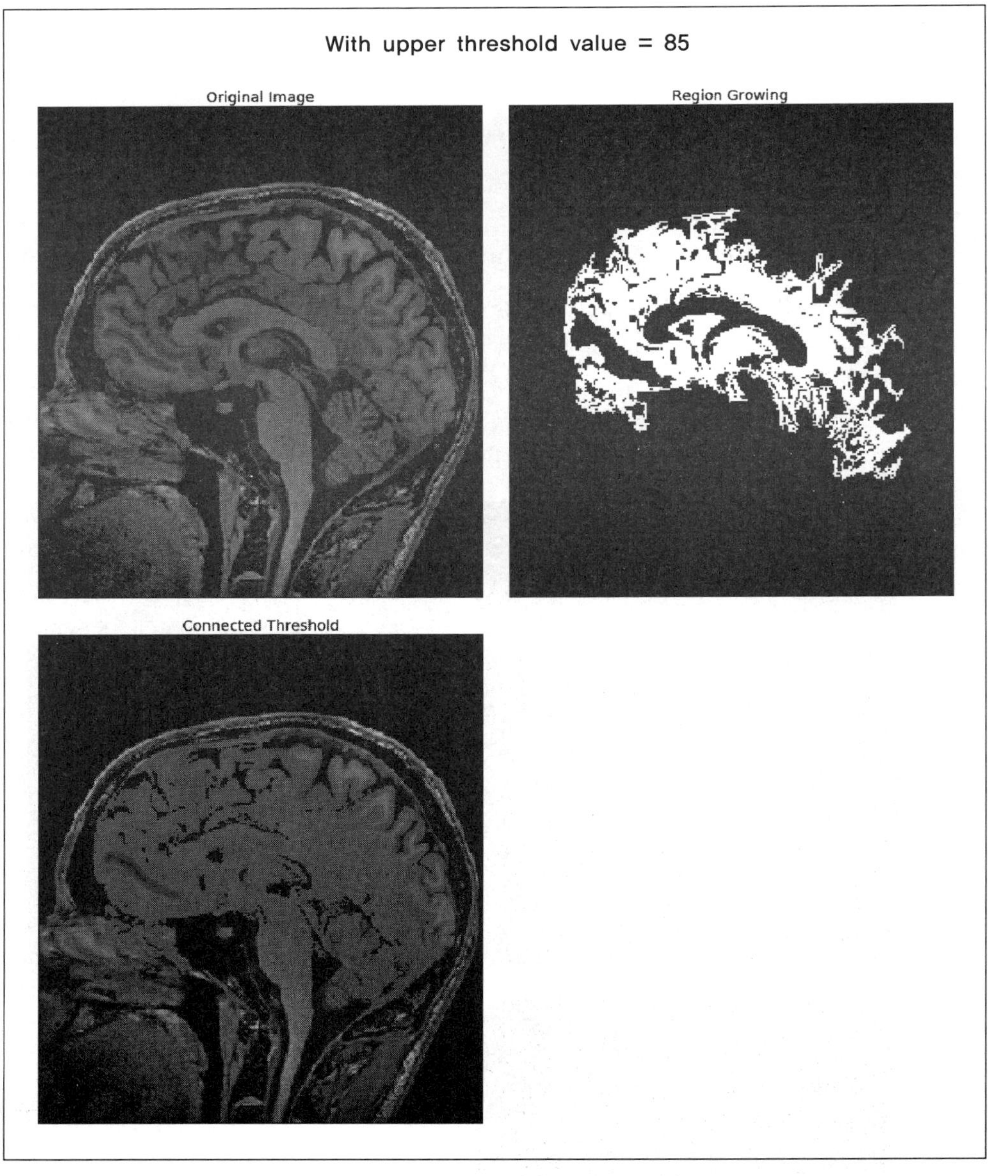
With upper threshold value = 85
Original Image
Region Growing
Connected Threshold

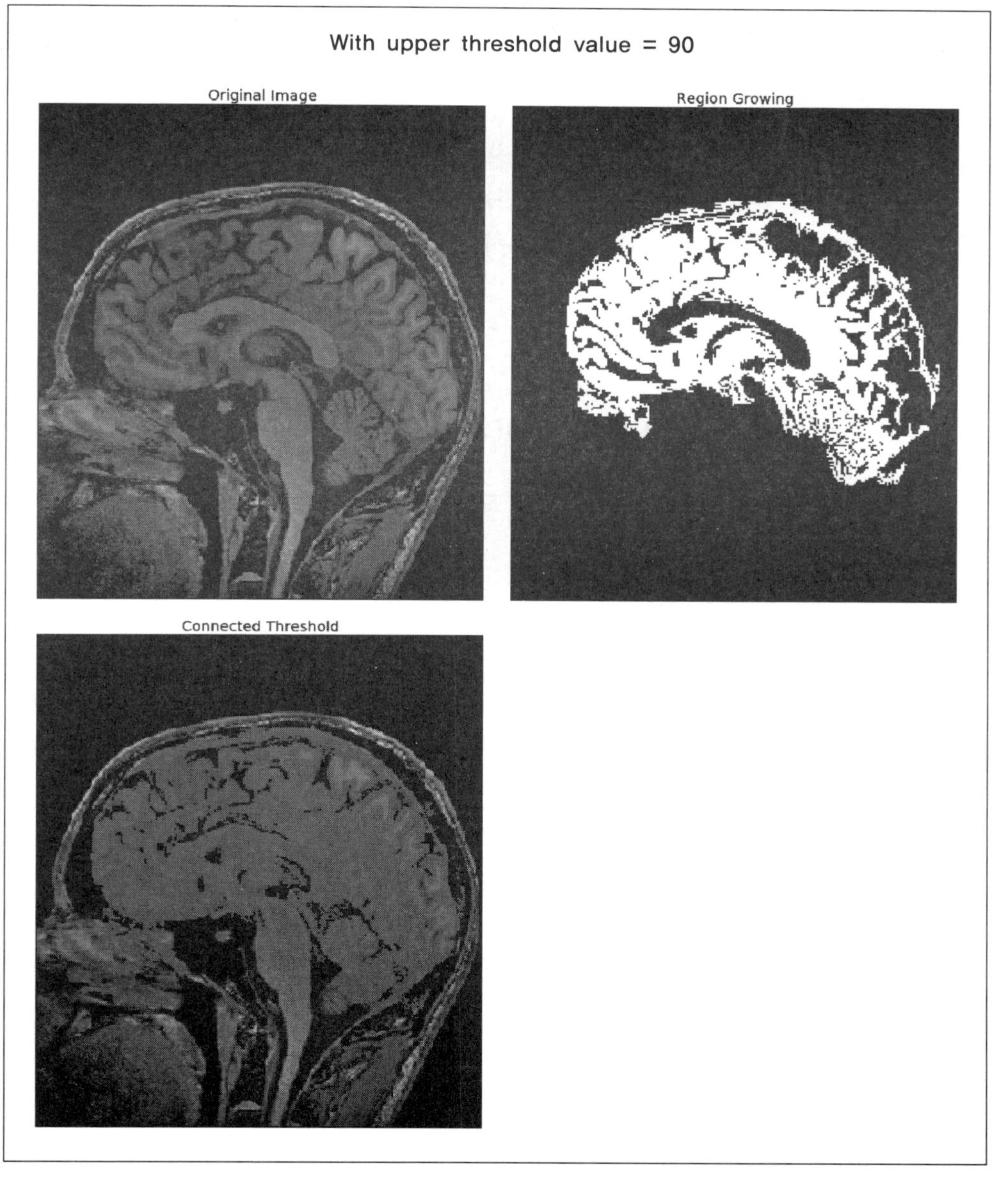
With upper threshold value = 90
Original Image
Region Growing
Connected Threshold

능동 윤곽선, 형태학적 스네이크 그리고 GrabCut 알고리즘

이 절에서는 더 정교한 분할 알고리즘에 대해 살펴보고, scikit-image 또는 python-opencv (cv2) 라이브러리 함수를 사용하여 이 알고리즘들을 소개한다. 먼저 능동 윤곽선을 사용한 분할로 시작한다.

능동 윤곽선(active contours)

스네이크snake라고도 불리는 능동 윤곽선 모델은 영상에서 선이나 에지에 열린 혹은 닫힌 스플라인spline을 맞추는fit 프레임워크이다. 여기서 스네이크는 제한 조건, 영상, 내부 에너지internal forces의 영향을 받는 에너지-최소화하고 변형 가능한 스플라인이다. 따라서 이것은 영상과 스플라인의 행태, 길이, 부드러움에 의해 부분적으로 정의되는 에너지를 최소화하도록 한다. 제한 조건과 영상 에너지는 스네이크를 객체 윤곽선으로 끌어당기고 내부 에너지는 변형에 저항한다. 이 알고리즘은 관심객체 주변의 초기 스네이크를 정하고 관심객체에 닫힌 외곽선을 맞추기 위해 축소/확장된다. 최소화는 영상 에너지에서 명시적으로 수행되며, 형태 에너지에서 암묵적으로 수행된다. 좌표들의 개수가 일정하기 때문에 초기 스네이크는 최종 윤곽선을 포함할 만큼 충분한 좌표들을 가져야 한다.

다음 예제는 scikit-image 문서에서 가져왔다. 여기서 능동 윤곽선 모델은 스플라인을 얼굴의 에지에 맞추어 영상에서 우주 비행사의 얼굴을 분할하는데 사용된다. 전처리로 영상에 가우시안 블러링을 한다. 먼저, 우주 비행사의 얼굴을 중심으로 원을 초기화한다. 여기서 경계 조건은 닫힌 커브에 맞게 기본 값(bc='periodic')이 사용되며, 얼굴 경계와 같은 에지로 곡선을 찾기 위한 매개 변수도 기본 값(w_line=0, w_edge=1)을 사용한다(함수의 매개 변수에서 기본 값은 적지 않아도 된다).

다음 코드는 분할을 위해 active_contour() 함수를 사용하는 방법을 제시한다. 여기서 함수에 인수로 지정할 수 있는 최대 반복 수를 갖는 반복 알고리즘을 실행한다. 내부적으로 여러 반복 회수로 알고리즘을 실행하여 얻은 닫힌 외곽선을 보여준다.

```
from skimage import data
from skimage.filters import gaussian
from skimage.segmentation import active_contour

img = data.astronaut()
img_gray = rgb2gray(img)
s = np.linspace(0, 2* np.pi, 400)
x = 220 + 100*np.cos(s)
y = 100 + 100*np.sin(s)
init = np.array([x, y]).T

i = 1
pylab.figure(figsize=(20,20))
for max_it in [20, 30, 50, 100]:
    snake = active_contour(gaussian(img_gray, 3), init, alpha=0.015, beta=10, \
                           gamma=0.001, max_iterations=max_it)
    pylab.subplot(2,2,i), pylab.imshow(img)
    pylab.plot(init[:, 0], init[:, 1], '--b', lw=3)
    pylab.plot(snake[:, 0], snake[:, 1], '-r', lw=3)
    pylab.axis('off'), pylab.title('max_iteration=' + str(max_it), size=20)
    i += 1

pylab.tight_layout(), pylab.show()
```

다음 그림에서 코드 블록의 출력을 보여준다. 초기 원은 파란색 점선이다. 능동 윤곽선 알고리즘은 초기 원에서 윤곽선(빨간색 선)을 반복적으로 축소하고 우/하단 그림(max_iteration=100)과 같이 얼굴 경계에 맞게 영상에서 얼굴을 분할한다.

형태학적 스네이크(morphological snakes)

형태학적 스네이크는 영상 분할을 위해 능동 윤곽선과 유사한 방법을 사용한다. 그러나 능동 윤곽선이 PDEs(편미분 방정식)를 부동 소수점 배열로 해결하는 반면, 형태학적 스네이크는 형태학 연산자(예: 팽창/침식)를 이진 배열에 사용하기 때문에 능동 윤곽선보다 빠르고 수치적으로 안정적이다.

`scikit-image` 모듈에는 형태학적 스네이크로 이용할 수 있는 다음의 두 가지 방법이 있다.

1) **Morphological Geodesic Active Contours(MorphGAC)**
   `morphological_geodesic_active_contour()` 함수 사용

2) **orphological Active Contours without Edges(MorphACWE)**

morphological_chan_vese() 함수 사용

MorphGAC 방법은 (잡음이 있거나 어수선하며 부분적으로 깨끗하지 않은) 눈에 보이는 윤곽이 있는 영상에 적합하다. 윤곽선 강조를 위해 영상에 inverse_gaussian_gradient() 함수를 사용하여 전처리를 수행하며, 이 전처리는 MorphGAC 분할의 품질에 큰 영향을 미친다.

반면에, 분할 대상의 내부와 외부 영역의 화소값 평균이 다른 경우에는 MorphACWE 방법이 잘 동작한다. 이것은 전처리 없이 원본 영상만으로 작동하며 정의할 객체의 윤곽선이 필요하지 않다. 이러한 이유로 MorphACWE 방법은 MorphGAC 방법보다 사용과 조정이 수월하다. 다음 코드 블록은 이러한 함수를 사용하여 형태학적 스네이크를 구현하는 방법을 보여준다. 또한 알고리즘의 진화와 여러 반복에서 얻은 분할을 보여준다.

```
from skimage.segmentation import (morphological_chan_vese, \
    morphological_geodesic_active_contour, inverse_gaussian_gradient, \
    checkerboard_level_set)

def store_evolution_in(lst):
"""지정된 리스트에 레벨 세트의 진화를 저장하는 콜백 함수를 반환 """
   def _store(x):
      lst.append(np.copy(x))

   return _store

# 모폴로지 ACWE
image = imread('../images/me14.jpg')
image_gray = rgb2gray(image)
init_lvl_set = checkerboard_level_set(image_gray.shape, 6)    # 초기 레벨 설정

evolution = []                                  # 진화를 그리기 위한 중간 결과 리스트
callback = store_evolution_in(evolution)
lvl_set = morphological_chan_vese(image_gray, 30, smoothing=3,\
                init_level_set=init_lvl_set, iter_callback=callback)

fig, axes = pylab.subplots(2, 2, figsize=(8, 6))
axes = axes.flatten()
```

```
axes[0].imshow(image, cmap="gray"), axes[0].set_axis_off(),
axes[0].contour(lvl_set, [0.5], colors='r')
axes[0].set_title("Morphological ACWE segmentation", fontsize=12)
axes[1].imshow(lvl_set, cmap="gray"), axes[1].set_axis_off()

contour = axes[1].contour(evolution[5], [0.5], colors='g')
contour.collections[0].set_label("Iteration 5")
contour = axes[1].contour(evolution[10], [0.5], colors='y')
contour.collections[0].set_label("Iteration 10")
contour = axes[1].contour(evolution[-1], [0.5], colors='r')
contour.collections[0].set_label("Iteration " + str(len(evolution)-1))
axes[1].legend(loc="upper right")
axes[1].set_title("Morphological ACWE evolution", fontsize=12)

# 모폴로지 GAC
image = imread('../images/fishes4.jpg')
image_gray = rgb2gray(image)
gimage = inverse_gaussian_gradient(image_gray)
init_lvl_set = np.zeros(image_gray.shape, dtype=np.int8)    # 초기 레벨 설정
init_lvl_set[10:-10, 10:-10] = 1

evolution = []                                    # 진화를 그리기 위한 중간 결과 리스트
callback = store_evolution_in(evolution)
lvl_set = morphological_geodesic_active_contour(gimage, 400, init_lvl_set, \
         smoothing=1, balloon=-1, threshold=0.7, iter_callback=callback)
axes[2].imshow(image, cmap="gray"), axes[2].set_axis_off()
axes[2].contour(lvl_set, [0.5], colors='r')
axes[2].set_title("Morphological GAC segmentation", fontsize=12)
axes[3].imshow(lvl_set, cmap="gray"), axes[3].set_axis_off()

contour = axes[3].contour(evolution[100], [0.5], colors='g')
contour.collections[0].set_label("Iteration 100")
contour = axes[3].contour(evolution[200], [0.5], colors='y')
contour.collections[0].set_label("Iteration 200")
contour = axes[3].contour(evolution[-1], [0.5], colors='r')
contour.collections[0].set_label("Iteration " + str(len(evolution)-1))

axes[3].legend(loc="upper right")
axes[3].set_title("Morphological GAC evolution", fontsize=12)
fig.tight_layout(), pylab.show()
```

소스 코드 블록의 실행결과는 다음 그림과 같다.

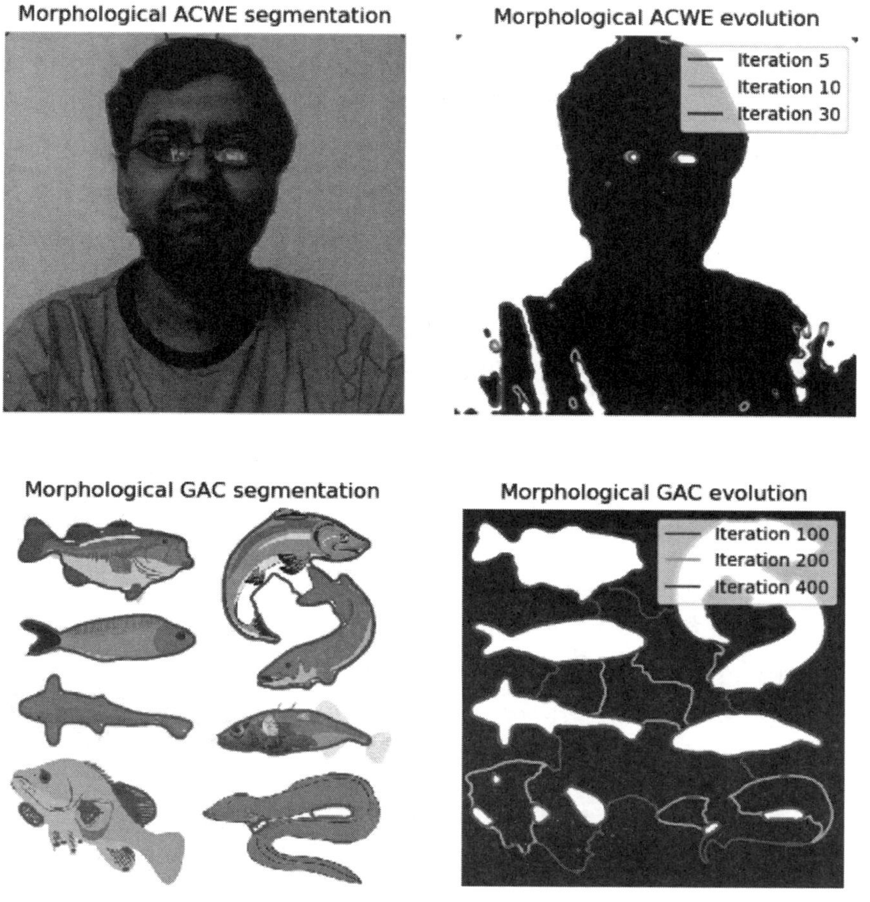

OpenCV를 활용한 GrabCut

GrabCut(그랩컷)은 그래프 이론의 max-flow/min-cut 알고리즘을 사용하여 영상의 배경에서 전경을 추출하는 상호작용interactive 분할 방법이다. 알고리즘을 시작하기 전에 사용자는 입력 영상에서 전경 영역을 대략 지정함으로써 힌트를 제공해야 한다(예: 전경 영역 주위에 직사각형을 그려서). 이 알고리즘은 최상의 결과를 얻기 위해 영상을 반복적으로 분할한다. 어떤 경우에는 분할이 원하는 분할 영역이 아닐 수도 있다(예: 알고리즘이 일부 전경 영역을 배경으로 표시하고 그 반대로도 표시할 수 있음).

이러한 경우에 사용자는 잘못 분할된 화소가 있는 부분에 약간의 스트로크(전경 혹은 배경으로서 더 많은 화소를 표시함)를 해서 미세하게 수정한다. 그러면 다음 반복에서 더 나은 분할 결과를 만든다.

다음 코드 블록은 고래 주위에 사각형을 그려서 입력 영상에서 고래 객체를 추출하는 방법을 제시한다(전경의 객체가 사각형 내부에서 발견되어야 하는 알고리즘에 힌트를 제공함으로써). 또한, 입력 영상에 cv2 모듈의 grabCut() 함수를 호출하는 방법도 제시한다. 마스크 영상에 대해서 다음과 같은 플래그를 사용하여 영상의 특정 영역을 전경 혹은 배경으로 지정할 수 있다.

상수	상수값	의미
cv2.GC_BGD	0	확실한 배경(surely background)
cv2.GC_FGD	1	확실한 전경(surely foreground)
cv2.GC_PR_BGD	2	가능한 배경(probable background)
cv2.GC_PR_FGD	3	가능한 전경(probable foreground)

다음 예제의 경우에 전경을 나타내기 위해 마스크 대신 사각형이 사용되므로 cv2.grabCut() 함수의 mode 인수에 cv2.GC_INIT_WITH_RECT를 지정하고, 마스크 영상은 0으로 초기화한다. 이 알고리즘은 5회 반복 실행되고, 화소가 표시되는 마스크 영상을 배경/전경을 나타내는 4개의 플래그 값으로 수정한다.

다음으로 마스크 픽셀 값이 0 또는 2인 것은 0(배경)으로 지정하고, 그렇지 않은 것(1 또는 3인 것)은 1(전경)으로 지정하여 새 마스크(mask2)를 만든다. 그런 다음, 분할된 영상을 얻기 위해 입력 영상과 곱해서 최종 마스크를 얻는다.

```
import cv2                                          # opencv 라이브러리 임포트

img = cv2.imread('../images/whale.jpg')
mask = np.zeros(img.shape[:2], np.uint8)            # 마스크 영상 0으로 초기화
bg_model = np.zeros((1,65), np.float64)
fg_model = np.zeros((1,65), np.float64)
rect = (80, 50, 720, 420)
```

```
cv2.grabCut(img, mask, rect, bg_model, fg_model, 5, cv2.GC_INIT_WITH_RECT)
mask2 = np.where((mask==2)|(mask==0),0,1).astype('uint8')
img2 = img*mask2[ : , : , np.newaxis]

cv2.rectangle(img, (rect[0],rect[1]), (rect[2],rect[3]), (0,0,255), 2 )
pylab.imshow(img), pylab.axis('off'), pylab.title('bounding rectangle')
pylab.show()
pylab.imshow(img2), pylab.colorbar()
pylab.show()
```

다음 그림은 입력 영상에 전경 객체 주위로 그려진 경계 사각형을 보여준다. 이 사각형은 상단의 고래 지느러미 일부를 빠뜨렸으며, 하단의 흰색 바다 거품 일부를 포함한다.

다음 그림의 출력에서 볼 수 있듯이, 경계 사각형이 약간 잘못되었기 때문에 위쪽 지느러미의 일부가 빠져나가고 아래쪽의 하얀 거품이 전경 객체의 일부로 포함된다(전체 전경이 경계 사각형 안에 있지 않음). 이것은 힌트 경계 사각형을 올바르게 제공함으로써 해결될 수 있으며, 이는 여러분을 위한 연습문제로 남겨둔다.

분할을 초기화하는 다른 방법으로 마스크를 입력하여 알고리즘에 대한 힌트를 제공할 수 있다. 예를 들어, 다음의 소스와 같이 마스크 영상이 고래 영상과 같은 모양이다. 이때, 마스크에 녹색(전경)과 빨간색(배경)의 선stroke을 그어서 이 화소들이 각각 전경과 배경 픽셀에 반드시 속하도록 알고리즘에 힌트를 준다.

```
newmask = cv2.imread('../images/whale_mask.jpg')
# 녹색 표시(확실한 전경)된 위치                    → 마스크 = 1로 변경
# 빨간색 표시(확실한 배경)된 위치                  → 마스크 = 0으로 변경
```

다음 그림은 입력 영상에 그릴 때 마스크가 어떻게 보이는지 보여준다.

이제 이 마스크로 알고리즘을 실행한다. 다음 코드 블록은 마스크를 사용하여 이 알고리즘을 실행하는 방법을 보여준다.

```
mask = 2*np.ones(img.shape[:2], np.uint8)                # 배경 화소 초기화

blue, green, red = cv2.split(newmask)
mask[(blue <= 20)&(green<= 20)&(red >= 200)]= 0          # 빨간 화소는 배경
mask[(blue <= 20)&(green>= 200)&(red <= 20)]= 1          # 녹색 화소는 전경

mask, bg_model, fg_model = \
  cv2.grabCut(img, mask, None, bg_model, fg_model, 5, cv2.GC_INIT_WITH_MASK)

mask = np.where((mask==2)|(mask==0),0,1).astype('uint8')
img = img*mask[:,:,np.newaxis]
pylab.imshow(img),pylab.colorbar()
pylab.show()
```

다음 그림은 코드 블록의 출력을 보여준다. 단지 힌트로 마스크에 선을 그린 알고리즘으로 정확히 분할된 전경 객체를 볼 수 있다.

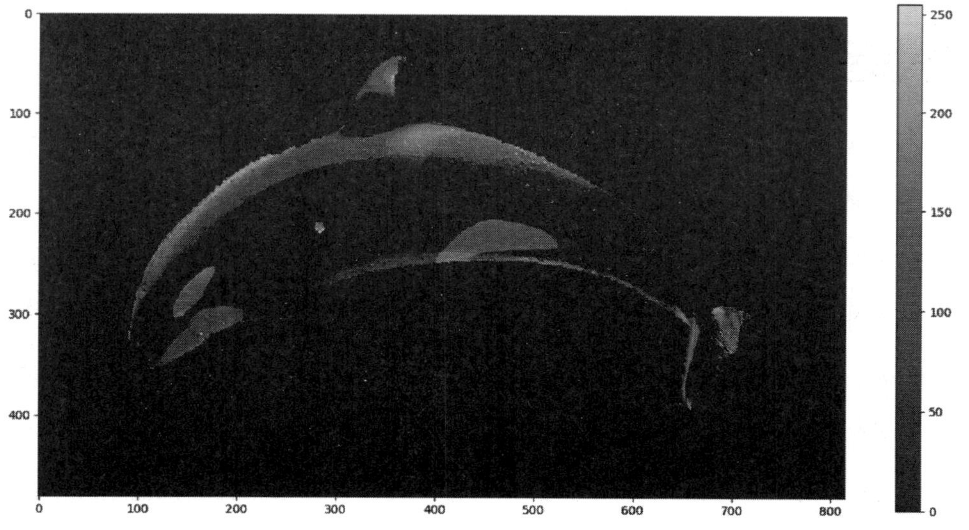

요약

이 장에서는 영상 분할에 대해 논의하고 scikit-image, opencv(cv2), SimpleITK와 같은 파이썬 라이브러리를 사용하여 여러 알고리즘을 시연했다. 허프 변환을 사용하여 영상에서 선과 원을 검출했으며, 영상 분할에 사용하는 방법의 예를 보였다.

다음으로 분할을 위한 최적 임계치를 찾기 위해 오쓰의 이진화 알고리즘을 살펴보았다. 그런 다음 영상 분할을 위한 형태학적 워터세드 알고리즘으로 에지 기반과 영역 기반 분할 알고리즘을 보여주었다. 다음 절에서는 Felzenszwalb의 그래프 기반 알고리즘, 영역 확장, SLIC, QuickShift와 같은 부분 분할 알고리즘을 scikit-image 모듈을 사용하여 구현하고 논의했다. 마지막으로 GrabCut, 능동 윤곽선, 형태학적 스네이크와 같은 좀 더 정교한 분할 알고리즘에 대해 설명하였다.

다음 장에서는 영상처리에서 기계학습 기술을 논의할 것이고, 비지도 기계학습 알고리즘으로서 k-means 클러스터링으로 영상 분할에 대해 더 자세히 논의할 것이다. 이후 딥러닝 장에서 의미론적 분할 기법에 대해서도 논의할 것이다.

연습문제

1. 허프 변환Hough transform을 사용하여 scikit-image로 타원이 있는 영상에서 타원을 검출하시오.
2. scikit-image transform 모듈의 probabilistic_hough_line() 함수를 사용하여 영상에서 선을 검출하지오. hough_line() 함수와 다른 점은 무엇인가?
3. scikit-image filter 모듈의 try_all_threshold() 함수를 사용하여 명암도 영상을 이진 영상으로 분할하는 다양한 로컬 이진화 기법을 비교하시오.
4. SimpleITK를 사용하여 MRI 스캔 영상 분할를 위해 ConfidenceConnected 및 VectorConfidenceConnected 알고리즘을 사용하시오.
5. 고래 영상을 분할하기 위해서 전경 객체 주위의 정확한 경계 사각형을 사용하여 GrabCut 알고리즘으로 적용하시오.

6. scikit-image segmentation 모듈의 random_walker() 함수를 사용하여 마커로 정의된 몇 개의 표시된 위치에서 영상을 분할하시오.

추가 읽기

- http://scikit-image.org/docs/dev/user_guide/tutorial_segmentation.html
- https://www.scipy-lectures.org/packages/scikit-image/index.html
- http://scikit-image.org/docs/dev/auto_examples/
- https://web.stanford.edu/class/ee368/Handouts/Lectures/2014_Spring/Combined_Slides/6-Image-Segmentation-Combined.pdf
- https://courses.csail.mit.edu/6.869/lectnotes/lect19/lect19-slides-6up.pdf
- http://cmm.ensmp.fr/~beucher/publi/WTS_residues.pdf
- http://cmm.ensmp.fr/~beucher/wtshed.html
- https://sandipanweb.wordpress.com/2018/02/25/graph-based-imagesegmentation-in-python/
- https://sandipanweb.wordpress.com/2018/02/11/interactive-imagesegmentation-with-graph-cut/
- http://people.cs.uchicago.edu/~pff/papers/seg-ijcv.pdf
- http://www.kev-smith.com/papers/SMITH_TPAMI12.pdf

Chapter 9

영상처리에서 전통적인 기계학습 방법

이 장에서는 영상처리에서 기계학습 기술을 적용해 볼 것이다. 먼저 기계학습의 정의에 대해 알아보고, 지도 학습과 비지도 학습의 두 가지 알고리즘에 대해서 배운다. 그런 다음 클러스터링과 같은 자주 사용되는 비지도 기계학습 기술을 적용해 보며, 추가로 영상 분할과 같은 문제에 대해서도 논의할 것이다.

영상 분류와 객체 검출과 같은 문제에서도 지도 기계학습 기술의 응용을 검토할 것이다. scikit-image와 Python-OpenCV (cv2)와 함께 매우 인기 있는 라이브러리인 scikit-learn 모듈을 사용하여 영상처리를 위한 기계학습 알고리즘을 구현할 것이다. 이 장에서는 기계학습 알고리즘들과 이 알고리즘들이 해결한 문제에 대한 통찰력을 제공한다.

이 장에서 다룰 주제는 다음과 같다.

- 지도 학습 대 비지도 학습
- 비지도 기계학습–클러스터링, PCA, 고유얼굴eigenfaces
- 지도 기계학습–필기 숫자 데이터셋에 대한 영상 분류
- 지도 기계학습–객체 검출

지도 학습 vs. 비지도 학습

기계학습 알고리즘은 크게 두 가지 유형이 있다.

- **지도 학습**supervised learning: 이러한 유형의 학습에서는 정답 레이블과 입력 데이터셋이 주어지며, 입력과 출력간의 관계를 함수로서 학습해야 한다. 필기 숫자 분류 문제는 지도 학습(분류)의 대표적인 사례이다.
- **비지도 학습**unsupervised learning: 이러한 유형의 학습에서는 결과물이 어떻게 생겼는지 거의 알지 못한다. 변수들의 효과를 반드시 알 필요 없는 데이터로부터 구조를 도출할 수 있다. 예를 들어 클러스터링은 어떤 화소가 어떤 영역에 속해 있는지에 대한 사전 지식 없이 분류하는 영상처리 기술이라 볼 수 있다.

어떤 컴퓨터 프로그램이 성능 척도 *P*에 의해 측정된 작업 *T*에서의 성능이 경험 *E*로 향상되면, 작업 *T*와 성능 척도 *P*와 관련하여 경험 *E*을 통해 학습한다고 말할 수 있다.

예를 들어, 레이블(0~9 숫자)과 필기 숫자 영상들이 주어지고 이 영상들과 레이블(경험 *E*로서) 간의 연관성을 학습한 파이썬 프로그램을 작성한 다음, 새 필기 숫자 영상들에 대해 자동으로 레이블을 지정해야 한다고 가정해 보자.

이 경우 작업 *T*는 영상에 레이블을 할당한다. 즉, 숫자 영상을 분류(식별)한다. 정확히 식별된 새 영상들의 비율은 프로그램의 성능 *P*(정확도)가 된다. 이러한 경우에 이 프로그램은 학습 프로그램이라고 할 수 있다.

이 장에서는 지도 혹은 비지도 기계학습 알고리즘을 사용하여 해결할 수 있는 몇 가지 영상처리 문제를 설명한다. 영상처리 문제를 해결하기 위해 몇 가지 비지도 기계학습 기술의 응용을 배우는 것으로 시작한다.

비지도 기계학습 – 클러스터링, PCA, 고유얼굴(eigenface)

이 절에서는 영상처리에서 몇 가지 유명한 기계학습 알고리즘과 그 응용들에 대해 설명한다. 몇 가지 클러스터링 알고리즘을 시작으로 색상 양자화와 영상 분할에 대한 응용들을 살펴볼 것이다. 이러한 클러스터링 알고리즘을 위해 scikit-learn 라이브러리의 모듈을 사용할 것이다.

색상 양자화로 영상 분할을 위한 k-means 클러스터링

이 절에서는 피망Peppers 영상에 화소 단위 **VQ**Vector Quantization를 수행하는 방법을 제시한다. 또한, 영상의 화질을 유지하면서 영상을 250가지 고유 색상에서 4가지 색상으로 표시하여 색상 수를 줄이는 방법을 보여준다. 이 예에서 화소는 3차원 공간에서 표현되고 k-means은 4개 색상 클러스터를 찾는 데 사용된다.

영상처리 문헌에서, 코드북은 k-means(클러스터 중심)로부터 얻어지며, **색상 팔레트**color palette라고 불린다. 단일 바이트를 사용하는 색상 팔레트에서는 최대 256색을 지정할 수 있지만, RGB 인코딩에는 화소당 3바이트가 필요하다. GIF 파일 형식은 이러한 팔레트를 사용한다. 비교를 위해 랜덤 코드북(무작위로 추출한 색상)을 사용하여 양자화된 영상을 볼 것이다.

k-means 클러스터링을 사용하여 영상을 분할해 보자.

```
import numpy as np
import matplotlib.pyplot as pylab
from sklearn.cluster import KMeans
from sklearn.metrics import pairwise_distances_argmin
from skimage.io import imread
from sklearn.utils import shuffle
from skimage import img_as_float

# 8비트 정수 행렬을 float64형으로 변환
# pylab.imshow는 [0-1] 범위 실수 행렬만 사용함
pepper = imread("../images/pepper.jpg")
pepper = img_as_float(pepper)
# 3채널 영상을 2차원(세로×가로, 채널) 배열로 변환
h, w, d = original_shape = tuple(pepper.shape)
assert d == 3                                     # 3차원 데이터 확인
image_array = np.reshape(pepper, (w * h, d))      # 배열 형태 변환 (50625, 3)

def recreate_image(codebook, labels, w, h):
```

```
    """코드북과 레이블로부터 영상 재생성"""
    d = codebook.shape[1]
    labels = labels.reshape(h, w)
    image = [[codebook[labels[i][j]] for j in range(w)] for i in range(h)]

    return image

# 원본 영상 옆에 모든 결과 표시
pylab.figure(1), pylab.clf()
ax = pylab.axes([0, 0, 1, 1]), pylab.axis('off')
pylab.title('Original image (%d colors)' %(len(np.unique(pepper))))
pylab.imshow(pepper)

pylab.figure(2, figsize=(10,10)), pylab.clf()
i = 1
for k in [64, 32, 16, 4]:
    # 영상에서 랜덤하게 1000화소를 가져와 k-means 수행
    image_array_sample = shuffle(image_array, random_state=0)[:1000]
    kmeans = KMeans(n_clusters=k, random_state=0).fit(image_array_sample)

    labels = kmeans.predict(image_array)          # 전체 영상에 대한 색상 인덱스 예측
    pylab.subplot(2,2,i), pylab.axis('off')
    pylab.title('Quantized image (' + str(k) + ' colors, K-Means)')
    pylab.imshow(recreate_image(kmeans.cluster_centers_, labels, w, h))
    i += 1
pylab.show()

pylab.figure(3, figsize=(10,10)), pylab.clf()
i = 1
for k in [64, 32, 16, 4]:
    codebook_random = shuffle(image_array, random_state=0)[:k + 1]
    #전체 영상에 대한 색상 인덱스 예측(random)
    labels_random = pairwise_distances_argmin(codebook_random,\
                                              image_array, axis=0)
    pylab.subplot(2,2,i), pylab.axis('off')
    pylab.title('Quantized image (' + str(k) + ' colors, Random)')
    pylab.imshow(recreate_image(codebook_random, labels_random, w, h))
    i += 1
pylab.show()
```

다음 그림은 원본 영상과 앞 예제의 코드 블록에 의해 생성된 결과이다.

Original image (250 colors)

그림에서 볼 수 있듯이, k-means 클러스터링은 랜덤 코드북을 사용하는 것보다 색 양자화 수행 후에 보존된 영상의 화질이 더 우수하다.

Quantized image (64 colors, K-Means)

Quantized image (32 colors, K-Means)

Quantized image (16 colors, K-Means)

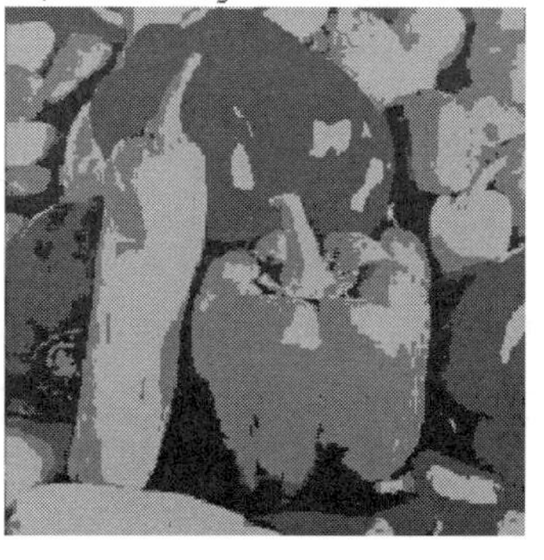
Quantized image (4 colors, K-Means)

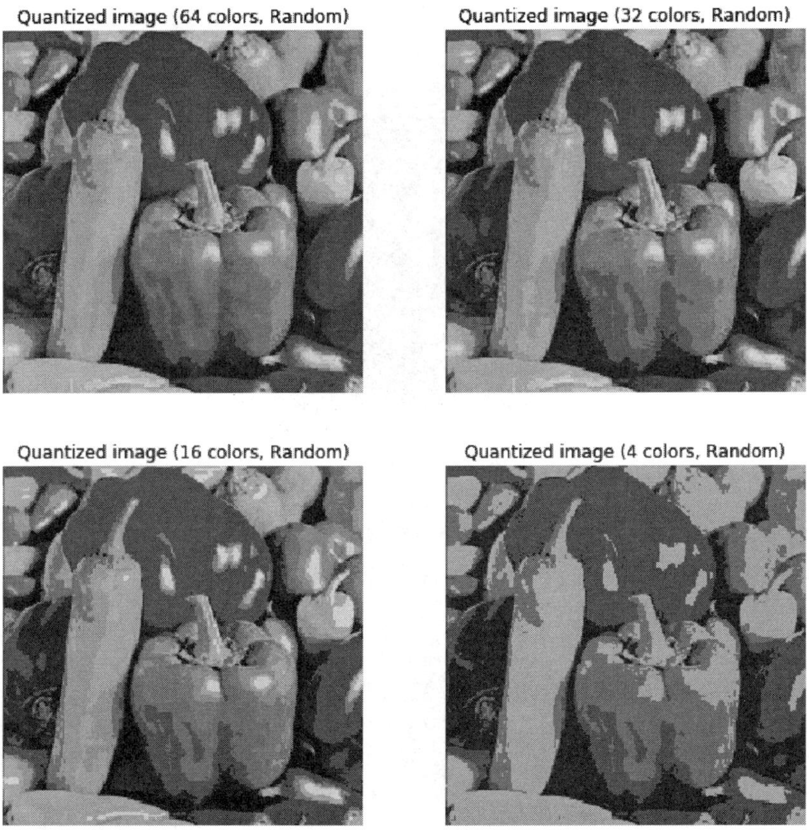

영상 분할을 위한 스펙트럼 클러스터링

이 절에서는 스펙트럼 클러스터링 기술을 영상 분할에 사용할 수 있는 방법을 제시한다. 이러한 설정에서 스펙트럼 클러스터링 접근법은 정규화된 그래프 컷graph cuts으로 알려진 문제를 해결한다. 즉 영상을 연결된 화소의 그래프로 볼 수 있으며, 스펙트럼 클러스터링 알고리즘은 영역을 정의하는 그래프 컷을 선택하는 한편, 컷의 기울기와 영역의 볼륨의 비율을 최소화한다. scikit-learn의 cluster 모듈의 `SpectralClustering()` 함수를 사용하여 영상을 전경과 배경으로 분할한다.

다음의 코드 블록과 같이, 결과는 k-means 클러스터링을 사용하여 얻은 이진 분할과 비교된다.

```
from sklearn import cluster
from skimage.io import imread
from scipy.misc import imresize
from skimage.color import rgb2gray

im = imresize(imread('../images/me14.jpg'), (100,100,3))
img = rgb2gray(im)
k = 2                                                    # 이진 분할
X = np.reshape(im, (-1, im.shape[-1]))

two_means = cluster.MiniBatchKMeans(n_clusters=k, random_state=10)
two_means.fit(X)
y_pred1 = two_means.predict(X)
spectral = cluster.SpectralClustering(n_clusters=k, eigen_solver='arpack', \
       affinity="nearest_neighbors", n_neighbors=100, random_state=10)
spectral.fit(X)
y_pred2 = spectral.labels_.astype(np.int)

labels = [ np.reshape(y_pred1, im.shape[:2]),           # k-means 클러스터링
           np.reshape(y_pred2, im.shape[:2])]           # 스펙트럼 클러스터링
titles = ["k-means" , "spctral"]

pylab.figure(figsize=(20,20))
for i, label in enumerate(labels):
   pylab.subplot(2, 2, i*2+1), pylab.imshow(label, cmap='gray')
   pylab.title( titles[i] +' segmentation (k=2)', size=30)
   pylab.subplot(2, 2, i*2+2), pylab.imshow(im)
   pylab.contour(label == 0, contours=1, colors='red')
   pylab.title(titles[i]+' contour (k=2)', size=30), pylab.axis('off')

pylab.tight_layout(), pylab.show()
```

다음 그림은 앞의 소스 코드 블록의 출력을 보여준다. 그림에서 볼 수 있듯이, 스펙트럼 클러스터링은 k-means 클러스터링보다 영상 분할에 더 유리하다.

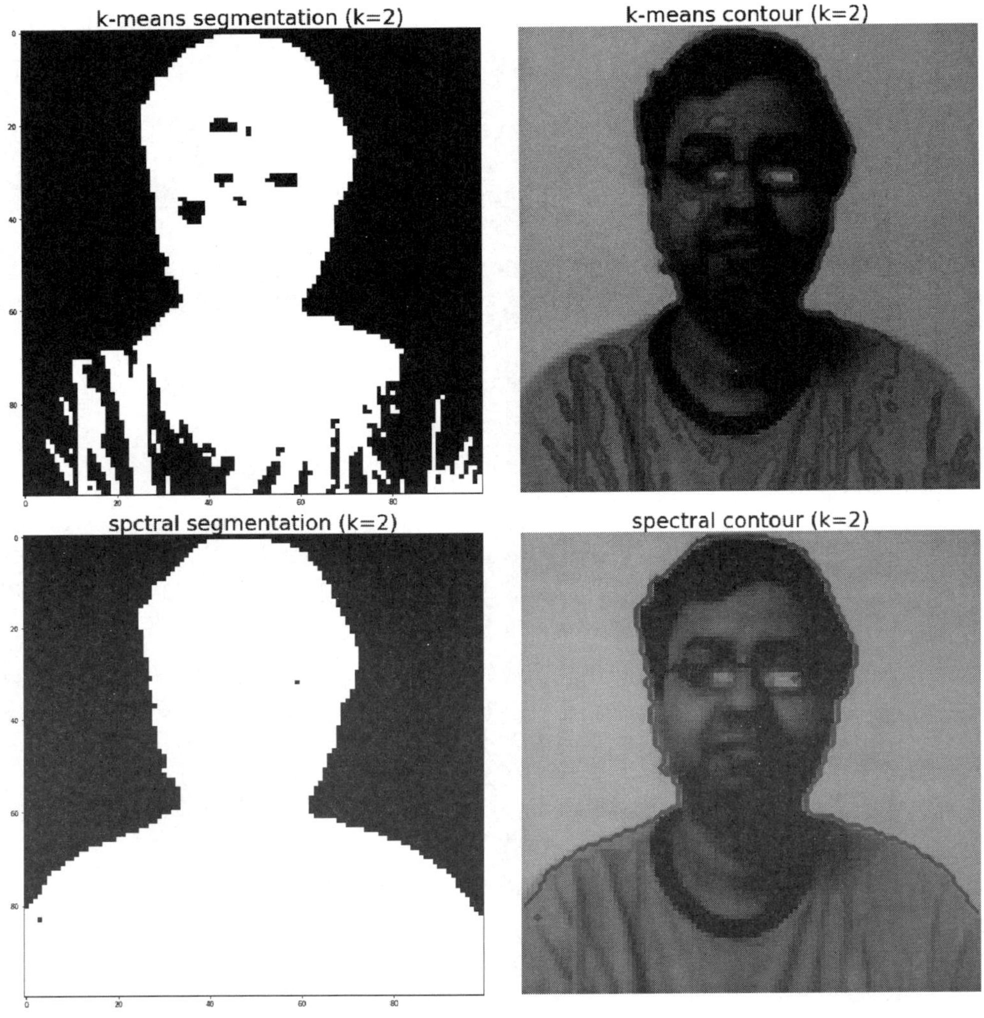

PCA와 고유얼굴

주성분 분석 Principal Component Analysis, PCA은 직교 변환을 사용하는 통계/비지도 기계학습 기법이다. 이 직교 변환은 상관관계가 있는 변수의 관측 집합을 주성분이라 하는 선형 상관관계가 없는 변수 집합으로 변환함으로써 (주성분에 따라) 데이터셋의 최대 분산 방향을 찾는다.

이는 (선형) 차원 감소(대부분의 경우, 데이터셋의 거의 모든 분산을 포함하는 지배적인 주성분은 적음)와 여러 차원을 갖는 데이터셋의 2차원 시각화에 사용할 수 있다. PCA의 한 응용으로 고유얼굴eigenface이 있다. 이것은 (고유얼굴들의 선형 조합으로서) 임의의 얼굴을 (이론적으로) 나타낼 수 있는 얼굴 집합을 찾는 것이다.

PCA를 활용한 차원 감소와 시각화

이 절에서는 scikit-learn의 숫자 데이터셋을 사용한다. 이 데이터셋에는 필기 숫자 1,797개의 영상(8 × 8 화소)을 포함한다. 데이터 행렬에서 각 행은 영상을 의미한다. 먼저, 다음 코드 블록을 사용하여 데이터셋의 첫 25개 숫자를 로드하고 표시해 본다.

```
from sklearn.datasets import load_digits
digits = load_digits()
print(digits.data.shape)                            # (1797, 64)

j = 1
np.random.seed(1)
fig = pylab.figure(figsize=(3,3))
fig.subplots_adjust(left=0, right=1, bottom=0, top=1, hspace=0.05, wspace=0.05)

for i in np.random.choice(digits.data.shape[0], 25):
    pylab.subplot(5,5, j), pylab.axis('off')
    pylab.imshow(np.reshape(digits.data[i,:], (8,8)), cmap='binary')
    j += 1

pylab.show()
```

다음 그림은 앞 코드 블록의 출력이다. 데이터셋 중에 첫 25개 숫자 영상이 표시된다.

2차원 투영과 시각화

로드된 데이터셋에서 볼 수 있듯이, 이것은 64-차원 데이터셋이다. 이제 scikit-learn의 PCA() 함수를 사용하여 이 데이터셋의 두 개의 지배적인 주성분을 찾고, 이 두 개의 차원을 따라 데이터셋을 투영한다. 그런 다음, 영상을 나타내는 각 데이터 좌표와 고유한 색상으로 표시된 숫자 레이블로 투영된 데이터를 Matplotlib 모듈을 사용하여 그린다.

```
from sklearn.decomposition import PCA

pca_digits = PCA(2)
digits.data_proj = pca_digits.fit_transform(digits.data)
pylab.figure(num='', figsize=(15,10))
pylab.scatter(digits.data_proj[:, 0], digits.data_proj[:, 1], lw=0.25, \
            c=digits.target, edgecolor='k', s=100,\
            cmap=pylab.cm.get_cmap('cubehelix',10))

pylab.xlabel('PC1', size=20), pylab.ylabel('PC2', size=20)
pylab.title('2DProjection of handwritten digits with PCA', size=25)
pylab.colorbar(ticks=range(10), label='digit value')
pylab.clim(-0.5, 9.5)
pylab.show()
```

다음의 그림은 PC(주성분)에 따라 2차원 투영된 모습이다. 숫자들이 일부 겹치지만, 어느 정도 분리되어 있다. 또한, 같은 숫자 값들은 비슷한 클러스터에 모여 있는 것을 볼 수 있다.

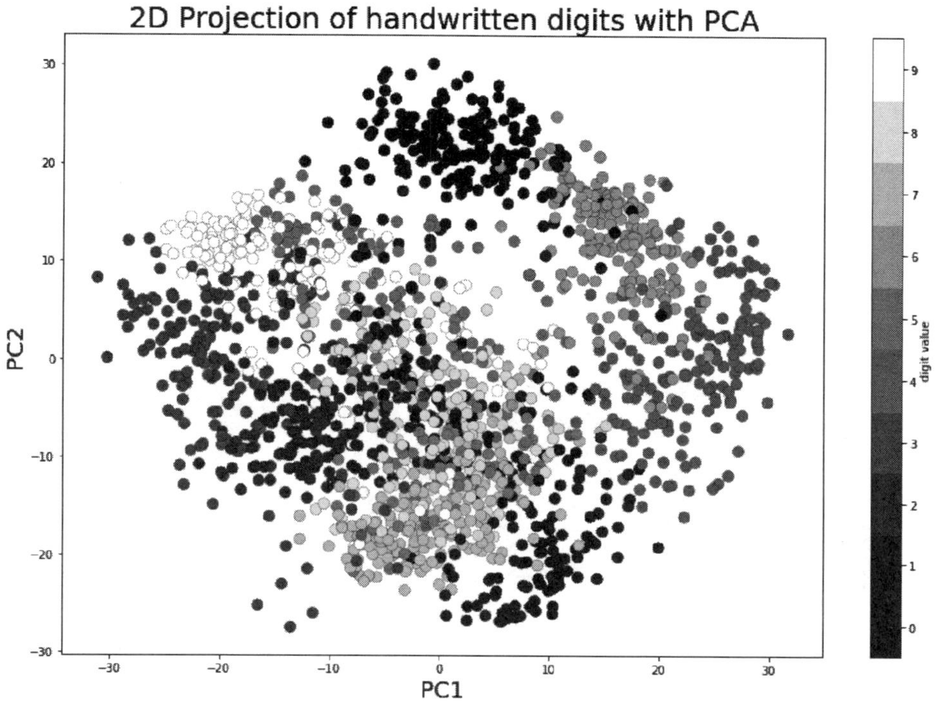

PCA를 활용한 고유얼굴

scikit-learn에서 olivetti 얼굴 데이터셋을 로드한다. 여기에는 64 × 64 화소 크기의 얼굴 영상 400개가 포함되어 있다.

다음 코드 블록은 데이터셋의 랜덤 얼굴 몇 개를 보여준다.

```
from sklearn.datasets import fetch_olivetti_faces

faces = fetch_olivetti_faces().data
print(faces.shape)      # (400, 4096) → (64×64=4,096) 화소의 400개의 얼굴 영상
fig = pylab.figure(figsize=(5,5))
fig.subplots_adjust(left=0, right=1, bottom=0, top=1, hspace=0.1, wspace=0.1)
```

```
# 25개 랜덤 얼굴 영상 표시
j=1
np.random.seed(0)
for i in np.random.choice(range(faces.shape[0]), 25):
    ax = fig.add_subplot(5, 5, j, xticks=[], yticks=[])
    face = np.reshape(faces[i,:],(64,64))
    ax.imshow(face, cmap='bone', interpolation='nearest')
    j += 1
pylab.show()
```

다음 그림은 코드 블록의 실행결과로 데이터셋에서 임의로 선택한 25개 얼굴 영상을 보여준다.

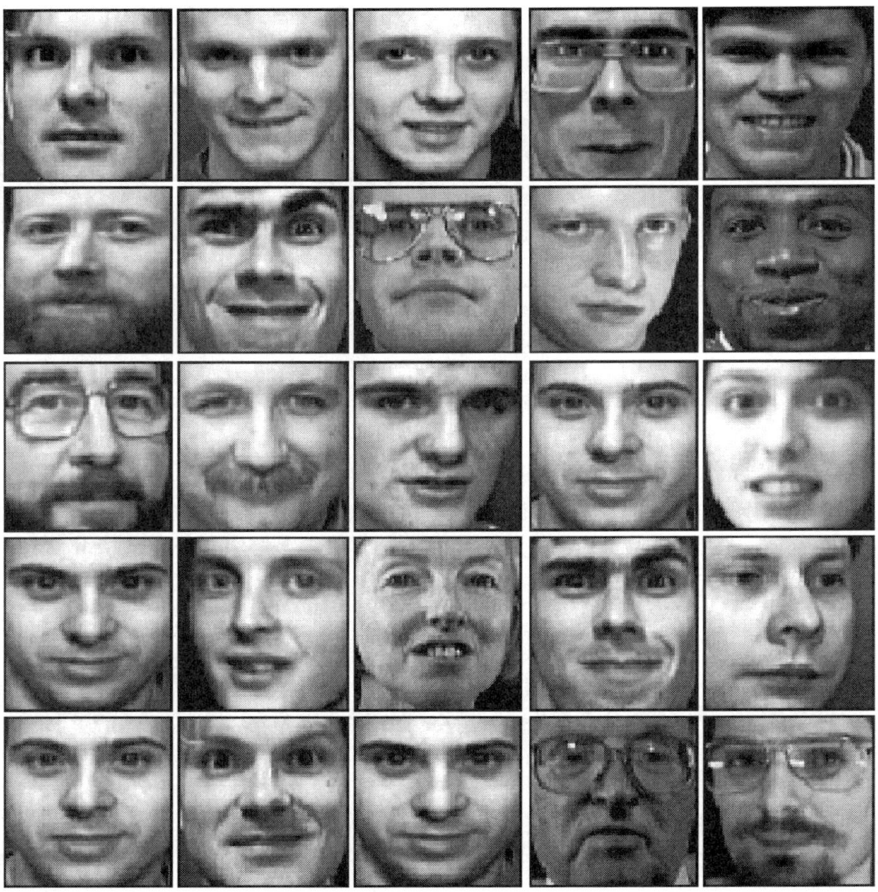

이제, z-스코어 정규화를 수행하기 위해 데이터셋을 전처리해 보자. z-스코어 정규화는 모든 얼굴에 대해 평균 얼굴을 빼고 표준 편차로 나누어 얻어진다. 이것은 영상에 PCA를 적용하기 전에 필요한 단계이다. 다음으로, 주성분은 PCA() 함수로 계산되며 4,096개의 주성분 중에 지배적인 주성분 64개만 선택된다. 즉, 데이터셋이 PC(주성분)에 투영된다.

다음 코드 블록은 이를 수행하는 방법을 보여주며, 주성분의 선택 수를 늘려갈 때 영상 데이터셋의 분산 비율이 어떻게 되는지 시각화한다.

```
from sklearn.preprocessing import StandardScaler
from sklearn.pipeline import Pipeline

n_comp = 64
pipeline = Pipeline([('scaling', StandardScaler()), \
                     ('pca', PCA(n_comp))])
faces_proj = pipeline.fit_transform(faces)
print(faces_proj.shape)          # (400, 64)
mean_face = np.reshape(pipeline.named_steps['scaling'].mean_, (64,64))
sd_face = np.reshape(np.sqrt(pipeline.named_steps['scaling'].var_), (64,64))

pylab.figure(figsize=(8, 6))
variance_ratio = pipeline.named_steps['pca'].explained_variance_ratio_
pylab.plot(np.cumsum(variance_ratio), linewidth=2)
pylab.grid(), pylab.axis('tight'), pylab.xlabel('n_components')
pylab.ylabel('cumulative explained_variance_ratio_')
pylab.show()

pylab.figure(figsize=(10,5))
pylab.subplot(121), pylab.imshow(mean_face, cmap='bone')
pylab.axis('off'), pylab.title('Mean face')
pylab.subplot(122), pylab.imshow(sd_face, cmap='bone')
pylab.axis('off'), pylab.title('SD face')
pylab.show()
```

다음의 그림의 실행결과에서 볼 수 있듯이, 분산의 약 90%는 처음 64개의 주성분으로 설명된다.

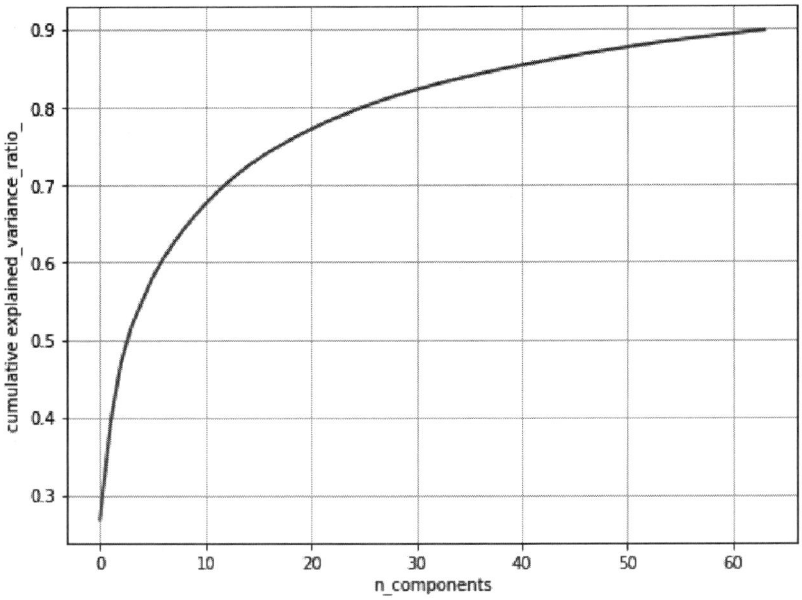

다음 그림은 데이터셋에서 계산된 평균 얼굴과 표준 편차 얼굴 영상을 각각 보여준다.

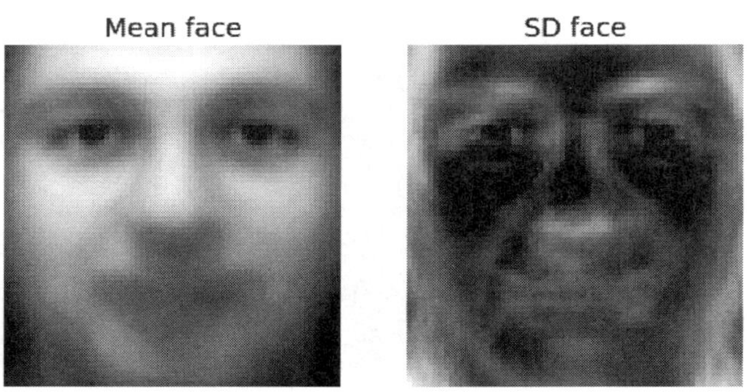

고유얼굴

PCA의 속성을 감안할 때, 계산된 PC(주성분)는 서로 직교하고 각각 4,096 화소를 포함하며 64 × 64 영상으로 재구성될 수 있다. 이러한 주성분을 고유얼굴 혹은 고유벡터eigenvector

라고 한다. 실행 결과를 보면 알 수 있듯이 이것은 얼굴의 특징을 나타낸다. 다음 코드 블록은 고유얼굴을 계산하고 그 중 10개를 표시한다.

```
fig = pylab.figure(figsize=(5,2))
fig.subplots_adjust(left=0, right=1, bottom=0, top=1, hspace=0.05, wspace=0.05)

# 첫 10개 고유얼굴 표시
for i in range(10):
    face = np.reshape(pipeline.named_steps['pca'].components_[i, :], (64, 64))
    ax = fig.add_subplot(2, 5, i+1, xticks=[], yticks=[])
    ax.imshow(face, cmap='bone', interpolation='nearest')
pylab.show()
```

다음 그림은 앞 코드 블록의 실행결과로 첫 10개의 고유얼굴을 보여준다.

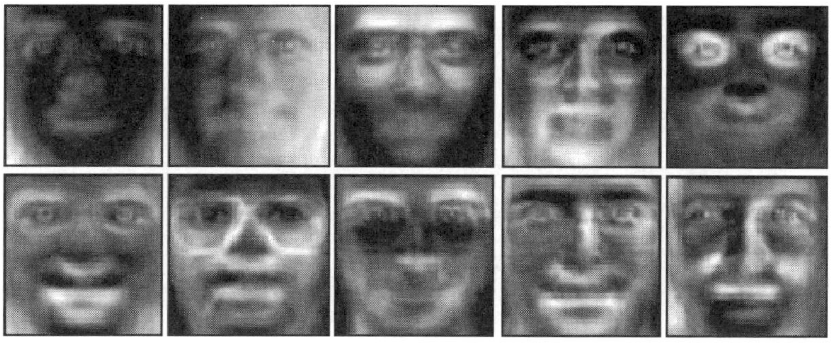

재구성

다음 코드 블록은 얼굴을 64개의 지배적인 고유얼굴의 선형 결합으로 표현하는 방법을 보여준다. 여기서 scikit-learn 모듈의 inverse_transform() 함수는 원본 공간으로 되돌리기 위해 사용된다. 이때, 64개의 지배적인 고유얼굴만 사용하며, 이외에 나머지 모든 고유얼굴은 제외된다.

```
# 얼굴 재구성 - 64×64 크기
faces_inv_proj = pipeline.named_steps['pca'].inverse_transform(faces_proj)
faces_inv_proj = np.reshape(faces_inv_proj, (400, 64, 64))
```

```
# 64×64 차원의 영상 400개 형태 변환
fig = pylab.figure(figsize=(5,5))
fig.subplots_adjust(left=0, right=1, bottom=0, top=1, hspace=0.05, wspace=0.05)

# 64×64(8×8 아님)차원의 각 얼굴 그리기
j = 1
np.random.seed(0)                          # 매번 같은 임의값 지정 위해
for i in np.random.choice(range(faces.shape[0]), 25):
    reconst_face = mean_face + sd_face * faces_inv_proj[i, :]
    ax = fig.add_subplot(5, 5, j, xticks=[], yticks=[])
    ax.imshow(reconst_face, cmap='bone', interpolation='nearest')
    j += 1
pylab.show()
```

다음 그림은 앞 코드 블록의 실행결과로, 64개의 고유얼굴에서 재구성된 임의의 얼굴 영상 25개를 표시한다. 보시다시피 눈에 띄는 오류 없이 원본 얼굴과 거의 비슷하게 보인다.

다음 코드 블록으로 원본 얼굴과 재구성된 얼굴을 더 자세히 비교해 볼 수 있다.

```
orig_face = np.reshape(faces[0,:], (64,64))
reconst_face = faces_proj[0]@pipeline.named_steps['pca'].components_
reconst_face = mean_face + sd_face * np.reshape(reconst_face, (64,64))

pylab.figure(figsize=(10,5))
pylab.subplot(121), pylab.axis('off'), pylab.title('original', size=20)
pylab.imshow(orig_face, cmap='bone', interpolation='nearest')
pylab.subplot(122), pylab.axis('off'), pylab.title('reconstructed', size=20)
pylab.imshow(reconst_face, cmap='bone', interpolation='nearest'),
pylab.show()
```

다음 그림의 실행결과에서 알 수 있듯이, 약간의 왜곡은 있지만 재구성된 얼굴은 원본 얼굴과 거의 비슷하다.

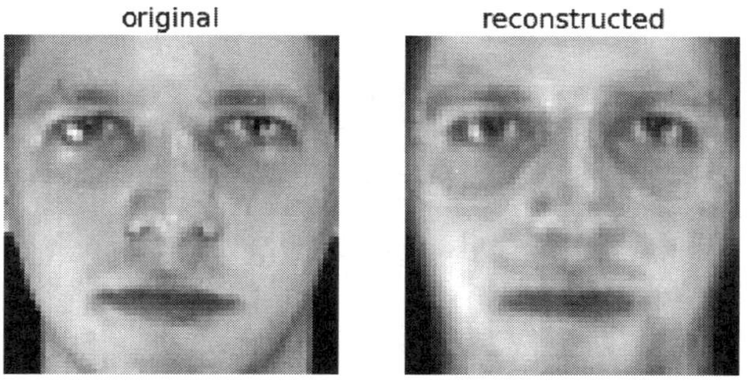

고유 분해

각 얼굴은 64개의 고유얼굴의 선형 조합으로 나타낼 수 있다. 각 고유얼굴은 다른 얼굴 영상에 대해 다른 가중치를 갖는다. 다음의 그림은 고유얼굴들로 얼굴을 표현하는 방법을 보여준다. 여기서 고유얼굴 왼쪽의 숫자는 각 고유얼굴에 대한 가중치이다.

코드는 독자에게 연습문제로 남겨둔다.

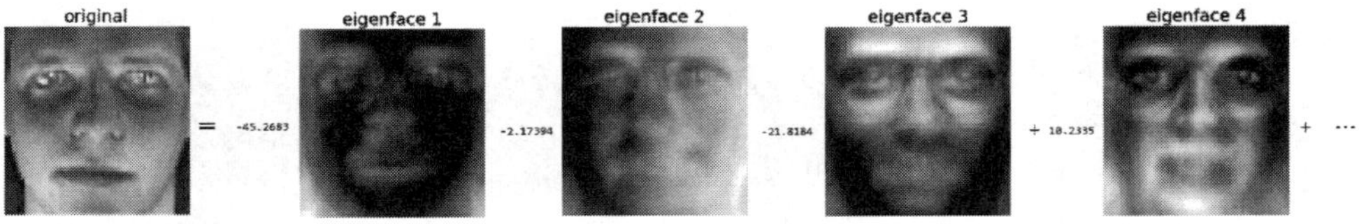

지도 기계학습 – 영상 분류

이 절에서는 영상 분류 문제에 대해 논의할 것이다. 여기서 사용할 입력 데이터셋은 기계학습의 고전적인 데이터셋인 MNIST(`http://yann.lecun.com/exdb/mnist/`)이다. 이것은 28 × 28 명암도grayscale의 필기체 숫자 영상으로 구성되어 있다. 원본 학습 데이터셋은 60,000개 샘플로서 기계학습 모델의 학습을 위한 숫자 영상과 레이블이다. 테스트 데이터셋은 영상과 기준 값ground-truths 레이블로 구성된 10,000개 샘플이 있으며, 학습된 모델의 정확성을 테스트하기 위한 것이다.

레이블(0-9)과 필기 숫자 영상 집합이 주어지면, 미지의 영상에서 숫자를 자동으로 식별하고 그 영상에 레이블(0-9)을 할당하도록 한다. 이것을 기계학습 모델을 학습한다고 표현한다.

1. 몇 가지 지도 기계학습(다중 클래스 분류) 모델은 학습 데이터셋을 사용하여 학습된다.
2. 그런 다음, 테스트 데이터셋의 영상 레이블을 예측하는 데 사용한다.
3. 예측된 레이블은 이후에 기준 값의 레이블과 비교해서 분류기의 성능을 평가한다.

다음 그림은 기본 분류 모델의 학습, 예측, 평가 단계를 보여준다. 다양한 모델을 학습 데이터셋으로 학습할 수 있다. 다른 알고리즘을 적용해 볼 수도 있으며, 동일 알고리즘에서 하이퍼파라미터를 다르게 적용할 수도 있다. 이때, 가장 적합한 모델을 선택하려면 검증 데이터셋이라고 하는 세 번째 데이터셋이 필요하다. 보통 학습 데이터셋은 두 부분으로 나누는데, 하나는 학습을 위해, 다른 하나는 검증을 위해 사용한다. 이 검증 데이터셋은 학습 모델 선택과 하이퍼파라미터 조정에 사용된다.

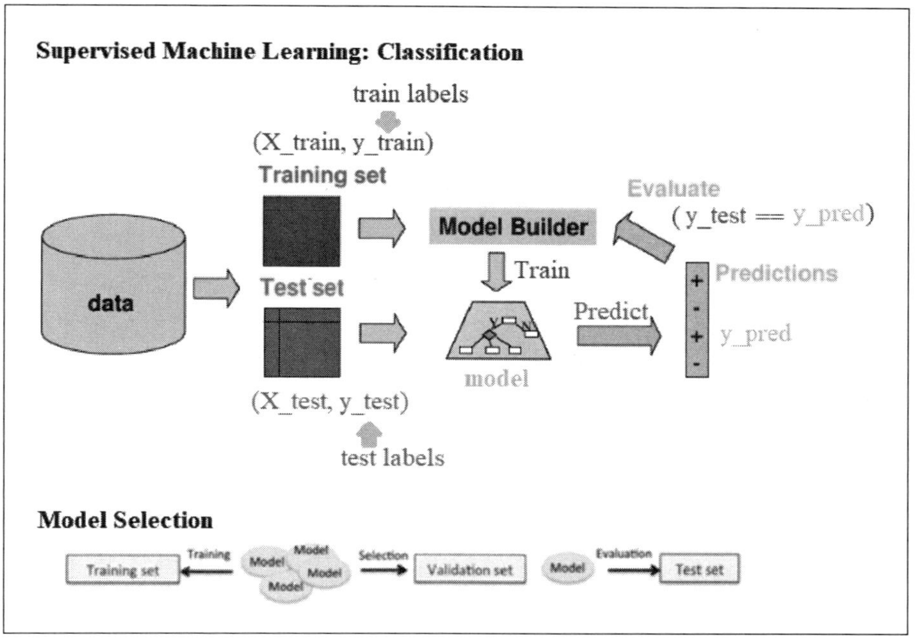

다시 말하지만, 다음과 같이 필요한 라이브러리를 반드시 임포트해야 한다.

```
import gzip, os, sys
import numpy as np
from scipy.stats import multivariate_normal
from urllib.request import urlretrieve
import matplotlib.pyplot as pylab
```

MNIST(필기 숫자) 데이터셋 다운로드

MNIST 데이터셋을 다운로드하는 것으로 시작해 보자. 다음 파이썬 코드 블록은 학습 및 테스트 데이터셋을 다운로드하는 방법을 보여준다.

```
# MNIST data file 다운로드 함수 - Yann Le Cun's website
def download(filename, source='http://yann.lecun.com/exdb/mnist/'):
    print("Downloading %s" % filename)
    urlretrieve(source + filename, filename)
```

```
# Invokes download() if necessary, then reads in images
def load_mnist_images(filename):
    if not os.path.exists(filename): download(filename)
    with gzip.open(filename, 'rb') as f:
        data = np.frombuffer(f.read(), np.uint8, offset=16)
        data = data.reshape(-1, 784)
    return data

def load_mnist_labels(filename):
    if not os.path.exists(filename): download(filename)
    with gzip.open(filename, 'rb') as f:
        data = np.frombuffer(f.read(), np.uint8, offset=8)
    return data

## Load the training set
train_data = load_mnist_images('train-images-idx3-ubyte.gz')
train_labels = load_mnist_labels('train-labels-idx1-ubyte.gz')
## Load the testing set
test_data = load_mnist_images('t10k-images-idx3-ubyte.gz')
test_labels = load_mnist_labels('t10k-labels-idx1-ubyte.gz')

print(train_data.shape)          # (60000, 784) ## 60k 28×28 필기체 숫자
print(test_data.shape)           # (10000, 784) ## 10k 28×28 필기체 숫자
```

데이터셋 시각화

각 데이터 좌표는 784-차원 벡터로 저장된다. 데이터 좌표를 시각화하기 위해서는 우선 28 × 28 영상으로 바꿔야 한다. 다음 코드는 테스트 데이터셋에서 필기 숫자 몇 개를 표시하는 방법을 보여준다.

```
## 벡터로 주어진 숫자를 영상으로 표시하는 함수
def show_digit(x, label):
    pylab.axis('off')
    pylab.imshow(x.reshape((28,28)), cmap=pylab.cm.gray)
    pylab.title('Label ' + str(label))
```

```
pylab.figure(figsize=(10,10))
for i in range(25):
    pylab.subplot(5, 5, i+1)
    show_digit(test_data[i,], test_labels[i])

pylab.tight_layout()
pylab.show()
```

다음 그림은 테스트 데이터셋의 첫 25개 숫자와 기준 값(참) 레이블을 보여준다. 학습 데이터셋에 대해 학습된 kNN 분류기는 미지의 테스트 데이터셋의 레이블을 예측하는 데 사용되며, 예측된 레이블은 기준 값 레이블과 비교해서 분류기의 정확성을 평가한다.

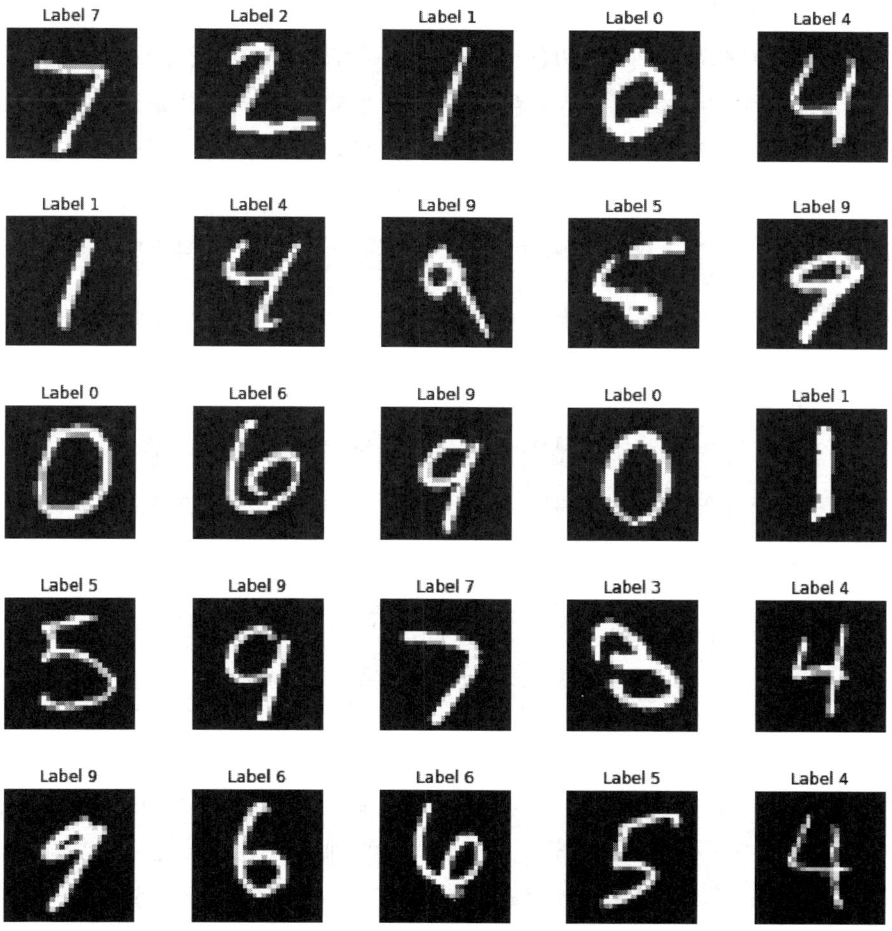

MNIST 분류를 위한 kNN, 가우시안 베이즈, SVM 모델 학습

scikit-learn 라이브러리 함수를 사용하여 다음과 같은 분류기를 구현한다.

- k-최근접 이웃
- 가우시안 베이즈 분류기(생성 모델)
- **서포트 벡터 머신**SVM 분류기

k-최근접 이웃 분류기부터 시작해보자.

k-최근접 이웃(kNN) 분류기

이 절에서는 **최근접 이웃 분류기**로 알려진 이 문제를 위해 간단한 전략을 사용하여 필기 숫자 영상을 가지고 레이블(0-9)을 출력하는 분류기를 작성할 것이다. 미지의 테스트 숫자 영상을 예측하는 아이디어는 매우 간단하다. 먼저, 학습 데이터셋에서 이 테스트 영상에 가장 가까운 *k*개의 인스턴스(학습 데이터)를 찾는다. 다음으로, 다수결 투표를 사용하여 테스트 영상의 레이블을 지정한다. 즉, 가장 가까운 k개의 학습 데이터 좌표들의 레이블들을 조사해서 가장 많은 데이터 좌표들이 갖는 레이블을 이 테스트 영상의 레이블로 할당한다.

제곱 유클리드 거리

데이터셋에서 최근접 이웃을 계산하려면 먼저 데이터 좌표 간의 거리를 계산해야 한다. 자연스러운 거리 함수로 유클리드 거리가 있다. 유클리드 거리는 두 개의 벡터($x, y \in R^d$)에 대해 다음과 같이 정의된다.

$$\|x - y\| = \sum_{i=1}^{d}(x_i - y_i)^2$$

종종 우리는 제곱근을 생략하고 단순히 제곱 유클리드 거리를 계산한다. 최근접 이웃의 계산이 목적이라면 이 둘은 동일하다. 세 개의 벡터($x, y, z \in R^d$)에 대해서는 $\|x-y\|^2 \leq \|x-z\|^2$이 성립할 때에만 $\|x-y\| \leq \|x-z\|$이 가능하다. 이제 유클리드 거리의 제곱을 계산할 수 있을 것이다.

최근접 이웃 계산

k-최근접 이웃의 간단한 구현은 각각의 테스트 영상에 대하여 각각의 학습 영상들을 스캔할 것이다. 이 방법으로 최근접 이웃 분류를 수행하는 것은 단일 좌표를 분류하기 위해 학습 집합 모두를 대상으로 계산을 완료해야 한다.

R^d에 N개의 학습 좌표가 있으면 $O(Nd)$ 시간이 걸려 상당히 느리다. 다행히 학습 집합을 사전에 처리하는 데 시간을 할애할 의사가 있다면 최근접 이웃 검색을 수행하는 더 빠른 방법이 있다.

scikit-learn 라이브러리는 볼ball 트리와 k-d 트리와 같은 유용한 최근접 이웃 데이터 구조를 지원하는 빠른 모듈을 갖고 있다. 다음 코드 블록은 학습 시간에 볼 트리 데이터 구조를 생성하고, $1-NN(k=1)$ 테스트 시간 동안 최근접 이웃 계산을 위해 볼 트리를 사용하는 방법을 보여준다.

```
import time
from sklearn.neighbors import BallTree                # 볼 트리 모듈 임포트

## 학습 데이터에서 최근접 이웃 구조 생성
t_before = time.time()
ball_tree = BallTree(train_data)
t_after = time.time()
## 수행시간 계산
t_training = t_after - t_before
print("Time to build data structure (seconds): ", t_training)

## 테스트 데이터에서 최근접 이웃 예측
t_before = time.time()
test_neighbors = np.squeeze(ball_tree.query(test_data, k=1,\
                             return_distance=False))
test_predictions = train_labels[test_neighbors]
t_after = time.time()
## 수행시간 계산
t_testing = t_after - t_before
print("Time to classify test set (seconds): ", t_testing)
# Time to build data structure (seconds): 0.3269999027252197
# Time to classify test set (seconds): 6.457000017166138
```

분류기 성능 평가

다음으로 테스트 데이터셋에서 분류기의 성능을 평가한다. 다음 코드 블록은 이를 수행하는 방법을 보여준다.

```
# 분류기 평가
t_accuracy = sum(test_predictions == test_labels) / len(test_labels)
print("t_accuracy", t_accuracy)                         # 0.9691

import pandas as pd
import seaborn as sn
from sklearn import metrics

cm = metrics.confusion_matrix(test_labels,test_predictions)
df_cm = pd.DataFrame(cm, range(10), range(10))
# pylab.figure(figsize = (10,7))
sn.set(font_scale=1.2)                                  # for label size
sn.heatmap(df_cm, annot=True, annot_kws={"size": 16}, fmt="g")
pylab.show()
```

다음 그림은 분류에 대한 혼동 행렬confusion matrix를 보여준다. 학습 데이터셋의 전체 정확도는 96.9%로서, 몇몇 잘못 분류된 테스트 영상이 있음을 알 수 있다.

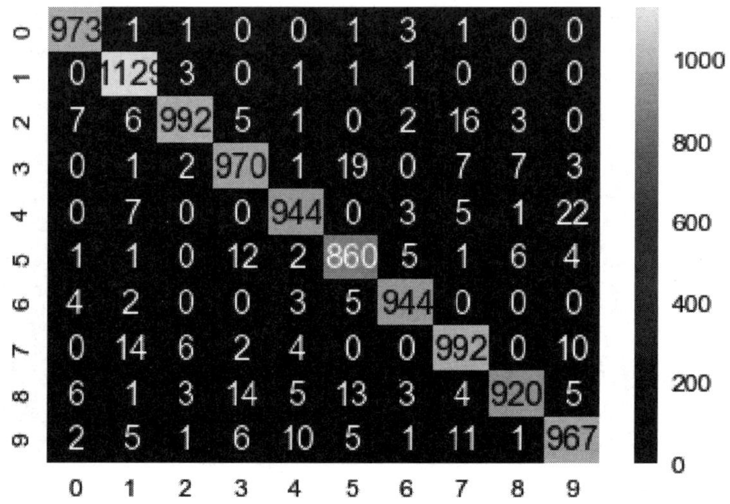

다음 그림은 성공과 실패 사례에 대한 예시이다.

- **성공 사례**: 1-*NN* 예측 레이블 = 기준 레이블 = 0
- **실패 사례**: 1-*NN* 예측 레이블 = 2, 기준 레이블 = 3

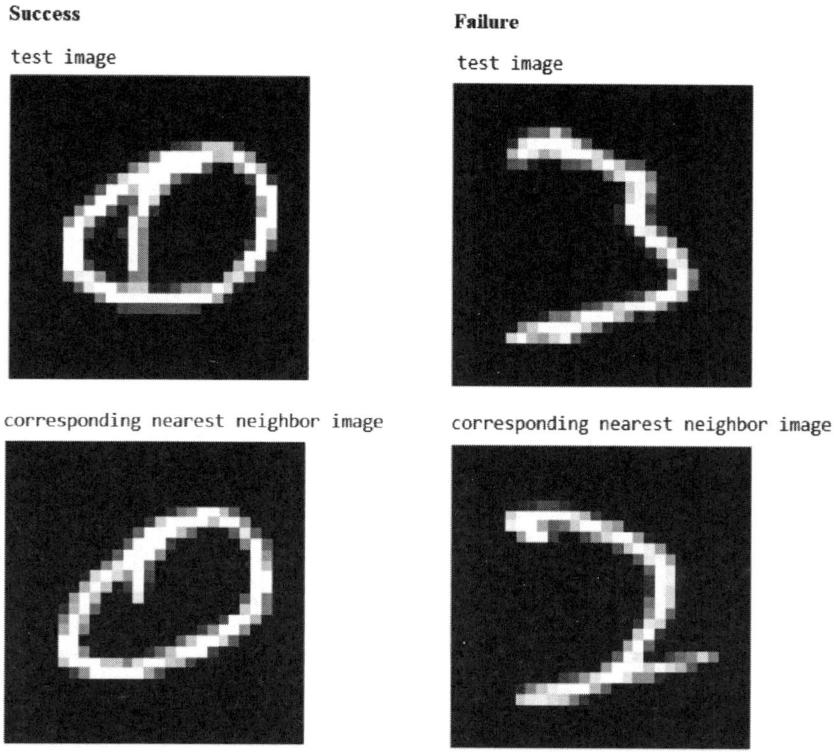

예측을 위한 성공 사례와 실패 사례를 찾는 코드 블록은 독자에게 연습문제로 남겨둔다.

베이즈 분류기(가우시안 생성 모델)

앞 절에서 보았듯이, 필기 숫자의 MNIST 데이터셋에 대해서 1-NN 분류기는 3.09%의 테스트 오류율을 보였다. 이 절에서는 훨씬 빠르고 가벼우면서도 거의 비슷한 성능을 가진 가우시안 생성 모델을 만들 것이다. 먼저, 이전 절에서 했던 것처럼 학습과 테스트를 위한 MNIST 데이터셋을 다시 로드해야 한다. 다음으로 가우시안 생성 모델을 학습 데이터셋에 맞추어[fit] 보자.

생성 모델 학습 - 가우시안 파라미터 MLE 계산

다음 코드 블록은 학습 집합(x 데이터와 y 레이블)을 입력으로 받아서 이것에 가우시안 생성 모델을 맞추는 `fit_generative_model()` 함수를 정의한다. 이 함수는 생성 모델의 다음의 매개 변수를 반환한다. 각 레이블(j = 0, 1, ..., 9)에 대해 다음과 같이 표시된다.

- πj: 레이블의 빈도(즉, 사전확률)
- μj: 784-차원 평균 벡터
- Σj: 784 × 784 공분산 행렬

여기서 π는 10 × 1, μ는 10 × 784, Σ는 10 × 784 × 784 행렬을 의미한다. 다음 그림과 같이 매개 변수들을 위한 MLE[Maximum Likelihood Estimates]는 경험적 추정이다.

Image, label

$$\mathrm{I}_j(\mathbf{x}) = \begin{cases} 1 & \text{if } y = j \\ 0 & \text{otherwise} \end{cases}$$

Assumption

$$\mathbf{P}(\mathbf{x} \mid y = j) \sim \mathcal{N}(\boldsymbol{\mu}_j, \boldsymbol{\Sigma}_j)$$

MLE for the parameters

$$\boldsymbol{\mu}_j = \frac{\sum_{n=1}^{N} \mathrm{I}_j(\mathbf{x}_n)\mathbf{x}_n}{\sum_{n=1}^{N} \mathrm{I}_j(\mathbf{x}_n)} \qquad \boldsymbol{\Sigma}_j = \frac{\sum_{n=1}^{N} \mathrm{I}_j(\mathbf{x}_n)(\mathbf{x}_n - \boldsymbol{\mu}_j)(\mathbf{x}_n - \boldsymbol{\mu}_j)^{\mathsf{T}}}{\sum_{n=1}^{N} \mathrm{I}_j(\mathbf{x}_n)}$$

$$\mathbf{P}(y = j) = \pi_j = \frac{1}{N}\sum_{n=1}^{N} \mathrm{I}_j(\mathbf{x}_n)$$

경험적 공분산은 특이[singular] 행렬(혹은 특이 행렬에 가까울)일 가능성이 매우 크다. 즉, 계산을 할 수 없게 된다. 따라서 이러한 행렬을 규칙화하는 것이 중요하다. 이를 수행하는 표준 방법은 c * I를 행렬에 더하는 것이다. 여기서 c는 상수이고, I는 784-차원 항등 행렬이다(다시 말하면, 경험적인 공분산을 계산한 다음, 대각선 원소에 상수 c를 더해 주는 것이다). 이 수정으로, c > 0인 상수가 아무리 작아도 비특이[non-singular] 공분산 행렬을 산출할 수 있다.

이제 c는 (정규화) 매개 변수가 되어 적절히 설정하면 모델의 성능을 향상시킬 수 있다.

더 나은 c 값을 선택하려면 학습 데이터셋을 사용해서 수행해야 한다. 즉, 학습셋의 일부를 검증 셋으로 설정하거나 일종의 교차검증을 사용하는 것이다. 이를 독자가 완성할 수 있도록 연습문제로 남겨 둔다. 여기서 첫 3개 숫자의 가우시안 평균을 시각화하기 위해 displaychar() 함수가 사용된다.

```
def fit_generative_model(x, y):
    k = 10                              # 레이블 개수 0,1,..., k-1
    d = (x.shape)[1]                    # 숫자 데이터의 차원수
    mu = np.zeros((k,d))
    sigma = np.zeros((k,d,d))
    pi = np.zeros(k)
    c = 3500                            # 정규화를 위한 매개 변수,
                                        # 연습문제: 교차검증을 통해 최상의 c 선택하시오.
    for label in range(k):
        indices = (y == label)
        pi[label] = sum(indices) / float(len(y))
        mu[label] = np.mean(x[indices,:], axis=0)
        sigma[label] = np.cov(x[indices,:], rowvar=0, bias=1)\
                         + c * np.eye(d)   # 정규화
    return mu, sigma, pi                  # 매개 변수 반환

def displaychar(image):
    pylab.imshow(np.reshape(image, (28,28)), cmap=pylab.cm.gray)
    pylab.axis('off')
    pylab.show()

mu, sigma, pi = fit_generative_model(train_data, train_labels)
displaychar(mu[0])
displaychar(mu[1])
displaychar(mu[2])
```

다음 그림은 위 코드 블록의 출력을 보여준다. 첫 숫자 3개에 대한 평균 MLE를 보여준다.

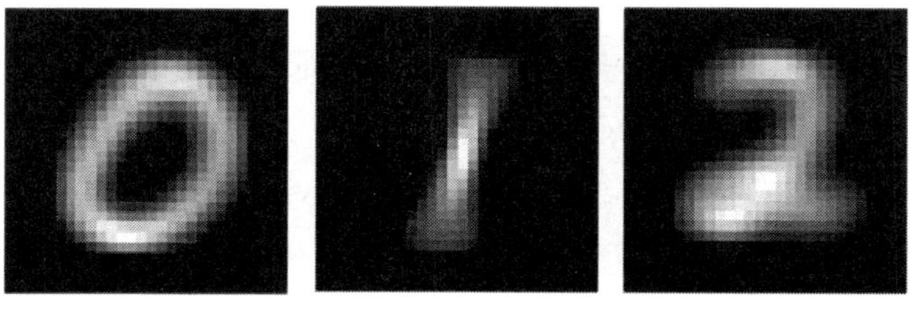

테스트 데이터 및 모델 평가에 대한 예측을 위한 사후 확률 계산

새 영상 x의 레이블을 예측하기 위해서는 사후 확률 $Pr(y = j \mid x)$이 최대인 레이블 j를 찾아야 한다. 이것은 다음과 같이 베이즈 규칙을 사용하여 계산할 수 있다.

$$\max_j \mathbf{P}(\mathrm{y}=j\,|\,\mathbf{x}) \propto \max_j \mathbf{P}(\mathbf{x}\,|\,\mathrm{y}=j)\,\mathbf{P}(\mathrm{y}=j) = \max_j \mathcal{N}(\mathbf{x};\boldsymbol{\mu}_j,\boldsymbol{\Sigma}_j)\,\pi_j$$

$$\Downarrow$$

$$\max_j \log \mathbf{P}(\mathrm{y}=j\,|\,\mathbf{x}) \propto \max_j \left(\log \mathcal{N}(\mathbf{x};\boldsymbol{\mu}_j,\boldsymbol{\Sigma}_j) + \log \pi_j\right)$$

다음 코드 블록은 생성 모델을 사용하여 테스트 데이터셋의 레이블을 예측하는 방법과 이 모델이 테스트 데이터셋으로 만드는 오류 수를 계산하는 방법을 보여준다. 결과에서 보는 바와 같이, 테스트 데이터셋의 정확도는 95.6%로 1-*NN* 분류기보다 약간 낮다.

```
# 각 [test image, label] 쌍에 대한 log Pr(label|image) 계산
k = 10
score = np.zeros((len(test_labels), k))
for label in range(0, k):
    rv = multivariate_normal(mean=mu[label], cov=sigma[label])
    for i in range(0,len(test_labels)):
        score[i,label] = np.log(pi[label]) + rv.logpdf(test_data[i,:])

test_predictions = np.argmax(score, axis=1)

# 최종 에러수 및 정확도 집계
errors = np.sum(test_predictions != test_labels)
print("The generative model makes " + str(errors) + " errors out of 10000")
t_accuracy = sum(test_predictions == test_labels) / len(test_labels)
print(t_accuracy)                                    # 0.9562
```

SVM 분류기

이 절에서는 MNIST 학습 데이터셋으로 (다중 클래스) SVM 분류기를 학습한 다음, 이를 사용하여 MNIST 테스트 데이터셋에서 영상의 레이블을 예측한다. SVM은 분할 초평면hyper-plane 사이의 거리margin를 최대화하기 위해 2차 프로그래밍을 사용하는 꽤 복잡한 이진 분류기이다.

이진 SVM 분류기는 일대일 혹은 일대다 기술을 사용하여 다중 클래스 분류 문제를 처리하도록 확장되었다. 소프트 마진 (커널화된) SVM 분류기를 학습 데이터셋에 학습fit하기 위해 2차 다항 커널을 사용하며, scikit-learn 모듈의 SVC() 함수를 사용할 것이다. 그런 다음, score() 함수를 사용하여 테스트 영상의 레이블을 예측한다.

다음 코드 블록은 MNIST 데이터셋을 사용하여 SVM 분류기를 학습, 예측, 평가하는 방법을 보여준다. 결과에서 볼 수 있듯이, 이 분류기를 사용하여 테스트 데이터셋에서 얻은 정확도는 98%이다.

```
from sklearn.svm import SVC
clf = SVC(C=1, kernel='poly', degree=2)
clf.fit(train_data,train_labels)
print(clf.score(test_data,test_labels))          # 0.9806

test_predictions = clf.predict(test_data)
cm = metrics.confusion_matrix(test_labels,test_predictions)
df_cm = pd.DataFrame(cm, range(10), range(10))
sn.set(font_scale=1.2)
sn.heatmap(df_cm, annot=True,annot_kws={"size": 16}, fmt="g")
pylab.show()
```

다음 그림은 혼동 행렬confusion matrix의 출력을 보여준다.

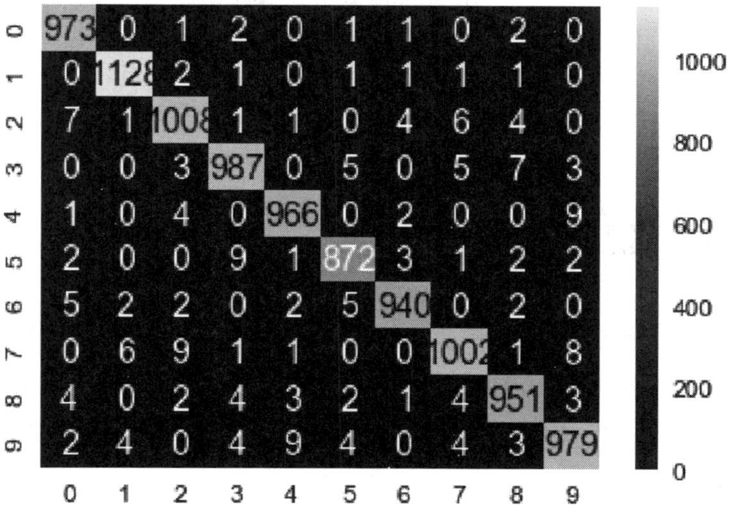

다음으로, SVM 분류기로 기준 값 레이블과 다르게 잘못 예측한 테스트 영상을 찾아본다.

다음 코드 블록은 이러한 영상을 찾아 예측된 레이블과 함께 표시한다.

```
wrong_indices = test_predictions != test_labels
wrong_digits = test_data[wrong_indices]
wrong_preds = test_predictions[wrong_indices]
correct_labs = test_labels[wrong_indices]
print(len(wrong_preds))                          # 194

pylab.title('predicted: ' + str(wrong_preds[1]) + ', actual: ' + str(correct_labs[1]))
displaychar(wrong_digits[1])
```

다음 그림은 코드 블록의 출력이다. 테스트 영상의 기준 값 레이블이 2이지만, 영상은 7과 비슷하게 보인다. SVM도 이 영상을 7로 예측하였다.

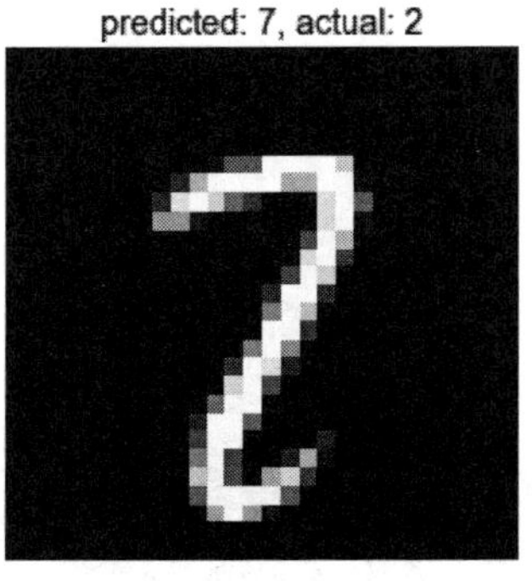

지도 기계학습 – 객체 검출

지금까지 분류 모델을 사용하여 영상을 분류하는 방법을 보여주었다. 영상에 필기 숫자 1이 들어 있는지를 찾는 이진 분류를 예로 들 수 있다. 다음 절에서는 지도 기계학습 모델을 사용하여 영상에 객체의 존재 유무뿐만 아니라, 영상에서 객체의 위치를 찾는 방법을 살펴본다(예: 경계 박스box — 객체가 포함된 사각형).

유사-하르 특징(Haar-like feature)과 계단식 분류기로 얼굴 인식

7장 '영상 특징 및 서술자 추출'(유사-하르 특징 추출의 맥락에서)에서 간단히 논의했듯이, 비올라-존스Viola-Jones의 객체 탐지 기술을 영상에서 얼굴 탐지에 사용할 수 있다. 이것은 고전적인 기계학습 접근법이다. 계단식 함수cascade function는 영상에서 추출해서 만든 유사-하르 특징을 사용하여 긍정과 부정 영상들의 학습셋을 사용하여 학습한다.

비올라-존스 알고리즘은 일반적으로 기본 패치 크기(예: 24 × 24 화소)를 사용한다. 이 패치는 영상 위 아래로 움직여서 많은 수의 유사-하르 특징들을 계산한다(24 × 24 패치에 대해 160,000개의 특징을 만들 수 있지만, 적절히 선택한 6,000개 특징의 서브셋subset을 사용하여 95%의 정확도를 달성했다). 6,000개의 특징을 추출할 수 있지만, 모든 패치에 이 특징들을 실행하는데 많은 노력이 든다. 따라서 일단 특징을 결정하고 모으면, 빠르게 배제할 경우들을 형성한다. 이는 전체 영상에서 확인할 수 있는 대부분의 가능한 위치가 얼굴을 포함하지 않는다는 생각에 기반한다. 그러므로 너무 많이 적용하는 것보다 신속하게 거부하는 것이 전반적으로 더 빠르다. 위치에 얼굴이 포함되어 있지 않으면 더 많은 계산적 검사를 적용하기 전에 그 위치를 버리고 계속 이동한다. 이것은 다음의 그림과 같이 비올라-존스의 성능 향상을 위해 사용한 또 다른 기법이다.

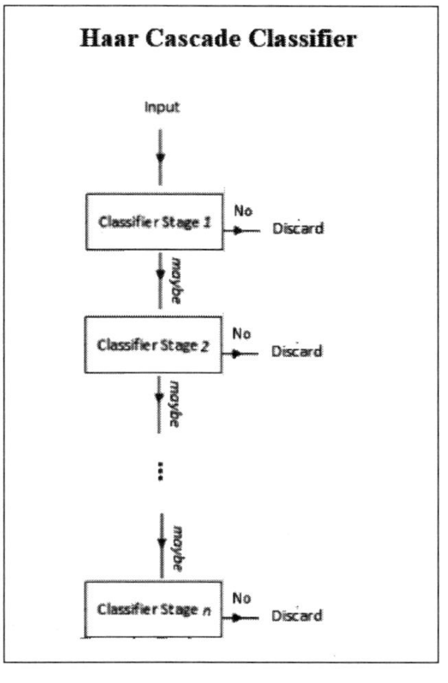

윈도우에 6,000개의 모든 특징을 적용하는 대신에 AdaBoost 앙상블 분류기(특징의 계단화의 성능을 적응적으로 높이기 위해)를 사용하여 여러 단계의 약한 분류기로 특징을 그룹화하고, 이러한 약한 분류기를 하나씩 실행한다. 만약 검토하는 패치 윈도우가 어떤 단계에서 실패하면, 그 윈도우는 거부된다. 모든 단계를 통과하는 패치만 유효한 검출로 간주한다.

적분integral 영상 기술로 인해서 유사-하르 특징의 빠른 계산의 장점은 비올라-존스 성능의 최종 측면으로 이어진다. 영상 피라미드 기법 없이 기본 패치 자체를 확장하여 다른 크기의 객체를 검색하기 위해 최종 계단식 형태로 특징을 매우 빠르게 평가할 수 있다. 학습을 위한 비올라-존스 작업 흐름도는 다음 그림과 같다.

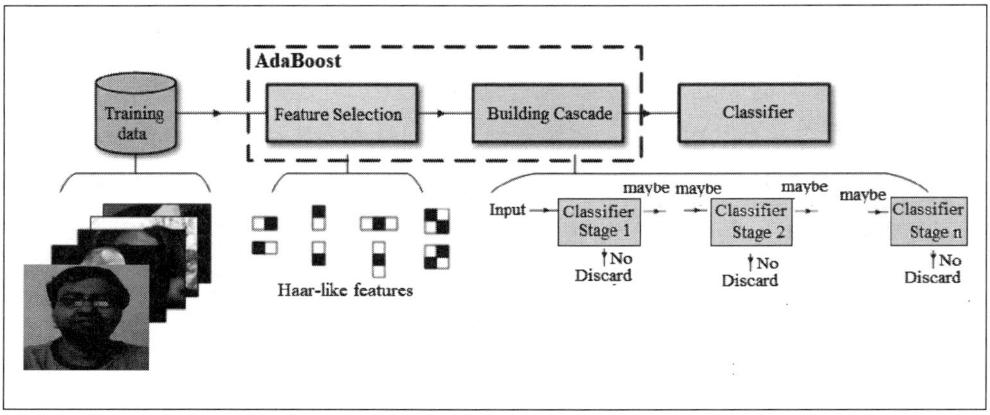

이 알고리즘은 놀랍도록 빠르지만 명확한 정확도 제한이 있다.

유사-하르 특징(Haar-like feature) 서술자를 이용한 얼굴 분류

첫 번째 실시간 얼굴 검출기는 비올라-존스의 유사-하르 특징 서술자를 사용하여 구현되었다. 다음 예제는 scikit-image 예제에서 가져온 것으로서, 비얼굴에 대비하여 얼굴을 탐지하는 유사-하르 특징의 추출, 선택, 분류를 보여준다. 이것은 명백히 이진 분류의 문제이다.

특징 선택과 분류를 위해 scikit-learn 라이브러리를 사용한다. 얼굴 인식을 위한 기존 모듈은 AdaBoost 앙상블 분류기를 사용했지만, 이 예에서는 분류에 유용한 유사-하르 특징을 찾기 위해 다른 앙상블 분류기인 랜덤 포레스트random forest를 주로 사용한다.

영상에 대한 유사-하르 특징을 추출하기 위해, 먼저 모든 가능한 특징이 추출되는 **관심 영역**Region Of Interest, ROI을 정의한다. 모든 가능한 특징을 매우 빠르게 계산하도록 이 ROI의 적분 영상을 계산한다.

100개의 얼굴 영상(긍정 예)과 100개의 비얼굴 영상(부정 예)으로 구성된 LFW 영상 데이터셋의 서브셋을 입력으로 사용한다. 각 영상 크기를 19 × 19 화소의 ROI로 조정한다. 전통적인 기계학습 검증 프로세스는 분류기의 학습을 위해서 전체 영상을 75%의 훈련과 25% 검증 데이터셋으로 나눈다. 즉, 각 그룹에서 75개의 영상은 학습에 사용하며, 25개의 영상은 검증에 사용한다. 그리고 추출된 어떤 특징이 가장 중요한 특징인지 확인하고, 분류기의 성능을 확인한다.

다음 코드 블록은 영상에서 유사-하르 특징 추출을 보여주며 데이터셋에서 몇 가지 긍정 샘플(얼굴 영상)을 표시한다.

```
from time import time
import numpy as np
import matplotlib.pyplot as pylab

from dask import delayed
from sklearn.ensemble import RandomForestClassifier
from sklearn.model_selection import train_test_split
from sklearn.metrics import roc_auc_score

from skimage.data import lfw_subset
from skimage.transform import integral_image
from skimage.feature import haar_like_feature
from skimage.feature import haar_like_feature_coord
from skimage.feature import draw_haar_like_feature

@delayed
def extract_feature_image(img, feature_type, feature_coord=None):
    """현재 영상을 위해 하르 특징 추출"""
    ii = integral_image(img)
    return haar_like_feature(ii, 0, 0, ii.shape[0], ii.shape[1], \
                 feature_type=feature_type, feature_coord=feature_coord)
images = lfw_subset()
print(images.shape)                          # (200, 25, 25)
```

```
fig = pylab.figure(figsize=(5,5))
fig.subplots_adjust(left=0, right=0.9, bottom=0, top=0.9, hspace=0.1, wspace=0.1)

for i in range(25):
    pylab.subplot(5,5,i+1), pylab.imshow(images[i], cmap='bone')
    pylab.axis('off')
pylab.suptitle('Faces')
pylab.show()
```

다음 그림은 앞 코드 블록의 출력으로 첫 25개의 얼굴 영상을 보여준다.

다음 코드 블록은 데이터셋에서 부정 예(얼굴 아닌 영상)의 일부 영상을 보여준다.

```
fig = pylab.figure(figsize=(5,5))
fig.subplots_adjust(left=0, right=0.9, bottom=0, top=0.9, hspace=0.05, wspace=0.05)
```

```
for i in range(25):
    pylab.subplot(5,5,i+1)
    pylab.imshow(images[i+100], cmap='bone'), pylab.axis('off')

pylab.suptitle('Non-Faces')
pylab.show()
```

다음 그림은 앞 코드 블록의 출력으로 첫 25개의 얼굴이 아닌 영상을 보여준다.

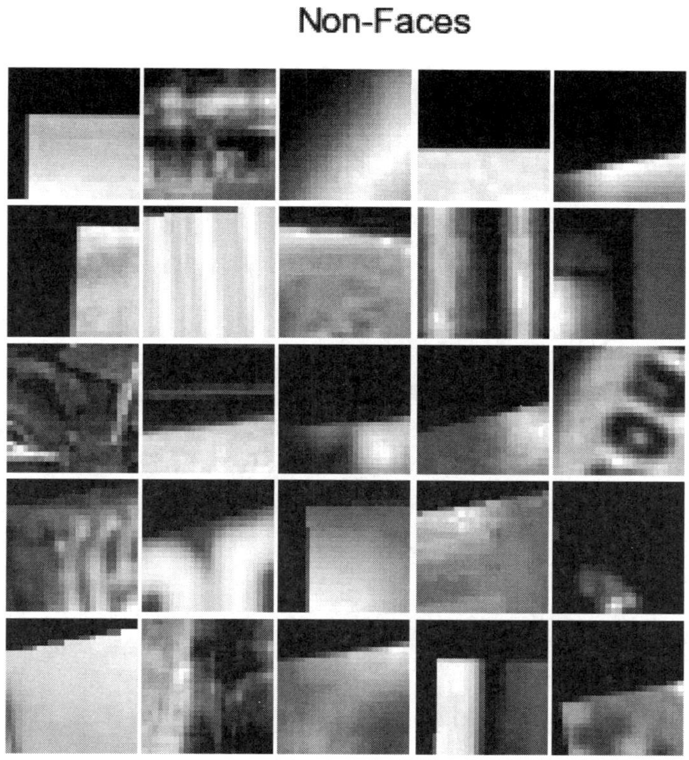

랜덤 포레스트 앙상블 분류기로 얼굴 분류를 위해 중요한 유사-하르 특징 검색

얼굴 분류에 가장 중요한 특징을 선택하기 위해, 랜덤 포레스트random forest 분류기를 학습한다. 아이디어는 트리의 앙상블에서 가장 자주 사용되는 특징을 확인하는 것이다. 이후 단계에서 가장 중요한 특징만 사용하면 정확도를 유지하면서 계산 속도를 높일 수 있다. 다음 코드 블록은 분류기에 대해 특징의 중요도를 계산하는 방법을 보여주며, 상위 25개의 가장 중요한 유사-하르 특징을 표시한다.

```
feature_types = ['type-2-x', 'type-2-y']      # 속도를 위해 첫 2개 특징 타입만 추출
# dask 모듈의 delayed() 함수를 사용하여 계산 그래프 작성
# 계산 단계를 위해 다중 CPU 사용 권장
X = delayed(extract_feature_image(img, feature_types) for img in images)

t_start = time()
X = np.array(X.compute(scheduler='processes'))
time_full_feature_comp = time() - t_start
y = np.array([1] * 100 + [0] * 100)
X_train, X_test, y_train, y_test = \
      train_test_split(X, y, train_size=150,random_state=0, stratify=y)
print(time_full_feature_comp)                  # 104.87986302375793
print(X.shape, X_train.shape)                  # (200, 101088) (150, 101088)

from sklearn.metrics import roc_curve, auc, roc_auc_score      # 모듈 임포트

# 가장 중요한 특징을 선택하기 위해 가능한 모든 특징 추출
_, h, w = images.shape
feature_coord, feature_type = haar_like_feature_coord(w, h, feature_types)
# 렌덤 포레스트 분류기 학습 및 성능 확인
clf = RandomForestClassifier(n_estimators=1000, max_depth=None, \
                             max_features=100, n_jobs=-1, random_state=0)
t_start = time()
clf.fit(X_train, y_train)
time_full_train = time() - t_start
print(time_full_train)                         # 1.6583366394042969
auc_full_features = roc_auc_score(y_test, clf.predict_proba(X_test)[:, 1])
print(auc_full_features)                       # 1.0

# 중요한 순서대로 특징 정렬, 가장 중요한 6개 표시
idx_sorted = np.argsort(clf.feature_importances_)[::-1]
fig, axes = pylab.subplots(5, 5, figsize=(10,10))
for i, ax in enumerate(axes.ravel()):
   image = draw_haar_like_feature(images[1], 0, 0, w, h, \
           [feature_coord[idx_sorted[i]]])
   ax.imshow(image), ax.set_xticks([]), ax.set_yticks([])
fig.suptitle('The most important features', size=30)
pylab.show()
```

다음 그림은 앞 코드 블록의 출력으로 얼굴 검출을 위한, 첫 25개의 가장 중요한 유사-하르 특징이다.

적은 수의 가장 중요한 특징(모든 특징의 3% 이내)을 유지하면서 특징의 중요성 대부분(70% 이하)을 보존할 수 있다. 이러한 특징만으로 랜덤 포레스트 분류기를 훈련하여 검증 데이터셋에 대한 정확성(모든 특징을 가진 분류기를 훈련하여 얻음)을 유지할 수 있다. 반면, 특징 추출과 분류기 학습에 필요한 시간은 훨씬 적다. 이 코드 블록은 독자의 연습문제로 남겨둔다.

HOG 특징을 사용하여 SVM으로 객체 검출

7장, '영상 특징 및 서술자 추출'에서 설명했듯이, HOG[Histogram of Oriented Gradients]는 객체 검출을 위해 다양한 컴퓨터비전 및 영상처리 응용 프로그램에 사용되는 특징 서술자이다. HOG 서술자는 Navneet Dalal과 Bill Triggs에 의해 보행자 검출을 위해서 SVM 분류기와 함께 처음 사용되었다. HOG 서술자의 사용은 특히 인간, 동물, 얼굴, 텍스트의 검출에 있어 성공적이었다. 예를 들어, 입력 영상에서 객체의 특징을 기술하는 HOG 서술자를 생성하기 위한 객체 검출 시스템을 생각해 볼 수 있다.

영상에서 HOG 서술자를 계산하는 방법을 이미 설명했다. 처음에는 다수의 긍정[positive] 및 부정[negative] 학습 예제 영상으로 SVM 모델을 훈련한다. 긍정 영상은 탐지하고자 하는 대상을 포함하는 예이다. 부정 학습셋은 탐지하고자 하는 대상을 포함하지 않는 모든 영상이다. 긍정 및 부정 영상은 HOG 블록 서술자로 변환된다.

HOG 학습

SVM 학습기[trainer]는 학습셋에서 긍정과 부정의 예제를 분리하기 위한 최상의 초평면[hyper-plane]을 선택한다. 이 블록 서술자는 SVM 학습기를 위한 입력 형식으로 연결되어 변환되며, 긍정 혹은 부정으로 적절하게 레이블이 지정된다. 학습기는 일반적으로 서포트 벡터셋, 즉 초평면을 가장 잘 설명하는 학습셋의 예를 출력한다.

초평면은 긍정 예와 부정 예를 구분하는 학습된 결정 경계이다. 이러한 서포트 벡터는 나중에 SVM 모델에 의해 테스트 영상부터 HOG 서술자 블록을 분류하여 객체의 존재 유무를 검출하는데 사용된다.

SVM 모델을 사용한 분류

HOG 계산은 전통적으로 테스트 영상 프레임에서 64 × 128 화소의 윈도우를 반복적으로 이동하면서 HOG 서술자를 계산하여 수행된다. HOG 계산에는 본질적으로 스케일 감각이 없고 영상 내의 다중 스케일에서 객체들이 발생할 수 있다. 따라서 HOG 계산은 크기 변경 매개 변수의 각 레벨에서 단계적으로 반복된다.

크기 변경 매개 변수의 각 레벨 간의 크기 변경 요소는 1.02~1.05이며, 크기 변경된 소스 프레임이 완전한 HOG 윈도우를 수용할 수 없을 때까지 영상은 반복적으로 크기가 축소된다. SVM 분류기가 어떤 크기에서 객체 검출을 예측하면 해당 경계 박스가 반환된다. 다음 그림은 전형적인 HOG 객체(보행자) 검출 작업 흐름도를 보여준다.

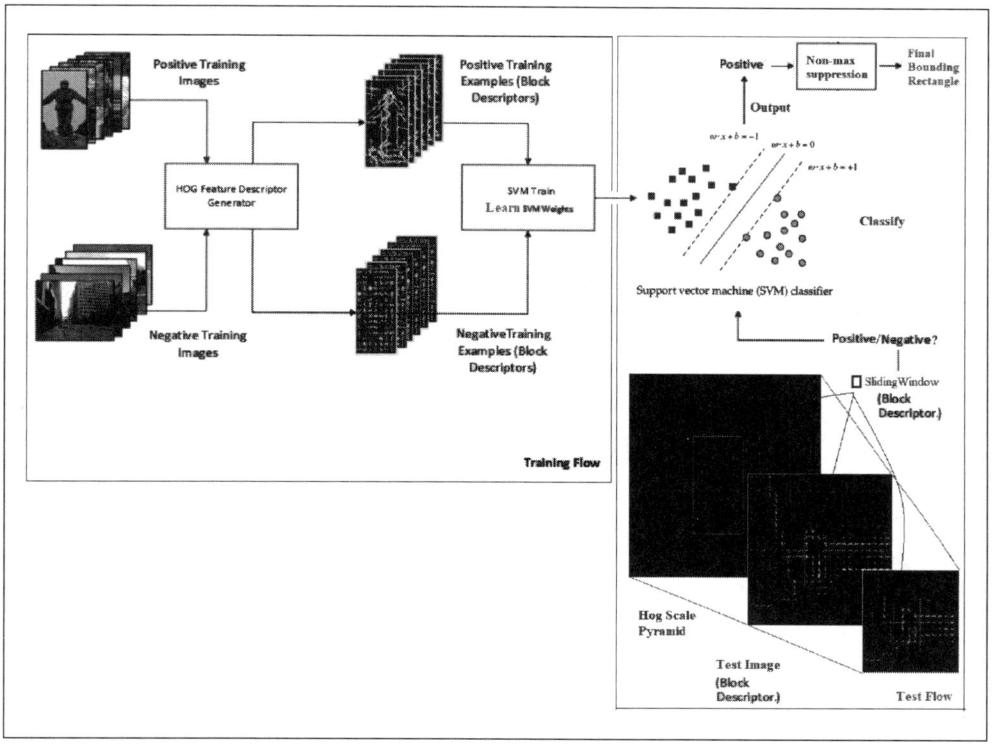

이 기술은 비올라-존스 객체 탐지보다 정확하지만 계산적으로 복잡하다.

HOG-SVM를 사용한 경계 박스 계산

이 절에서는 python-opencv 라이브러리 함수로 HOG-SVM을 사용하여 영상에서 사람들을 검출하는 방법을 보여준다. 다음 코드 블록은 영상에서 HOG 서술자를 생성하고 사전 학습 SVM 분류기에 제공하여 이 서술자를 사용하는 방법을 보여준다. 이 분류기는 cv2의 `HOGDescriptor_getDefaultPeopleDetector()` 함수로 생성하며, python-opencv의 `detectMultiScale()` 함수로 영상 블록에서 사람의 존재 여부를 예측한다.

```
import cv2
import matplotlib.pylab as pylab
img = cv2.imread("../images/me16.jpg")
```

```
# 기본 사람(보행자) 검출기를 사용하여 HOG 서술자 생성
hog = cv2.HOGDescriptor()
hog.setSVMDetector(cv2.HOGDescriptor_getDefaultPeopleDetector())

# 4화소 윈도우 보폭, 1.02의 확대, 그룹핑 없이 검출 실행(HOG가 확대
# 매개 변수에서 여러 위치에서 감지함을 보이기 위해)
(foundBoundingBoxes, weights) = \
    hog.detectMultiScale(img, winStride=(4, 4), padding=(8, 8), \
                        scale=1.02, finalThreshold=0)
print(len(foundBoundingBoxes))                    # 경계 박스 수 357개

# 원본 영상 복사하여 경계 박스 그림 - 원본 영상은 다시 사용 가능
imgWithRawBboxes = img.copy()
for (hx, hy, hw, hh) in foundBoundingBoxes:
    cv2.rectangle(imgWithRawBboxes, (hx, hy), (hx + hw, hy + hh),\
                (0, 0, 255), 1)

pylab.figure(figsize=(20, 12))
imgWithRawBboxes = cv2.cvtColor(imgWithRawBboxes, cv2.COLOR_BGR2RGB)
pylab.imshow(imgWithRawBboxes, aspect='auto'), pylab.axis('off')
pylab.show()
```

다음 그림은 다양한 비율로 검출된 객체들을 표시한 경계 박스(빨간색 사각형)와 함께 출력 영상을 보여준다.

앞의 그림은 HOG의 흥미로운 속성과 문제점을 보여준다. 그림에서 볼 수 있는 총 357개의 많은 외부 검출이 있다. 따라서 비최대 억제non-maximal suppression를 사용하여 융합되어야 한다. 추가적으로 사람으로 잘못 검출된 거짓 양성false positive도 볼 수 있다.

비최대 억제

다음으로, 크기가 다른 반복적인 동일한 객체의 검출을 피하기 위해, 비최대 억제 함수를 호출한다. 다음 코드 블록은 cv2 라이브러리 함수를 사용하여 이를 구현하는 방법을 보여준다.

```
# 윈도우10에서 imutils 라이브러리는 아나콘다에 기본 포함이 아님
# pip install imutils을 통해서 라이브러리 설치 필요
from imutils.object_detection import non_max_suppression

# 경계 박스 형식 변환: (x,y, w,h) → (x1, y1, x2, y2)
rects = np.array([[x, y, x + w, y + h] for (x, y, w, h) in foundBoundingBoxes])
# 오버레이 연산 65% 기준으로 비최대 억제 수행
nmsBoundingBoxes = non_max_suppression(rects, probs=None,
                                       overlapThresh=0.65)
print(len(rects), len(nmsBoundingBoxes))     # 전체 박스 vs. 억제 박스 357: 1
# 영상에 최종 경계 박스 그리기
for (x1, y1, x2, y2) in nmsBoundingBoxes:
    cv2.rectangle(img, (x1, y1), (x2, y2), (0, 255, 0), 2)

pylab.figure(figsize=(20, 12))
img = cv2.cvtColor(img, cv2.COLOR_BGR2RGB)
pylab.imshow(img, aspect='auto'), pylab.axis('off')
pylab.show()
```

다음 그림은 코드 블록의 출력을 보여준다. 억제 전에는 357개의 경계 박스를 표시했지만, 억제 후에는 하나만을 표시한다.

요약

이 장에서는 영상처리 문제를 해결하기 위한 몇 가지 고전적인 기계학습 기술과 그 응용에 대해 논의했다. 클러스터링과 주성분 분석과 같은 비지도 기계학습 알고리즘으로 시작했다. scikit-learn을 사용하여 k-means와 스펙트럼 클러스터링 알고리즘을 시연하고, 벡터 양자화와 분할에 사용하는 방법을 보여주었다. 다음으로, 차원 감소에서 PCA의 사용 방법과 scikit-image의 필기 숫자 영상 데이터셋과 같은 고차원 데이터셋을 시각화하는 방법을 제시했다. 또한 scikit-learn의 얼굴 데이터셋을 사용하여 PCA로 고유얼굴을 구현하는 방법을 설명했다.

그런 다음, kNN, 가우시안 베이즈 생성 모델, SVM과 같은 몇 가지 지도 기계학습 분류 모델을 논의하였고, 필기 숫자 데이터셋의 분류와 같은 문제를 해결했다. 마지막으로, 얼굴 검출을 위한 유사-하르 특징을 가진 비올라-존스Viola-Jones의 AdaBoost 계단식 분류기와 보행자 탐지를 위한 HOG-SVM과 같이 영상에서 객체 검출을 위한 전통적인 기계학습 기술에 대해 논의했다.

다음 장에서는 딥러닝 기술을 사용한 영상처리의 최근 발전에 대해 논의할 것이다.

연습문제

1. k-means 클러스터링을 사용(클러스터 개수 = 2 사용)하여 영상을 이진화하고 그 결과를 오쓰Otsu와 비교하시오.

2. scikit-learn의 `cluster.MeanShift()` 함수와 `mixed.GaussianMixture()` 함수를 사용하여 인기 있는 두 가지 클러스터링 알고리즘인 mean shift 방법과 GMM-EM 클러스터링 방법을 사용하여 영상을 분할하시오.

3. 비선형 차수 감소를 위해 `sklearn.manifold`에서 Isomap을 사용하고 2차원 투영을 시각화하시오. PCA를 사용한 선형 차원 감소보다 나은가? `sklearn.manifold` 모듈에서 TSNE로 연습을 반복하시오

4. 소수의 지배적인 고유얼굴의 가중된 선형 결합이 실제 얼굴로 재구성하는 것을 보여주는 파이썬 프로그램을 작성하시오.

5. 고유얼굴이 순진한naive 얼굴 검출과 인식에도 사용될 수 있음을 보이시오. 그리고 이것을 구현하는 파이썬 코드를 작성하시오. (힌트-기사 참조: `https://sandipanweb.wordpress.com/2018/01/06/eigenfaces-and-a-simple-face-detector-with-pca-svd-in-python/`)

6. PCA를 사용하여 MNIST 데이터셋에서 고유숫자eigendigit 기반 벡터를 계산하시오. 그리고 고유숫자 기반 벡터의 작은 부분 공간에서 작은 오차로 필기 숫자 영상을 재구성할 수 있음을 보이시오. (고유숫자는 고유얼굴과 유사하며, 다음 문서를 참조하시오: `https://sandipanweb.wordpress.com/2016/06/25/using-pca-to-represnt-eigendigit`)

7. MNIST 분류를 위해 다른 k(3, 5, 9) 값을 가진 KNN 모델을 만들고, 테스트 데이터셋의 분류 정확도에 미치는 영향을 관찰하시오. k값이 높을수록 모델은 학습 데이터셋을 과적합하는가? 과소적합하는가?

8. 필기 숫자를 분류하기 위해 생성 모델을 맞추는 동안 공분산 행렬을 정규화하지 않으면 어떻게 되는가? 어떤 c의 값을 사용하게 되었는가? 모델이 학습셋에서 몇 개의 오류를 만들었는가? c 값이 높거나(10억) 너무 낮으면(3~10) 무슨 일이 일어나는가? 왜 그런가? 10개의 모든 클래스에 대해 동일한 정규화 상수 c를 사용하도록 설정했

다. 만약 각 클래스에 대해 서로 다른 c 값을 사용하는 것은 어떻게 되는가? 이것을 어떻게 선택할 것인가? 이와 같은 방법으로 더 나은 성능을 얻을 수 있는가?

9. 얼굴 분류 문제의 경우, 모든 특징에서 상위 중요 특징의 약 3%로 유지하면 총 특징 중요도의 약 70%까지 유지할 수 있다는 것을 보여주는 코드 블록을 작성하시오. 랜덤 포레스트 분류기를 이러한 특징들로만 학습하고, 검증 데이터셋의 클래스 레이블을 예측하시오. 검증 데이터셋의 정확도를 동일하게 유지하면서 동시에 특징 추출과 분류기 학습에 필요한 시간이 훨씬 적음을 보이시오.

추가 읽기

- Viola, Paul, and Michael J. Jones, *Robust real-time face detection. International journal of computer vision*: `http://www.merl.com/publications/docs/TR2004-043.pdf`
- Navneet Dalal and Bill Triggs, *Histograms of Oriented Gradients for Human Detection*: `https://lear.inrialpes.fr/people/triggs/pubs/Dalal-cvpr05.pdf`

Chapter
10

영상처리에서 딥러닝 - 영상 분류

이 장에서는 딥러닝을 통한 영상처리의 최근 발전에 대해 논의할 것이다. 전통적인 학습과 딥러닝 기술을 구별하는 것을 시작으로, 영상처리에 특히 유용한 심층 신경망 아키텍처인 **컨볼루션 신경망**Convolutional Neural Network, CNN에 대한 개념을 다룬다. 그런 다음 두 개의 영상 데이터셋으로 영상 분류 문제를 다루는데, 매우 유명한 딥러닝 라이브러리인 TensorFlow와 Keras로 이 문제를 구현하는 방법을 제시할 것이다. 또한, 심층 CNN 아키텍처의 학습 방법과 예측을 위해 이것을 사용하는 방법을 살펴볼 것이다.

이 장에서 다룰 주제는 다음과 같다.

- 영상처리에서 딥러닝
- CNN
- TensorFlow와 Keras로 필기 숫자 영상 데이터셋의 영상 분류
- 인기있는 심층 CNN 학습(VGG-16/19, InceptionNet, ResNet)과 VGG-16 네트워크를 사용한 고양이와 개 영상을 분류하는 응용

영상처리에서 딥러닝

기계학습[ML]의 주요 목표는 일반화하는 것이다. 즉, 학습 데이터셋에 알고리즘을 학습시키고, 그 알고리즘이 미지의 데이터셋에 대해 높은 성능(정확도)을 갖기 원한다. 영상 분류와 같은 복잡한 영상처리 작업을 해결하려고 할 때, 학습 데이터가 많을수록 정규화와 같은 방법으로 과적합에 주의한다면 ML 모델의 일반화 능력이 좋아질 것이라 기대한다. 그러나 전통적인 ML 기법을 사용하면 막대한 학습 데이터로 인해 매우 비싼 계산비용이 든다. 뿐만 아니라 특정 시점에서 일반화가 더 이상 개선되지 않는 경우가 생긴다. 또한 전통적인 ML 알고리즘은 종종 관련 분야의 많은 전문 지식과 인간의 개입이 필요하며, 단지 설계된 것만 수행할 수 있다. 이러한 이유로 딥러닝 모델이 매우 유망해지고 있다.

딥러닝이란 무엇인가?

다음은 딥러닝의 널리 알려진 정의 중에 일부이다.

- ML의 서브셋[subset]이다.
- **인공 신경망**[ANN]이라 불리는 계단식의 다중 계층 (비선형) 처리 단위들을 사용하고, 뇌(뉴런)의 구조와 기능에 영감을 받은 알고리즘을 사용한다. 연속된 각 계층은 이전 계층의 출력을 입력으로 사용한다.
- 특징 추출, 변환, 데이터 처리, 패턴 찾기, 추상화 개발을 위해 ANN을 사용한다.
- 지도(예: 분류)와 비지도(예: 패턴 분석) 학습에 사용할 수 있다.
- 경사하강 알고리즘을 사용하여 계층 구조의 레벨과 다른 레벨들의 추상화에 상응하는 다층의 레벨로 표현하여 학습한다.
- 추상적인 표현을 덜 추상적인 표현으로 계산하고 단순화하여 중첩된 계층 구조로 세계를 표현하여 학습함으로써 막강한 힘과 융통성을 발휘한다.

예를 들어 영상 분류 문제의 경우, 딥러닝 모델은 은닉 계층 구조를 사용하여 점진적으로 영상 클래스들을 학습한다.

먼저 밝거나 어두운 영역을 식별하는 등의 저수준 특징을 자동으로 추출한 다음, 에지와 같은 고수준의 특징을 추출한다. 이후에 모양과 같은 최고 수준의 특징을 추출하여 영상을 분류한다.

모든 노드 혹은 뉴런은 전체 영상의 작은 부분을 나타낸다. 이들을 조합하면 전체 영상을 묘사할 수 있다. 즉, 영상을 완벽하게 표현할 수 있다. 또한 네트워크의 모든 노드(뉴런)에 가중치가 할당된다. 이 가중치는 출력과의 관계 강도로서 그 뉴런의 실제 가중치를 나타낸다. 모델이 개발되는 동안 이 가중치들을 조정하게 된다.

기존 학습 대 딥러닝

- **수작업 대 자동 특징 추출**: 전통적인 ML 기술에서 영상처리 문제를 해결하기 위해 가장 중요한 전처리 단계는 HOG와 SIFT와 같은 특징 추출이다. 이것은 보통 영상의 복잡성을 줄이고, 학습 알고리즘의 수행에 더 잘 표시되도록 패턴을 만들기 위해 수작업으로 만든다. 딥러닝 알고리즘의 가장 큰 장점은 점진적으로 영상을 학습하여 낮은 수준과 높은 수준의 특징을 학습한다는 것이다. 따라서 추출이나 작업engineering에서 직접 설계한 특징handcrafted feature이 필요하지 않다.
- **부분별 대 엔드-투-엔드 솔루션**: 전통적인 ML 기술은 단계 문제로 해결한다. 즉, 문제를 중간 단계들로 나누고, 각 단계들을 먼저 해결한 다음, 최종 결과를 종합함으로써 문제를 해결한다. 반면, 딥러닝 기술은 엔드-투-엔드end-to-end 접근법을 통해 문제를 해결한다. 예를 들어, 객체 검출 문제에서 SVM과 같은 고전적인 ML 알고리즘은 경계 박스 객체 탐지 알고리즘을 필요로 한다. 이 알고리즘은 정확한 객체를 인식하기 위해, ML 알고리즘의 입력으로 HOG를 가져야 하는 모든 객체를 우선 인식해야 한다. 그러나 YOLO 네트워크와 같은 딥러닝 방법은 영상을 입력으로 취하며, 개체의 위치와 이름을 출력으로 제공한다. 명확하게 엔드-투-엔드이지 않은가?
- **학습 시간과 고급 하드웨어**: 전통적인 ML 알고리즘과 달리 딥러닝 알고리즘은 많은 수의 매개 변수와 비교적 거대한 데이터셋으로 인해 학습에 오랜 시간이 걸린다. 따라서 GPU와 같은 고급 하드웨어로 딥러닝 모델을 학습해야 하며, 합리적인 시간 동안 학습하는 것을 잊지 말아야 한다. 시간은 모델을 효과적으로 학습하는 데 있어 매우 중요한 요소이다.
- **적응력과 전이 가능**: 전통적인 ML 기술은 매우 제한적인 반면, 딥러닝 기술은 광

범위한 응용과 다양한 영역에 적용될 수 있다. 이에 큰 비중을 차지하는 것이 전이transfer learning 학습이다. 즉, 동일한 분야 내에서 서로 다른 응용에 대해 사전 훈련된 심층망을 사용할 수 있다. 예를 들어, 영상처리에서 사전 훈련된 영상 분류 망은 일반적으로 객체 망과 분할 망을 검출하는 특징 추출 전처리자frontend로 사용된다.

고양이와 개와 같은 영상 분류에서 사용될 때, ML과 딥러닝 모델의 차이점을 살펴보자. 전통적인 ML은 어떤 문제에 대한 해결책을 제공하기 위해, 특징 추출과 분류자를 가진다.

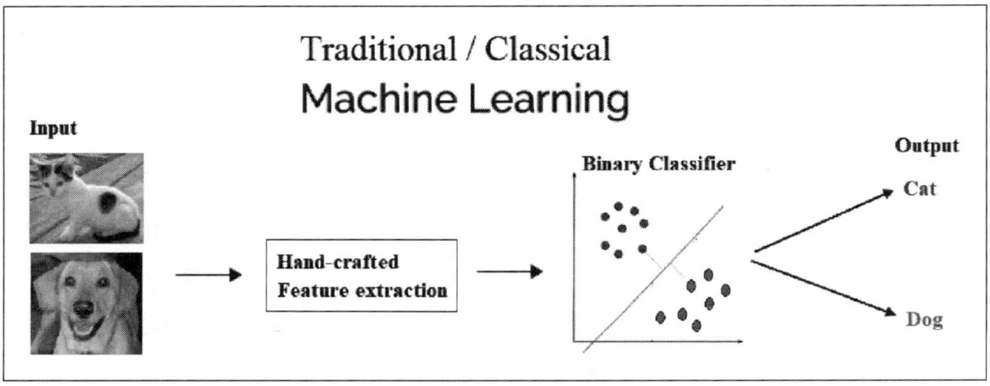

딥러닝에서는 앞서 언급했던 은닉층들과 의사 결정의 실행을 볼 수 있다.

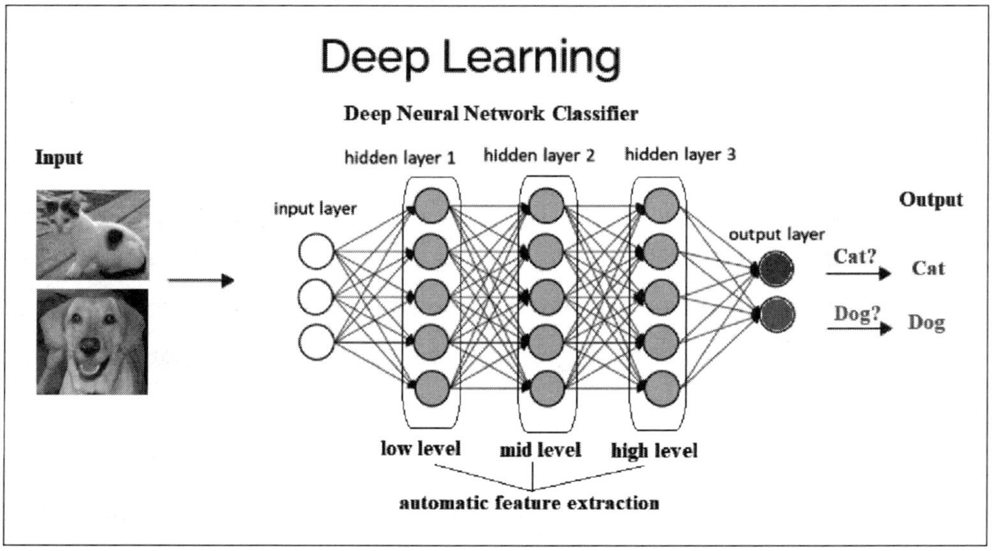

왜 딥러닝인가?

앞에서 설명한 것처럼 많은 데이터가 있다면 심층 신경망을 선택하는 것이 최선일 것이다. 이것은 풍부한 데이터로 훨씬 더 나은 성능을 발휘하기 때문이다. 많은 시간과 더 많은 데이터를 사용할수록 결과는 더 정확해진다. 고전적인 ML 방법에서는 복잡한 ML 알고리즘들이 필요하며, 더 많은 데이터는 오히려 정확성을 저해할 것이다. 그러면 정확도가 떨어지는 것을 보완하려 더 복잡한 방법을 적용해야 한다. 더우기 학습에 영향을 미치기에, 모델 학습을 위해 더 많은 학습 데이터가 추가되더라도 어느 시점에서부터 성능 향상이 거의 없게 된다.

다음은 이러한 문제를 그래프로 나타낸 것이다.

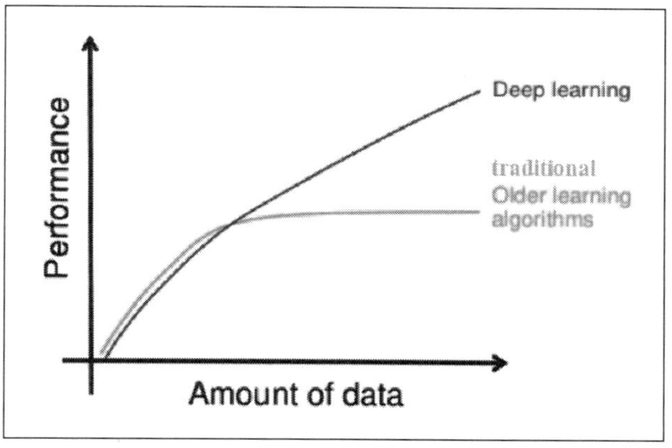

CNNs

CNN은 주로 영상을 입력으로 사용하는 심층 신경망이다. CNN은 전통적인 알고리즘에서 수작업[hand-engineered]했던 필터(특징)를 학습한다. 특징 설계에서 사전 지식과 인간 노력으로부터의 독립성이 주요 장점이다. 또한 공유 가중치 아키텍처로 학습할 매개 변수의 수를 줄이고 변환에 불변인 특성을 갖는다. 다음 소단원에서는 CNN의 일반적인 아키텍처와 작동 방식에 대해 설명한다.

컨볼루션 or 풀링 or FC 계층 – CNN 아키텍처 및 작동 원리

다음 그림은 CNN의 일반적인 아키텍처를 보여준다. 이것은 하나 이상의 컨볼루션convolution 계층, 비선형 ReLU 활성화 계층, 풀링 계층의 순서로 구성된다. 이어서 하나 이상의 **전체 연결**FC, fully connected 계층과 FC softmax 계층으로 이어진다. 이러한 경우의 예는 영상 분류 문제를 해결하도록 설계된 CNN이 있다.

다음 그림에서 볼 수 있듯이 네트워크에 계층들이 다중의 컨볼루션, ReLU, 풀링으로 연속되어 있다. 이에 따라 신경망을 더 깊게 만들어서 복잡한 영상처리 작업의 해결에 유용하게 사용할 수 있다.

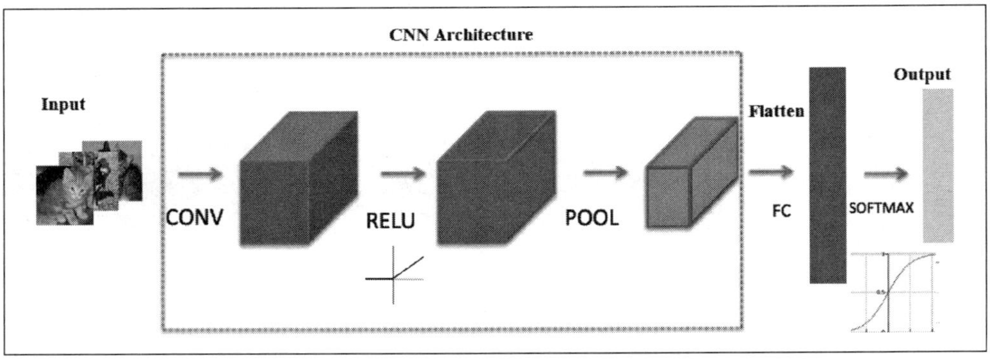

다음 절들에서는 각 계층들과 그 작업 방법을 설명한다.

컨볼루션 계층

CNN의 주요 구성 요소는 컨볼루션 계층이다. 컨볼루션 계층은 여러 겹의 컨볼루션 필터(커널)로 구성된다. 이것은 이미 2장 샘플링, 푸리에 변환, 컨볼루션에서 자세히 설명했다. 컨볼루션은 컨볼루션 필터로 입력 영상에 적용하여 특징 맵을 생성한다. 왼쪽에는 컨볼루션 계층에 대한 입력(예: 입력 영상)이 있고, 오른쪽에는 **커널**이라고 하는 컨볼루션 필터가 있다. 늘 그렇듯이 컨볼루션 연산은 입력 영상 위에서 이 필터(윈도우)를 슬라이딩하며 수행된다.

모든 위치에서 행렬의 원소간 곱들이 합해져서 특징 맵에 저장된다. 컨볼루션 계층은 너비, 높이, 깊이로 표현되는데 너비 × 높이가 필터의 크기이며, 깊이는 필터의 개수이다. **보폭**stride은 각 단계에서 컨볼루션 필터의 이동 간격(기본값: 1)을 나타낸다.

패딩padding은 입력 영상을 둘러싸는 0의 계층을 의미한다(일반적으로 입력과 출력 영상의 크기를 같게 하기 위해 사용되며, 동일same 패딩이라 부름). 다음 그림은 3 × 3 × 3 컨볼루션 필터를 RGB 영상에 적용하는 방법을 보여준다. 첫 번째 그림은 유효vaild 패딩(padding = 0)일 때의 결과를 보인 것이며, 두 번째 그림은 stride = padding = 1의 크기일 때, 두 개의 필터(W1, W2)의 계산을 보인 것이다.

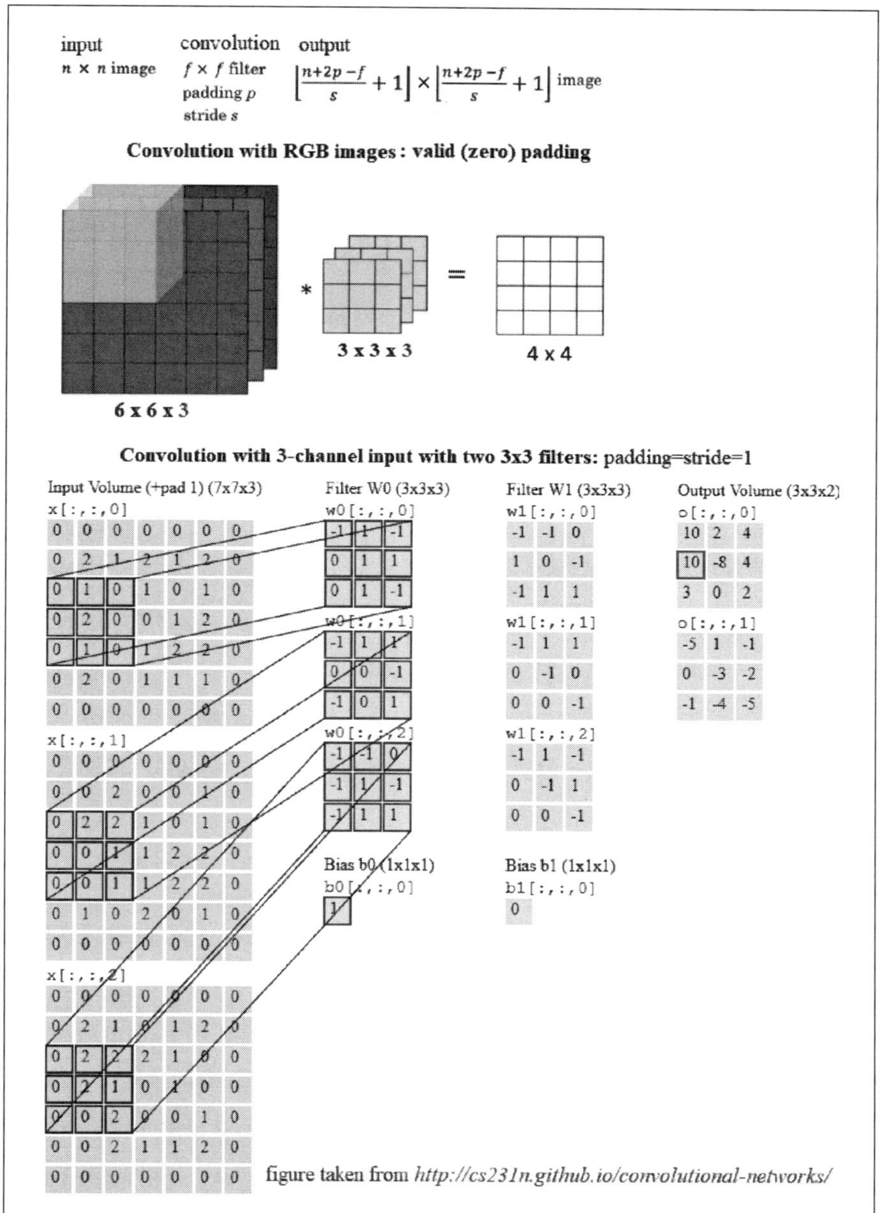

풀링 계층

일반적으로 컨볼루션 작업 후에 풀링 작업을 수행해서 학습해야 할 매개 변수의 차원과 개수를 줄인다. 이것은 학습 시간을 줄이고, 학습을 위한 필요 데이터도 줄이며, 과적합에도 대처할 수 있다. 풀링 계층은 각 특징 맵을 독립적으로 다운샘플링하여 높이와 너비는 줄이고, 깊이는 그대로 유지한다. 가장 일반적인 풀링 유형은 풀링 윈도우 내에서 최댓값을 취하는 최댓값 풀링이다. 컨볼루션 연산과 달리 풀링에는 매개 변수가 없다. 입력 영상 위로 윈도우를 슬라이딩하면서 윈도우 내에서 최댓값을 가져온다. 컨볼루션과 마찬가지로 풀링을 위한 윈도우 크기와 보폭을 지정할 수 있다.

비선형 – ReLU 계층

어떤 종류의 신경망이 강력해지려면 비선형성을 포함해야 한다. 따라서 컨볼루션 연산의 결과는 비선형 활성화 함수를 통해 전달된다. ReLU 활성화 함수가 일반적으로 비선형성을 위해 사용된다(기울기 소멸 문제를 해결하기 위해서는 시그모이드sigmoid 활성화 함수를 사용한다). 따라서 최종 특징 맵의 값은 실제로는 합계가 아니라, relu 함수가 적용된다.

전체 연결(FC) 계층

컨볼루션과 풀링 계층 이후에 일반적으로 2개의 FC 계층을 추가하여 CNN 아키텍처를 마무리한다. 컨볼루션과 풀링 계층의 출력은 3차원 볼륨이지만, FC 계층의 입력은 1차원의 숫자 벡터이다. 따라서 최종 풀링 계층의 출력을 벡터로 전개flattening하여 FC 계층의 입력이 된다. 전개는 단순히 3차원 볼륨의 숫자들을 1차원 벡터에 나열하는 것이다.

드롭아웃(dropout)

드롭아웃은 심층 신경망에 가장 널리 사용되는 정규화 기법이다. 드롭아웃은 과적합을 방지하는데 사용되며, 일반적으로 미지의 데이터셋에서 딥러닝 작업의 성능(정확도)을 높이기 위해 사용된다. 학습 시간 동안, 각 반복에서, 한 뉴런을 일시적으로 탈락시키거나, 확률 p로 일부를 비활성화한다. 즉, 현재 반복에서 이 뉴런에 대한 모든 입력과 출력이 비활성화된다. 이 하이퍼파라미터hyperparameter p는 **드롭아웃 비율**dropout rate이라고 불리며, 일반적으로 약 0.5의 값이며, 뉴런들 중에 50%가 탈락되는 것이다.

TensorFlow 또는 Keras로 영상 분류

이 절에서는 다시 필기 숫자 분류(MNIST 데이터셋 사용) 문제를 심층 신경망을 사용하여 살펴본다. 우리는 TensorFlow와 Keras라는 두 가지 매우 유명한 딥러닝 라이브러리를 사용하여 이 문제를 해결할 것이다. **TensorFlow(TF)**는 딥러닝 모델을 위해 개발 과정에서 사용되는 가장 유명한 라이브러리이다. 여기에는 매우 크고 멋진 커뮤니티가 있다. 그러나 TensorFlow는 사용하기 쉽지 않다. 한편, Keras는 TensorFlow를 기반으로 하는 고급 API이다. 이것은 저수준 아키텍처에 대한 제어의 제공이 미흡하지만, TF와 비교하여 사용하기 쉽고 사용자 친화적이다. 저수준 라이브러리는 더 많은 유연성을 제공하기에 TF는 Keras와 비교해서 훨씬 더 많은 조정을 할 수 있다.

TF를 이용한 분류

먼저 아주 간단한 심층 신경망으로 시작해 본다. 이것은 컨볼루션 계층없이 하나의 FC 은닉층(ReLU 활성화 포함)과 softmax FC 계층만 포함한다. 다음 그림은 네트워크를 위아래로 뒤집은 모습이다.

입력 영상은 28 × 28 노드를 전개[flattened]하여 구성한다. 은닉층은 1,024개 노드를 가지며, 분류된 각 숫자에 상응하는 10개 출력 노드를 구성한다.

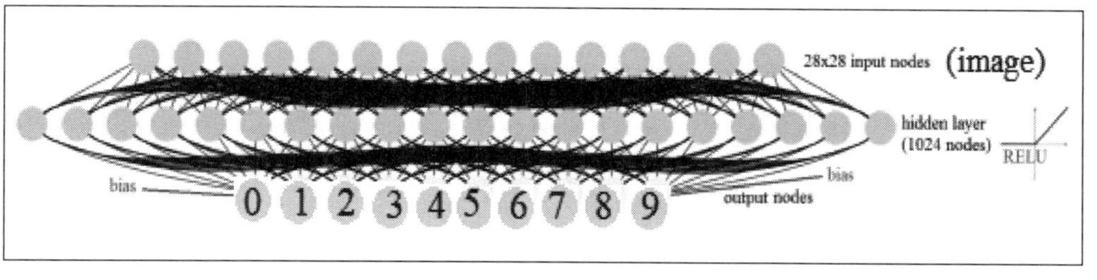

이제 TF를 통해 딥러닝 영상 분류를 구현해 보겠다. 먼저, `MNIST` 데이터셋을 로드하고, 학습 영상을 두 부분으로 나눈다. 한 부분은 학습에 사용할 50,000개의 영상이고, 두 번째는 검증에 사용하는 10,000개 영상이다. 레이블은 영상의 클래스를 나타내기 위해, one-hot encodding하여 이진 벡터로 구성한다. 그런 다음 `tensorflow` 그래프, 변수, 상수, 플레이스홀더[placeholder] 텐서를 초기화한다.

두 개의 가중치 계층(하이퍼파라미터 값 λ1 = λ2 = 1)에 L2 정규화를 적용하고, softmax_cross_entropy_with_logits_v2() 함수를 최소화하기 위해, 배치 크기 256의 학습 알고리즘으로 사용할 수 있도록 **확률적 경사 하강**stochastic gradient descent, SGD 최적화를 사용한다.

마지막으로 TensorFlow 세션 객체를 6,000스텝(미니 배치)으로 실행하고, 정전파/역전파를 실행하여 학습된 모델(가중치)을 업데이트한다. 이후에 검증 데이터셋에서 모델을 평가한다. 결과에서 알 수 있듯이 최종 배치가 완료된 후 얻은 정확도는 96.5%이다.

```
import numpy as np
# keras 라이브러리는 아나콘다에 포함되지 않아서 설치 필요(pip install keras)
from keras.datasets import mnist                # mnist 데이터 임포트
import tensorflow as tf                         # 텐서플로우 임포트

(X_train, y_train), (X_test, y_test) = mnist.load_data()
np.random.seed(0)                               # 랜덤값을 위한 시드
train_indices = np.random.choice(60000, 50000, replace=False)
valid_indices = [i for i in range(60000) if i not in train_indices]
X_valid, y_valid = X_train[valid_indices,:,:], y_train[valid_indices]
X_train, y_train = X_train[train_indices,:,:], y_train[train_indices]
print(X_train.shape, X_valid.shape, X_test.shape)
                   # (50000, 28, 28) (10000, 28, 28) (10000, 28, 28)
image_size = 28
num_labels = 10
dims = image_size * image_size

def reformat(dataset, labels):
    dataset = dataset.reshape((-1, dims)).astype(np.float32)  # 입력 데이터 전개
              # one hot encoding: 1→[0, 1, 0 ...], 2 → [0, 0, 1 ...]
    labels = (np.arange(num_labels) == labels[:,None]).astype(np.float32)
    return dataset, labels

X_train, y_train = reformat(X_train, y_train)
X_valid, y_valid = reformat(X_valid, y_valid)
X_test, y_test = reformat(X_test, y_test)
print('Training set', X_train.shape)            # Training set (50000, 784)
print('Validation set', X_valid.shape)          # Validation set (10000, 784)
print('Test set', X_test.shape)                 # Test set (10000, 784)
```

```
batch_size = 256
num_hidden_units = 1024
lambda1, lambda2 = 0.1, 0.1

graph = tf.Graph()
with graph.as_default():
    # 훈련을 위한 데이터 - 실행시간 값 제공 위해 placeholder 사용
    tf_train_dataset = tf.placeholder(tf.float32, shape=(batch_size, dims))
    tf_train_labels = tf.placeholder(tf.float32, shape=(batch_size, num_labels))
    tf_valid_dataset = tf.constant(X_valid)
    tf_test_dataset = tf.constant(X_test)

    # 변수들 지정
    weights1 = tf.Variable(tf.truncated_normal([dims, num_hidden_units]))
    biases1 = tf.Variable(tf.zeros([num_hidden_units]))
    # 행렬 내적 연산과 bias 더해 입력을 은닉층으로 연결, relu 함수로 출력
    layer_1_outputs = tf.nn.relu(tf.matmul(tf_train_dataset, weights1)+ biases1)
    weights2 = tf.Variable(tf.truncated_normal([num_hidden_units, num_labels]))
    biases2 = tf.Variable(tf.zeros([num_labels]))

    # 학습 계산
    logits = tf.matmul(layer_1_outputs, weights2) + biases2
    loss = tf.nn.softmax_cross_entropy_with_logits_v2( \
              labels=tf_train_labels, logits=logits)   # _v2 버전으로 변경
    loss = tf.reduce_mean(loss + lambda1 * tf.nn.l2_loss(weights1) \
                               + lambda2 * tf.nn.l2_loss(weights2))
    # 확률적 경사하강(SGD) 이용한 최적화 수행- 학습률:0.008
    optimizer = tf.train.GradientDescentOptimizer(0.008).minimize(loss)
    train_prediction = tf.nn.softmax(logits)     # 학습 데이터에 대한 예측 수행
    # 검증 데이터에 대한 출력층 계산 및 예측 수행
    layer_1_outputs = tf.nn.relu(tf.matmul(tf_valid_dataset, weights1) + biases1)
    valid_prediction = tf.nn.softmax(tf.matmul(layer_1_outputs,weights2) + biases2)

    # 테스트 데이터에 대한 출력층 계산 및 예측 수행
    layer_1_outputs = tf.nn.relu(tf.matmul(tf_test_dataset, weights1)+ biases1)
    test_prediction = tf.nn.softmax(tf.matmul(layer_1_outputs, weights2) + biases2)
```

```
import matplotlib.pylab as pylab

def accuracy(predictions, labels):
    softmax = np.sum(np.argmax(predictions, 1) == np.argmax(labels, 1))
    return (100.0 * softmax / predictions.shape[0])

num_steps = 6001
ll , atr, av = [], [], []

with tf.Session(graph=graph) as session:
    #tf.global_variables_initializer().run()
    session.run(tf.initialize_all_variables())
    print("Initialized")
    for step in range(num_steps):
        # offset으로 랜덤하게 학습 데이터 선택, epochs으로 더 나은 랜덤 배정 가능
        offset = (step * batch_size) % (y_train.shape[0] - batch_size)
        # 미니배치 생성
        batch_data = X_train[offset:(offset + batch_size), :]
        batch_labels = y_train[offset:(offset + batch_size), :]
        # 세션 실행에서 미니배치에 전할 딕셔너리 준비
        # 딕셔너리 키- 그래프의 플레이스홀더 노드
        # 딕셔너리 값- 플레이스홀더에 제공하는 numpy array
        feed_dict = {tf_train_dataset : batch_data, tf_train_labels : batch_labels}
        _, l, predictions = session.run([optimizer, loss, train_prediction],
                                        feed_dict=feed_dict)
        if (step % 500 == 0):
            ll.append(l)
            a1 = accuracy(predictions, batch_labels)
            a2 = accuracy(valid_prediction.eval(), y_valid)
            atr.append(a1)
            av.append(a2)
            # 테스트 데이트 500개 마다 결과 출력
            print("Minibatch loss at step %d: %f" % (step, l))
            print("Minibatch accuracy: %.1f%%" % a1)
            print("Validation accuracy: %.1f%%" % a2)

    print("Test accuracy: %.1f%%" % accuracy(test_prediction.eval(), y_test))

# Initialized
# Minibatch loss at step 0: 92091.781250
```

```
# Minibatch accuracy: 9.0%
# Validation accuracy: 21.6%
#
# Minibatch loss at step 500: 35599.835938
# Minibatch accuracy: 50.4%
# Validation accuracy: 47.4%
#
# Minibatch loss at step 1000: 15989.455078
# Minibatch accuracy: 46.5%
# Validation accuracy: 47.5%
#
# Minibatch loss at step 1500: 7182.631836
# Minibatch accuracy: 59.0%
# Validation accuracy: 54.7%
#
# Minibatch loss at step 2000: 3226.800781
# Minibatch accuracy: 68.4%
# Validation accuracy: 66.0%
#
# Minibatch loss at step 2500: 1449.654785
# Minibatch accuracy: 79.3%
# Validation accuracy: 77.7%
#
# Minibatch loss at step 3000: 651.267456
# Minibatch accuracy: 89.8%
# Validation accuracy: 87.7%
#
# Minibatch loss at step 3500: 292.560272
# Minibatch accuracy: 94.5%
# Validation accuracy: 91.3%
#
# Minibatch loss at step 4000: 131.462219
# Minibatch accuracy: 95.3%
# Validation accuracy: 93.7%
#
# Minibatch loss at step 4500: 59.149700
# Minibatch accuracy: 95.3%
# Validation accuracy: 94.3%
#
# Minibatch loss at step 5000: 26.656094
```

```
# Minibatch accuracy: 94.9%
# Validation accuracy: 95.5%
#
# Minibatch loss at step 5500: 12.033947
# Minibatch accuracy: 97.3%
# Validation accuracy: 97.0%
#
# Minibatch loss at step 6000: 5.521026
# Minibatch accuracy: 97.3%
# Validation accuracy: 96.6%
#
# Test accuracy: 96.5%
```

다음 코드 블록을 사용하여 각 단계에서 계층 1의 가중치를 시각화해 보자.

```
images = weights1.eval()
pylab.figure(figsize=(18,18))
indices = np.random.choice(num_hidden_units, 225)

for j, idx in enumerate(indices):
    pylab.subplot(15, 15, j + 1)
    pylab.imshow(np.reshape(images[:, idx], (image_size, image_size)), cmap='gray')
    pylab.xticks([],[]), pylab.yticks([],[])

pylab.suptitle('SGD after Step ' + str(step) + ' with lambda1=lambda2=' + str(lambda1))
pylab.show()
```

위 소스는 4,000 스텝 후에 네트워크의 FC 계층 1에서 (임의로 선택된) 은닉 노드 225개에 대해 학습된 가중치를 시각화한다. 모델이 학습된 입력 영상들로부터 이미 가중치가 어떤 특징으로 학습된 것을 관찰해 보자.

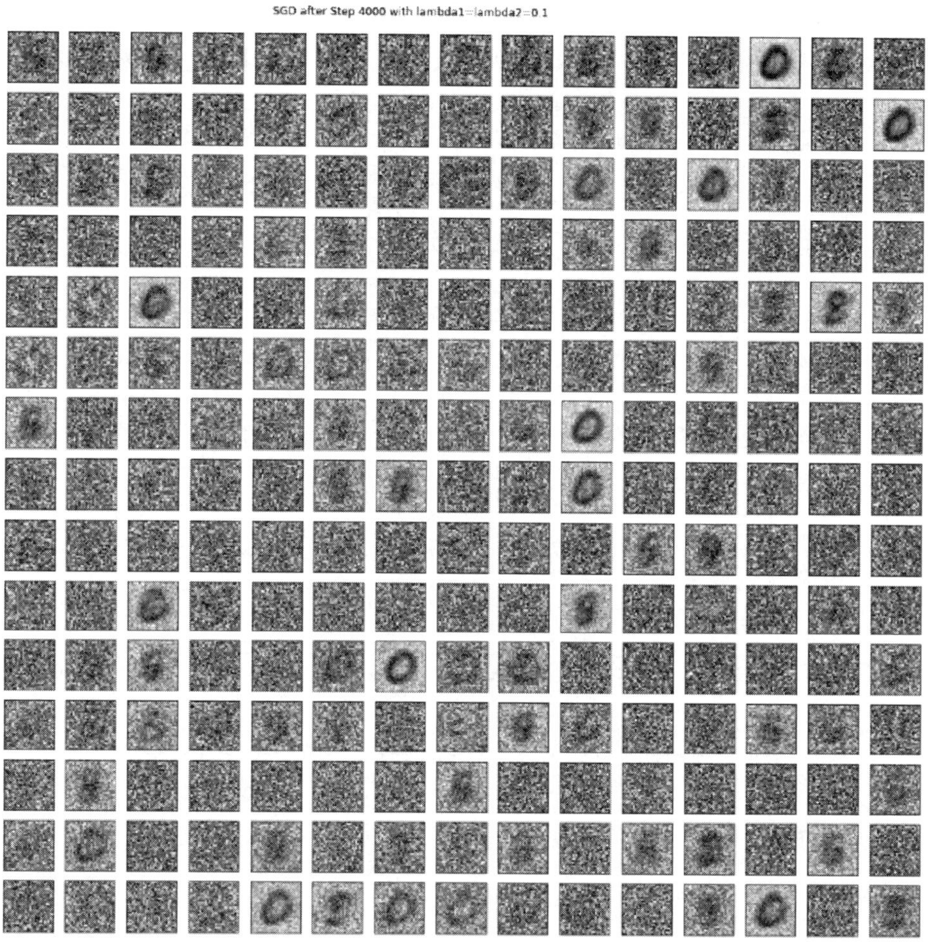

다음 코드 블록은 다른 단계에서 **학습 정확도**training accuracy와 **검증 정확도**validation accuracy를 나타낸다.

```
pylab.figure(figsize=(8, 12))
pylab.subplot(211)
pylab.plot(range(0, num_steps, 500), atr, '.-', label='training accuracy')
pylab.plot(range(0, num_steps, 500), av, '.-', label='validation accuracy')
pylab.xlabel('GD steps'), pylab.ylabel('Accuracy')
pylab.legend(loc='lower right')
pylab.subplot(212)
pylab.plot(range(0, num_steps, 500), ll, '.-')
pylab.xlabel('GD steps'), pylab.ylabel('Softmax Loss')
pylab.show()
```

다음 그림은 앞 코드 블록의 출력을 보여준다. 정확도가 일반적으로 계속 증가하지만, 결국에는 거의 일정해진다. 이것은 학습이 더 이상 이루어지지 않는 것을 의미한다.

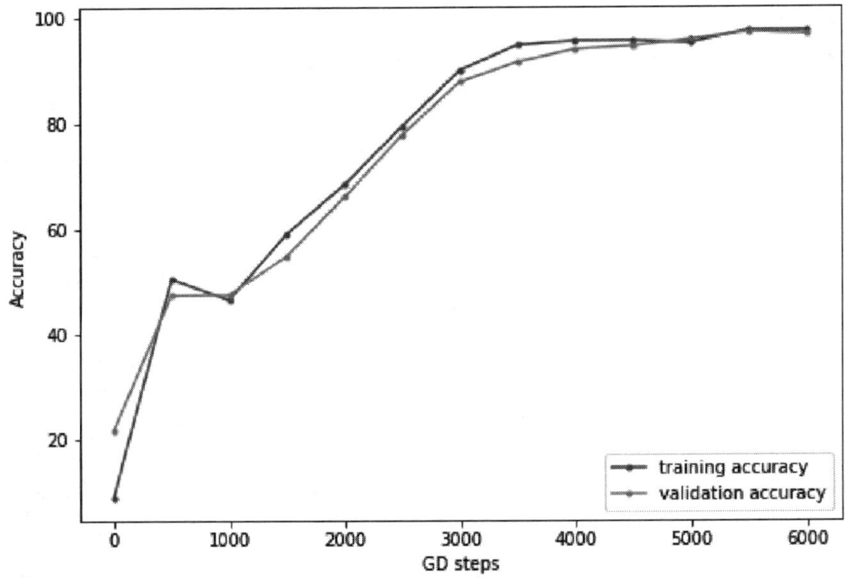

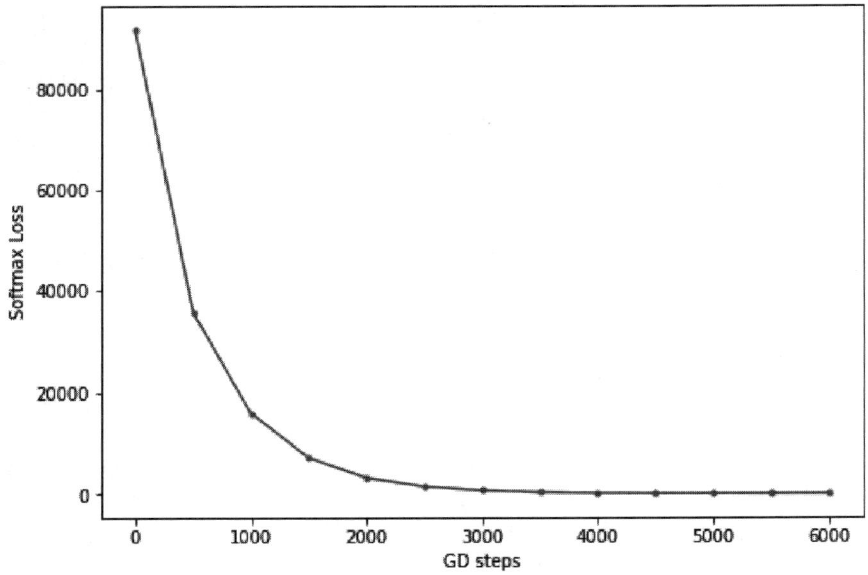

Keras를 사용하여 밀집 FC 계층으로 분류

다시 밀집dense FC 계층만 사용하여 Keras로 필기 숫자 분류를 구현해 보자. 이번에는 은닉층을 하나 더 사용하며, 드롭아웃 계층도 함께 사용한다. 다음은 keras.models Sequential() 함수를 사용한 몇 줄의 코드 블록으로 분류기를 구현하는 방법을 보여준다.

모델에 순차적으로 계층을 간단히 추가할 수 있다. 은닉층을 두 개로 구성하며, 각 계층은 200개의 노드와 15%의 드롭아웃 비율을 갖도록 구성한다. 이번에는 SGD에 **가속도**momentum 옵션을 추가 적용한 **Adam** 최적화 도구를 사용한다. 학습 데이터셋에 모델을 10 epochs(전체 입력 데이터셋에 대해 한 패스)으로 맞춘다. 이 간단한 아키텍처 변경으로 인해 MNIST의 테스트 영상에서 98.04%의 정확도를 얻을 수 있다.

```
import keras
from keras.models import Sequential
from keras.datasets import mnist                              # mnist 모듈 임포트
from keras.utils import to_categorical
from keras.layers import Dense, Flatten, Dropout

(X_train, y_train), (X_test, y_test) = mnist.load_data()   # 영상 데이터 읽기
print(X_train.shape, X_test.shape)      # (60000, 28, 28) (10000, 28, 28)
# 4차원 형태로 변환[samples][width][height][1]
X_train = X_train.reshape(X_train.shape[0], 28, 28, 1).astype('float32')
X_test = X_test.reshape(X_test.shape[0], 28, 28, 1).astype('float32')
X_train = X_train / 255                 # 학습 데이터 정규화
X_test = X_test / 255                   # 테스트 데이터 정규화
y_train = to_categorical(y_train)       # one-hot-encoding of the labels
y_test = to_categorical(y_test)
num_classes = y_test.shape[1]           # 분류 클래스 개수

def FC_model():                         # 모델 생성 함수
   model = Sequential()
   model.add(Flatten(input_shape=(28, 28, 1)))            # 1차원 벡터화 후 추가
   model.add(Dense(200, activation='relu'))               # relu 활성화 추가
   model.add(Dropout(0.15))                               # 드롭아웃 레이트: 0.15
   model.add(Dense(200, activation='relu'))               # relu 활성화 추가
   model.add(Dense(num_classes, activation='softmax'))
```

```
    model.compile(optimizer='adam', loss='categorical_crossentropy',\
                  metrics=['accuracy'])
    return model

model = FC_model()                                    # 모델 구축
model.summary()                                       # 모델 정보 요약 출력

# 학습: 모델의 가중치 산정
model.fit(X_train, y_train, validation_data=(X_test, y_test), \
          epochs=10, batch_size=200, verbose=2)
# 모델 평가
scores = model.evaluate(X_test, y_test, verbose=0)
print("Accuracy: {} \nError: {}".format(scores[1], 100-scores[1]*100))

# ___________________________________________________________________
# Layer (type)                 Output Shape              Param #
# ===================================================================
# flatten_1 (Flatten)          (None, 784)               0
# ___________________________________________________________________
# dense_1 (Dense)              (None, 200)               157000
# ___________________________________________________________________
# dropout_1 (Dropout)          (None, 200)               0
# ___________________________________________________________________
# dense_2 (Dense)              (None, 200)               40200
# ___________________________________________________________________
# dense_3 (Dense                (None, 10)               2010
# ===================================================================
# Total params: 199,210
# Trainable params: 199,210
# Non-trainable params: 0
# ___________________________________________________________________
# Train on 60000 samples, validate on 10000 samples
# Epoch 1/10
# - 3s - loss: 0.3487 - acc: 0.9010 - val_loss: 0.1474 - val_acc: 0.9562
# Epoch 2/10
# - 2s - loss: 0.1426 - acc: 0.9580 - val_loss: 0.0986 - val_acc: 0.9700
# Epoch 3/10
# - 2s - loss: 0.0976 - acc: 0.9697 - val_loss: 0.0892 - val_acc: 0.9721
# Epoch 4/10
```

```
# - 2s - loss: 0.0768 - acc: 0.9762 - val_loss: 0.0829 - val_acc: 0.9744
# Epoch 5/10
# - 2s - loss: 0.0624 - acc: 0.9806 - val_loss: 0.0706 - val_acc: 0.9774
# Epoch 6/10
# - 2s - loss: 0.0516 - acc: 0.9838 - val_loss: 0.0655 - val_acc: 0.9806
# Epoch 7/10
# - 2s - loss: 0.0438 - acc: 0.9861 - val_loss: 0.0692 - val_acc: 0.9788
# Epoch 8/10
# - 2s - loss: 0.0387 - acc: 0.9874 - val_loss: 0.0623 - val_acc: 0.9823
# Epoch 9/10
# - 2s - loss: 0.0341 - acc: 0.9888 - val_loss: 0.0695 - val_acc: 0.9781
# Epoch 10/10
# - 2s - loss: 0.0299 - acc: 0.9899 - val_loss: 0.0638 - val_acc: 0.9804
# Accuracy: 0.9804
# Error: 1.9599999999999937
```

네트워크 시각화

Keras로 디자인한 신경망의 구조를 시각화해 보다. 다음 코드 블록을 통해 모델(네트워크) 아키텍처를 영상으로 저장할 수 있다.

```
# pydot_ng 설치 필요: pip install pydot_ng
# GraphViz 라이브러리 설치
# Anaconda Prompt --> conda install graphviz
# graphviz-2.38.msi 파일(https://www.graphviz.org) 다운 및 설치
# 환경변수 Path 지정 : C:\Program Files (x86)\graphviz238\bin
import pydot_ng as pydot
from keras.utils import plot_model
plot_model(model, to_file='model.png')
```

다음 그림은 위 코드 블록의 실행으로 신경망 아키텍처를 보여준다.

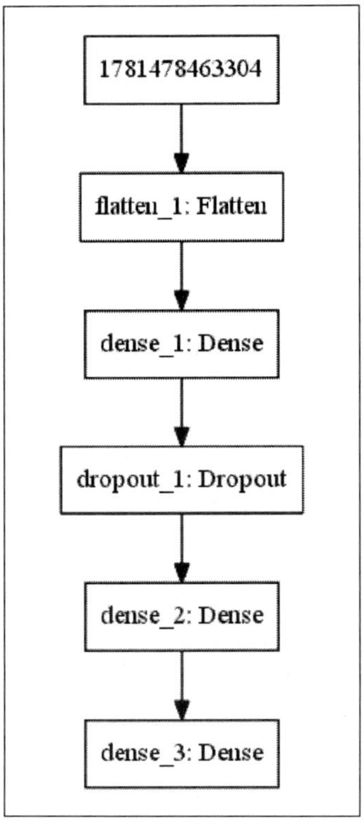

중간 계층에서 가중치 시각화

이제 중간 계층에서 학습한 가중치를 시각화해 보자. 다음 파이썬 코드 블록은 첫 밀집 계층에서 200개의 은닉 노드에 대한 학습된 가중치를 시각화한다.

```
W = model.get_layer('dense_1').get_weights()
print(W[0].shape)                                    # 첫 번째 은닉층의 가중치
print(W[1].shape)                                    # 첫 번째 은닉층의 bias

fig = pylab.figure(figsize=(20,20))
fig.subplots_adjust(left=0, right=1, bottom=0, hspace=0.05, wspace=0.05)
pylab.gray()
```

```
for i in range(200):
    pylab.subplot(15, 14, i+1), pylab.axis('off')
    pylab.imshow(np.reshape(W[0][:, i], (28,28))) # 786개 1차원 벡터 → 28 × 28 영상
pylab.suptitle('Dense_1 Weights (200 hidden units)', size=20)
pylab.show()
```

이것의 결과는 다음의 출력과 같다.

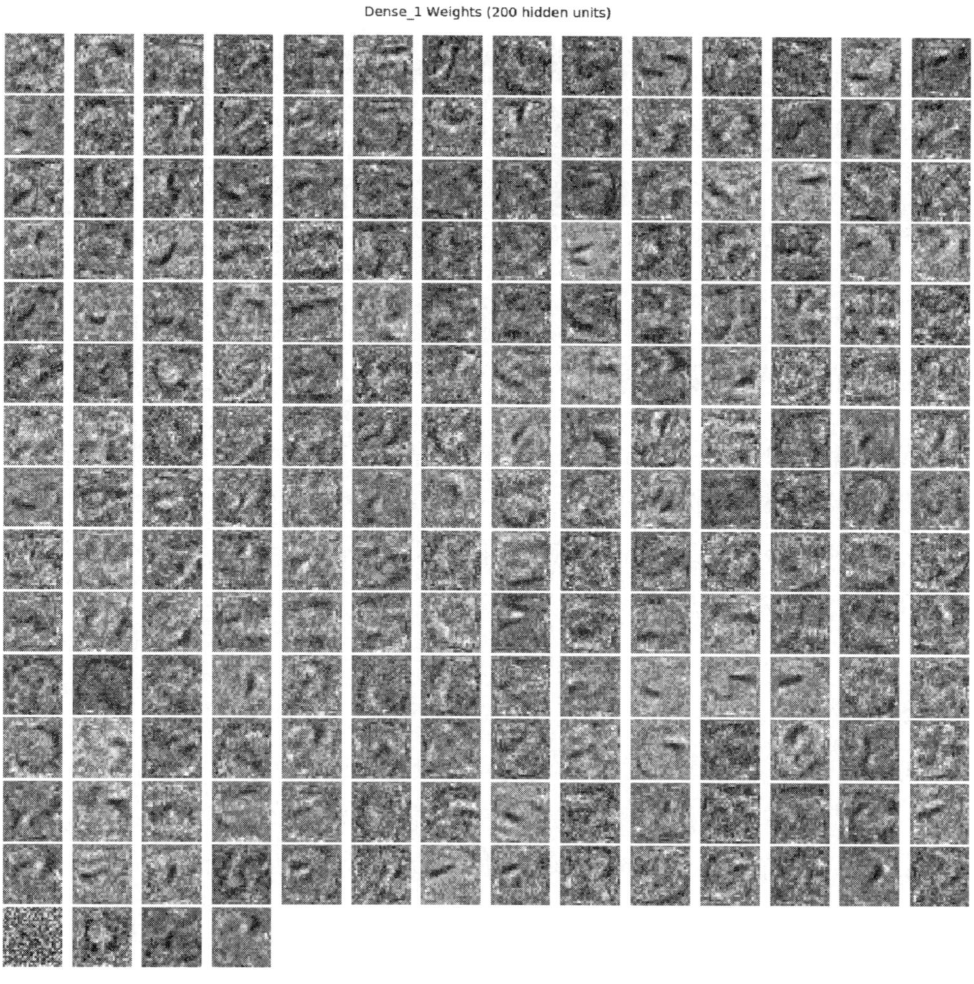

다음 그림은 출력 계층에서 신경망이 보는 것을 보여준다. 이 코드 블록은 독자에게 연습 문제로 남겨둔다.

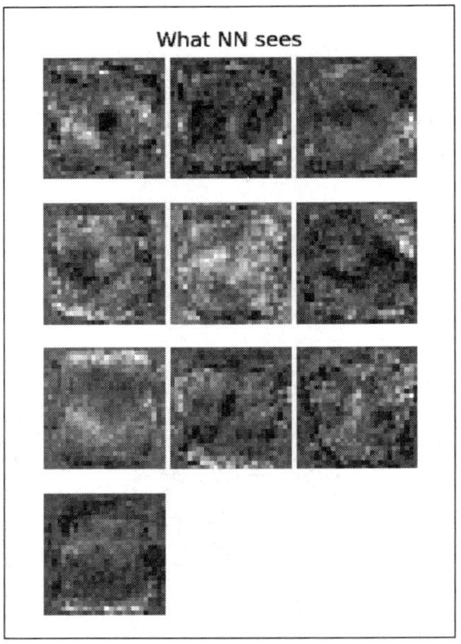

Keras로 분류를 위한 CNN

이제 Keras로 CNN을 구현해 보자. 먼저, 컨볼루션과 풀링 계층이 있어야 하며, 이후 데이터는 1차원으로 전개되어야 한다. 다음 하위 절에서는 MNIST 분류를 위해 CNN을 구현하고 사용하는 방법을 다시 보여준다. 실험 결과에서 볼 수 있듯이, 테스트 데이터셋의 정확도는 더 나아진다.

MNIST 분류

이번에는 ReLU 활성화와 64개 필터의 5 × 5 컨볼루션 계층을 도입한다. 또한 보폭stride 2인 2 × 2 최댓값 풀링 계층을 사용한 후, 데이터를 1차원으로 전개한다. 다음으로 100 노드로 구성된 은닉층으로 한 개의 밀집dense 계층이 필요하다. 그리고 출력 계층에는 softmax 밀집 계층이 있다. 그림에서 볼 수 있듯이 테스트 데이터셋의 정확도는 모델을 10 epochs으로 학습한 후 98.77%로 증가했다.

```
import keras
from keras.datasets import mnist                         # mnist 모듈 임포트
from keras.models import Sequential
```

```
from keras.utils import to_categorical
from keras.layers import Dense, Flatten                # 1차원 전개 함수
from keras.layers.convolutional import Conv2D          # 2차원 컨볼루션 함수 임포트
from keras.layers.convolutional import MaxPooling2D  # 최댓값 풀링 함수 임포트

(X_train, y_train), (X_test, y_test) = mnist.load_data()      # load data
print(X_train.shape, X_test.shape)       # (60000, 28, 28) (10000, 28, 28)

# reshape to be [samples][pixels][width][height]
X_train = X_train.reshape(X_train.shape[0], 28, 28, 1).astype('float32')
X_test = X_test.reshape(X_test.shape[0], 28, 28, 1).astype('float32')
X_train = X_train / 255                             # 학습 데이터 정규화
X_test = X_test / 255                               # 데스트 데이터 정규화
y_train = to_categorical(y_train)                   # 레이블 one-hot-encoding
y_test = to_categorical(y_test)
num_classes = y_test.shape[1]                       # number of categories

def convolutional_model():                          # 컨볼루션 모델 생성
   model = Sequential()
   model.add(Conv2D(64, (5, 5), activation='relu', input_shape=(28, 28, 1)))
   model.add(MaxPooling2D(pool_size=(2, 2), strides=(2, 2)))
   model.add(Flatten())
   model.add(Dense(100, activation='relu'))
   model.add(Dense(num_classes, activation='softmax')) # compile model
   model.compile(optimizer='adam', loss='categorical_crossentropy',\
                 metrics=['accuracy'])
   return model

model = convolutional_model()                       # 모델 구축
model.summary()                                     # 모델 내용 요약 출력

# ___________________________________________________________________
# Layer (type)                    Output Shape            Param #
# ===================================================================
# conv2d_1 (Conv2D)               (None, 24, 24, 64)      1664
# ___________________________________________________________________
# max_pooling2d_1 (MaxPooling2D) (None, 12, 12, 64)       0
# ___________________________________________________________________
# flatten_1 (Flatten)             (None, 9216)            0
# ___________________________________________________________________
# dense_1 (Dense)                 (None, 100)             921700
# ___________________________________________________________________
```

```
# dense_2 (Dense)                 (None, 10)                1010
# =================================================================
# Total params: 924,374
# Trainable params: 924,374
# Non-trainable params: 0
# _________________________________________________________________

# 모델 학습 수행
model.fit(X_train, y_train, validation_data=(X_test, y_test), \
        epochs=10, batch_size=200, verbose=2)
# 모델 평가
scores = model.evaluate(X_test, y_test, verbose=0)
print("Accuracy: {} \n Error: {}".format(scores[1], 100-scores[1]*100))

#Train on 60000 samples, validate on 10000 samples
#Epoch 1/10
# - 47s - loss: 0.2161 - acc: 0.9387 - val_loss: 0.0733 - val_acc: 0.9779
#Epoch 2/10
# - 46s - loss: 0.0611 - acc: 0.9816 - val_loss: 0.0423 - val_acc: 0.9865
#Epoch 3/10
# - 46s - loss: 0.0417 - acc: 0.9876 - val_loss: 0.0408 - val_acc: 0.9871
#Epoch 4/10
# - 41s - loss: 0.0315 - acc: 0.9904 - val_loss: 0.0497 - val_acc: 0.9824
#Epoch 5/10
# - 40s - loss: 0.0258 - acc: 0.9924 - val_loss: 0.0445 - val_acc: 0.9851
#Epoch 6/10
# - 39s - loss: 0.0188 - acc: 0.9943 - val_loss: 0.0368 - val_acc: 0.9890
#Epoch 7/10
# - 39s - loss: 0.0152 - acc: 0.9954 - val_loss: 0.0391 - val_acc: 0.9874
#Epoch 8/10
# - 42s - loss: 0.0114 - acc: 0.9965 - val_loss: 0.0408 - val_acc: 0.9884
#Epoch 9/10
# - 41s - loss: 0.0086 - acc: 0.9976 - val_loss: 0.0380 - val_acc: 0.9893
#Epoch 10/10
# - 47s - loss: 0.0070 - acc: 0.9980 - val_loss: 0.0434 - val_acc: 0.9877
# Accuracy: 0.9877
# Error: 1.230000000000004
```

다음 그림은 기준 값 레이블이 0인 테스트 샘플에 대해 출력 클래스를 0으로 예측한 확률 분포를 보여준다. 이 코드 블록은 독자에게 연습문제로 남겨둔다.

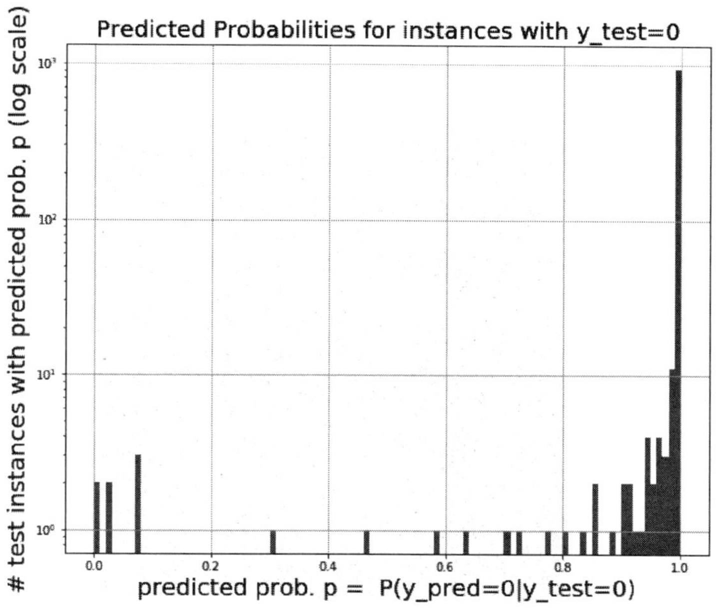

중간 계층 시각화

이제 다음 코드 블록을 사용하여 몇 개의 영상에 컨볼루션 계층을 통해 학습한 영상 특징 맵(64개 필터를 갖는 64개 특징)을 시각화해 보자.

```
from keras.models import Model
import matplotlib.pylab as pylab
import numpy as np
intermediate_layer_model = Model(inputs=model.input, \
                            outputs=model.get_layer('conv2d_1').output)
intermediate_output = intermediate_layer_model.predict(X_train)
print(model.input.shape, intermediate_output.shape)

fig = pylab.figure(figsize=(15,15))
fig.subplots_adjust(left=0, right=1, bottom=0, top=1, hspace=0.05, wspace=0.05)
pylab.gray()
i = 1
for c in range(64):
    pylab.subplot(8, 8, c+1),
    pylab.imshow(intermediate_output[i, :, :, c]), pylab.axis('off')
pylab.show()
```

다음 그림은 학습 데이터셋에서 레이블 0인 숫자 영상에 대해 컨볼루션 계층에 의해 학습된 특징 맵을 보여준다.

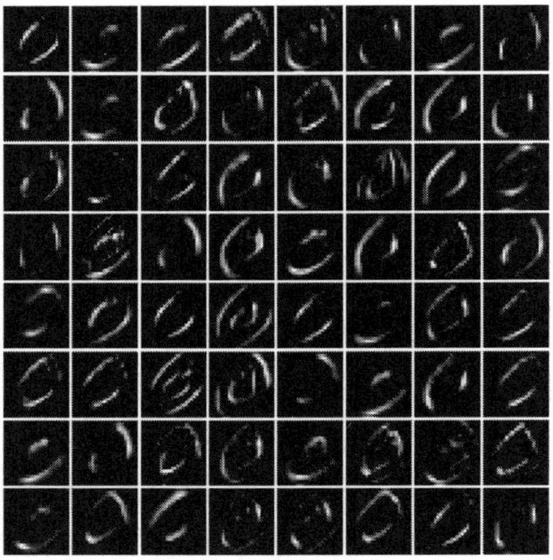

학습 데이터셋의 영상 인덱스를 2로 변경하고, 앞 코드 블록을 다시 실행하면 다음과 같은 결과가 나타난다.

```
i = 2
```

다음 그림은 MNIST 학습 데이터셋의 레이블 4인 필기 숫자 영상에 대한 컨볼루션 계층에 의해 학습된 특징 맵을 보여준다.

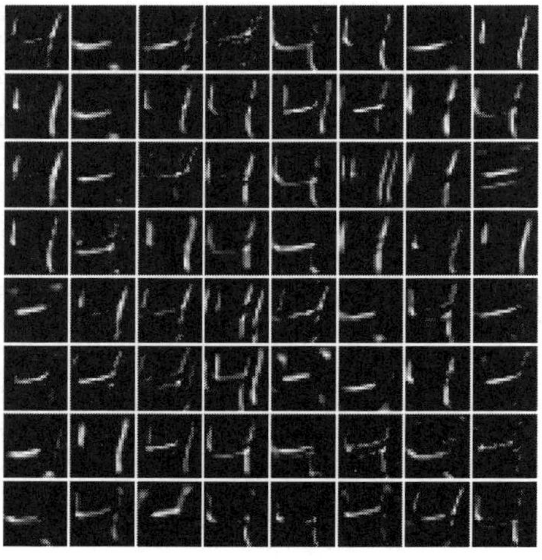

인기 있는 심층 CNN

이 절에서 VGG-16/19, ResNet, InceptionNet와 같이 영상 분류에 사용되는 인기 있는 심층 CNN에 대해 논의해 보자. 다음 그림은 가장 왼쪽의 **AlexNet**(Krizhevsky 외, 2012)에서부터 성능이 가장 좋은 **Inception-v4**(Szegedy 외, 2016)에 이르기까지 ImageNet challenge에 제출된 가장 성능 좋은 출품작들을 단일-자르기[single-crop] 정확도로 보여준다. 여기서 **top-1 accruacy**은 올바른 레이블이 CNN에서 예측한 가장 높은 확률을 가진 횟수를 말한다.

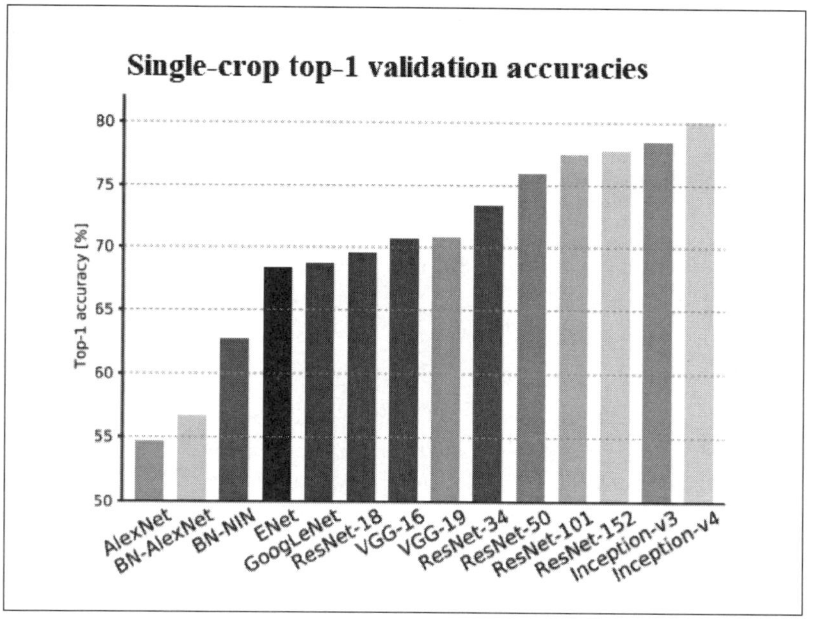

또한, 개 영상과 고양이 영상을 분류하기 위해, Keras로 VGG-16 CNN을 학습할 것이다.

VGG-16/19

다음 그림은 VGG-16/19라는 인기 있는 CNN의 아키텍처를 보여준다. VGG-16 네트워크에서 주목할 만한 점은 많은 하이퍼파라미터를 사용하는 대신 매우 단순한 네트워크를 사용할 수 있다는 것이다. 여기서는 컨볼루션 계층을 보폭이 1인 3 × 3 필터만 사용하는 것이 핵심이다. 동일한 패딩을 사용하기 위해 2의 보폭을 가진 2 × 2의 최댓값 풀링 계층을 구성한다. 이것은 정말로 심층망이다.

이 네트워크에는 다음 그림과 같이 총 약 1억 3,800만 개의 매개 변수가 있다.

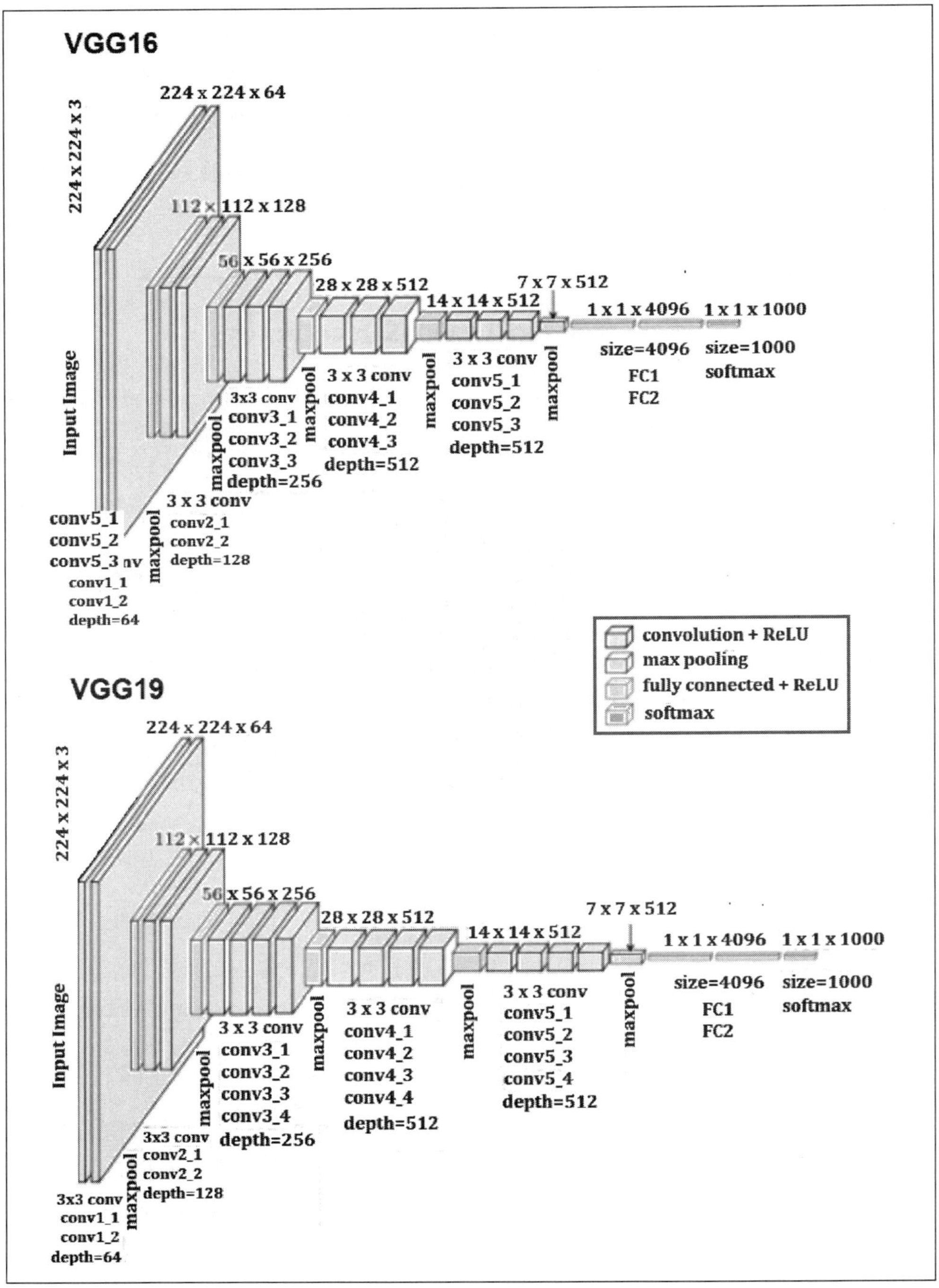

Keras에 있는 VGG-16을 이용한 개/고양이 분류

이 절에서는 Kera VGG-16 모듈을 사용하여 Kaggle의 개 대 고양이 대회(*Dogs vs. Cats* competition)의 개와 고양이 영상을 분류한다. 먼저, 학습과 테스트 영상 데이터셋(`https://www.kaggle.com/c/dogs-vs-cats`)을 다운로드한다. 그런 다음 학습 영상에서 VGG-16 네트워크를 가중치가 없는 데서부터 학습해 보자.

훈련 단계(training phase)

다음 코드 블록은 학습 데이터셋에 모델을 학습fit하는 방법을 보여준다. VGG-16 모델의 학습을 위해 학습 데이터셋의 20,000개 영상을 사용하며, 학습하는 동안 모델의 평가를 위해 검증 데이터셋에서 5,000개의 영상을 사용한다. 네트워크가 가중치가 없는 데서부터 학습되도록 `VGG16()` 함수에 `weights=None`을 전달한다. 여기서 GPU에서 실행하지 않는 경우, 시간이 오래 걸리므로 GPU를 사용하는 것이 좋다.

> GPU 버전 TensorFlow를 설치시 다음 문서 참조: `https://medium.com/@raza.shahzad/setting-up-tensorflow-gpu-keras-in-conda-on-windows-10-75d4fd498198`.

epochs을 20으로 하여 검증 데이터셋에서 얻어진 정확도는 `78.38%`이다. 모델의 정확도를 높이기 위해, 하이퍼파라미터를 조정할 수 있다. 이것은 독자에게 연습문제로 남겨둔다.

```
import cv2                          # 영상 크기변경 함수 사용
import numpy as np                  # 배열 처리 함수 사용 - reshape(), array(), save()
import os                           # 디렉토리 지정을 위해 임포트

from keras.utils import to_categorical # one-hot encoding
from random import shuffle          # 네트워크가 잘 학습되도록 학습 데이터 섞음
from tqdm import tqdm               # 작업에 대한 깔끔한 백분율 바 표시
import tensorflow as tf

TRAIN_DIR = './train'               # 학습 영상 경로
TEST_DIR = './test'                 # 테스트 영상 경로
```

```
IMG_SIZE = 50                   # 정규화 영상 크기
LR = 1e-6                       # 학습률(learning rate)- 경사하강 스텝
MODEL_NAME = 'dogsvscats-{}-{}.model'.format(LR, '2conv-basic')
                                # 모델 및 학습률 지정
def label_img(img):
    word_label = img.split('.')[-3]       # 오른쪽에서 3번째 원소
    # conversion to one-hot array [cat,dog]
    if word_label == 'cat': return 0      # [much cat, no dog]
    elif word_label == 'dog': return 1    # [no cat, very dog]

def create_train_data():
    training_data = []
    for img in tqdm(os.listdir(TRAIN_DIR)):
        label = label_img(img)
        path = os.path.join(TRAIN_DIR, img)
        img = cv2.imread(path)
        img = cv2.resize(img, (IMG_SIZE,IMG_SIZE), interpolation=cv2.INTER_CUBIC)
        training_data.append([np.array(img),np.array(label)])
    shuffle(training_data)
    np.save('train_data.npy', training_data)    # 학습 데이터 파일로 저장
    return training_data

train_data = create_train_data()

100%|██████████████████████████████████████████████████████████████
████████████████████████████|25000/25000 [00:00<00:00, 1133.86it/s]

from keras.applications.vgg16 import VGG16          # VGG16 함수 임포트
from keras.optimizers import Adam                   # Adam 최적화 함수 임포트

train = train_data[:-5000]              # 뒤 5000번째까지(0~19999)
test = train_data[-5000:]               # 뒤 5000번째부터 마지막까지(2000~2499)
X_train = np.array([i[0] for i in train]).reshape(-1, IMG_SIZE, IMG_SIZE, 3)
y_train = [i[1] for i in train]
y_train = to_categorical(y_train)       # 학습 데이터 레이블 one-hot encoding
print(X_train.shape, y_train.shape)

X_test = np.array([i[0] for i in test]).reshape(-1, IMG_SIZE, IMG_SIZE, 3)
y_test = [i[1] for i in test]
y_test = to_categorical(y_test)         # 테스트 데이터 레이블 one-hot encoding
```

```
# 학습 모델 구축
model = VGG16(weights=None,                               # 초기가중치 없이 시작
              input_shape=(IMG_SIZE, IMG_SIZE, 3),        # 입력 데이터 형태
              classes=y_test.shape[1])                    # 구분할 그룹 개수

# adam 최적화, 학습률 지정
model.compile(Adam(lr=LR), "categorical_crossentropy", metrics=["accuracy"])
model.summary()                                           # 모델 정보 요약
model.fit(X_train, y_train, validation_data=(X_test, y_test), \
          epochs=20, batch_size=256, verbose=2)           # 모델 학습 수행
# 모델 평가
scores = model.evaluate(X_test, y_test, verbose=0)
print("Accuracy: {} \nError: {}".format(scores[1], 100-scores[1]*100))

# ______________________________________________________________________
#Layer (type)                    Output Shape              Param
# ======================================================================
# input_5 (InputLayer)           (None, 50, 50, 3)         0
# ______________________________________________________________________
# block1_conv1 (Conv2D)          (None, 50, 50, 64)        1792
# ______________________________________________________________________
# block1_conv2 (Conv2D)          (None, 50, 50, 64)        36928
# ______________________________________________________________________
# block1_pool (MaxPooling2D)     (None, 25, 25, 64)        0
# ______________________________________________________________________
# block2_conv1 (Conv2D)          (None, 25, 25, 128)       73856
# ______________________________________________________________________
# block2_conv2 (Conv2D)          (None, 25, 25, 128)       147584
# ______________________________________________________________________
# block2_pool (MaxPooling2D)     (None, 12, 12, 128)       0
# ______________________________________________________________________
# block3_conv1 (Conv2D)          (None, 12, 12, 256)       295168
# ______________________________________________________________________
# block3_conv2 (Conv2D)          (None, 12, 12, 256)       590080
# ______________________________________________________________________
# block3_conv3 (Conv2D)          (None, 12, 12, 256)       590080
# ______________________________________________________________________
# block3_pool (MaxPooling2D)     (None, 6, 6, 256)         0
# ______________________________________________________________________
```

```
# block4_conv1 (Conv2D)          (None, 6, 6, 512)        1180160
# ________________________________________________________________
# block4_conv2 (Conv2D)          (None, 6, 6, 512)        2359808
# ________________________________________________________________
# block4_conv3 (Conv2D)          (None, 6, 6, 512)        2359808
# ________________________________________________________________
# block4_pool (MaxPooling2D)     (None, 3, 3, 512)        0
# ________________________________________________________________
# block5_conv1 (Conv2D)          (None, 3, 3, 512)        2359808
# ________________________________________________________________
# block5_conv2 (Conv2D)          (None, 3, 3, 512)        2359808
# ________________________________________________________________
# block5_conv3 (Conv2D)          (None, 3, 3, 512)        2359808
# ________________________________________________________________
# block5_pool (MaxPooling2D)     (None, 1, 1, 512)        0
# ________________________________________________________________
# flatten (Flatten)              (None, 512)              0
# ________________________________________________________________
# fc1 (Dense)                    (None, 4096)             2101248
# ________________________________________________________________
# fc2 (Dense)                    (None, 4096)             16781312
# ________________________________________________________________
# predictions (Dense)            (None, 2)                8194
# ================================================================
# Total params: 33,605,442
# Trainable params: 33,605,442
# Non-trainable params: 0
# ________________________________________________________________
# Train on 20000 samples, validate on 5000 samples
# Epoch 1/20
# - 92s - loss: 0.6878 - acc: 0.5472 - val_loss: 0.6744 - val_acc: 0.5750
# Epoch 2/20
# - 51s - loss: 0.6529 - acc: 0.6291 - val_loss: 0.6324 - val_acc: 0.6534
# Epoch 3/20
# - 51s - loss: 0.6123 - acc: 0.6649 - val_loss: 0.6249 - val_acc: 0.6472
# Epoch 4/20
# - 51s - loss: 0.5919 - acc: 0.6842 - val_loss: 0.5902 - val_acc: 0.6828
# Epoch 5/20
# - 51s - loss: 0.5709 - acc: 0.6992 - val_loss: 0.5687 - val_acc: 0.7054
```

```
# Epoch 6/20
# - 51s - loss: 0.5564 - acc: 0.7159 - val_loss: 0.5620 - val_acc: 0.7142
# Epoch 7/20
# - 51s - loss: 0.5539 - acc: 0.7137 - val_loss: 0.5698 - val_acc: 0.6976
# Epoch 8/20
# - 51s - loss: 0.5275 - acc: 0.7371 - val_loss: 0.5402 - val_acc: 0.7298
# Epoch 9/20
# - 51s - loss: 0.5072 - acc: 0.7536 - val_loss: 0.5240 - val_acc: 0.7444
# Epoch 10/20
# - 51s - loss: 0.4880 - acc: 0.7647 - val_loss: 0.5127 - val_acc: 0.7544
# Epoch 11/20
# - 51s - loss: 0.4659 - acc: 0.7814 - val_loss: 0.5594 - val_acc: 0.7164
# Epoch 12/20
# - 51s - loss: 0.4584 - acc: 0.7813 - val_loss: 0.5689 - val_acc: 0.7124
# Epoch 13/20
# - 51s - loss: 0.4410 - acc: 0.7952 - val_loss: 0.4863 - val_acc: 0.7704
# Epoch 14/20
# - 51s - loss: 0.4295 - acc: 0.8022 - val_loss: 0.5073 - val_acc: 0.7596
# Epoch 15/20
# - 51s - loss: 0.4175 - acc: 0.8084 - val_loss: 0.4854 - val_acc: 0.7688
# Epoch 16/20
# - 51s - loss: 0.3914 - acc: 0.8259 - val_loss: 0.4743 - val_acc: 0.7794
# Epoch 17/20
# - 51s - loss: 0.3852 - acc: 0.8286 - val_loss: 0.4721 - val_acc: 0.7810
# Epoch 18/20
# - 51s - loss: 0.3692 - acc: 0.8364 - val_loss: 0.6765 - val_acc: 0.6826
# Epoch 19/20
# - 51s - loss: 0.3752 - acc: 0.8332 - val_loss: 0.4805 - val_acc: 0.7760
# Epoch 20/20
# - 51s - loss: 0.3752 - acc: 0.8332 - val_loss: 0.4805 - val_acc: 0.7760
# Epoch 20/20
# - 51s - loss: 0.3360 - acc: 0.8586 - val_loss: 0.4711 - val_acc: 0.7838
# Accuracy: 0.7838
# Error: 21.619999999999999
```

다음 코드 블록은 첫 블록의 두 번째 컨볼루션 계층에서 첫 64개 필터를 사용하여 개 영상에 대해 학습된 특징을 시각화한다.

```
from keras.models import Model
import matplotlib.pylab as pylab

outputs=model.get_layer('block1_conv2').output
intermediate_layer_model = Model(inputs=model.input, outputs=outputs)
intermediate_output = intermediate_layer_model.predict(X_train)

fig = pylab.figure(figsize=(10,10))
fig.subplots_adjust(left=0, right=1, bottom=0, top=1, hspace=0.05, wspace=0.05)
pylab.gray()
i = 3
for c in range(64):
    pylab.subplot(8, 8, c+1), pylab.axis('off')
    pylab.imshow(intermediate_output[i, :, :, c])
pylab.show()
```

다음 그림은 앞 코드 블록의 출력을 보여주며 모델과 함께 개 영상에 대해 학습된 특징 맵이다.

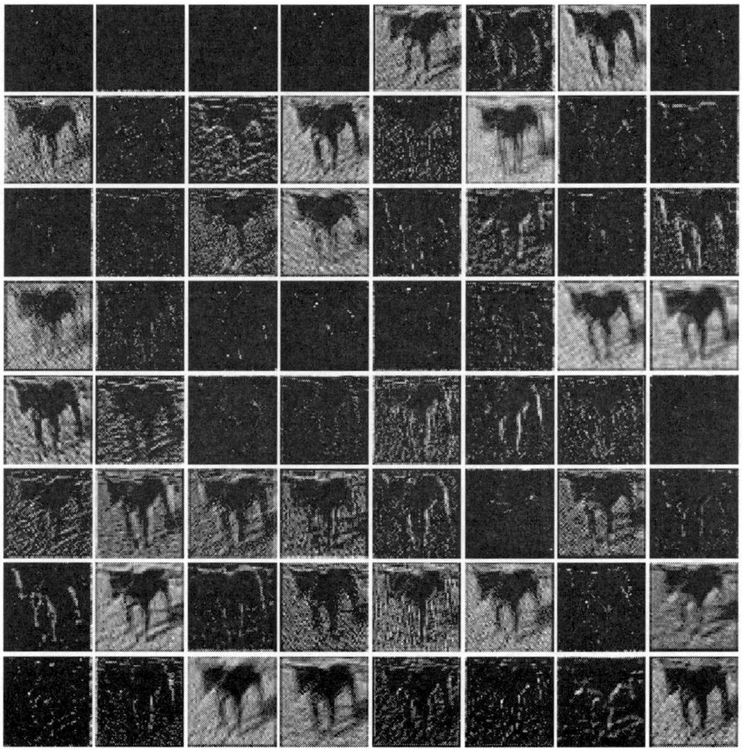

앞 코드 블록에서 조금 변경하면 두 번째 블록의 두 번째 컨볼루션 계층에서 첫 번째 128개 필터를 사용하여 동일한 개 영상에 대해 학습된 특징을 시각화할 수 있다.

```
outputs=model.get_layer('block2_conv2').output
intermediate_layer_model = Model(inputs=model.input, outputs=outputs)
```

다음 그림은 이 코드의 출력으로서, 동일한 개 영상에 대해 모델에 적용하여 학습된 특징 맵을 보여준다.

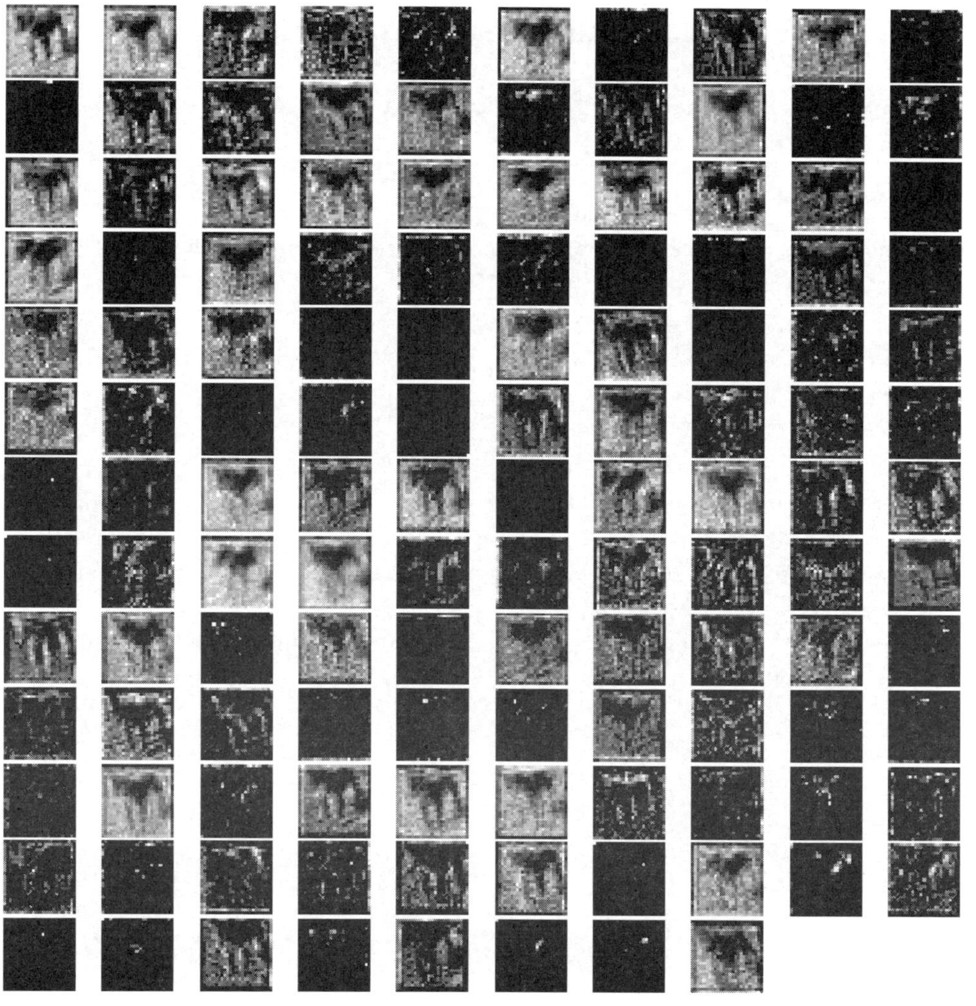

Testing(예측) 단계

다음 코드 블록은 학습한 VGG-16 모델을 사용하여, 테스트 영상 데이터셋의 영상이 개인지 또는 고양이인지를 예측하는 방법을 보여준다.

```
def process_test_data():
    testing_data = []
    for img in os.listdir(TEST_DIR):
        path = os.path.join(TEST_DIR, img)
        img_num = img.split('.')[0]
        img = cv2.imread(path, cv2.IMREAD_GRAYSCALE)
        img = cv2.resize(img, (IMG_SIZE, IMG_SIZE))
        testing_data.append([np.array(img), img_num])

    np.save('test_data.npy', testing_data)
    return testing_data

test_data = process_test_data()
# test_data = np.load('test_data.npy')           # 저장된 파일에서 읽기
len(test_data)

X_test = np.array([i for i in test_data]).reshape(-1,IMG_SIZE,IMG_SIZE,3)
probs = model.predict(X_test)
probs = np.round(probs,2)

pylab.figure(figsize=(20,20))
for i in range(100):
    pylab.subplot(10,10,i+1), pylab.imshow(X_test[i,:,:,::-1]), pylab.axis('off')
    result = 'cat' if probs[i][1] < 0.5 else 'dog'
    pylab.title("{}, prob={:0.2f}".format(result , max(probs[i][0],probs[i][1])))
pylab.show()
```

다음 그림은 첫 100개의 테스트 영상을 예측한 클래스와 예측 확률을 보여준다. VGG-16 모델로 잘못 예측한 영상이 조금 있지만, 대부분의 영상에서 레이블을 올바르게 예측한다.

인셉션넷(InceptionNet)

CNN 분류기의 개발에서 인셉션 네트워크inception network는 매우 중요한 이정표이다. 인셉션 네트워크 이전에 CNN은 더 나은 성능을 위해 컨볼루션 계층을 극한의 깊이까지 쌓아 왔다. 인셉션 네트워크는 속도와 정확성 모두를 충족시키기 위해, 복잡한 기술과 기법을 사용한다.

인셉션 네트워크는 끊임없이 진화하고 있으며, 여러 가지 새로운 버전의 네트워크를 탄생시켰다. 인기있는 버전으로 Inception-v1, v2, v3, v4와 Inception-ResNet이 있다. 영상 내에서 중요한 부분과 정보의 위치에 큰 차이가 있을 수 있으므로 컨볼루션 작업에 적합한 커널 크기를 선택하는 것은 까다로운 일이다. 커널이 커질수록 전역적으로 분배되는 정보에 대해 더 선호되며, 커널이 작아질수록 지역적으로 분배되는 정보에 더 선호된다. 심층 신경망은 과적합overfitting과 기울기 소멸vanishing gradient 문제를 안고 있다. 대규모 컨볼루션 작업을 단순히 쌓아 올린다면 많은 비용이 발생할 것이다.

인셉션 네트워크는 동일한 레벨에서 작동하는 여러 크기의 필터를 추가하여 이러한 모든 문제를 해결한다. 이로 인해 네트워크가 더 깊어지는 대신 폭이 넓어진다. 다음 그림은 차원 감소가 있는 인셉션 모듈을 보여준다. 3가지 다른 크기(1 × 1, 3 × 3, 5 × 5)의 필터와 최댓값 풀링을 사용하여 입력에 컨볼루션을 수행한다. 이 출력은 연결되어 다음 인셉션 모듈로 보내진다.

비용을 줄이기 위해 3 × 3, 5 × 5 컨볼루션 전에 1 × 1 컨볼루션을 추가하여 입력 채널 수를 제한한다. 차원 축소 인셉션 모듈을 사용하여 신경망 아키텍처를 구축하였다. 이것은 인기 있는 **GoogleNet(Inception-v1)**으로 알려져 있다. 아키텍처는 다음과 같다.

GoogleNet에는 선형으로 쌓인 9개의 인셉션 모듈이 있다. 그것은 22층 깊이(풀링 계층 포함시 27층)이며, 마지막 인셉션 모듈의 끝에 전역 평균값 풀링을 사용한다.

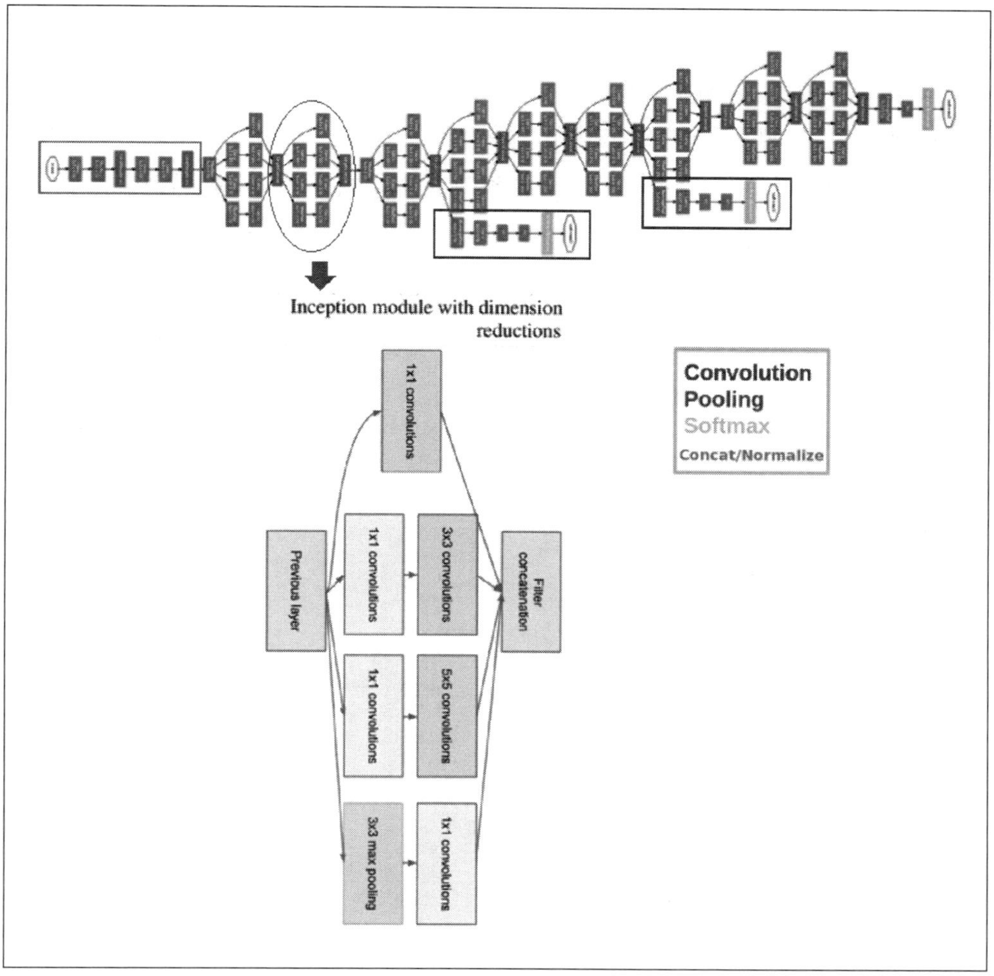

이전 아키텍처를 확장하여 책을 집필하는 시점에 인셉션 네트워크inception net의 다양한 버전(v2, v3, v4)들이 소개되었다. Keras는 가중치 없이 시작하는 버전이나 ImageNet으로 학습한 가중치를 갖는 사전학습 버전으로 학습된 Inception-v3 모델을 제공한다.

ResNet

단순히 계층을 쌓기만 한다고 해서 네트워크 깊이가 반드시 증가하지는 않는다. **기울기 소멸의 문제**vanishing gradient problem 때문에 학습에 어려움이 있다. 기울기가 이전 계층으로 역전파backpropagated될 때, 역전파가 반복적으로 발생한다면 기울기가 무한히 작아질 수 있다. 따라서 계층이 깊어짐에 따라 성능에 크게 영향을 미친다.

ResNet은 **Residual Network**의 약자이며, 지름길 연결shortcut connection이란 정체성 있는 이름에서 알 수 있듯이, 네트워크에서 지름길을 도입한다. 지름길 연결은 이름을 따라 하나 이상의 계층을 건너뛰는 작업을 수행하므로 쌓인 계층이 성능을 저하시키지 않는다. 쌓인 식별identity 계층은 현재 네트워크에서 단순히 ID 매핑을 쌓는 것 외에는 아무것도 수행하지 않는다.

다른 아키텍처는 예상되는 수준에서 수행할 수 있다. 즉, 깊은 모델은 얕은 모델의 학습 오류율보다 학습 오류율이 높지 않다.

다음은 Residual Network와 34 계층의 일반 네트워크의 예이다.

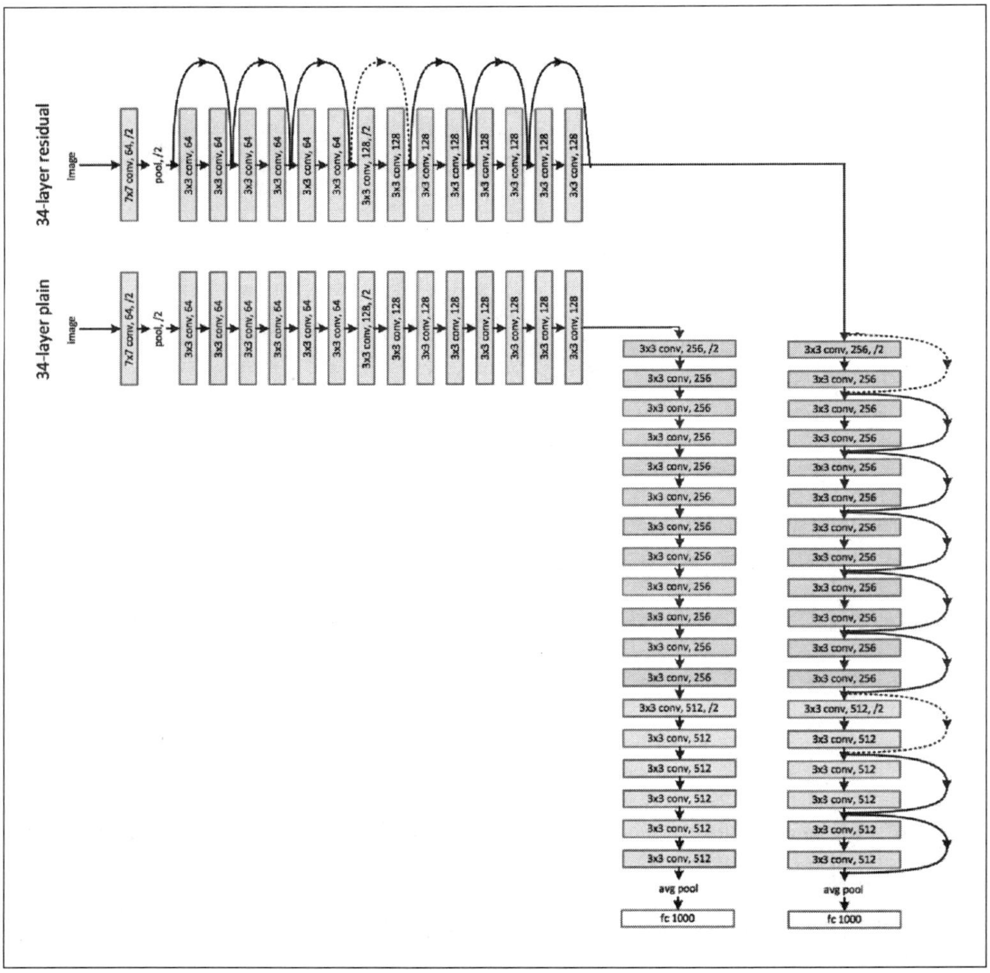

Keras는 ResNet50 모델을 제공한다. 이것은 가중치 없이 처음부터 학습할 수도 있으며, 사전학습 네트워크에서 로드된 가중치로부터 학습할 수도 있다.

독자가 탐색할 수 있도록 AlexNet와 MobileNet과 같은 더 많은 아키텍처가 있다(예: https://medium.com/@sidereal/cnns-architectures-lenet-alexnet-vgg-googlenet-resnet-and-more-666091488df5).

요약

이 장에서는 딥러닝 모델을 사용한 영상처리의 최근의 발전에 대해 소개했다. 딥러닝의 기본 개념, 전통적인 ML과 다른 점, 딥러닝이 필요한 이유에 대해서 설명했다. 그런 다음 복잡한 영상처리 및 컴퓨터비전 작업을 해결하기 위해 특별히 고안한 심층 신경망으로서 CNN을 소개했다. 컨볼루션, 풀링, FC 계층이 있는 CNN 아키텍처를 논의했다.

다음으로 우리는 파이썬에서 널리 사용되는 두 가지 딥러닝 라이브러리인 TensorFlow와 Keras를 소개했다. 필기 숫자 분류에서 MNIST 데이터셋의 테스트 정확도를 증가시키기 위해서, FC 계층만을 사용하는 방법과 CNN을 사용하는 방법을 보여주었다. 마지막으로 VGG-16/19, GoogleNet, ResNet과 같은 인기 있는 네트워크에 대해 살펴보았다. Keras의 VGG-16 모델은 Kaggle의 개 대 고양이 대회 영상으로 학습을 받았으며, 검증 영상 데이터셋에서 적절한 정확도로 어떻게 실행되는지 보여주었다.

다음 장에서는 딥러닝 모델을 사용하여 보다 복잡한 영상처리 작업(예: 객체 검출, 분할, 스타일 전이)을 해결하는 방법과 전이학습을 사용하여 학습 시간을 절약하는 방법에 대해 설명한다.

연습문제

1. Keras로 FC 계층을 사용하여 MNIST 데이터셋을 분류하는 동안 출력 계층(신경망이 보는 것)을 시각화하는 파이썬 코드를 작성하시오.

2. Keras로 FC 계층만 있는 신경망과 CNN을 사용하는 신경망을 사용하여 `MNIST` 데이터셋을 분류하는 동안, 모델을 평가하는데 테스트 데이터셋을 직접 사용했다. 학습 영상으로부터 수천 개의 영상을 따로 보관하여 검증 데이터셋을 만들고, 나머지 영상으로 모델을 학습하시오. 검증 데이터셋을 사용하여 학습하는 동안 모델을 평가하시오. 학습이 끝나면 학습된 모델을 사용하여 테스트 데이터셋의 레이블을 예측하고, 모델의 정확성을 평가하시오. 정확도는 증가하는가?

3. Keras로 VGG-16/19, Resnet-50, Inception V3 모델을 사용하여 `mnist` 학습 영상을 가중치 없이 시작하는 학습을 하시오. 테스트 영상에서 얻을 수 있는 최대 정확도는 얼마인가?

추가 읽기

- `https://arxiv.org/pdf/1409.4842v1.pdf`
- `http://cs231n.github.io/convolutional-networks/`
- `https://arxiv.org/abs/1512.03385.pdf`
- `https://arxiv.org/pdf/1605.07678.pdf`
- `https://www.cs.toronto.edu/~frossard/post/vgg16/`
- `https://pythonprogramming.net/convolutional-neural-network-kats-vs-dogs-machine-learning-tutorial/`

Chapter 11

영상처리에서 딥러닝 - 객체 검출 및 기타

이 장에서는 딥러닝을 통한 영상처리의 최근 발전에 대한 논의를 계속할 것이다. 특히 몇 가지 문제를 다루는 데, 심층 CNN을 통해서 딥러닝을 사용하여 문제를 해결할 것이다.

객체 검출 문제를 살펴보고, 관련된 기본 개념을 이해한 다음, 객체 제안 정의와 사전학습 심층 신경망인 Keras의 **YOLO**You Only Look Once v2를 통해 문제를 해결하는 코드를 작성하는 방법을 검토한다. 그리고 YOLO 네트워크를 학습하는 데 도움이 되는 자료를 제공할 것이다.

DeepLab 라이브러리를 사용하여 전이학습transfer learning을 배우고, 심층 분할 문제를 해결할 준비를 하자. 딥러닝 모델을 학습하는 동안 학습할 계층을 지정하는 방법을 배우고, 사용자 정의 영상 분류 문제를 보여주게 될 것이다. 이것은 VGG16 네트워크의 FC 계층에 대한 가중치를 학습하는 것만으로 가능하다.

심지어 예술 창작의 분야에 심층 전이 모델로 딥러닝이 사용되는 방법을 알게 되면 경이로울 것이다. 이 창작은 어떤 영상에서 영상의 콘텐트를 가져오고, 다른 영상에서는 영상의 스타일을 가져와 최종 영상을 만드는 것이다.

이 장에서 다룰 주제는 다음과 같다.

- **객체 검출을 위한 전체 컨볼루션 모델**: YOLO(v2)
- **DeepLab(v3)**: 사용한 심층 분할
- **전이학습**transfer learning: 무엇이며, 언제 사용하는가?
- cv2 모듈로 사전학습 토치Torch 딥러닝 모델을 사용한 심층 신경 스타일 전이

YOLO v2 소개

YOLO[You Only Look On]는 영상 검출에 널리 사용되는 매우 인기 있는 기존의 알고리즘이다. 다른 알고리즘에 비해 매우 높은 정확도를 제공하며 실시간으로 실행된다. 이름에서 알 수 있듯이, 이 알고리즘은 영상을 한 번만 본다. 이 말은 정확한 예측을 하기 위해, 이 알고리즘이 순방향 전파 하나만이 필요하다는 의미이다.

이 절에서는 **전체 컨볼루션 네트워크**[FCN]로 딥러닝 모델을 사용하여 영상의 객체를 검출한다. 어떤 객체(예: 동물, 자동차 등)가 있는 영상이 주어지면, 목표는 사전학습 YOLO 모델을 사용해서 해당 영상에서 객체를 경계 박스들로 검출하는 것이다.

대부분의 아이디어는 두 개의 원본 YOLO 논문 (`https://arxiv.org/abs/1506.02640`, `https://arxiv.org/abs/1612.08242`)에서 제공한다. 그러나 YOLO 모델로 들어가기 전에, 먼저 몇 가지 기본 전제 조건을 이해해 보자.

영상 분류와 지역화 그리고 객체 검출

먼저 분류, 위치 추정[localization], 검출, 객체 검출 등의 문제와 관련하여 개념을 이해하고, 이들을 어떻게 지도 기계학습 문제로 바꿀 수 있을지 설명한다. 이후에 어떻게 심층 컨볼루션 신경망을 사용하여 문제들을 해결할 수 있을지 설명한다.

다음 그림을 보기 바란다.

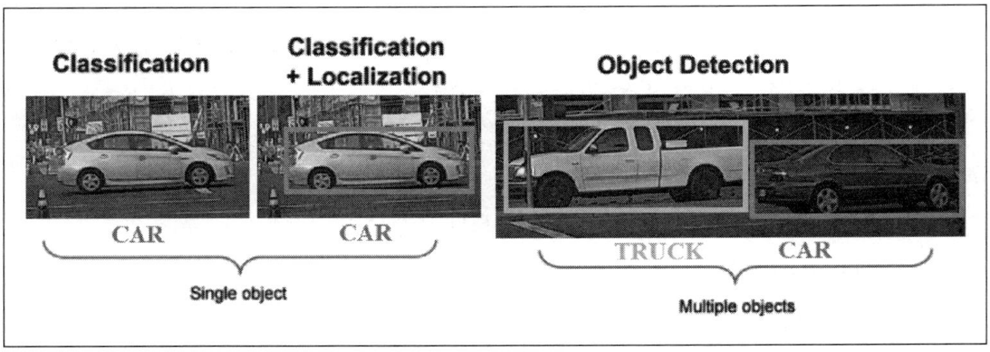

여기에 우리가 추측할 수 있는 것이 있다.

- 영상 분류 문제에서는 일반적으로 영상에 큰 중심 객체가 있고, 영상에 올바른 레이블을 지정하여 객체를 인식해야 한다.
- 위치 추정localization을 통한 영상 분류는 레이블(클래스)에 영상(예: 이진 분류 문제-영상에서 자동차 존재유무)을 할당할 뿐만 아니라, 발견될 객체가 있다면 객체 주위에 경계 박스를 찾아서 영상에서 객체의 위치를 찾는 것을 목표로 한다.
- 모든 객체(모든 인스턴스)에 해당 위치를 표시하여 위치 추정(위치 추정 문제는 대개 단일 객체 위치를 찾으려고 함)함으로써 동일하거나 다른 유형의 객체를 다중 인스턴스로 식별하여 수준을 한층 높여준다.
- 위치 추정 문제를 다음과 같은 방식으로 다중 클래스 분류와 회귀 문제를 학습하는 지도 기계학습으로 변환할 수 있다. 분류될 객체의 클래스 레이블 이외에 입력 학습 영상에 해당하는 출력 벡터에는 객체의 위치(영상 크기에 비례한 경계 박스 좌표, 회귀 포함)도 포함되어야 한다.
- 일반적인 출력 데이터 벡터는 4개 클래스 분류를 위해 8개의 항목을 포함한다. 다음 그림에서 볼 수 있듯이, 첫 번째 항목은 객체의 배경을 제외한 3종류의 클래스에 대해서 객체의 존재 여부를 나타낸다. 만약 영상에서 객체가 있으면 항목 값은 1이 되고, 다음 4개 항목으로 객체를 포함하는 경계 박스를 정의한다. 이어서 객체의 종류를 의미하는 3개 클래스 레이블에 대해 3개의 이진 값이 따른다. 만약 객체가 하나도 없는 경우, 첫 번째 항목 값은 0이고 다른 항목들은 무시된다.

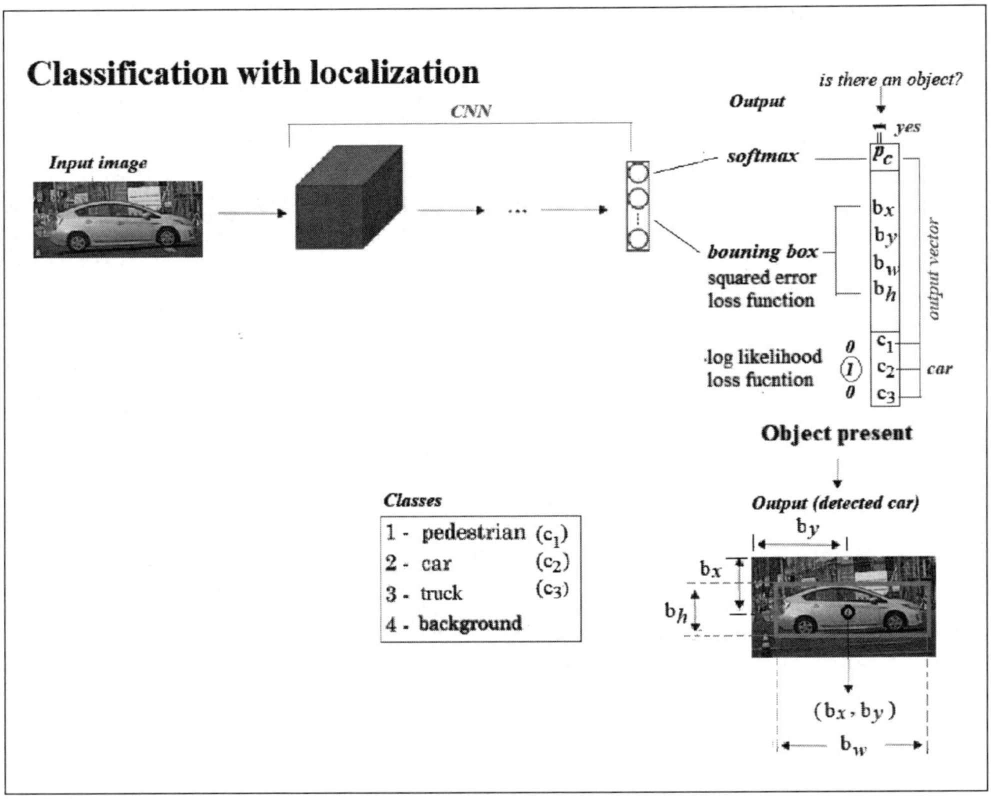

CNN을 사용한 객체 제안 및 검출

위치 추정에서 검출로 이동하면, 두 단계로 진행할 수 있다. 먼저 작게 자른 영상을 사용하여 영상 분류를 위한 컨볼루션 신경망을 학습한 다음, 다른 크기(작은 것에서 큰 것으로)의 슬라이딩 윈도우를 사용한다. 학습된 컨볼루션 네트워크를 사용하여 그 윈도우 내에서 테스트 영상을 분류하고 전체 영상을 통해 윈도우를 순차적으로 실행한다. 다만, 이것은 계산적으로 속도가 실행 불가능할 정도로 느리다.

그러나 전체 연결 계층을 1×1 필터로 대체하여 슬라이딩 윈도우를 컨볼루션으로 구현하면 가능한 모든 슬라이딩 윈도우 내부의 영상 서브셋을 동시에 병렬로 분류하여 훨씬 더 효율적으로 계산할 수 있다.

YOLO v2 사용

컨볼루션 슬라이딩 윈도우는 계산적으로 훨씬 효율적이지만 박스가 슬라이딩 윈도우와 정렬되지 않고 객체 모양도 다른 경향이 있으므로 경계 박스를 정확히 검출하는데 문제가 있다. YOLO 알고리즘은 학습 영상을 그리드로 나누고, 객체의 중심이 그리드 내부에 있는 경우에만 그리드에 객체를 할당함으로써 이 제한을 극복한다. 이렇게 하면 학습 영상의 각 객체를 정확히 하나의 그리드에 할당한 다음, 해당 경계 박스를 그리드에 상대적인 좌표로 나타낼 수 있다.

테스트 영상에서, 여러 인접 그리드는 한 객체가 실제로 그들(인접 그리드)에 속한다고 생각할 수 있다. 합집합의 교집합 계수를 사용하여 최대 겹침을 찾는다. 그리고 비최대 억제 알고리즘을 사용하여 객체를 포함하는 신뢰도가 낮은 다른 모든 경계 박스를 버린다. 즉, 경쟁 대상 중에서 가장 높은 신뢰도를 갖는 경계 박스를 유지하면서 다른 것은 버린다. 여전히 같은 한 그리드에 여러 객체가 속하게 되는 문제가 있다. 이것은 여러 모양의 여러 앵커anchor 박스를 사용하여 해결한다. 특정 모양의 각 앵커 사각형은 특정 모양의 객체를 검출할 수 있다.

가지고 있는 80개의 클래스를 YOLO가 인식하기 원한다면, 클래스 레이블 c를 80차원의 벡터로 표현한다. 이것은 80개의 숫자 방에서 80개의 숫자를 갖는 것을 의미하며, 구성 요소 중 하나는 0이고, 다른 것들은 1이다.

YOLO 모델을 학습할 때 계산 비용을 줄이기 위해 사전학습 가중치를 사용한다. 모델에 대한 자세한 내용은 이 장의 마지막에 있는 링크를 참조하라.

객체 검출을 위한 사전학습 YOLO 모델 사용

다음은 사전학습 모델을 사용하기 위해 따라야 하는 단계들이다.

1. **저장소 파일 복사**: `https://github.com/allanzelener/YAD2K/`로 이동하여 저장소를 복제하거나 다운로드한다. 다운로드는 [Clone or download] 버튼을 클릭한 후, [Download Zip]을 클릭하여 파일을 다운로드 받는다. 그런 다음 압축된 파일을 `YAD2K-master` 폴더에 압축을 푼다.

2. https://pjreddie.com/darknet/yolo/ 페이지에서 빨간색 박스로 표시된 노란색 링크를 클릭하여 cfg와 weights 파일을 다운로드 한다.

Performance on the COCO Dataset

Model	Train	Test	mAP	FLOPS	FPS	Cfg	Weights
SSD300	COCO trainval	test-dev	41.2	-	46		link
SSD500	COCO trainval	test-dev	46.5	-	19		link
YOLOv2 608x608	COCO trainval	test-dev	48.1	62.94 Bn	40	cfg	weights

3. 다운로드된 yolov2.cfg와 yolov2.weights 파일을 YAD2K-master 폴더에 저장한다.
4. 명령 프롬프트를 열고 YAD2K-master 폴더로 들어가 다음 명령을 실행한다(Python3을 설치하고, 경로에 넣어야 함).

```
python yad2k.py yolov2.cfg yolov2.weights yolo/yolo.h5
```

성공적으로 실행되면 YAD2K-master/model_data 폴더에 yolo.h5와 yolo.anchors의 두 개 파일이 생성된다.

5. 이제 코드를 실행할 위치의 폴더로 이동한다. 여기에 yolo라는 이름으로 폴더를 만들고, YC2K-master/model_data 폴더에 있는 4개 파일(coco_classes, pascal_classes, yolo.h5, yolo.anchors)을 yolo 폴더로 복사한다.
6. YAD2K-master 폴더의 yad2k 폴더를 현재 경로로 복사한다. 현재 경로에는 두 개의 폴더(yad2k, yolo)가 있다.
7. 현재 경로에 images라는 이름의 새 폴더를 만들고, 입력 영상을 여기에 저장한다.
8. 현재 경로에 output이라는 새 폴더를 만든다. YOLO 모델은 출력 영상(검출된 객체 포함)을 여기에 저장한다.
9. 현재 경로에 .py 파일을 만들고, 다음 코드를 복사하여 붙여넣고 실행한다(또는 현재 경로로 Jupyter Notebook 셀에서 실행).
10. 코드를 실행하기 전에 폴더 구조가 다음 그림과 정확히 일치하는지 다시 확인하기 바란다.

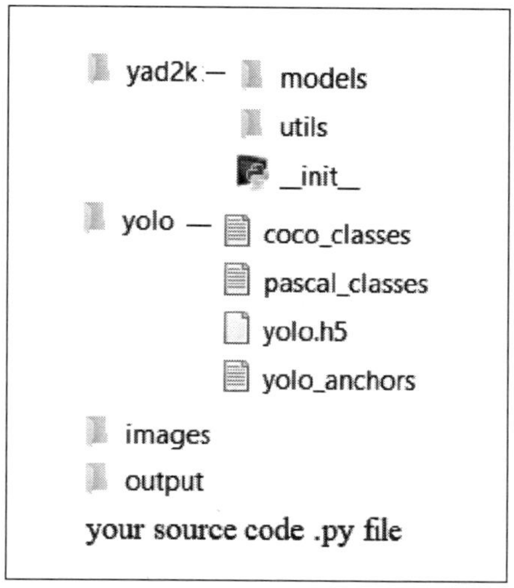

먼저, 다음의 코드 블록과 같이 필요한 모든 라이브러리를 로드하자.

```
import os
import matplotlib.pylab as pylab
import scipy.io
import scipy.misc
import numpy as np
from keras import backend as K
from keras.models import load_model

# 주의: yad2k 모듈 함수 사용됨
# 현재 경로에 yad2k 폴더가 있어야 함, 그렇지 않으면 에러 발생
from yad2k.models.keras_yolo import yolo_head, yolo_eval
import colorsys, imghdr, random
from PIL import Image, ImageDraw, ImageFont
```

이제 함수들을 구현해 보자. 아래 소스는 클래스(.class)와 앵커(.anchor) 파일들을 읽는 함수, 박스들의 색상을 생성하는 함수, YOLO가 예측한 사각형의 크기를 조절하는 함수이다.

```
def read_classes(classes_path):
    with open(classes_path) as f:
        class_names = f.readlines()
```

```
        class_names = [c.strip() for c in class_names]
    return class_names

def read_anchors(anchors_path):
    with open(anchors_path) as f:
        anchors = f.readline()
        anchors = [float(x) for x in anchors.split(',')]
        anchors = np.array(anchors).reshape(-1, 2)
    return anchors

def generate_colors(class_names):
    hsv_tuples = [(x / len(class_names), 1., 1.) \
                  for x in range(len(class_names))]
    colors = list(map(lambda x: colorsys.hsv_to_rgb(*x), hsv_tuples))
    colors = list(map(lambda x: (int(x[0] * 255), int(x[1] * 255), \
                                 int(x[2] * 255)), colors))
    random.seed(10101)                    # 일관된 색상 유지위한 고정 시드
    random.shuffle(colors)                # 인접 클래스 연관 않기 위해 색상 섞음
    random.seed(None)                     # 시드 리셋
    return colors

def scale_boxes(boxes, image_shape):
    """ 영상에 그릴 예측 사각형 크기 변경 """
    height, width = image_shape[:2]
    image_dims = K.stack([height, width, height, width])
    image_dims = K.reshape(image_dims, [1, 4])
    boxes = boxes * image_dims
    return boxes
```

다음 코드에서 두 가지 함수를 구현한다. 하나는 영상을 전처리하는 함수이고, 나머지는 YOLO에서 얻은 박스들을 그려서 영상에 표시하는 함수이다.

```
def preprocess_image(img_path, model_image_size):
    image_type = imghdr.what(img_path)
    image = Image.open(img_path)
    size = tuple(reversed(model_image_size))
    resized_image = image.resize(size, Image.BICUBIC)

    image_data = np.array(resized_image, dtype='float32') / 255
```

```
    image_data = np.expand_dims(image_data, 0)                # 배치 차원 추가
    return image, image_data

def draw_boxes(image, out_scores, out_boxes, out_classes, \
               class_names, colors):
    size = np.round(3e-2 * image.size[1]).astype('int32')
    font = ImageFont.truetype(font='arial.ttf', size=size)
    thickness = (image.size[0] + image.size[1]) // 300

    for i, c in reversed(list(enumerate(out_classes))):
        predicted_class = class_names[c]
        label = '{} {:.2f}'.format(predicted_class, out_scores[i])
        draw = ImageDraw.Draw(image)
        label_size = draw.textsize(label, font)

        y1, x1, y2, x2 = map(int, out_boxes[i])
        y1, x1 = max(0, np.round(y1)), max(0, np.round(x1))
        y2 = min(image.size[1], np.round(y2))
        x2 = min(image.size[0], np.round(x2))
        print(label, (x1, y1), (x2, y2))
        y = y1 - label_size[1]

        text_origin = np.array([x1, y if y > 0 else y1+1])       # 글자 좌표
        for i in range(thickness):
            draw.rectangle([x1+i, y1+i, x2-i, y2-i], outline=colors[c])

        box = [tuple(text_origin), tuple(text_origin+label_size)] # 검출 사각형
        draw.rectangle(box, fill=colors[c])
        draw.text(text_origin, label, fill=(0, 0, 0), font=font)
        del draw
```

앞의 함수들을 사용하여 입력 영상, 클래스 파일, 앵커 파일을 로드한다. 그리고 다음의 코드 블록을 사용하여 YOLO 사전학습 모델을 로드하고 모델 요약을 출력한다.

```
# 네트워크에 제공(fed)되는 영상 폴더에 저장된 영상의 이름
input_image_name = "giraffe_zebra.jpg"
input_image = Image.open("images/" + input_image_name)
width, height = input_image.size
width = np.array(width, dtype=float)
```

```
height = np.array(height, dtype=float)
image_shape = (height, width)

# yolo 폴더에 복사된 앵커 박스 및 클래스 파일로드
class_names = read_classes("yolo/coco_classes.txt")
anchors = read_anchors("yolo/yolo_anchors.txt")

yolo_model = load_model("yolo/yolo.h5")                # 사전 학습된 모델 로드
yolo_model.summary()                                   # 모델 요약 출력

#________________________________________________________________________________
#Layer (type)                Output Shape Param          # Connected to
#================================================================================
#input_1 (InputLayer)         (None, 608, 608, 3)       0
#________________________________________________________________________________
#conv2d_1 (Conv2D)            (None, 608, 608, 32)      864  input_1[0][0]
#________________________________________________________________________________
#batch_normalization_1 (BatchNor (None, 608, 608, 32) 128 conv2d_1[0][0]
#________________________________________________________________________________
#leaky_re_lu_1 (LeakyReLU) (None, 608, 608, 32)         0
batch_normalization_1[0][0]
#________________________________________________________________________________
#max_pooling2d_1 (MaxPooling2D) (None, 304, 304, 32) 0
leaky_re_lu_1[0][0]
#________________________________________________________________________________
#conv2d_2 (Conv2D) (None, 304, 304, 64)  18432  max_pooling2d_1[0][0]
#________________________________________________________________________________
#batch_normalization_2 (BatchNor) (None, 304, 304, 64) 256
conv2d_2[0][0]
#________________________________________________________________________________
#leaky_re_lu_2 (LeakyReLU) (None, 304, 304, 64)         0
batch_normalization_2[0][0]
#________________________________________________________________________________
#max_pooling2d_2 (MaxPooling2D) (None, 152, 152, 64) 0 leaky_re_lu_2[0][0]
#________________________________________________________________________________
#... ... ...
#________________________________________________________________________________
#concatenate_1 (Concatenate) (None, 19, 19, 1280) 0 space_to_depth_x2[0][0]
# leaky_re_lu_20[0][0]
#________________________________________________________________________________
```

```
#conv2d_22 (Conv2D) (None, 19, 19, 1024) 11796480 concatenate_1[0][0]
#_____________________________________________________________________________
#batch_normalization_22 (BatchNo (None, 19, 19, 1024) 4096
conv2d_22[0][0]
#_____________________________________________________________________________
#leaky_re_lu_22 (LeakyReLU) (None, 19, 19, 1024)      0
batch_normalization_22[0][0]
#_____________________________________________________________________________
#conv2d_23 (Conv2D)  (None, 19, 19, 425 ) 435625  leaky_re_lu_22[0][0]
#=============================================================================
#Total params: 50,983,561
#Trainable params: 50,962,889
#Non-trainable params: 20,672
_____________________________________________________________________________
```

마지막으로, 다음 코드 블록은 YOLO 예측 결과에서 경계 박스들을 추출하며, 검출된 객체 주위에 올바른 레이블, 점수, 색상으로 사각형을 그린다.

```
# 최종 계층 특징을 경계 사각형 매개 변수로 변환
yolo_outputs = yolo_head(yolo_model.output, anchors, len(class_names))
# yolo_eval() 함수는 최선의 사각형 선택 - 필터링과 비최대 억제 기술을 사용
# 세부 작동 방법은 yad2k/models 폴더의 keras_yolo.py 파일 참조
boxes, scores, classes = yolo_eval(yolo_outputs, image_shape)

sess = K.get_session()          # 세션 초기화
# 컨볼루션 네트워크에 입력하기 전에 입력영상 전처리
image, image_data = preprocess_image("../images/" + input_image_name, \
                                      model_image_size = (608, 608))
#세션 실행
feed_dict = {yolo_model.input:image_data,K.learning_phase(): 0}
out_scores, out_boxes, out_classes = sess.run([scores, boxes, classes],\
                                              feed_dict=feed_dict)
# 결과 출력
print('Found {} boxes for {}'.format(len(out_boxes), input_image_name))
#Found 5 boxes for giraffe_zebra.jpg
#zebra 0.83 (16, 325) (126, 477)
#giraffe 0.89 (56, 175) (272, 457)
#zebra 0.91 (370, 326) (583, 472)
```

```
#giraffe 0.94 (388, 119) (554, 415)
#giraffe 0.95 (205, 111) (388, 463)

# 경계 사각형 색상 생성 및 그리기
colors = generate_colors(class_names)
draw_boxes(image, out_scores, out_boxes, out_classes, class_names, colors)

#예측된 경계 사각형 그려진 영상 저장
image.save(os.path.join("output", input_image_name), quality=90)
output_image = scipy.misc.imread(os.path.join("output", input_image_name))
pylab.imshow(output_image)
pylab.show()
```

다음 영상은 앞 코드 블록을 실행하여 얻은 결과를 보여준다. YOLO 모델을 사용하여 예측하는데 기린과 얼룩말을 객체로 검출하여 경계 사각형으로 표시한다. 각 경계 박스 위에 숫자는 YOLO 모델의 확률 점수이다.

마찬가지로 다음 사진을 입력으로 사용해 보자.

다음과 같이 차, 버스, 사람, 우산과 같은 객체가 대신 검출된다.

DeepLab V3+를 사용한 심층 의미론적 분할

이 절에서는 딥러닝 FCN을 사용하여 영상의 의미론적 분할을 수행하는 방법에 대해서 설명한다. 세부 사항으로 들어가기 전에 기본 개념을 정리한다.

의미론적 분할

의미론적 분할은 화소 단위로 영상을 이해하는 것을 의미한다. 즉, 영상의 각 화소에 객체 클래스(의미적 레이블)를 할당하려 할 때를 의미한다. 투박한 추론에서 정밀한 추론으로의 진행은 자연스러운 과정이다. 이것은 각 화소가 이를 둘러싸는 객체 또는 영역의 클래스로 레이블이 지정되도록 모든 화소에 대해 레이블을 추론하는 밀집 예측[dense prediction]을 함으로써 정밀한 추론을 달성한다.

DeepLab V3+

DeepLab은 신호의 데시메이션[decimation]을 제어하고 다중 스케일[multi-scale] 문맥의 특징을 학습하기 위한 아키텍처를 제공한다. DeepLab은 주요 특징 추출 네트워크로서 ImageNet 데이터셋에서 사전학습 ResNet-50 모델을 사용한다. 그러나 다음 그림과 같이 다중 스케일 특징 학습을 위한 새로운 잔여 블록[residual block]을 제안한다. 정규 컨볼루션 대신 마지막 ResNet 블록은 아트루스[atrous] 컨볼루션을 사용한다. 또한, (이 새 블록 내에서) 각각의 컨볼루션은 다중 스케일 문맥을 포함하기 위해 다른 확장 속도를 사용한다.

이 새로운 블록 상단에 **아트루스 공간 피라미드 풀링**[Atrous Spatial Pyramid Pooling, ASPP]이 사용된다. ASPP는 임의 비율의 영역을 분류하려는 시도로서, 다른 비율의 확장된[dilated] 컨볼루션을 사용한다. 따라서 DeepLab v3+ 아키텍처에는 세 가지 주요 구성 요소를 포함한다.

1. ResNet 아키텍처
2. 아트루스 컨볼루션
3. ASPP(아트루스 공간 피라미드 풀링)

DeepLab v3 아키텍처

다음 그림은 아트루스atrous 컨볼루션을 사용한 병렬 모듈을 보여준다.

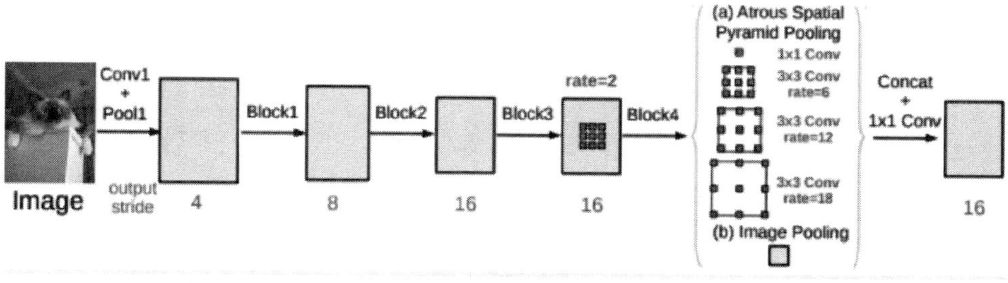

Parallel modules with atrous convolution (ASPP), augmented with image-level features.

Taken from *https://arxiv.org/pdf/1706.05587.pdf*

DeepLab-v3 모델에 단순하지만 효과적인 디코더 모듈을 추가함으로써 DeepLab-v3+로 확장한다. 이 디코더 모듈은 객체 경계를 따라 분할 결과를 개선한다. 깊이로depth-wise 분리되는 컨볼루션이 ASPP와 디코더 모듈에 모두 적용되어, 의미론적 분할을 위한 보다 빠르고 강력한 인코더-디코더 네트워크가 가능하다.

아키텍처는 다음 그림과 같다.

Deeplab V3+ architecture

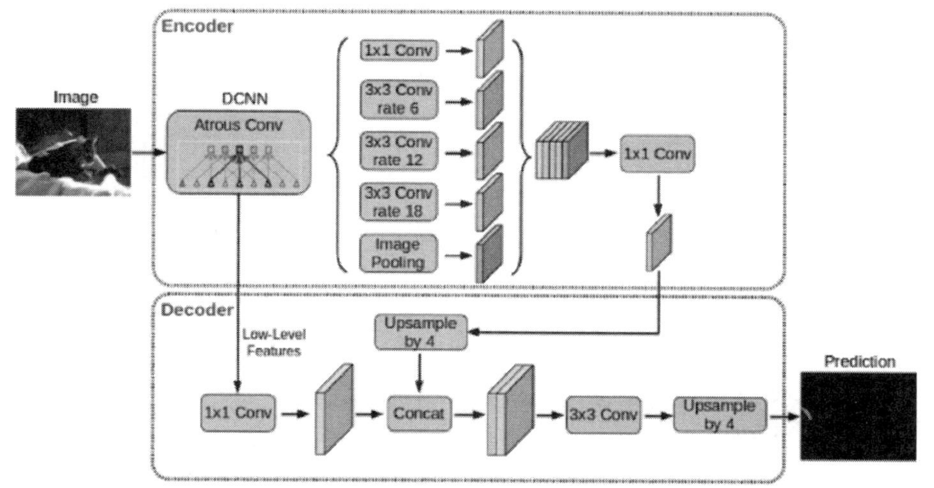

image taken from *https://ai.googleblog.com/2018/03/semantic-image-segmentation-*

의미론적 분할을 위한 DeepLab V3+ 모델 사용에 따르는 필수 단계

다음은 영상 분할에 모델을 사용하기 위해 따라야 하는 단계들이다.

1. 먼저 `https://github.com/bonlime/keras-deeplab-v3-plus`에서 저장소를 복제하거나 다운로드한다.
2. `keras-deeplab-v3-plus-master` 폴더에 다운로드된 ZIP 파일의 압축을 푼다.
3. `keras-deeplab-v3-plus-master` 폴더로 이동하여, 이 디렉터리 내에서 다음 코드 블록을 실행한다.

다음 코드 블록을 실행하기 전에 입력 폴더(/input)와 빈 출력 폴더(/output)를 만들고, 입력 폴더 안에는 분할하려는 영상을 저장한다. 다음 코드 블록은 파이썬에서 Deeplab-v3+를 사용하여 의미론적 분할을 수행하는 방법을 보여준다.

```
import os
os.chdir('keras-deeplab-v3-plus-master')      # 작업 디렉토리 이동
from matplotlib import pyplot as pylab
import cv2                                    # resize() 함수 사용위해 임포트
import numpy as np
from model import Deeplabv3                   # Deeplabv3 임포트

deeplab_model = Deeplabv3()
pathIn = '../input'                           # 입력 영상 경로
pathOut = '../output'                         # 결과 영상 경로- 분리완료 영상 저장
img = pylab.imread(pathIn + "/cycle.jpg")
w, h, _ = img.shape
ratio = 512./np.max([w,h])                    # 너비, 높이 중 큰 값과의 비율

resized = cv2.resize(img, (int(ratio*h), int(ratio*w)))
resized = resized/127.5 - 1.
pad_x = int(512 - resized.shape[0])
resized2 = np.pad(resized,((0,pad_x), (0,0), (0,0)), mode='constant')
res = deeplab_model.predict(np.expand_dims(resized2, 0))
labels = np.argmax(res.squeeze(),-1)

pylab.imshow(labels[:-pad_x], cmap='inferno')
pylab.axis('off'), pylab.colorbar()
pylab.savefig(pathOut + "/segmented.jpg", bbox_inches='tight', pad_inches=0)
pylab.close()
```

다음의 두 그림은 DeepLab-v3+ 모델에 공급되는 입력 영상(상)과 이 영상에 대해 앞 코드 블록을 실행하여 의미론적 분할 이후에 생성된 출력(하)을 보여준다.

다음 그림과 같이, 분할 영역의 레이블을 가져와서 다른 입력 영상으로 오버레이overlay를 만들 수 있다.

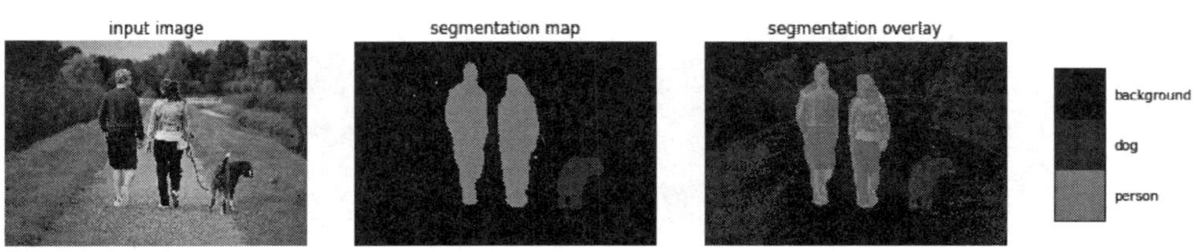

전이학습 – 무엇이며, 언제 사용하는가?

전이학습transfer learning은 어떤 문제를 해결하여 얻은 지식을, 다르지만 관련있는 문제에 재사용하는 딥러닝 전략이다. 예를 들어 장미, 해바라기, 튤립의 세 가지 유형의 꽃이 있다고 가정해 보자. VGG16/19, ResNet50, InceptionV3 모델(1,000개의 출력 클래스가 있는 ImageNet으로 사전학습됨, `https://gist.github.com/yrevar/942d3a0ac09ec9e5eb3a`에서 찾음)과 같은 표준 사전학습 모델을 사용하여 꽃 영상을 분류할 수 있다.

그러나 모델에 의해 이러한 꽃 카테고리는 학습되지 않았기 때문에 이를 정확하게 식별할 수 없다. 즉, 이것들은 모델이 인식하지 못하는 클래스이다.

다음 영상은 사전학습 VGG16 모델에 의해 꽃 영상이 잘못 분류된 것을 보여준다, 이 코드는 연습문제로 독자에게 남겨둔다.

Keras를 사용한 전이학습

사전학습 모델의 학습은 많은 포괄적인 영상 분류 문제에서 수행된다. 다음 그림과 같이 컨볼루션 계층은 특징 추출기feature extractor의 역할을 하며, **전체 연결(FC)** 계층은 고양이 대 강아지 영상 분류의 맥락context에서 분류기의 역할을 한다.

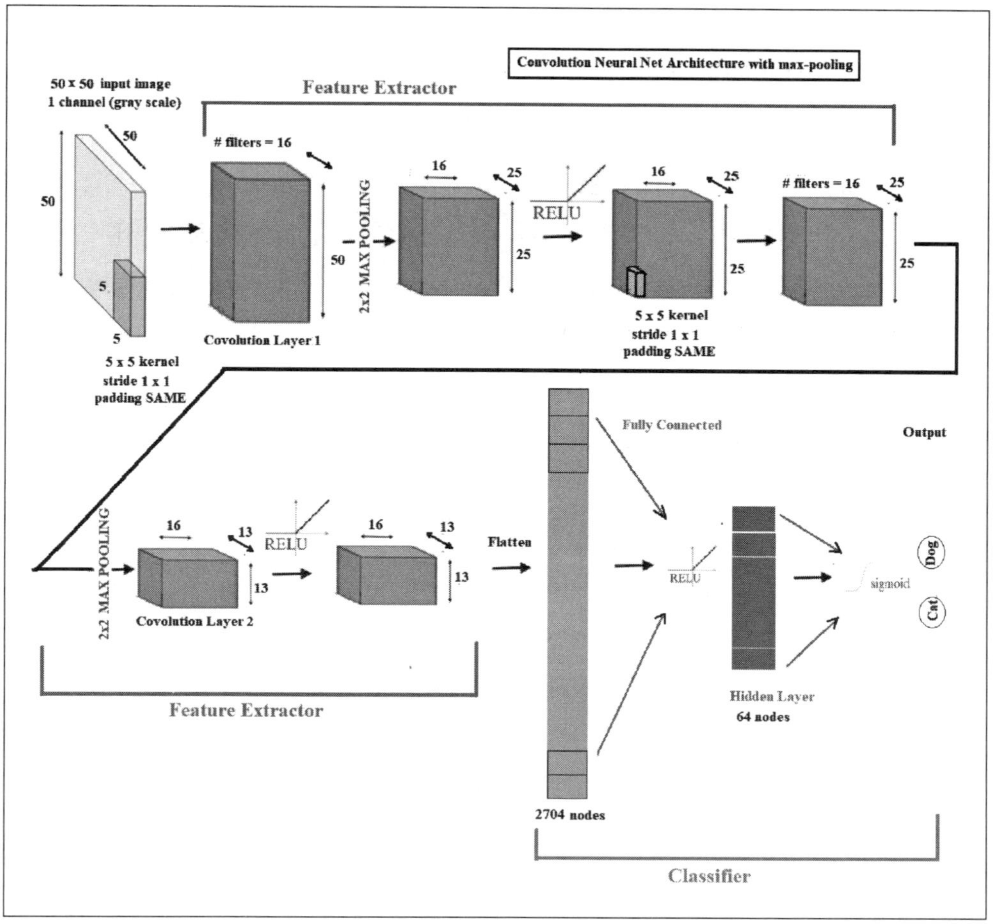

VGG-16/19와 같은 표준 모델은 크기가 크고 많은 영상으로 학습 받기 때문에 다양한 클래스에 대해 다양한 특징을 학습할 수 있다. 컨볼루션 계층을 낮은 레벨과 높은 레벨의 영상 특징을 학습하는 특징 추출기로 단순히 재사용하고, FC 계층 가중치(매개 변수)만을 학습할 수 있다. 이것이 전이학습transfer learning이다.

전이학습은 학습셋이 적을 때 사용할 수 있으며, 다루는 문제는 사전학습 모델에서 학습된 것과 동일하다. 충분한 데이터가 있는 경우 컨볼루션 계층을 조정할 수 있다. 그리고 모델의 모든 매개 변수를 가중치가 없는 것에서부터 학습할 수 있으므로 문제와 관련된 보다 강력한 특징을 학습시키기 위해 그 모델을 훈련할 수 있다.

이제 장미, 해바라기, 튤립 영상을 분류하는 데 전이학습을 사용해 보자. 여기서 사용하는 영상은 TensorFlow 샘플 영상 데이터셋(http://download.tensorflow.org/example_images/flower_photos.tgz)에서 가져온 것이다.

3개의 클래스 각각에 대해 550개의 영상을 사용하여 총 1,650개의 영상을 만든다. 이것은 영상 수가 적은 편이지만, 전이학습을 사용하기엔 적절하다. 각 클래스에서 500개 영상을 학습용으로, 나머지 50개 영상을 검증용으로 사용한다. flower_photos라는 폴더를 만들어 그 안에 train과 valid라는 두 개의 하위 폴더를 만든다. 그리고 각 폴더에 학습 영상과 검증 영상을 저장한다. 폴더 구조는 다음과 같아야 한다.

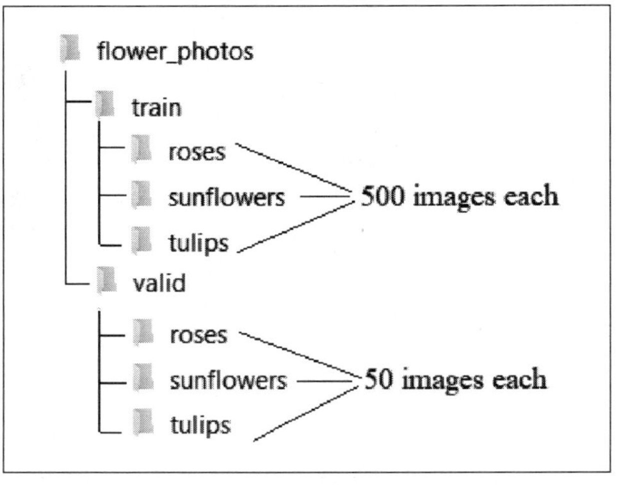

사전학습 VGG16 모델을 위해 컨볼루션 계층의 가중치만 로드한다. include_top=False를 적용하여 분류기 역할을 할 마지막 FC 계층의 가중치는 로드하지 않는다. 여기서 마지막 계층의 형태shape는 7 × 7 × 512 임에 유의하자.

영상을 로드하기 위해 ImageDataGenerator 클래스의 flow_from_directory() 함수를 사용하고, 영상과 레이블의 배치batch를 생성한다. 또한 네트워크에 영상을 보내기 위해 model.predict() 함수를 사용한다. 그 결과로 받아온 7 × 7 × 512 차원의 텐서를 1차원 벡터로 변형한다. 검증용 특징validation_features도 같은 방식으로 수행한다.

이제, Keras로 전이학습을 구현해서 VGG16 모델을 부분적으로 학습해 보자. 즉, 가지고 있는 학습 영상에 FC 계층의 가중치만을 학습한 다음, 클래스를 예측하는 데 사용해 보자.

```
import numpy as np
from keras.applications import VGG16
from keras.preprocessing.image import ImageDataGenerator
from keras import models, layers, optimizers
from keras.preprocessing.image import load_img

# 상위의 FC 계층만 학습, 컨볼루션 계층의 가중치(ImageNet로 학습) 재사용
vgg_model = VGG16(weights='imagenet', include_top=False, input_shape=(224,224, 3))
# 현재 경로에 flower_photos 폴더가 있다고 가정함
train_dir = './flower_photos/train'
validation_dir = './flower_photos/valid'
n_train = 500*3
n_val = 50*3
datagen = ImageDataGenerator(rescale=1./255)
batch_size = 25

#학습용
train_features = np.zeros(shape=(n_train, 7, 7, 512))
train_labels = np.zeros(shape=(n_train,3))
train_generator = datagen.flow_from_directory(train_dir, target_size=(224,224), \
        batch_size=batch_size, class_mode='categorical', shuffle=True)
i = 0
for inputs_batch, labels_batch in train_generator:
    features_batch = vgg_model.predict(inputs_batch)
    train_features[i * batch_size : (i + 1) * batch_size] = features_batch
    train_labels[i * batch_size : (i + 1) * batch_size] = labels_batch
    i += 1
    if i * batch_size >= n_train: break

train_features = np.reshape(train_features, (n_train, 7 * 7 * 512)) # 1차원 벡터화

#검증용
validation_features = np.zeros(shape=(n_val, 7, 7, 512))
validation_labels = np.zeros(shape=(n_val,3))
validation_generator = \
    datagen.flow_from_directory(validation_dir, target_size=(224, 224), \
        batch_size=batch_size, class_mode='categorical', shuffle=False)

i = 0
for inputs_batch, labels_batch in validation_generator:
```

```
    features_batch = vgg_model.predict(inputs_batch)
    validation_features[i * batch_size : (i + 1) * batch_size] =features_batch
    validation_labels[i * batch_size : (i + 1) * batch_size] = labels_batch
    i += 1
    if  i * batch_size >= n_val: break

validation_features = np.reshape(validation_features, (n_val, 7 * 7 * 512))
```

다음으로, 간단한 피드 포워드feed-forward 네트워크로 모델을 만든다. 이 모델의 softmax 출력 계층은 3개의 클래스를 갖는다. 다음으로 모델을 훈련해야 한다. 이미 보았듯이, Keras에서 네트워크를 학습하는 것은 model.fit() 함수만 호출하면 간단히 수행된다. 모델의 성능을 확인하기 위해 잘못 분류된 영상을 시각화해 보자.

```
from keras.layers.normalization import BatchNormalization
import matplotlib.pylab as pylab

# 가지고 있는 영상으로 학습하여 FC 계층의 매개 변수 학습
model = models.Sequential()
model.add(layers.Dense(512, activation='relu', input_dim=7 * 7 * 512))
model.add(BatchNormalization())
model.add(layers.Dropout(0.5))
model.add(layers.Dense(3, activation='softmax'))
model.compile(optimizer=optimizers.Adam(lr=1e-5), \
              loss='categorical_crossentropy', metrics=['acc'])
history = model.fit(train_features, train_labels, epochs=20, \
                    batch_size=batch_size, \
                    validation_data=(validation_features, validation_labels))

filenames = validation_generator.filenames
ground_truth = validation_generator.classes
label2index = validation_generator.class_indices

# 클래스 인덱스에서 클래스 레이블로 매핑
idx2label = dict((v,k) for k,v in label2index.items())
predictions = model.predict_classes(validation_features)
prob = model.predict(validation_features)
errors = np.where(predictions != ground_truth)[0]
print("No of errors = {}/{}".format(len(errors), n_val))   # No of errors = 13/150
```

```
rows = np.ceil(len(errors) / 5)
pylab.figure(figsize=(20,18))
for i, error in enumerate(errors):
    pred_class = np.argmax(prob[error])
    pred_label = idx2label[pred_class]
    original = load_img('{}/{}'.format(validation_dir, filenames[error]))
    pylab.subplot(rows, 5, i+1), pylab.imshow(original), pylab.axis('off')
    pylab.title('Original: {}\nPrediction: {}\nconfidence: {:.3f}'.format( \
                filenames[error].split('\\')[0], pred_label, \
                prob[error][pred_class]), size=15)
pylab.show()
```

다음 그림은 위 코드 블록의 결과를 보여준다. 보시다시피, 150개 영상 중에서 검증 데이터셋에서 전이학습 모델에 의해 잘못 분류된 13개 영상이 여기에 있다.

처음에 사용한 꽃 영상(전이학습 모델의 학습에 사용하지 않은 검증 데이터셋의 일부)은 다음 사진에서처럼 올바르게 분류된다(이 코드는 다시 독자의 연습문제로 남겨둔다).

cv2로 사전학습 Torch 모델을 사용한 신경 스타일 전이

이 절에서는 딥러닝을 사용하여 **신경 스타일 전이**[Neural Style Transfers, NST]를 구현하는 방법에 대해 설명한다. 이 기술로 만들어지는 예술적 영상들을 보고 독자들은 놀랄 것이다. 딥러닝 모델에 대한 자세한 내용을 살펴보기 전에 기본 개념에 대해 알아보자.

NST 알고리즘 이해

NST 알고리즘은 2015년 개티스[Gatys] 등이 작성한 논문에서 처음 발표되었다. 이 기술에는 재미있는 것이 많이 있다. 이것을 구현하는 것을 여러분들이 좋아할 것이고, 만들어 내는 결과에 놀랄 것이라 확신한다.

다음 매개 변수를 기반으로 두 개의 영상을 병합하려고 한다.

- 콘텐트[content] 영상(C)
- 스타일[style] 영상(S)

NST 알고리즘은 이러한 매개 변수를 사용하여 생성된 세 번째 영상(G)을 만든다. 생성된 영상 G는 영상 C의 콘텐트를 영상 S의 스타일과 결합한다.

다음은 실제로 수행할 작업의 예이다.

놀라운가? 모나리자에 적용된 필터가 마음에 드는가! 이것을 구현하는 것이 흥미로운가? 이제 전이학습으로 이것을 수행해 보자.

전이학습을 통한 NST 구현

NST는 대부분의 딥러닝 알고리즘과 달리 화소값을 얻기 위해 비용 함수를 최적화한다. NST 구현은 일반적으로 사전학습 컨볼루션 네트워크를 사용한다.

이는 단순히 하나의 작업에 대해 학습된 네트워크를 사용하여 완전히 새로운 작업에 사용하는 개념이다.

다음은 세 가지 요소의 손실 함수이다.

- 콘텐트content 손실
- 스타일style 손실
- 전체 변동variation 손실

각 구성 요소는 개별적으로 계산된 다음, 한 개의 메타[meta] 손실 함수로 합쳐진다. 메타 손실 함수를 최소화함으로써 콘텐트, 스타일, 전체 변동 손실을 차례로 최적화할 것이다.

콘텐트 손실로 NST 보장

이제 컨볼루션 네트워크의 최상위 계층은 하위 레벨 특징을 검출하고, 심층 계층은 상위 레벨 특징을 검출한다. 하지만 중간 계층은 어떠한가? 그들은 콘텐트를 보유하고 있다. 그리고 생성된 영상 G가 입력 콘텐트 영상 C와 비슷한 콘텐트를 갖기 원할 때, 영상의 콘텐트를 표현하기 위해 중간에 활성화 계층을 사용한다.

네트워크의 중간 계층을 우리가 스스로 선택할 경우, 시각적으로 만족스러운 결과물을 얻게 될 것이다. 이것은 너무 얕지도 깊지도 않음을 의미한다.

최소화하고자 하는 콘텐트 손실 또는 특징 재구성 손실은 다음과 같이 나타낼 수 있다.

$$J_{content}(C,G) = \frac{1}{4n_C n_W n_H} \sum_{all\ entries} (a^{(C)} - a^{(G)})^2$$

여기서 n_W, n_H 및 n_C는 선택된 은닉층의 채널의 폭, 높이, 수이다. 실제로 다음과 같은 일이 발생한다.

- 콘텐트 비용은 신경망의 은닉층 활성화를 취하여 $a^{(C)}$와 $a^{(G)}$의 차분을 계산한다.
- 나중에 콘텐트 비용을 최소화할 때, G가 C와 비슷한 콘텐트를 갖게 된다.

스타일 비용 계산하기

먼저, 전개되지 않은[unrolled] 필터 행렬의 내적을 계산하여, 스타일 또는 그램 행렬[gram matrix]을 계산한다.

은닉층 a의 스타일 손실은 다음과 같이 나타낼 수 있다.

$$J^{[l]}_{style}(S,G) = \frac{1}{4n_C^2(n_W n_H)^2} \sum_{i=1}^{n_C} \sum_{j=1}^{n_C} (G_{ij}^{(S)} - G_{ij}^{(G)})^2$$

영상 S와 G의 그램 행렬 간의 거리를 최소화하려 할 때, 최소화하려는 전체 가중weighed 스타일 손실은 다음과 같이 표현된다.

$$J_{style}(S,G) = \sum_{l} \lambda^{[l]} J_{style}^{[l]}(S,G)$$

여기서, λ는 다른 계층에 대한 가중치를 나타낸다. 다음 사항에 유의하자.

- 은닉층의 활성화 함수의 그램 행렬을 사용하여 영상의 스타일을 표현할 수 있다. 그러나 여러 다른 계층에서 이 표현representation을 결합하여 더 나은 결과를 얻을 수 있다. 이것은 일반적으로 하나의 은닉층만 사용하면 되는 콘텐트 표현과는 대조적이다.
- 스타일 비용을 최소화하면 영상 G가 영상 S의 스타일을 따르게 된다.

전체 손실 계산

스타일과 콘텐트 비용 모두를 최소화하는 비용 함수는 다음과 같다.

$$J(G) = \alpha J_{content}(C,G) + \beta J_{style}(S,G)$$

때로는 출력 영상 *G*에서 공간적 부드러움을 장려하기 위해 RHS 컨벡스convex 조합에 총 변이 정규화기total variation regularizer TV(G)을 추가한다.

그러나 이 절에서는 전이학습을 사용하지는 않을 것이다. 만약 관심이 있으면 추가 읽기와 참조 절에서 제공되는 링크를 참조하기 바란다. 대신, 반 고흐의 '별이 빛나는 밤Starry Night' 그림에 스타일을 가진 사전학습 Torch 모델(다른 딥러닝 라이브러리)을 사용할 것이다.

Python과 OpenCV를 사용한 신경 스타일 전이

먼저, `http://cs.stanford.edu/people/jcjohns/fast-neural-style/models/eccv16/starry_night.t7`에서 사전학습 Torch 모델을 다운로드하여 현재 폴더에

저장해 보자. 여기서 다음 코드에서 생성된 영상을 모델로 저장하려면 현재 경로에 output이라는 폴더를 만들어야 한다.

다음 코드 블록은 입력 콘텐트 영상에 NST(Starry Night 스타일 포함)를 수행하는 방법을 보여준다. 먼저, cv2.dnn.readNetFromTorch() 함수를 사용하여 사전학습 모델을 로드한다.

그런 다음 cv2.dnn.blobFromImage()를 사용하여 RGB 채널에서 평균 값을 뺌으로써 영상에서 4차원 BLOB을 만든다. 마지막으로 출력 영상(NST 알고리즘의 결과)을 얻기 위해 순방향 패스를 수행한다.

```
import os, cv2, numpy as np
import imutils, time
from urllib import request                          # 다운로드를 위한 임포트

def download(url , model):                          # 모델 다운 및 저장 함수
    print('download', model)
    file = request.urlopen(url+model).read()
    open(model, "wb").write(file)

# 사전학습 모델 사이트 및 모델 이름
path = 'http://cs.stanford.edu/people/jcjohns/fast-neural-style/models/eccv16/'
model = 'starry_night.t7'
# model = 'the_wave.t7'                             # 다른 사전학습 모델 다운 가능
# model = 'la_muse.t7'
# model = ' composition_vii.t7'
# 사전학습 모델 없으면 다운로드
if os.path.exists(model) == False: download(path , model)
print("loading style transfer model...")
net = cv2.dnn.readNetFromTorch(model)

image = cv2.imread('../images/monalisa.jpg')        # 콘텐트 영상 읽기
print(image.shape)
image = imutils.resize(image, width=600)            # 너비 600으로 크기 변경
(h, w) = image.shape[:2]
b, g, r, _ = cv2.mean(image)                        # 채널별 평균 값 계산

# 영상에서 blob을 만들어 입력으로 설정한 다음 네트워크의 순방향 수행
```

```
blob = cv2.dnn.blobFromImage(image, 1.0, (w, h), (b, g, r), swapRB=False, crop=False)
net.setInput(blob)
start = time.time()                                       # 수행시간 측정
output = net.forward()                                    # 순방향 전파
end = time.time()

# 출력 텐서를 다시 형성하고 평균 빨셈 복귀
output = output.reshape((3, output.shape[2], output.shape[3]))
output[0] += b
output[1] += g
output[2] += r

# 형태 변경: 채널 × 높이 × 너비 → 세로 × 높이 × 채널
output = output.transpose(1, 2, 0)
print("neural style transfer took {:.4f} seconds".format(end - start))
# 결과 영상 표시 및 저장
# cv2.imshow("output", cv2.convertScaleAbs(output, 255))
# cv2.waitKey()
cv2.imwrite('output/styled.jpg', output)                  # 결과 영상 저장
```

다음은 모나리자의 콘텐트 입력 영상이다.

다음은 입력 스타일 영상인 반 고흐의 '별이 빛나는 밤Starry Night'이다.

다음은 딥러닝 모델에 의해 생성된 출력 영상이다. '별이 빛나는 밤' 영상의 스타일이 '모나리자' 입력 영상의 콘텐츠에 전이된다.

요약

이 장에서는 몇 가지 복잡한 영상처리 문제를 해결하기 위한 몇 가지 고급 딥러닝 응용에 대해 설명했다. 위치 추정과 객체 검출을 통한 영상 분류의 기본 개념으로 시작했다. 그런 다음 인기 있는 YOLO v2 FCN 사전학습 모델을 사용하여 영상의 객체를 검출하고, 그 주위에 사각형을 그리는 방법을 보여주었다. 그리고 의미론적 분할의 기본 개념에 대해 논의한 다음, 영상의 의미론적 분할을 수행하기 위해 DeepLab-v3+를 (그 아키텍처에 대한 요약과 함께) 사용하는 방법을 보여주었다.

그런 다음 전이학습을 정의하고, 사전학습 VGG16 모델로 꽃을 분류하기 위해 Keras에서 전이학습에 대한 시연과 함께 딥러닝에서 언제, 어떻게 유용하게 사용되는지 설명했다. 마지막으로, 우리는 심층 신경 스타일 전이를 통해 새로운 예술 영상을 생성하는 방법에 대해 논의했으며, 파이썬과 OpenCV와 사전학습 Torch 모델을 통해 이를 보여주었다. 독자들은 사전학습된 딥러닝 모델을 사용하여 복잡한 영상처리 문제를 해결하는 방법에 익숙해야 한다. Keras, 파이썬, OpenCV로 사전학습 모델을 로드하고, 이 모델을 사용하여 다양한 영상처리 작업에 대한 출력을 예측할 수 있어야 한다. 또한 전이학습을 사용하고 이를 Keras로 구현할 수 있어야 한다. 다음 장에서는 좀 더 고급 영상처리 문제에 대해서 설명할 것이다.

연습문제

1. Keras로 실시간 객체 검출을 위해 사전학습 Fast-RCNN과 MobileNet 모델을 사용하시오.
2. 객체 검출을 구현하기 위해 YOLO v2 사전학습 모델을 사용했다. YOLO v3 사전학습 모델을 사용하여 객체 검출을 구현하시오.
3. 미세 조정이란 무엇이며, 전이학습과 어떻게 다른가? 예를 들어 설명하시오.
4. 전이학습을 위해서만 VGG16의 FC 계층을 학습하였다. 대신 Keras를 사용하여 VGG19, Resnet50, Inception V3 모델을 사용하시오. 정확도가 향상되는가?

5. Keras의 전이학습으로, 훈련을 위해 500개의 영상을 사용했고, 꽃 클래스의 각각에 대해 검증을 위해 50개의 영상을 사용했다. 비표준 91:9 학습으로 검증 데이터셋 비율로 사용했다. 표준 80:20 검증으로 변경하시오. 검증 데이터셋의 정확도에 어느 정도 영향을 주는가?

6. 다음의 링크를 따라서, 전이학습을 사용하여 '별이 빛나는 밤Starry Night' 이외 영상의 스타일을 입력 콘텐트 영상에 전이하도록 NST 알고리즘을 구현하시오.
`https://cs.stanford.edu/people/jcjohns/papers/eccv16/JohnsonECCV16.pdf`

추가 읽기

- http://www.deeplearning.ai
- http://www.learnopencv.com
- http://pyimagesearch.com
- https://arxiv.org/abs/1506.02640
- https://arxiv.org/abs/1612.08242
- https://pjreddie.com/darknet/yolo/
- https://arxiv.org/pdf/1506.02640.pdf
- https://sandipanweb.wordpress.com/2018/03/11/autonomous-driving-car-detection-with-yolo-in-python/
- https://arxiv.org/abs/1706.05587
- https://arxiv.org/pdf/1802.02611.pdf
- https://arxiv.org/pdf/1508.06576.pdf
- https://cs.stanford.edu/people/jcjohns/papers/eccv16/JohnsonECCV16.pdf
- https://sandipanweb.wordpress.com/2018/01/02/deep-learning-art-neural-style-transfer-an-implementation-with-tensorflow-in-python/

Chapter 12

영상처리의 기타 고급 응용

이 장에서는 영상처리의 몇 가지 고급 문제를 다룰 것이다. 심 카빙seam carving 문제로 시작하여 두 가지 응용을 보여줄 것이다. 그 첫 번째는 내용 인식 영상 크기 조정이고, 두 번째는 영상에서 객체를 제거하는 것이다. 다음으로 영상의 한 객체를 다른 영상으로 이음매 없이 복사하는 데 사용할 수 있는 심레스 클론seamless clone(이음매 없는 복제)에 대해 살펴볼 것이다. 그런 다음, 영상의 손상된 화소를 복원하는 데 사용할 수 있는 인페인팅in-painting 알고리즘에 대해 설명할 것이다.

그 후에 영상 잡음 제거 응용을 사용하여 영상처리의 변형 방법을 살펴볼 것이다. 다음으로 영상 퀼팅quilting 알고리즘과 질감 합성과 영상들의 전이에서 그 응용에 대해 토론할 것이다. 마지막으로 정교한 얼굴 모핑 알고리즘으로 토의를 종료할 것이다.

이 장에서 다루는 주제는 다음과 같다.

- 심 카빙Seam carving
- 심레스 클론 및 푸아송Poisson 영상 편집
- 영상 인페인팅inpainting
- 변이variational 영상처리
- 영상 퀼팅Image quilting
- 얼굴 모핑Face morphing

심 카빙(seam carving)

심 카빙은 영상을 한 번에 한 화소씩 높이(또는 너비)의 크기를 줄이는 내용-인식content-aware 영상 크기 조정 기술이다. 영상에서 수직 이음매seam는 위쪽에서 아래쪽으로 연결된 화소의 경로이며 각 행마다 한 화소가 있다. 수평 이음매는 왼쪽에서 오른쪽으로 연결된 화소의 경로이며 각 열마다 한 화소가 있다. 이 기본 알고리즘은 간단하고 우아하지만, 2007년까지 발견되지 않았다.

현재 이것은 아도브 포토샵이나 다른 그래픽 응용 프로그램에서 핵심 기능이다. 절단, 크기 조정 같은 표준 내용-무관content-agnostic 크기 조정 기술과 달리, 심 카빙은 종횡비, 객체 존재의 집합 등과 같은 영상에서 가장 관심있는 특징을 보존한다. 이음매를 찾아 제거하는 작업에는 세 부분이 있다.

1. **에너지 계산**: 첫 번째 단계는 중요성의 척도를 나타내는 화소의 에너지를 계산하는 것이다. 에너지가 높을수록 화소가 이음매 부분으로 포함될 확률이 낮다. 예를 들어, 에너지 계산에 이중-기울기dual-gradient 에너지 함수를 사용할 수 있다.
2. **이음매 확인**: 다음 단계는 최소 총 에너지의 수직 또는 수평 이음매를 찾는 것이다. 이것은 에지 가중치가 있는 다이그래프digraph에서 고전적인 최단 경로 문제와 유사하다. 중요한 차이점은 가중치가 에지 대신 정점vertice에 있다는 것이다. 목표는 최상단 행의 W 화소들 중 하나에서 맨 아래 행의 W 화소들 중 하나까지의 최단 경로를 찾는 것이다. 이 다이그래프는 비순환적이며, 좌표가 규정된 범위 내에 있다고 가정할 때, 화소 (x, y)에서 화소 $(x - 1, y + 1)$, $(x, y + 1)$, $(x + 1, y + 1)$까지 하강 에지가 있다. 또한 이음매는 영상을 감쌀 수 없다. 동적 프로그래밍을 사용하여 최적의 이음매를 찾을 수 있다. 이것은 먼저 두 번째 행에서 마지막 행까지 영상을 가로지르고, 다음과 같이 각 화소(i, j)에 대해 가능한 모든 연결 이음매에 대한 누적 최소 에너지 M을 계산하는 것이다.

$$M(i,j) = e(i,j) + min(M(i-i,j-1), M(i,j-1), M(i-1,j))$$

3. **이음매 제거**: 마지막 단계는 영상에서 수직 또는 수평 이음매를 따라 모든 화소를 제거하는 것이다.

다음 하위 두 절에서는 심 카빙 기법의 두 가지 응용에 대해 설명한다. 첫 번째는 내용 인식 영상 크기 조정이고 두 번째는 영상에서 객체 제거이다. 이들은 scikit-image 라이브러리의 transform 모듈 함수로 구현할 것이다.

심 카빙을 이용한 내용-인식 영상 크기 조정

다음 코드 블록은 scikit-image 라이브러리의 transform 모듈의 seam_carve() 함수를 내용 인식 영상 크기 조정에 사용하는 방법을 보여준다. 먼저, 필요한 패키지를 가져와서 원본 입력 비행기 영상을 로드하고, 다음 코드 블록을 사용하여 영상을 표시해 본다.

```
from skimage import transform, util, filters, color
from skimage.io import imread
from matplotlib import pyplot as pylab

image = imread('../images/aero.jpg')
print(image.shape)                                  # (821, 616, 3)

pylab.figure(figsize=(20,14)), pylab.title('Original Image')
pylab.imshow(image)
pylab.show()
```

다음은 앞 코드 블록의 출력을 보여준다.

다음은 일반적인 다운샘플링으로 영상의 너비를 줄이는 코드 블록이다. 여기서 transform 모듈의 `resize()` 함수를 사용하여 영상을 축소한다.

```
size = (image.shape[0], image.shape[1] - 200)
resized = transform.resize(image, size, mode='reflect')
print(resized.shape)                                    # (821, 416, 3)
pylab.figure(figsize=(20,11)), pylab.title('Resized Image')
pylab.imshow(resized), pylab.show()
```

다음은 앞 코드 블록의 출력을 보여준다. 출력에서 볼 수 있듯이, 항공기의 크기가 상당히 줄어든다. 그러나 단순히 새로운 종횡비로 크기를 조정하면, 영상 내용이 왜곡되므로 항공기 영상이 심하게 왜곡된다.

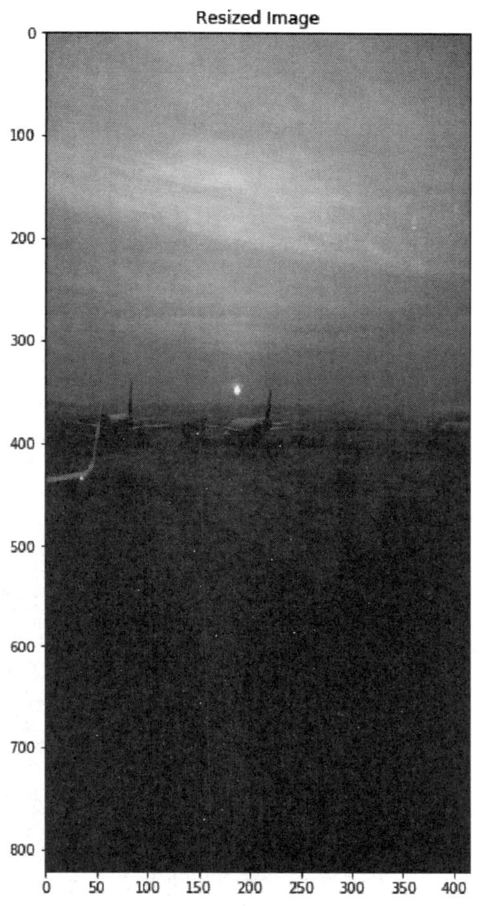

이제 seam_carve() 함수를 사용하여 영상의 크기를 조정해 보자. 여기서 소벨sobel 필터는 각 화소의 중요성을 나타내기 위한 에너지 함수로 사용된다.

```
image = util.img_as_float(image)
energy_image = filters.sobel(color.rgb2gray(image))
out = transform.seam_carve(image, energy_image, 'vertical', 200)

pylab.figure(figsize=(20,11)), pylab.imshow(out)
pylab.title('Resized using Seam Carving')
pylab.show()
```

다음은 앞 코드 블록의 출력을 보여준다. 알 수 있듯이, 심 카빙은 덜 중요하다고(즉, 낮은 에너지로) 생각되는 영상의 영역을 제거하여 왜곡없이 크기를 조정하려고 시도한다. 결과적으로 항공기에는 눈에 보이는 왜곡은 없다.

심 카빙을 이용한 객체 제거

심 카빙을 사용하여 영상에서 객체나 인공물artifacts을 제거할 수 있다. 심 카빙에서 더 낮은 가중치가 우선적으로 제거되므로, 이것은 객체 영역에 가중치가 낮은 값을 갖도록 한다.

다음 코드 블록은 원본 입력 영상과 동일한 모양의 강아지가 포함된 마스크 영상을 사용한다. 이 마스크는 사진 영역에서 제거되어야 하는 낮은 가중치 영역을 나타낸다.

```
image = imread('../images/man.jpg')
mask_img = color.rgb2gray(imread('../images/man_mask.jpg'))
print(image.shape)
pylab.figure(figsize=(15,10))
pylab.subplot(121), pylab.imshow(image), pylab.title('Original Image')
pylab.subplot(122), pylab.imshow(mask_img)
pylab.title('Mask for the object to be removed (the dog)')
pylab.show()
```

다음은 앞 코드 블록에서 사용된 입력 사진과 마스크 영상이다.

다음 코드 블록은 마스크와 함께 seam_carve() 함수를 사용하고, 영상에서 강아지를 완벽하게 제거한다.

```
pylab.figure(figsize=(10,10))
pylab.title('Object (the dog) Removed')
out = transform.seam_carve(image, mask_img, 'vertical', 90)
resized = transform.resize(image, out.shape, mode='reflect')
pylab.imshow(out)
pylab.show()
```

다음은 앞 코드 블록의 출력을 보여준다. 이제 강아지 객체가 사진에서 완벽하게 제거되었다.

이음매 없는 복제 및 푸아송 영상 편집

푸아송Poisson 영상 편집의 목표는 원본 영상(마스크 영상으로 캡처된)에서 목적 영상으로 객체 또는 질감을 **이음매 없이 블렌딩**(복제)하는 것이다. 푸아송 영상 편집을 사용하여 영상 영역을 새로운 배경 위에 붙여서 포토몽타주를 만들려고 한다. 이 아이디어는 Perez 등이 작성한 SIGGRAPH 2003 논문(*Poisson Image Editing*)에서 발췌한 것이다.

이 문제는 먼저 연속 도메인에서 제약된 변이variational 최적화 문제로 표현된다. 그런 다음, 이산 푸아송 해법solver를 사용하여 해결할 수 있다. 이산 푸아송 해법의 주된 임무는 거대한 선형 시스템을 해결하는 것이다. 이 논문에서의 주요 아이디어insight는 영상 밝기 대신 영상 기울기gradients로 작업하면, 훨씬 더 사실적인 결과를 얻을 수 있다는 것이다. 이음매 없는 복제 이후 마스크 영역에서 출력 영상의 기울기는 소스 영역의 기울기와 동일하다. 또한, 마스크 영역의 경계에서 출력 영상의 밝기는 목적 영상의 밝기와 동일하다.

이 절에서는 파이썬과 OpenCV(OpenCV 3.0에서 소개된 `seamlessClone()` 함수 사용)를 사용하여 이음매 없는 복제를 보여줄 것이다. 이 함수를 사용하여 원본 영상의 하늘에서 바다새 영상인 목적 영상의 하늘로 마스크 영상의 도움으로 새를 복제해 보자. 사용할 영상은 다음과 같다.

목적 영상:

다음 코드 블록은 올바른 인수를 가진 함수를 호출하여 이음매 없는 복제를 구현하는 방법을 보여준다. 이 예제에서 사용된 복제 유형 플래그는 NORMAL_CLONE이다. 여기서 원본 영상의 질감(그레디언트)은 복제된 영역에 보존된다.

```
import cv2
print(cv2.__version__)          # OpenCV 버전 확인- 3.0 버전 이상 필요

# 원본 영상, 목적 영상, 마스크 영상 읽기
src = cv2.imread("../images/bird.jpg")
dst = cv2.imread("../images/sea.jpg")
src_mask = cv2.imread("../images/birds_mask.jpg")
print(src.shape, dst.shape, src_mask.shape)
                                # (480, 698, 3) (576, 768, 3) (480, 698, 3)

center = (450,165)              # 새가 놓일 중심 위치
# 이음매 없는 복제
output = cv2.seamlessClone(src, dst, src_mask, center, cv2.NORMAL_CLONE)
cv2.imwrite("sea_bird.jpg", output)     # 결과 영상 저장
```

다음은 앞 코드 블록의 출력으로 원본 영상의 새가 목적 영상에 이음매 없이 복제된 모습을 보여준다.

영상 인페인팅(image inpainting)

인페인팅inpainting은 영상의 손상되거나 누락된 부분을 복원하는 처리작업이다. 다음과 같이 입력 영상 *f*에서 손상된 화소의 위치를 지정하는 이진 마스크 D가 있다고 가정하자.

$$D(x,y) = \begin{cases} 0\, if\; pixel(x,y)\; is\; damaged\; in\; image\; f \\ 1\, if\; pixel(x,y)\; is\; not\; damaged\; in\; image\; f \end{cases}$$

영상에서 손상된 영역이 마스크와 함께 배치되면, 손실/손상된 화소를 어떤 알고리즘(예: Total Variation Inpainting)으로 재구성해야 할 것이다. 재구성은 손상되지 않은 영역의 정보를 활용하여 완전 자동으로 수행되기를 기대한다.

이 예제에서는 `scikit-image restoration` 모듈의 `inpaint_biharmonic()` 함수를 사용하여 영상 인페인팅을 구현해 본다. 마스크를 적용하여 원본 lena 컬러 영상에서 손상된 영상을 만든다. 다음 코드 블록은 이중조화biharmonic 방정식에 따라 인페인팅 알고리즘으로 손상된 영상에서 마스크된 화소를 인페인팅하는 방법을 보여준다.

```
import numpy as np
import matplotlib.pyplot as pylab
from skimage import img_as_float
from skimage.io import imread, imsave
from skimage.color import rgb2gray
from skimage.restoration import inpaint

image_orig = img_as_float(imread('../images/lena.jpg'))
mask = rgb2gray(imread('../images/lena_scratch_mask.jpg'))  # 마스크 영상 읽기
mask[mask > 0.5] = 1
mask[mask <= 0.5] = 0
print(np.unique(mask))

# 마스크 원소가 1인 위치에 검은색 표시
image_defect = image_orig.copy()                          # 영상 복사
for layer in range(image_defect.shape[-1]):
    image_defect[np.where(mask)] = 0                      # 검은색

image_result = inpaint.inpaint_biharmonic(image_defect, mask, multichannel=True)

fig, axes = pylab.subplots(ncols=2, nrows=2, figsize=(20,20))
```

```
ax = axes.ravel()
ax[0].set_title('Original image', size=30), ax[0].imshow(image_orig)
ax[1].set_title('Mask', size=30), ax[1].imshow(mask, cmap='gray')
ax[2].set_title('Defected image', size=30), ax[2].imshow(image_defect)
ax[3].set_title('Inpainted image', size=30), ax[3].imshow(image_result)

for a in ax:
    a.axis('off')
fig.tight_layout()
pylab.show()
```

다음은 앞 코드 블록의 출력을 보여준다. 보시다시피, 복원된 영상은 원본 영상과 동일하게 보인다.

변이(variational) 영상처리

이 절에서는 잡음 제거 응용과 같은 영상처리에서 변이[variational] 방법을 아주 간단히 논의할 것이다. 영상처리 작업은 함수를 추정하는 것으로 볼 수 있다. 예를 들어 영역 분할은 객체와 배경 사이의 부드러운 닫힌 곡선을 찾는 것으로 생각할 수 있다. 특정 영상처리 작업에 대해(오일러-라그랑주 방법으로) 근사적으로 정의된 에너지 함수의 최소화에 미적분을 사용할 수 있다. 또한 해법[solution]을 찾기 위해 경사하강[gradient descent] 방법을 사용할 수 있다.

다음 그림에서는 영상처리 작업에서 다양한 최적화 문제로 표현되는 기본 단계를 설명한다. 먼저, 입력 영상 u의 품질을 나타내는 에너지 함수 E를 생성해야 한다. 그런 다음 오일러-라그랑주[Euler-Lagrange] 방정식을 사용하여 첫 번째 변이를 계산한다. 다음으로 경사하강 최소화를 위해 **편미분 방정식**[PDE]을 설정하고, 이 방정식을 이산화[discretize]하고 최소값으로 나아간다.

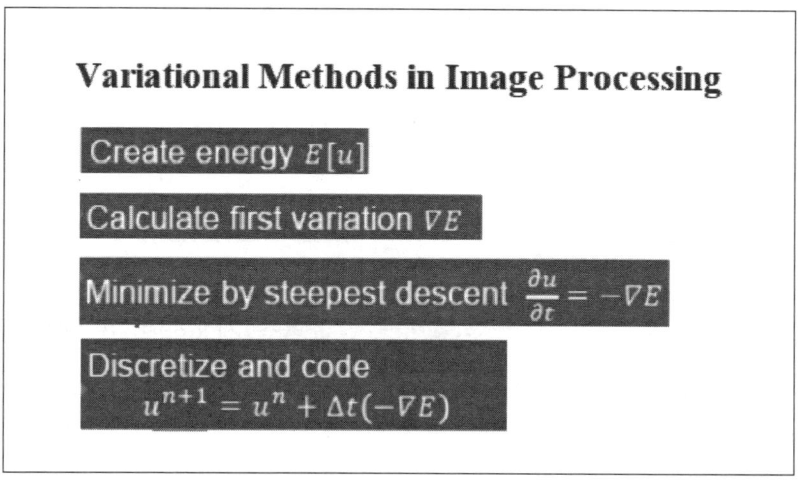

총 변이 잡음 제거(denoising)

다음은 선형 및 비선형 **총 변이 잡음 제거** 알고리즘을 보여준다. 다음에서 볼 수 있듯이 에너지 함수가 유일한 차이점이다.

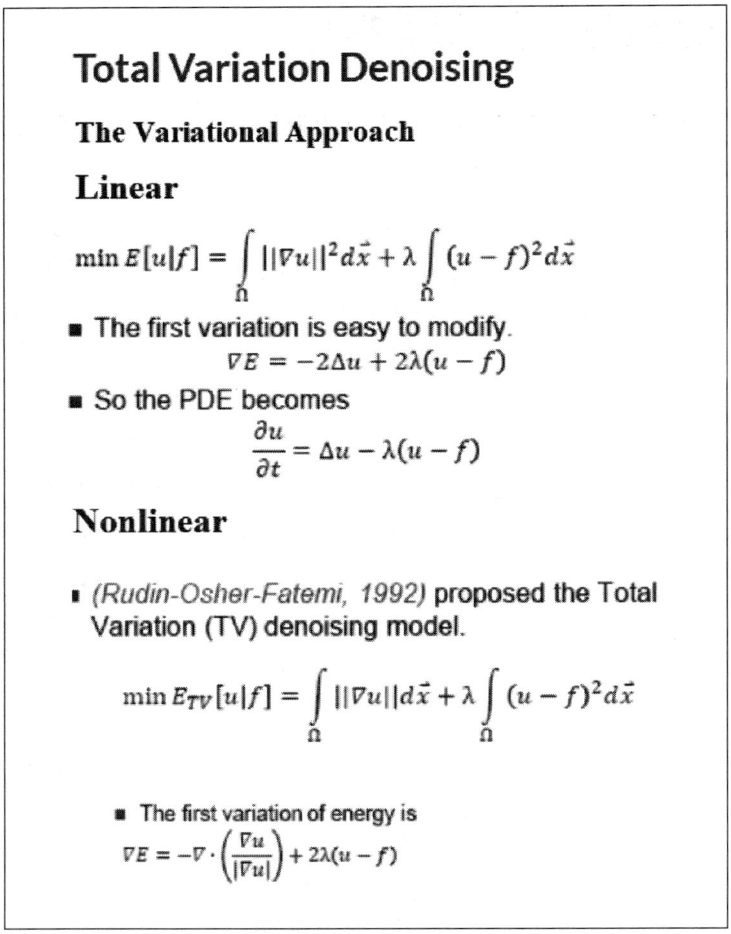

`scikit-image` 라이브러리의 `restoration` 모듈을 사용하여 총 변이 잡음 제거의 구현을 설명하겠다. 총 변이 잡음 제거의 원리는 영상의 전체 변이를 최소화하는 것이며, 영상 기울기의 노름norm의 적분으로 대략적으로 기술할 수 있다. 먼저 원본 입력 영상에 임의의 가우시안 잡음을 추가하여 잡음 영상을 만든다. 다음으로, `denoise_tv_chambolle()` 함수를 사용하여 잡음 제거를 수행한다. 여기서 입력으로 명암도grayscale 영상을 사용하기 때문에 다중 채널 매개 변수는 설정하지 않아도 된다(기본값이 False로 설정됨).

```
from skimage import io, color, data, img_as_float
from skimage.restoration import denoise_tv_chambolle

image = color.rgb2gray(io.imread('../images/me12.jpg'))   # 명암도 영상 변환
noisy_img = image + 0.5 * image.std() * np.random.randn(*image.shape)
# 잡음 제거(denoise) 수행
denoised_img1 = denoise_tv_chambolle(image, weight=0.1)
denoised_img2 = denoise_tv_chambolle(image, weight=1 )
# 결과 영상 리스트
images = [image, noisy_img, denoised_img1, denoised_img2]
titles = 'origianl', 'noisy', 'denoised(weight=1)', 'denoised (weight=1)'

pylab.figure(figsize=(12, 9))
for i, img in enumerate(images):
   pylab.subplot(2, 2, i+1), pylab.imshow(img, cmap='gray')
   pylab.title(titles[i], size=20), pylab.axis('off')
pylab.show()
```

다음은 앞 코드 블록의 출력을 보여준다. 잡음 제거 가중치가 클수록, 출력 영상의 잡음은 더 많이 제거된다(출력 영상은 더 흐려진다).

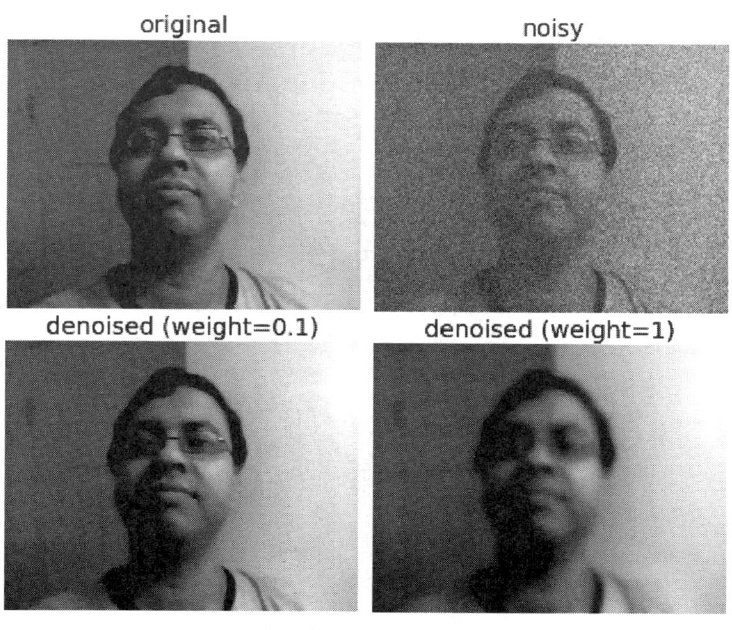

총 변이 잡음 제거를 이용한 평판-질감(flat-texture) 만화 영상 생성

총 변이 잡음 제거는 만화 영상을 만드는데 사용될 수 있다. 설명된 바와 같이, 조각마다 일정한[piecewise-constant] 영상이다. 가중치를 높이면 질감이 입력 영상에 더 평평해진다.

```
image = io.imread('../images/me18.jpg')                    # 컬러 영상 로드
denoised_img1 = denoise_tv_chambolle(image, weight=0.1, multichannel=True)
denoised_img2 = denoise_tv_chambolle(image, weight=0.2, multichannel=True)
denoised_img3 = denoise_tv_chambolle(image, weight=0.3, multichannel=True)

images = [image, denoised_img1, denoised_img2, denoised_img3]
titles = ['original', 'TVD (wt=0.1)', 'TVD (wt=0.2)', 'TVD (wt=0.3)']

pylab.figure(figsize=(10,14))
for i, img in enumerate(images):
    pylab.subplot(2,2,i+1), pylab.imshow(img)
    pylab.title(titles[i], size=20), pylab.axis('off')
pylab.show()
```

다음 그림은 앞 코드 블록의 출력을 보여준다. 다른 가중치들을 사용하여 전체 변이 잡음 제거로 평판한 질감[flat-texture] 영상을 보여준다. 가중치가 클수록 질감이 평평해진다.

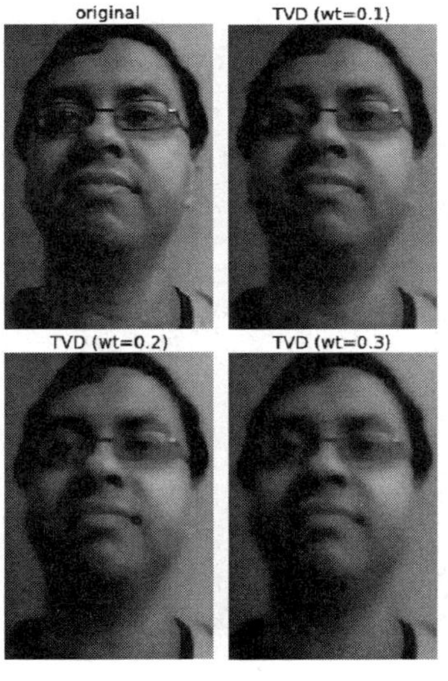

영상 퀼팅(image quilting)

영상 퀼팅 알고리즘은 에프로스Efros와 프리먼Freeman의 *SIGGRAPH 2001* 논문에 설명된 영상에서 질감 합성과 전이에 사용되는 알고리즘이다. 이 절에서는 질감 합성과 전이의 구현을 위한 퀼팅 알고리즘 뒷면의 주요 아이디어에 대해 알아본다. 그리고 알고리즘 구현으로 얻은 두 가지 결과를 보여줄 것이다. 이 코드는 독자가 구현할 수 있도록 남겨둔다(자세한 내용은 다음 링크 참조, `https://sandipanweb.wordpress.com/2017/10/24/some-computational-photography-image-quilting-texture-synthesis-with-dynamic-programming-and-texture-transfer-in-python/`).

질감 합성(texture synthesis)

질감 합성은 작은 샘플로부터 큰 질감 영상을 생성하는 것을 의미한다. 질감 합성을 위한 주요 아이디어는 패치를 샘플링하고, 그것들을 겹치게 놓아서 겹치는 영역들이 비슷해지도록 하는 것이다. 겹치는 영역이 정확히 일치하지 않을 수 있으므로 가장자리 주위에 눈에 띄는 인공물artifacts이 생기게 된다. 이 문제를 해결하려면 겹치는 영역을 통해 비슷한 밝기의 화소를 따라 경로를 계산하고, 이 경로를 사용하여 각 화소를 그릴 겹치는 패치를 선택해야 한다. 다음은 질감 합성 알고리즘에 의해 생성된 출력을 보여준다.

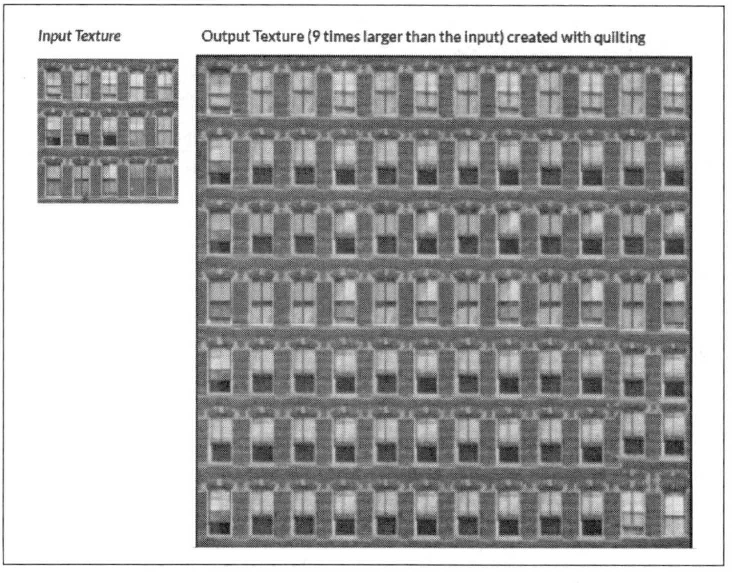

질감 전이(texture transfer)

질감 전이는 객체의 기본 모양을 그대로 유지하면서, 객체에 샘플과 동일한 질감을 갖는 모양을 입히는 것을 말한다. 질감 전이는 샘플링된 패치가 주어진 목적 영상과 비슷한 모양을 갖도록 하고, 이미 샘플링된 패치의 겹쳐진 영역을 일치시킴으로써 이루어진다. 다음 그림은 질감 전이 알고리즘에 의해 생성된 출력을 보여준다.

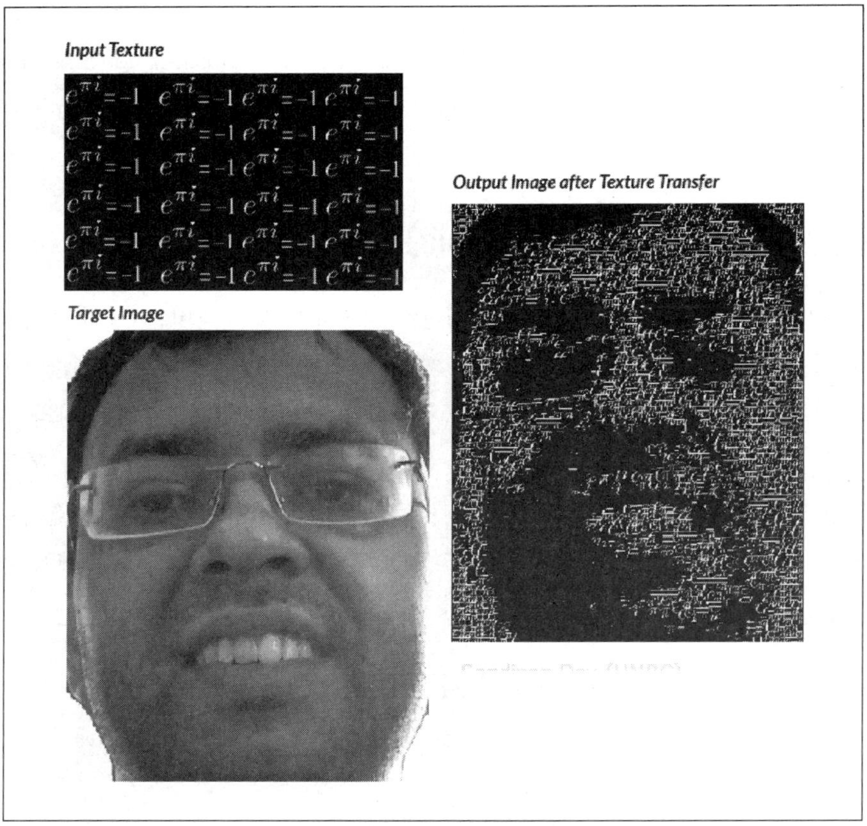

얼굴 모핑(face morphing)

1장, '영상처리 시작하기'에서는 단순한 α-블렌딩을 기반으로 한 단순 얼굴 모핑 기술에 대해 설명했다. 이 기술은 변형될 얼굴이 정렬되지 않은 경우 끔찍해 보일 수 있다.

정교한 얼굴 모핑 기술, 즉 **비어-닐리**Beier-Neely **모핑**에 대해 설명함으로써 마지막 장을 마무리하고자 한다. 정렬되지 않은 얼굴을 위한 α-블렌딩보다 시각적으로 부드럽고 더 좋아 보인다. 알고리즘은 다음과 같다.

1. 두 개의 영상 파일 A와 B를 읽는다.
2. 선분쌍 셋을 사용하여 소스 영상과 목적 영상 간의 대응관계를 대화식으로 지정한다(PyStasm으로 얼굴 키포인트 계산). 선분쌍을 라인 파일에 저장한다.
3. 라인 파일을 읽는다. 라인 파일에는 선분쌍 S_i^A, S_i^B가 들어 있다.
4. 와핑warp fraction으로 S_i^A와 S_i^B 사이를 선형 보간하여 목적 선분을 계산한다. 이 선분들은 목적 모양을 정의한다.
5. 영상 A를 목적 모양으로 워핑하여 새 영상 A'를 계산한다.
6. 그림 B를 목적 모양으로 워핑하여 새 영상 B'를 계산한다.
7. 디졸브 분율 α로 A'와 B '사이를 교차 디졸브cross-dissolve시킨다.
8. 결과 영상을 파일에 저장한다.

이 알고리즘의 구현은 독자에게 남겨둔다. 다음 그림은 PyStasm 라이브러리를 사용한 얼굴 모핑 구현을 보여준다. 첫 번째 행의 영상은 원본 영상과 목적 영상이고 마지막 행은 두 개의 중간 평균 영상들을 보여준다. 이 구현을 사용하여 볼 수 있듯이, 모핑은 매우 부드럽고 시각적으로 만족스럽다.

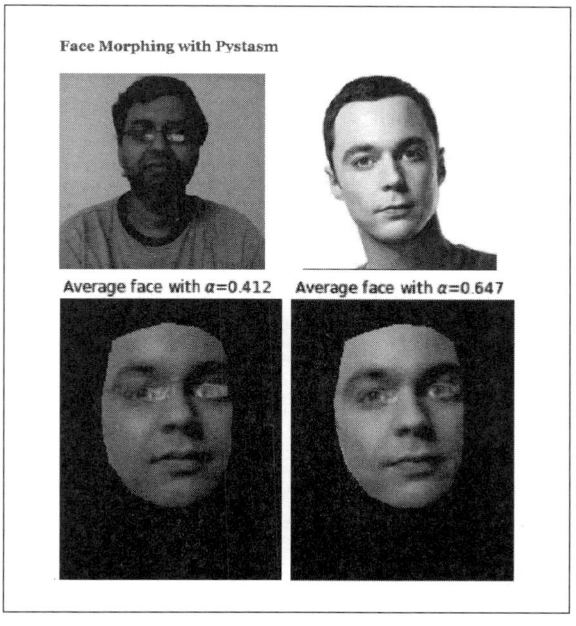

요약

이 장에서는 몇 가지 고급 영상처리 문제에 대해 논의했다. 심 카빙 알고리즘으로 시작하여 scikit-image 라이브러리로 영상들로부터 내용-인식 영상 크기 조정과 객체나 인공물을 제거하는 알고리즘의 두 가지 응용을 보여주었다.

다음으로 파이썬과 OpenCV에 대해 논의했다. 그런 다음 이중조화 인페인팅 알고리즘에 대해 논의했고, scikit-image 라이브러리를 사용하여 영상의 손상된 화소를 복원하였다. 다시 scikit-image를 사용하여 영상 잡음 제거 응용으로 영상처리에서 변이 방법들을 논의했다. 다음으로 영상 퀼팅 알고리즘과 질감 합성과 영상 전이에서 그 응용에 대해 논의했다. 마지막으로 고급 얼굴 모핑 알고리즘에 대한 논의로 이 장을 끝냈다. 이 장의 끝에서 독자는 이 모든 작업을 위한 파이썬 코드를 작성할 수 있기를 바란다.

연습문제

1. python-opencv로 이음매 없는 복제할 수 있도록 복제 유형 인수로 MIXED_CLONE을 사용하시오. NORMAL_CLONE으로 얻은 결과와 어떻게 다른가?
2. 경사 하강(힌트: https://sandipanweb.wordpress.com/2017/10/8/some-more-variational-image-processing-diffusiontv-denoising-image-inpainting 참조)을 사용하여 다양화 최적화variational optimization로 전체 변이 인페인팅을 구현하시오.
3. 전체 변이 잡음 제거를 RGB 영상에 적용하시오.

추가 읽기

- Shai Avidan and Ariel Shamir: Seam Carving for Content-Aware ImaShai Avidan and Ariel Shamir: *Seam Carving for Content-Aware Image Resizing* – http://www.cs.jhu.edu/~misha/ReadingSeminar/Papers/Avidan07.pdf

- Patrick Perez, Michel Gangnet and Andrew Blake: *Poisson Image Editing* - http://www.irisa.fr/vista/Papers/2003_siggraph_perez.pdf
- *Quilting for Texture Synthesis and Transfer*: http://www.merl.com/publications/docs/TR2001-17.pdf
- *Image inpainting by biharmonic functions*: https://arxiv.org/pdf/1707.06567.pdf
- *Feature-Based Image Metamorphosis*: https://www.cs.toronto.edu/~mangas/teaching/320/assignments/a4/Beier-SIG92.pdf
- https://sandipanweb.wordpress.com/2017/10/14/seam-carving-usingdynamic-programming-to-implement-context-aware-image-resizing-inpython/
- https://sandipanweb.wordpress.com/2017/10/03/some-variational-imageprocessing-possion-image-editing-and-its-applications/
- https://sandipanweb.wordpress.com/2017/10/08/some-more-var

찾아보기_index

D

E

F

J

K

L

M

N

S

T

ㄴ

ㄷ

ㄹ

ㅁ

ㅇ

ㅈ

ㅊ